日本生活協同組合連合会／編

生協の税務と経理の実務

2019年1月改訂版

2019年1月改訂版の発行にあたって

本書の目的

　『生協の税務と経理の実務』（以下「本書」）の発行の目的は，生協の経理実務に携わる担当者を対象に，日常業務から決算業務にいたるまで生協が関係する税務の取り扱いについて，できるだけ広い知識を身に付けていただくことにあります。そのため，本書は，法人税のみならず，消費税，源泉所得税，地方税など多くの税務について記述しています。また，本書を使用する担当者の方々が税務処理に迷うような場面を想定し，その取り扱いについて判断の手助けとなるよう，できるだけ税法の条文や通達に沿って記述しています。このように，本書は，経理実務において必要な税務処理を的確に把握できるように構成されているのが特徴です。

今回の改訂の主な内容

　2016年2月に改訂版を発行して以来，はや3年が経過しようとしています。その間，2016年度（平成28年度），2017年度（平成29年度），そして2018年度（平成30年度）と三度にわたり税制改正が行われています。また，施行が延期されていました消費税率の10%への引き上げについて，2019年10月1日から実施されることになっています。このように，わずか3年間で税制は大きく変化していますが，今回の改訂ではこれらの内容を盛り込んでいます。主な改訂はつぎのとおりです。

「第1章　生協に関係のある税金」

　・所得税において非課税とされる通勤手当について，その最高限度
　　額が引き上げられました。

・法人住民税の法人税割が引き下げられます。

・地方法人特別税が廃止され，それとともに事業税率が引き上げられます。

「第2章　法人税法の基本的な事項」

・普通法人の法人税率が引き下げられます。

・地方法人税率が引き上げられます。

・国税関係書類の保存として，スキャナ保存による方法が追加されました。

「第3章　事業収益」

・「収益認識に関する会計基準」に対応し，法令および通達が改定されたことにともない，記述を大幅に変更しました。

・「収益等の計上の単位」の項では，税務上，収益をどのような区分で認識すべきかについて，その通則と個別的な取り扱いを記述しました。

・「収益の額を益金の額に算入する時期」の項では，税務上，収益についていつ益金として認識すべきかについて，原則的な取り扱いと例外的な取り扱いを，また個別的な取り扱いについても記述しました。

・「収益の額として益金の額に算入する金額」の項では，税務上，収益の額を益金の額として算入する金額の評価について，原則的な取り扱いと例外的な取り扱いを記述しました。

・「その他」の項では，長期大規模工事の取り扱いやリース譲渡の取り扱いを記述するとともに，割賦販売における延べ払い基準の廃止，返品調整引当金の廃止を明記しました。

「第4章　事業経費」

・役員給与のうち，定期同額給与について，手取額が同額であれば定期同額給与とみなす規定が追加されました。

・交際費の損金不算入制度の適用期限が延長されました。

「第5章　事業外収益」

・受取配当等の益金不算入において，生協が生協連合会等から配当等を受けた場合には，その配当等の額の50％相当額が益金不算入として取り扱われることになりました。

「第7章　資産」

・中小企業者等の少額減価償却資産の一時償却の特例について，中小企業者に制限が設けられることとなりました。

・減価償却資産のうち，建物附属設備と構築物について，その法定償却方法が定額法のみとなりました。

・特別償却として，「革新的情報産業活用設備を取得した場合の特別償却または税額控除」，「高度省エネルギー増進設備等を取得した場合の特別償却または税額控除」，「再生可能エネルギー発電設備等を取得した場合の特別償却」，「医療用機器の特別償却」，「企業主導型保育施設用資産の割増償却」，「倉庫用建物等の割増償却」，「障害者を雇用する場合の機械等の割増償却」を記述しました。

「第8章　負債，引当金および資本」

・貸倒引当金の繰入限度額の特例について，その割増率が変更されました。

・中小法人等以外の欠損金の繰越控除について，所得金額から控除できる割合が変更されました。

・欠損金の繰り戻しによる還付について，生協などの一定の法人を除きその適用が停止されていますが，その停止期間が延長されました。

「第12章　消費税」

・2019年10月1日以降，消費税率が10％に変更される予定です。税

率が関係する箇所に補足して記述しました。

- ・消費税率が10％に変更されるとともに軽減税率も導入される予定です。軽減税率の対象となる取引について項を分けて記述しました。
- ・消費税率が10％に変更されることにともない，経過措置が規定されました。
- ・消費税率が10％に変更されることにより，帳簿および請求書等の保存要件が変更される予定です。

「第13章　税額の計算，申告，納付等」

- ・「税額控除」の項を設け，その概要と「雇用者給与等支給額が増加した場合の税額控除」および改正後の「給与等の引上げおよび設備投資を行った場合等の税額控除」について記述しました。
- ・確定申告書の提出期限の延長の特例が変更されました。
- ・特定法人に対する電子申告が義務化されました。
- ・電子申告の環境整備としてさまざまな対策が施されました。
- ・過少申告加算税および無申告加算税の内容が変更されました。

資料について

- ・「収益認識に関する会計基準」に対応するため大幅に改定された法人税基本通達について，新旧対応表を巻末資料として追加しました。
- ・償却率表と経過年数表については削除しました。

　本書は2019年度（平成31年度）税制改正について収録していません。また，消費税率の改定については，予定どおり施行されることを前提に記述しております。したがいまして，今後，本書改訂版とは異なる取り扱いがされる場合には，その内容を「日本生協連　情報プラザ（生協役職員限定Webサイト）」や『日本生協連会報』，日本生協連

が主催する研修会等を通じご案内させていただく予定です。

　また，本書では必要に応じ各所に法令の条文番号等を記載しておりますが，実務処理を行う時点においては必ず最新の法令集等で条文等を確認していただくようにお願いいたします。

　なお，本書は西暦と和暦を併記しておりますが，執筆段階では新元号が未定のため，2019年5月1日以降の和暦は表記しておりません。

　税制は国の財政の根幹となるものであり，その改正は生協の経営に多大な影響をおよぼすものです。それゆえに経理担当者をはじめ，生協の税務に携わるすべての方々がその内容を熟知し，納税者の権利と義務について認識した上で，適正な納税につながるように努めなければなりません。本書がその一助となれば幸いです。

　2019年1月

　　　　　　　　　　　日本生活協同組合連合会
　　　　　　　　　　　執行役員
　　　　　　　　　　　渉外広報本部　本部長　伊藤　治郎

目　　次

2019年1月改訂版の発行にあたって

第1章　生協に関係のある税金

Ⅰ　国税と地方税	……………………………………	22
1　国　　　税	…………………………………………	22
2　地　方　税	…………………………………………	23
Ⅱ　その他の税金の分類	…………………………………	24
1　直接税と間接税	……………………………………	24
2　比例税，累進税，逆進税	…………………………	24
3　そ　の　他	…………………………………………	25
Ⅲ　法　人　税	…………………………………………	26
Ⅳ　所　得　税	…………………………………………	27
1　納税義務者	…………………………………………	27
2　所　　　得	…………………………………………	27
3　所得の種類と源泉徴収	……………………………	28
4　特殊な給与の取り扱い	……………………………	32
5　経済的利益（現物給与）の取り扱い	……………	35
6　給与所得の源泉徴収	………………………………	46
7　退職所得の源泉徴収	………………………………	49
8　報酬または料金等の源泉徴収	……………………	53
9　確　定　申　告	……………………………………	55
10　復興特別所得税	……………………………………	56
Ⅴ　印　紙　税	…………………………………………	60
1　契　約　書	…………………………………………	60
2　生協の非（不）課税文書	…………………………	62

9

3	印紙税法上留意すべき証書 ……………………	63
4	印紙税の納付方法 ………………………………	66
5	印紙をはり忘れた場合 …………………………	67
6	印紙税と消費税 …………………………………	67

Ⅵ 登録免許税 ……………………………………… 68
  1 課税の範囲および納税義務者 ………………… 68
  2 課税範囲，課税標準，税率の主なもの …………… 68

Ⅶ 法人住民税 ……………………………………… 70
  1 納税義務者 ……………………………………… 70
  2 均等割の税率 …………………………………… 71
  3 法人税割の課税標準および税率 ……………… 72
  4 繰り越し控除 …………………………………… 72
  5 2以上の市町村（または都道府県）への分割申告納付 … 73

Ⅷ 事 業 税 ……………………………………… 74
  1 内 容 ……………………………………… 74
  2 地方法人特別税等に関する暫定措置法（暫定措置法） … 74
  3 所得の算定 ……………………………………… 75
  4 税 率 ……………………………………… 75
  5 2以上の都道府県への分割申告の方法 ………… 76
  6 3以上の道府県への分割申告の方法 …………… 77

Ⅸ 固定資産税，都市計画税 ……………………… 78
  1 固 定 資 産 ……………………………… 78
  2 税 率 ……………………………………… 80
  3 免 税 点 ……………………………… 80
  4 生協における非課税の特例 …………………… 80
  5 償却資産の申告 ………………………………… 83
  6 都市計画税 ……………………………………… 83

Ⅹ 不動産取得税 …………………………………… 84

1	不動産とは …………………………………	84
2	不動産の取得とは ………………………………	84
3	納税義務者 ………………………………	84
4	取得の時期 ………………………………	84
5	生協に対する非課税の特例 …………………	85
6	課 税 標 準 ………………………………	85
7	税 率 ………………………………	86
8	免 税 点 ………………………………	86
9	申 告 義 務 ………………………………	86

XI 特別土地保有税 ……………………………… 88

1	納税義務者 ………………………………	88
2	取得後10年を経過した土地に対する不適用 …………	88
3	非 課 税 ………………………………	88
4	免 税 点 ………………………………	89
5	税 率 ………………………………	89
6	税額の計算 ………………………………	89
7	申 告 納 付 ………………………………	90
8	恒久的な建物等の用に供する土地にかかる 納税義務の免除 ………………………………	91

XII 事 業 所 税 ……………………………… 92

1	納税義務者 ………………………………	92
2	課 税 団 体 ………………………………	92
3	課 税 客 体 ………………………………	93
4	課 税 標 準 ………………………………	94
5	課税標準の特例（2分の1の特例） …………	95
6	免 税 点 ………………………………	96
7	免税点についての留意事項 ……………………	96
8	税率および税額の計算 …………………………	98
9	事業所税の非課税 ………………………………	98

10　申告および納付手続 ……………………………… 100

第2章　法人税法の基本的な事項

Ⅰ　法人税法の概要　……………………………………… 102
　　1　法人税の意義　………………………………………… 102
　　2　2種類の法人税　……………………………………… 102
　　3　法人税の納税義務者と納税義務の範囲　…………… 103
　　4　事業年度と納税地　…………………………………… 107
　　5　法人税法とその関連法令　…………………………… 108
Ⅱ　各事業年度の所得に対する法人税　………………… 111
　　1　各事業年度の所得の金額の計算　…………………… 111
　　2　益 金 の 額　…………………………………………… 111
　　3　損 金 の 額　…………………………………………… 112
　　4　別段の定め　…………………………………………… 113
　　5　確定決算原則と申告調整　…………………………… 115
　　6　実質所得者課税の原則　……………………………… 118
　　7　帳簿書類の保存，電子保存　………………………… 118

第3章　事 業 収 益

Ⅰ　収益の意義　…………………………………………… 124
　　1　収 益 と は　…………………………………………… 124
　　2　税法上の課税所得　…………………………………… 124
　　3　益 金 の 額　…………………………………………… 124
　　4　益金の額の計算の別段の定め　……………………… 125
Ⅱ　収益等の計上の単位　………………………………… 128
　　1　収益等の計上の単位に関する通則　………………… 128
　　2　資産の販売等にともない保証をした場合の
　　　　収益の計上の単位　…………………………………… 130

	3	技術役務の提供にかかる収益の計上の単位 …………	130
	4	ノウハウの頭金等の収益の計上の単位 …………	131
	5	ポイント等を付与した場合の収益の計上の単位 ……	131
Ⅲ		収益の額を益金の額に算入する時期…………	136
	1	目的物の引渡しの日または役務の提供の日（原則）……	136
	2	契約効力の生ずる日その他目的物の引渡し または役務の提供の日の近接日（収益経理した場合）…	139
	3	契約効力の生ずる日その他目的物の引渡し または役務の提供の日の近接日（申告調整した場合）…	140
	4	棚卸資産の販売にかかる収益 …………	142
	5	履行義務が一定の期間にわたり充足されるものの 収益の額の帰属 …………	143
	6	請負にかかる収益の帰属 …………	144
	7	商品引換券等 …………	145
	8	そ の 他 …………	149
Ⅳ		収益の額として益金の額に算入する金額 …………	156
	1	原 則 …………	156
	2	貸し倒れまたは買い戻しの可能性がある場合 …………	157
	3	資本等取引との関係 …………	158
	4	変 動 対 価 …………	158
	5	修正の経理 …………	165
	6	履行義務が一定の期間にわたり充足されるものの 収益の額の算定 …………	167
Ⅴ		そ の 他 …………	169
	1	工事の請負 …………	169
	2	リース譲渡にかかる収益および費用の帰属 …………	172
	3	返品調整引当金の廃止 …………	175
	4	長期割賦販売等にかかる収益および費用の帰属事業年度 …	175

第4章 事 業 経 費

Ⅰ 費　　用 ……………………………………………………… 178

　　1 費用（経費）の意義 ……………………………………… 178

　　2 損金と費用 ………………………………………………… 178

Ⅱ 供 給 原 価 …………………………………………………… 179

　　1 供 給 原 価 ……………………………………………… 179

　　2 商品引換券等を発行した場合の引き換え費用 ………… 180

　　3 仕入割り戻し ……………………………………………… 181

Ⅲ 人 件 費 ……………………………………………………… 183

　　1 役 員 給 与 ……………………………………………… 183

　　2 役員給与の損金不算入 …………………………………… 186

　　3 使用人（職員）の給料および賞与 ……………………… 196

　　4 役員退職給与 ……………………………………………… 197

　　5 使用人退職給与 …………………………………………… 201

　　6 退職金共済および退職企業年金契約の掛金 …………… 204

　　7 出向者，転籍者の給料，賞与および退職給与 ………… 205

　　8 福利厚生費 ………………………………………………… 210

Ⅳ 物 件 費 ……………………………………………………… 219

　　1 供給割戻費 ………………………………………………… 219

　　2 交際費（渉外費）………………………………………… 221

　　3 寄 附 金 ………………………………………………… 228

　　4 広告宣伝費（広報費） …………………………………… 235

　　5 旅費交通費 ………………………………………………… 238

　　6 租 税 公 課 ……………………………………………… 242

　　7 短期の前払費用 …………………………………………… 248

　　8 消耗品費等 ………………………………………………… 248

　　9 損害賠償金 ………………………………………………… 249

14

第5章 事業外収益

 1 受取配当等の益金不算入 ……………………………… 252

 2 還付金等の益金不算入 …………………………………… 260

 3 受 贈 益 ……………………………………………………… 260

第6章 事業外費用

 1 貸 倒 損 失 ………………………………………………… 264

第7章 資 産

Ⅰ 流 動 資 産 ………………………………………………… 268

 1 棚 卸 資 産 ………………………………………………… 268

 2 棚卸資産の取得価額 ……………………………………… 268

 3 棚卸資産の評価方法 ……………………………………… 270

 4 資産の評価損 ……………………………………………… 275

 5 有 価 証 券 ………………………………………………… 277

Ⅱ 固 定 資 産 ………………………………………………… 287

 1 固定資産の意義 …………………………………………… 287

 2 減価償却資産 ……………………………………………… 287

 3 非減価償却資産 …………………………………………… 290

 4 固定資産の取得価額 ……………………………………… 291

 5 資本的支出と修繕費 ……………………………………… 301

 6 減 価 償 却 ………………………………………………… 308

 7 借 地 権 …………………………………………………… 343

 8 リース取引 ………………………………………………… 354

Ⅲ 繰 延 資 産 ………………………………………………… 359

 1 繰延資産の意義 …………………………………………… 359

 2 繰延資産の内容と処理 …………………………………… 360

15

第8章　負債，引当金および資本

Ⅰ　負債，引当金 ……………………………………………………… 370

  1　組合員借入金（組合債） ……………………………………… 370

  2　引　当　金 ……………………………………………………… 372

  3　貸倒引当金 ……………………………………………………… 373

  4　賞与引当金 ……………………………………………………… 382

  5　未払い賞与 ……………………………………………………… 382

  6　退職給与引当金 ………………………………………………… 384

Ⅱ　資本（純資産） ………………………………………………… 385

  1　出資金と税法上の資本金等の額 ……………………………… 385

  2　会計上の剰余金と税法上の利益積立金 ……………………… 386

  3　欠　損　金 ……………………………………………………… 389

第9章　割り戻し

  1　出資額に応ずる割り戻し（出資配当） ……………………… 398

  2　利用分量に応ずる割り戻し（事業分量配当） ……………… 399

第10章　特殊な損益

  1　圧　縮　記　帳 ………………………………………………… 408

第11章　グループ税制

Ⅰ　100％グループ内の法人間の取引等 ………………………… 414

  1　概　　要 ………………………………………………………… 414

  2　完全支配関係 …………………………………………………… 415

Ⅱ　100％グループ内の法人間の資産の譲渡取引等 …………… 418

  1　概　　要 ………………………………………………………… 418

  2　譲渡損益調整資産 ……………………………………………… 418

3　譲渡利益額または譲渡損失額 ……………………………… 419

　　4　繰り延べられた譲渡利益額または
　　　譲渡損失額を計上しなければならない場合 ……………… 421

　　5　譲渡法人が譲受法人との間に
　　　完全支配関係を有しないこととなった場合 ……………… 424

　　6　通　知　義　務 …………………………………………… 426

Ⅲ　100％グループ内の法人間の寄附 ………………………… 432

　　1　概　　　要 …………………………………………………… 432

　　2　寄　附　修　正 ………………………………………………… 433

　　3　子会社等を整理する場合の損失負担等について ……… 438

Ⅳ　100％グループ内の法人間の受取配当等 ……………… 439

　　1　概　　　要 …………………………………………………… 439

　　2　負債利子の額の割合 ……………………………………… 440

　　3　負債利子控除の簡便計算 ………………………………… 441

Ⅴ　グループ税制にともなう中小特例の不適用……………… 442

　　1　概　　　要 …………………………………………………… 442

　　2　中小特例の対象となる中小法人 ………………………… 442

　　3　中小特例が不適用となる中小法人 ……………………… 442

第12章　消　費　税

　　1　概　　　要 …………………………………………………… 446

　　2　課税の対象 …………………………………………………… 446

　　3　非　課　税 …………………………………………………… 448

　　4　納税義務者 …………………………………………………… 449

　　5　課税標準と税率 …………………………………………… 451

　　6　課税標準額に対する消費税の計算 ……………………… 464

　　7　売上げ対価の返還等にかかる消費税額の控除 ………… 465

　　8　貸し倒れにかかる消費税額の控除 ……………………… 467

	9	仕入れにかかる消費税額の控除	469
	10	仕入れ対価の返還等にかかる税額	476
	11	簡易課税制度	477
	12	納付税額の計算	480
	13	申告，納付	481
	14	消費税の会計処理	484

第13章　税額の計算，申告，納付等

	1	税額の計算	490
	2	申告，納付，還付等	508
	3	法人税等の申告書等の 電子情報処理組織による提出義務	520
	4	電子申告のための環境整備	528
	5	更正，決定，附帯税	533
	6	国税の調査	540
	7	処分の理由附記	542
	8	不服申し立ておよび訴訟	543

資　　料

Ⅰ	耐用年数表（抜粋）	546
	機械及び装置以外の有形減価償却資産の耐用年数表抜粋	546
	機械及び装置の耐用年数表	562
	無形減価償却資産の耐用年数表	567
Ⅱ	印紙税法（別表第一　課税物件表抜粋）	568
Ⅲ	印紙税法基本通達（別表第二）	584
Ⅳ	収益等の計上に関する改正通達 （法人税基本通達第2章第1節）の新旧対応表	587

凡　例

本書において，法令等を引用した場合には，次の表記としています。

法　令　等	文　　中	条文引用
国税通則法	国税通則法第1条第1項第1号	国1①一
国税通則法施行令	国税通則法施行令第1条第1項第1号	国令1①一
国税通則法基本通達	国税通則法基本通達第1条関係1	国通第1条関係1
所得税法	所得税法第1条第1項第1号	所1①一
所得税法施行令	所得税法施行令第1条第1項第1号	所令1①一
所得税法施行規則	所得税法施行規則第1条第1項第1号	所規1①一
所得税基本通達	所得税基本通達1-1-1	所基通1-1-1
法人税法	法人税法第1条第1項第1号	法1①一
法人税法施行令	法人税法施行令第1条第1項第1号	令1①一
法人税法施行規則	法人税法施行規則第1条第1項第1号	規1①一
法人税基本通達	法人税基本通達1-1-1	基通1-1-1
地方法人税法	地方法人税法第1条第1項第1号	地法1①一
地方法人税法施行令	地方法人税法施行令第1条第1項第1号	地法令1①一
租税特別措置法	租税特別措置法第1条第1項第1号	措法1①一
租税特別措置法施行令	租税特別措置法施行令第1条第1項第1号	措令1①一
租税特別措置法施行規則	租税特別措置法施行規則第1条第1項第1号	措規1①一
租税特別措置法通達	租税特別措置法通達1-1-1	措通1-1-1
社会保障の安定財源の確保等を図る税制の抜本的な改革を行うための消費税法の一部を改正する等の法律	社会保障の安定財源の確保等を図る税制の抜本的な改革を行うための消費税法の一部を改正する等の法律第1条第1項第1号	税制抜本改革法1①一

19

法　令　等	文　　中	条文引用
消費税法	消費税法第1条第1項第1号	消1①一
消費税法施行令	消費税法施行令第1条第1項第1号	消令1①一
消費税法施行規則	消費税法施行規則第1条第1項第1号	消規1①一
消費税法基本通達	消費税法基本通達1-1-1	消基通1-1-1
印紙税法	印紙税法第1条第1項第1号	印1①一
印紙税法施行令	印紙税法施行令第1条第1項第1号	印令1①一
印紙税法基本通達	印紙税法基本通達1-1-1	印基通1-1-1
地方税法	地方税法第1条第1項第1号	地1①一
地方税法施行令	地方税法施行令第1条第1項第1号	地令1①一
地方税法施行規則	地方税法施行規則第1条第1項第1号	地規1①一
地方法人特別税等に関する暫定措置法	地方法人特別税等に関する暫定措置法第1条第1項第1号	暫定措置法1①一
行政不服審査法の施行に伴う関係法律の整備等に関する法律	行政不服審査法整備法第1条第1項第1号	整備法1①一
減価償却資産の耐用年数等に関する省令	減価償却資産の耐用年数等に関する省令第1条第1項第1号	耐用年数省令1①一
耐用年数の適用等に関する取扱通達	耐用年数の適用等に関する取扱通達1-1-1	耐通1-1-1

※　「附」がついている場合は「附則」を意味します。

※　その他の法令等も，上記に準じています。

第1章

生協に関係のある税金

Ⅰ

国税と地方税

　税金は，いろいろな角度から分類されるが，大別すると国税と地方税の二つに分けられる。

　国税および地方税について分類別に列挙してみると，下表のとおりである。

1　国　　　税

分　類	内　　容	税　　　目	
収得税	収入を得ているという事実にもとづいて課税	①所得税 ②法人税 ③地方法人税	
財産税	財産をもっているという事実にもとづいて課税	①相続税 ②贈与税 ③地価税	
消費税	特定の消費をする事実にもとづいて課税	①消費税 ②酒税 ③たばこ税 ④揮発油税	⑤航空機燃料税 ⑥石油ガス税 ⑦石油税 ⑧関税
流通税	特定の財の移転という事実にもとづいて課税	①有価証券取引税 ②取引所税 ③とん税	④印紙税 ⑤自動車重量税 ⑥登録免許税
目的税	特定の経費にあてる目的で課税	①地方道路税 ②特別とん税	③電源開発促進税
附帯税	国税の適正な納付を保障するために本税に附加して課税	①過少申告加算税 ②無申告加算税 ③不納付加算税	④重加算税 ⑤延滞税 ⑥利子税

22

第1章　生協に関係のある税金

2　地　方　税

分　　類		都道府県税	市町村税
普通税	収得税	①都道府県民税 ②事業税	①市町村民税 ②鉱産税
	財産税	①固定資産税（特例分） ②自動車税 ③鉱区税 ④狩猟者登録税	①固定資産税 ②軽自動車税 ③特別土地保有税（保有分）
	消費税	①都道府県たばこ税 ②ゴルフ場利用税 ③地方消費税	市町村たばこ税
	流通税	不動産取得税	特別土地保有税（取得分）
目的税		①自動車取得税 ②軽油引取税 ③狩猟税 ④水利地益税	①事業所税 ②入湯税 ③都市計画税 ④水利地益税 ⑤共同施設税 ⑥宅地開発税

Ⅱ その他の税金の分類

1 直接税と間接税

　租税の転嫁を中心にした分類である。課税権者が，税負担が転嫁することを予定していないものを直接税，予定しているものを間接税という。つまり，税金を納付する者と負担する者が同一であることを予定しているものが直接税であり，納付する者と実質的負担者とが異なることを予定しているものが，間接税ということになる。

　直接税には，所得税，法人税，地方法人税，相続税，贈与税，都道府県民税，市町村民税，固定資産税，自動車税等がある。

　間接税には，消費税，酒税，たばこ税等がある。

2 比例税，累進税，逆進税

　税率を中心とした分類である。課税標準に対して賦課される税率が一定率のものを比例税といい，法人税がこれに属する。課税標準の増大にともなって税率が増大するものを累進税といい，所得税，印紙税などがこれに属する。反対に，課税標準の増大にともなって税率が低下するものを逆進税という。消費税，住民税の均等割などは，実質的には逆進税である。

　※　課税標準とは，課税対象とされる物，行為または事実を，金額または数量で表わしたものをいい，税額計算の基礎となるものである。課税標準に税率を適用することによって，税額が得られる。

第1章　生協に関係のある税金

３　そ　の　他

　その他の分類として，従量税と従価税，人税と物税，独立税と附加税等があるが，内容については省略する。

Ⅲ 法　人　税

本書101頁以下を参照のこと。

第1章　生協に関係のある税金

Ⅳ 所　得　税

1　納税義務者

　所得税の納税義務者は，原則として個人である。ただし例外として，法人および人格のない社団等も所得税の納付義務を負うことがある。たとえば，利子，配当等に対しては所得税の源泉徴収がなされるが，その源泉徴収された所得税は，法人にとっては法人税との二重課税になるから，原則として，法人税から控除されることになる。

　たとえば，配当金の支払いを受ける時は，所得税および復興特別所得税として20.42％が源泉徴収され，いわゆる税引後の金額を受け取ることになる。これは，支払う相手方が法人であるか個人であるかをいちいち区別することが容易でないために，制度上このように一応源泉徴収することになっているのである。

　この源泉徴収された所得税および復興特別所得税は，確定申告書において法人税から控除するか，または還付（欠損の場合）を受けることになる。

2　所　　得

　所得税法で所得とは，1年間（1月1日から12月31日まで）の総収入からその収入をあげるために必要な経費を差し引いた残額をいう。算式を示すと，つぎのとおりである。

> 所得＝収入金額－必要経費

27

| 3 | 所得の種類と源泉徴収 |

（1）利子所得

　利子所得とは，預貯金の利子，公社債の利子，合同運用信託の収益の分配，公社債投資信託の収益の分配および公募公社債等運用投資信託の収益の分配にかかる所得をいう（所23）。

　※　組合債（組合員借入金）の利子は，組合員にとっては，利子所得ではなく，雑所得に該当する。

　利子所得は，非課税とされるものを除き，他の所得と分離して課税され，他の所得と総合せず，源泉徴収された税額だけで納税が完了する（措法3）。

源泉徴収される税率…15.315%

（2）配当所得

　配当所得とは，株式などの剰余金の配当，利益の配当，剰余金の分配，投資信託（公社債投資信託等は除かれる。）の収益の分配などにかかる所得をいう（所24）。

　※　剰余金の分配には，生協（連合会を含む。）が行う出資額に応じる割戻し金（出資配当金）が含まれる。

①　法人の利益または剰余金などの分配

　総（代）会等の決議があった日にその収入金額が生じたものとして計算される。

②　確定申告を要しない配当所得

　居住者が，内国法人（生協を含む。）から支払いを受けるべき配当

所得については，その者の所得税の計算上，1回に支払いを受けるべき金額が10万円に配当計算期間（その配当等の直前にその内国法人から支払いがされた配当等の支払いの基準日の翌日からその内国法人から支払いがされるその配当等の支払いの基準日までの期間をいう。）の月数を乗じてこれを12で除して計算した金額以下である配当所得を除外して総所得金額を計算することができる。

　この制度は，その年分の確定申告をする段階で，納税者の任意で除外することができるのであるから，もし，これら10万円に配当計算期間の月数を乗じてこれを12で除して計算した金額以下の配当所得（出資配当金など）を総所得金額に算入するほうが有利であるときには，総所得金額に算入し，配当控除を受けることも，また所得税および復興特別所得税の還付を受けることもできる（措法8の5）。

③　源泉徴収される税率

　イ　未上場株式等の配当所得
　　20.42％（所182，復興財確法27）

　ロ　上場株式等の配当等
　　15.315％＋道府県民税利子割5％（措法9の3，地71の28，地平成20年附則3）
　　※　道府県民税利子割（地方税）は，法人に対する配当については特別徴収されない。

④　未払配当にかかる所得税の源泉徴収と納付
　配当所得となる配当等を支払う際に源泉徴収をした所得税は，所得税徴収高計算書（納付書）によって，その配当を支払った月の翌月10日までに納付する。ただし，総（代）会で配当を支払うことを決議し

た日など，その配当所得の支払いの確定した日から1年を経過した日までにその支払いがない場合には，その1年を経過した日にその支払いがあったものとみなして，その未払配当についての所得税および復興特別所得税の源泉徴収をしなければならない（所181）。

（3）不動産所得

不動産所得とは，土地，建物などの不動産，あるいは不動産の上に存する権利（地上権，永小作権など）を貸し付けることによって生ずる所得をいう。

一方，不動産等の貸し付けによる所得であっても，事業所得または譲渡所得に該当するものは不動産所得とはされない（所26）。

（4）事業所得

農業，漁業，製造業，卸売業，小売業，サービス業等，いわゆる事業から生ずる所得をいう（所27）。

（5）給与所得

給与所得とは，俸給，給料，賃金，歳費，賞与およびこれらの性質を有する給与にかかる所得である（所28）。

（6）退職所得

退職所得とは，退職手当，一時恩給その他退職により一時に受ける給与やこれらの性質を有する給与をいう（所30①）。そのほか，厚生年金保険法にもとづく一時金など社会保険制度等にもとづく一時金や確定給付企業年金法にもとづき生命保険会社または信託会社から受ける退職一時金も，退職手当等とみなされる（所31）。

第1章　生協に関係のある税金

（7）山林所得

　5年をこえる期間所有していた山林を伐採して譲渡し，または立木の
まま譲渡することによって生ずる所得をいう。ただし，山林をその取得
の日から5年以内に伐採または譲渡することによる所得は，事業所得ま
たは雑所得とされる（所32）。

（8）譲渡所得

　譲渡所得とは，土地，借地権，家屋，機械，器具備品等の資産を譲渡
することによって生ずる所得をいう（所33①）。

　なお，譲渡した資産の保有期間が5年以内であるか否かによって，そ
れぞれ短期譲渡所得と長期譲渡所得に区分される（所33③）。

　また，譲渡所得には，譲渡所得の計算の特例が設けられている（土
地・建物などの交換の特例，分離課税の特例，土地を収用された場合の
特例，居住用財産の場合の特例等）。

（9）一時所得

　法人から贈与を受けた金品・賞金・懸賞当せん金・生命保険の一時金
等のような一時の所得で，労務その他の役務または資産の譲渡の対価と
しての性質をもたないものをいう（所34，所基通34-1）。

　一時所得の金額＝（総収入金額）－（収入を得るため支出した金額）

　　　　　　　　　　－（一時所得の特別控除額）

　　※　特別控除額は通常50万円

（10）雑 所 得

　雑所得とは，上記の利子，配当，不動産，事業，給与，退職，山林，
譲渡，一時の各所得のいずれにも該当しない所得をいう（所35）。

　雑所得の主なものは，公的年金等，非営業貸金の利子および著述家以

31

外の者の原稿料，印税等による所得である。組合員借入金に対する利子もこれに含まれる（所基通35－1）。

4 特殊な給与の取り扱い

　雇用契約もしくは雇用関係等にもとづいて支給されるものであっても，その性質上課税されないものがある。

（1）労働基準法の規定による補償金等

　労働基準法第8章（災害補償）の規定により受ける療養補償，休業補償，障害補償，打切補償，分割補償（障害補償にかかる部分に限る。），遺族補償および葬祭料については課税されない（所9①三，所令20①，所基通9－1）。

（2）通勤手当等

　役員または使用人に支給する通勤手当や通勤用定期乗車券等は，勤務に関連して給付されるものであるから，給与所得として課税の対象とされるが，つぎの通勤手当の区分に応じ，それぞれ1カ月あたりつぎの金額までは課税されないことになっている（所9①五，所令20の2）。

第1章　生協に関係のある税金

区　　分		課税されない金額
①　交通機関または有料道路を利用している者に支給する通勤手当		1カ月あたりの合理的な運賃等の額（最高限度150,000円）
②　自転車や自動車等の交通用具を使用している者に支給する通勤手当	片道2km未満	（全額課税）
	片道2km以上10km未満	4,200円
	片道10km以上15km未満	7,100円
	片道15km以上25km未満	12,900円
	片道25km以上35km未満	18,700円
	片道35km以上45km未満	24,400円
	片道45km以上55km未満	28,000円
	片道55km以上	31,600円
③　交通機関を利用している者に支給する通勤定期乗車券		1カ月あたりの合理的な運賃等の額（最高限度150,000円）
④　交通機関または有料道路を利用するほか，交通用具も使用している者に支給する通勤手当や通勤用定期乗車券		1カ月あたりの合理的な運賃等の額と②の金額との合計額（最高限度150,000円）

※　上表の運賃等の額には，新幹線を利用した場合の運賃（特急料金を含む。）の額も含まれるが，グリーン料金は含まれない（所基通9－6の3（注））。

（3）非常勤役員等の出勤のための費用

　常には出勤することを要しない役員，顧問，相談役または参与に対し，その勤務する場所に出勤するために行う旅行，宿泊等に要する費用にあてるものとして支給される金品で，その支給について社会通念上合理的な理由があると認められた場合に支給されるものについては，その支給する金品のうち，その出勤のために直接必要であると認められる部分に限り課税されない（所9①四，所基通9－5）。

（4）使用人等に学資金等として支給される金品

　役員または使用人に対してこれらの者の修学のため，またはこれらの者の子弟の修学のための学資金等として支給される金品（その子弟に対

33

して直接支給されるものを含む。）は，家族手当と同様の性質を有するものであるから，給与として課税される（所9①十五，所基通9－14）。

（5）使用人に対し学資にあてるために支給する金品

生協が使用人に対しその者の学校教育法第1条（学校の範囲）に規定する学校（大学および高等専門学校を除く。）における修学のための費用にあてるものとして支給する金品で，その修学のための費用として適正なものについては，役員または使用人である個人の親族のみをその対象とする場合を除き，課税されない（所9①十五，所基通9－16）。

（6）相続財産とされる死亡者の給与等および退職手当等

死亡した者にかかる給与等，公的年金等および退職手当等で，その死亡後に支給期の到来するもののうち相続税法の規定により相続税の課税価格計算の基礎に算入されるものについては課税されない（所基通9－17）。

（7）葬祭料，香典，災害等の見舞金

生協から役員または使用人に贈られる葬祭料や香典，災害等の見舞金は，その金額が社会通念上相当と認められるものについては，課税されない（所令30①三，所基通9－23）。

（8）結婚祝金品等

役員または使用人に対し雇用契約等にもとづいて支給される結婚，出産等の祝金品は，給与等とされる。ただし，その金額が支給を受ける者の地位等に照らし，社会通念上相当と認められるものについては課税されない（所基通28－5）。

第1章　生協に関係のある税金

（9）給与等の受領を辞退した場合

給与等の支払いを受けるべき者がその給与等の全部または一部の受領を辞退した場合には，その支給期の到来前に辞退の意思を明示して辞退したものに限り，課税されない（所基通28−10）。

5　経済的利益（現物給与）の取り扱い

給与等には，現金支給によるものではなく，金銭以外の物または権利その他経済的な利益によるものも含まれる。これらを，一般に現物給与というが，この現物給与については，つぎのように個々の態様に応じた取り扱いが設けられている（所36）。

（1）永年勤続者の記念品等

永年勤続した役員または使用人の表彰にあたり，その記念として旅行，観劇等に招待し，または記念品を支給することによりその役員または使用人が受ける利益で，つぎに掲げる要件のいずれにも該当するものについては，課税されない（所基通36−21）。

> イ　その利益の額が，その役員または使用人の勤続期間に照らし，社会通念上相当と認められること。
> ロ　その表彰が，おおむね10年以上の勤続年数の者を対象とし，かつ，2回以上表彰を受ける者については，おおむね5年以上の間隔をおいて行われるものであること。
> ハ　現物で支給すること（金銭を支給した場合には課税される。）。

（2）創業記念品等

役員または使用人に対し創業記念，工事完成記念または合併記念等に際し，その記念として支給する記念品で，つぎに掲げる要件のいずれに

も該当するものについては，課税されない（所基通36-22）。

> イ その支給する記念品が社会通念上記念品としてふさわしいものであり，
> かつ，そのものの価額（処分見込価額により評価した価額）が10,000円
> 以下のものであること。
> ロ 創業記念のように一定期間ごとに到来する記念に際し支給する記念品
> については，創業後相当な期間（おおむね5年以上の期間）ごとに支給
> するものであること。
> ハ 現物で支給すること（金銭を支給した場合には課税される。）。

（3）商品，製品等の値引販売

役員または使用人に対し生協の取り扱う商品，製品（有価証券および
食事を除く。）の値引販売をすることにより供与する経済的利益で，つ
ぎの要件のいずれにも該当する値引販売により供与するものについては，
課税されない（所基通36-23）。

> イ 値引販売にかかる価額が，生協の取得価額以上であり，かつ，通常他
> に販売する価額に比し著しく低い価額（通常他に販売する価額のおおむ
> ね70％未満）でないこと。
> ロ 値引率が，役員もしくは使用人の全部につき一律に，またはこれらの
> 者の地位，勤続年数等に応じて全体として合理的なバランスが保たれる
> 範囲内の格差を設けて定められていること。
> ハ 値引販売をする商品等の数量は，一般の消費者が自己の家事のために
> 通常消費すると認められる程度のものであること。

（4）残業または宿日直をした者に支給する食事

残業または宿日直をした者（その者の通常の勤務時間外における勤務
としてこれらの勤務を行った者に限る。）に対し，これらの勤務をする

第1章　生協に関係のある税金

ことにより支給する食事については，課税されない（所基通36−24）。

（5）利息相当額の評価（住宅貸し付け等）

　生協が役員または使用人に金銭を無利息または通常よりも低い利率で貸し付けた場合には，通常の利率により計算した利息と実際に徴収した利息との差額に相当する経済的利益が，その貸し付けを受けた者の給与とされる。

　この場合の通常の利率により計算した利息については，その金銭が生協において他から借り入れて貸し付けたものであることが明らかな場合には，その借入金の利率により，その他の場合には，各年の前々年の10月から前年の9月までの各月における銀行の新規の短期貸出約定平均金利の合計を12で除して得た割合として各年の前年の12月15日までに財務大臣が告示する割合に，年1％の割合を加算した割合により評価する（所基通36−49，措法93②）。

（6）金銭の無利息貸し付け等

　役員または使用人に対し金銭を無利息または低い金利による利息で貸し付けたことにより，その貸し付けを受けた役員または使用人が受ける経済的利益で，つぎに掲げるものについては，課税されない（所基通36−28）。

イ　災害，疾病等により臨時的に多額な生活資金を要することとなった役員または使用人に対し，その資金にあてるために貸し付けた金額につき，その返済に要する期間として合理的と認められる期間内に受ける経済的利益

ロ　役員または使用人に貸し付けた金額について，生協における借入金の平均調達金利（たとえば，生協が貸し付けを行った日の前年中または前事業年度中における借入金の平均残高に占めるその前年中または前事業

37

年度中に支払うべき利息の額の割合など合理的に計算された利率をいう。）など合理的と認められる貸付利率を定め，これにより利息を徴している場合に生じる経済的利益

ハ　イ，ロの貸付金以外の貸付金につき受ける経済的利益で，その年またはその事業年度における利益の合計額が5,000円以下（事業年度が1年に満たないときは「$5,000円 \times \dfrac{その事業年度の月数}{12}$の金額以下」）のもの

（7）住宅の貸与

役員や使用人に社宅・寮等を提供して家賃・部屋代等を徴収しない場合や，通常の家賃よりも低い額の家賃等しか徴収しない場合には，通常支払われるべき賃貸料相当額と実際に徴収している家賃等との差額に相当する金額が，経済的利益として課税される。この賃貸料相当額の評価については，役員住宅と使用人住宅とに区別した取り扱いがなされている。

①　使用人住宅等

使用人に貸与する住宅等にかかる賃貸料相当額は，つぎの算式により計算する（所基通36-41，36-45）。

イ　純家賃相当額（月額）＝その年度の家屋の固定資産税の課税標準額

$\times 0.2\% + 12円 \times \dfrac{その家屋の総床面積（\text{m}^2）}{3.3\text{m}^2}$

ロ　地代相当額（月額）＝その年度の敷地の固定資産税の課税標準額×0.22%

ハ　賃貸料相当額（月額）＝イ＋ロ

※　生協が使用人から上記の賃貸料相当額の2分の1相当額以上の家賃を徴収していれば，経済的利益はないものとされ，課税されない（所基通36-47）。

第1章　生協に関係のある税金

※　使用人に貸与している住宅等が他から借り上げたものである場合でも，賃貸料相当額は上記の算式によって計算する。

※　固定資産税の課税標準額が改訂されたときは，その改訂後の課税標準額にかかる固定資産税の第1期の納期限の属する月の翌月からその改訂後の課税標準額をもとにして計算する（所基通36-42）。ただし，その改訂された額が，現に計算の基礎となっている課税標準額に比して20％以内の増減にとどまるときは，改訂しなくてもよいとされている（所基通36-46）。

② 役員住宅等（小規模住宅等の場合）

　役員に貸与する住宅等が小規模住宅等の場合の賃貸料相当額は，つぎの算式によって計算する（所基通36-40，36-41）。この場合の小規模住宅とは，木造家屋にあっては132㎡以下のものをいい，木造家屋以外の家屋にあっては99㎡以下のものをいう。また，その住宅が2以上の世帯を収容する構造のもの（マンション，アパート等）の場合には，1世帯として使用する部分の床面積によって，小規模かどうかを判定する。

> 賃貸料相当額＝①の使用人住宅等の場合と同様の算式により計算した金額

※　他から借り上げた住宅を貸与している場合の計算も同様である。

※　固定資産税の課税標準額が改訂された場合には，使用人の場合とは異なり，そのつど賃貸料相当額を改訂しなければならない。改訂時期は，①の※を参照のこと。

※　マンション等の場合には，専用面積だけでなく，廊下，階段等の共用部分の面積も合理的にあん分し，それを含めて判定する。

※　役員の場合には，使用人と異なり，賃貸料相当額の50％以上を徴収すればよい，という特例は認められていない。このため，その全額を徴収しなければ課税される。

③　役員住宅等（小規模住宅等以外の住宅の場合）

　生協が，自己の所有している住宅等を貸与している場合の賃貸料相当額は，つぎの算式によって計算する（②に該当するものを除く。所基通36－40）。

イ　純家賃相当額（月額）＝その年度の家屋の固定資産税の課税標準額　　×12％（木造家屋以外の家屋は10％）×$\frac{1}{12}$

ロ　地代相当額（月額）＝その年度の敷地の固定資産税の課税標準額　　×6％×$\frac{1}{12}$

ハ　賃貸料相当額（月額）＝イ＋ロ

　※　実際に徴収している賃貸料の額がハに満たないときは，その差額に相当する金額が経済的利益として課税される。

　※　固定資産税の課税標準額が改訂された場合には，そのつど，賃貸料相当額を改訂しなければならない（所基通36－42）。

④　役員住宅等（借り上げ住宅の場合）

　生協が，他から借り上げた住宅等を貸与している場合（小規模住宅等に該当するものを除く。）の賃貸料相当額は，つぎのとおりである（所基通36－40）。

---

③のハの金額。

　ただし，生協が他から借り受けて貸与した住宅等で生協の支払う賃借料の額の50％に相当する金額が③のハの金額をこえるものについては，その50％に相当する金額とする。

　※　借り上げ料に冷暖房費や水道光熱費その他家賃以外の個人的生活費用が含まれている場合には，それらの費用を除いて借り上げ料を計算する。

第1章　生協に関係のある税金

⑤　役員住宅についての特例

　役員住宅については，一部を生協の業務に使用している場合の特例，プール計算の特例などが認められている（所基通36-43，36-44）。

　※　プール計算とは，生協が住宅を貸与したすべての役員から，その貸与した住宅の状況に応じバランスのとれた賃貸料を徴収していて，その合計額が，②から④により計算した通常の賃貸料の合計額以上であれば，すべての役員について，住宅の貸与による経済的利益はないものとされる。つまり，個々の役員の判定は不要となる。

（8）レクリエーションの費用

　役員または使用人のレクリエーションのために社会通念上一般的に行われていると認められる会食，旅行，演芸会，運動会等の行事の費用を負担することにより，これらの行事に参加した役員または使用人が受ける経済的利益については，生協が，その行事に参加しなかった役員または使用人（生協の業務の必要にもとづき参加できなかった者を除く。）に対しその参加に代えて金銭を支給する場合または役員だけを対象としてその行事の費用を負担する場合を除き，課税されない。

　なお，上記の行事に参加しなかった者（生協の業務の必要にもとづき参加できなかった者を含む。）に支給する金銭については，給与等として課税される（所基通36-30，36-50）。

　※　任意の不参加者に対し，参加に代えて金銭を支給する場合には，参加者にも給与の支払いがあったこととされるので注意が必要である。

（9）生協が契約する生命保険の保険料

①　養老保険の保険料

　生協が自己を契約者とし，役員または使用人（これらの者の親族を含む。）を被保険者とする養老保険（被保険者の死亡または生存を保

41

険事故とする生命保険をいい，傷害特約等の特約が付されているもの
を含むが，定期付養老保険を除く。）に加入してその保険料を支払っ
た場合には，つぎのとおり取り扱われる（所基通36−31）。

イ　保険金の受取人が生協である場合…課税されない。
ロ　保険金の受取人が被保険者またはその遺族である場合…その保険料の
　　額（傷害特約等の特約にかかる保険料の額を除く。）に相当する金額が給
　　与として課税される。
ハ　死亡保険金の受取人が被保険者の遺族で，生存保険金の受取人が生協
　　の場合…課税されない。ただし，役員または特定の使用人（これらの者
　　の親族を含む。）のみを被保険者としている場合には，その保険料の額の
　　2分の1に相当する金額が給与として課税される。

② **定期保険の保険料**

　　生協が，自己を契約者とし，役員または使用人（これらの者の親族
を含む。）を被保険者とする定期保険（一定期間内における被保険者
の死亡を保険事故とするいわゆる掛け捨て保険をいい，傷害特約等の
特約が付されているものを含む。）に加入してその保険料を支払った
場合には，つぎのとおり取り扱われる（所基通36−31の2）。

イ　死亡保険金の受取人が生協である場合…課税されない。
ロ　死亡保険金の受取人が被保険者の遺族である場合…課税されない。
　　ただし，役員または特定の使用人（これらの者の親族を含む。）のみを被
　　保険者としている場合には，その保険料の額に相当する金額が，その役
　　員または使用人に対する給与として課税される。

③ **定期付養老保険の保険料**

　　生協が，自己を契約者とし，役員または使用人（これらの者の親族

第1章　生協に関係のある税金

を含む。）を被保険者とする定期付養老保険（養老保険に定期保険を
付したものをいう。）に加入してその保険料を支払った場合には，つ
ぎのとおり取り扱われる（所基通36－31の3）。

イ　養老保険料の額と定期保険にかかる保険料の額に区分される場合
　…それぞれの保険料の支払いがあったものとして取り扱われる。
ロ　保険料が区分されていない場合
　…養老保険として取り扱われる。

---

④　**生命保険の特約保険料**

　生協が，自己を契約者とし，役員または使用人（これらの者の親族
を含む。）を被保険者とする傷害特約等の特約を付した養老保険，定
期保険，定期付養老保険に加入し，その特約にかかる保険料を支払っ
た場合には，経済的利益はないものとして課税されない（所基通36－
31の4）。ただし，役員または特定の使用人（これらの者の親族を含
む。）のみを，その傷害特約等にかかる給付金の受取人としている場
合には，その保険料の額に相当する金額が，給与として課税される。

⑤　**生命共済等への準用**

　①～④までの取り扱いは，共済事業を行う生協の締結した生命共済
にかかる契約について準用される（所基通36－31の6，所76⑤，所令
210）。

(10)　生協が契約する損害保険契約の保険料

　生協が自己を契約者とし，役員または使用人のために，つぎに掲げる
一定の損害保険契約または共済契約（満期返戻金，満期共済金等の給付
金がある場合には，その受取人が生協となっているものに限る。）にか
かる保険料等を支払った場合の経済的利益については課税されない。た

43

だし，役員または特定の使用人のみを対象としている場合にはその支払った保険料等の金額が，給与等として課税される（所基通36－31の7）。

> イ　役員または使用人（これらの者の親族を含む。）の身体を保険の目的とする一定の保険契約および介護医療保険契約等
> ロ　役員または使用人（これらの者の親族を含む。）の身体を保険もしくは共済の目的とする損害保険契約または共済契約
> ハ　役員や使用人の地震保険料控除に規定する家屋または資産（役員または使用人から賃借している建物等でその役員または使用人に使用させているものを含む。）を保険もしくは共済の目的とする損害保険契約または共済契約

(11) 使用人が契約する保険契約等

　使用人等が負担すべきつぎに掲げるような保険料または掛金を生協が負担した場合には，その負担した保険料等の金額が給与等として課税される（所基通36－31の8）。

> イ　役員または使用人が契約した生命保険契約等（確定給付企業年金規約，適格退職年金契約にかかるものを除く。）または損害保険契約等にかかる保険料または掛金
> ロ　社会保険料（社会保険料控除の対象になるもの）
> ハ　小規模企業共済等掛金

(12) 少額な保険料等

　生協が役員または使用人のために，つぎに掲げる保険料または掛金を負担することによりその役員または使用人が受ける経済的利益については，その者につきその月中に負担する金額の合計額が300円以下である場合に限り，課税されない。ただし，生協が役員または特定の使用人

第1章　生協に関係のある税金

（これらの者の親族を含む。）だけを対象として保険料または掛金を負担することによりその役員または使用人が受ける経済的利益については，給与として課税される（所基通36－32）。

> イ　健康保険法，雇用保険法，厚生年金保険法または船員保険法の規定により役員または使用人が被保険者として負担すべき保険料
> ロ　生命保険契約等または損害保険契約等にかかる保険料または掛金（上記の（**9**）の①〜⑤，（**10**）により課税されないものを除く。）

（13）役員または使用人の行為に基因する損害賠償金等

役員または使用人の行為に基因する損害賠償金や慰謝料，示談金等およびこれらに関連する弁護士の報酬等の費用を負担することにより，役員または使用人に対して供与する経済的利益については，つぎのとおり取り扱われる（所基通36－33）。

> イ　その行為が生協の業務の遂行に関連するものであって，その行為者に故意や重過失がない場合には課税されない。
> ロ　その行為がイ以外のものである場合には，その負担する金額は給与として課税される。ただし，その行為者の支払能力等からみてやむを得ず生協が負担したと認められる部分の金額については，課税されない。

（14）食事の支給

役員または使用人に対して支給する食事については，その食事の価額が給与として課税される。この場合において生協が役員または使用人に対して支給した食事（残業または宿日直をした者に支給する食事は除く。）につきその役員または使用人から実際に徴収している対価の額が，つぎの方法により評価したその食事の価額の50％相当額以上である場合には，その役員または使用人が食事の支給により受ける経済的利益はな

45

いものとする。ただし，その食事の価額からその実際に徴収している対価の額を控除した残額（生協の負担額）が月額3,500円をこえるときは，給与として課税される（所基通36-38の2）。この場合の食事の価額の評価は，つぎのとおりである（所基通36-38）。

> イ　生協が調理して支給する場合…その食事の主食，副食，調味料等に要した，いわゆる直接費に相当する額により評価する。
> ロ　生協が飲食店等から購入して支給する場合…その食事の購入価額に相当する金額により評価する。

6　給与所得の源泉徴収

　給与所得に対する所得税は，生協がその支払いの際に源泉徴収をし，その徴収した税額は翌月10日（納期の特例の適用があるときは，その納期限）までに納付することとなっている（所183①）。さらにその年最後に給与を支払う際にその源泉徴収をした税額の過不足額を年末調整により精算することになる（所190）。

（1）給与等を分割して支払う場合の税額計算

　支給総額が確定している給与等を分割して支払う場合の各支払いの際徴収すべき税額は，その確定している支給総額に対する税額を各回の支払額にあん分して計算することになる（所基通183～193共-1）。

（2）概算により給与等を支払う場合の税額の計算

　支給総額が確定していない給与等について，とりあえず概算で支払っておき，その確定後精算するような場合の所得税の源泉徴収の方法は，つぎのとおりである（所基通183～193共-2）。

第1章　生協に関係のある税金

> イ　最初に概算により支払う給与…その給与等の社会保険料控除後の金額
> 　に対して徴収すべき税額を税額表で求める。
> ロ　第2回以降に支払う給与等…すでに支払った給与等と今回支払う給与
> 　等との社会保険料控除後の金額の合計額に対する税額表によって求めた
> 　税額から，その時までにすでに源泉徴収した税額を控除する。

（3）未払いとなっている役員賞与等の取り扱い

　未払いとなっている役員賞与についての源泉徴収の時期も，原則として，実際に支払った時となる。ただし，役員賞与（損金不算入とされたもの）で未払いのまま権利確定の日から1年を経過したものについては，その1年を経過した日においてその支払いがあったものとして，所得税の源泉徴収をしなければならないことになっている（所183②）。

（4）派遣役員等の給与等に対する源泉徴収

　生協が自己の役員または使用人を他の者のもとに派遣した場合において，その派遣先がその役員または使用人に対して支払う給与等のいっさいを派遣した生協に支払い，その生協から役員または使用人に対し給与等を支払うこととしているときは，その派遣先が派遣した生協に支払う給与等に相当する金額については源泉徴収を要しない（所基通183～193共－3）。

（5）給与に対する所得税の源泉徴収のしかた

　給与に対する所得税を計算するために源泉徴収税額表が定められている。したがって，実務では，この源泉徴収税額表によって源泉徴収所得税の額を求めることになる（所185①）。

　源泉徴収税額表のしくみとその適用区分，適用方法をまとめるとつぎのとおりとなる（所別表第二，所別表第三）。

47

イ しくみ

種　類	欄の区分	種　類	欄の区分
月　額　表	甲　欄	日　額　表	甲　欄
	乙　欄		乙　欄
			丙　欄

ロ　適用区分と適用方法

給与の支給区分		適用する税額表	適用する欄
主たる給与	月ごとに支払うもの 半月ごと，10日ごとに支払うもの 月の整数倍の期間ごとに支払うもの	月額表	甲　欄
	毎日支払うもの 週ごとに支払うもの　日雇賃金を除く 日割で支払うもの	日額表	
従たる給与	月ごとに支払うもの 半月ごと，10日ごとに支払うもの 月の整数倍の期間ごとに支払うもの	月額表	乙　欄
	毎日支払うもの 週ごとに支払うもの　日雇賃金を除く 日割で支払うもの	日額表	
日　雇　賃　金		日額表	丙　欄

ハ　甲欄と乙欄の適用区分

区　　分	適用する欄
「給与所得者の扶養控除等（異動）申告書」を提出している人	甲　欄
「給与所得者の扶養控除等（異動）申告書」を提出していない人および「従たる給与についての扶養控除等（異動）申告書」を提出している人	乙　欄

　※　日額表の丙欄は，労働した日または時間によって算定される給与で，

　　　その労働した日ごとに支払うこととしているいわゆる日雇労働者の給与

第1章　生協に関係のある税金

について源泉徴収する税額を求める場合に使用することになる。ただし，同一の雇用主のもとに継続して2カ月をこえて雇われることとなるときは，その2カ月をこえる部分については丙欄を適用することはできず，甲欄または乙欄を使ってその税額を求めることになる（所185①三，所令309，所基通185－8）。

7　退職所得の源泉徴収

（1）退職所得の範囲

　退職所得とは，退職手当，一時恩給その他退職により一時に受ける給与やこれらの性質を有する給与をいう（所30①）。そのほか，厚生年金保険法にもとづく一時金など社会保険制度等にもとづく一時金や確定給付企業年金法にもとづき生命保険会社または信託会社から受ける退職一時金も，退職手当等とみなされる（所31）。したがって，退職に際しまたは退職後に生協から支払われる給与で，その支払金額の計算基準等からみて，他の引き続き勤務している者に支給される賞与等と同性質であるものは，退職所得ではなく，給与所得として課税される（所基通30－1）。

①　引き続き勤務する者に支給される給与で退職手当等とされるもの

　引き続き勤務する役員等に対して退職手当等として一時に支払うもののうち，つぎに掲げるものでその給与が支払われた後に支払われる退職手当等の計算上，その計算の基礎となった勤続期間を一切加味しない条件で支払われるものは退職手当等とされる（所基通30－2）。

　イ　新たに退職給与規程を制定し，または中小企業退職金共済制度や確定拠出年金制度へ移行する等相当の理由により従来の退職給与規程を改正

49

した場合に，その使用人に対し，その制定またはその改正前の勤続期間
にかかる退職手当等として支払われるもの

ロ　使用人から役員になった者に対し，その使用人であった勤続期間にか
かる退職手当等として支払われるもの

ハ　役員の分掌変更等により，たとえば，常勤役員が非常勤役員（常時勤
務していない者であっても代表権を有する者および代表権は有しないが
実質的にその生協の経営上主要な地位を占めていると認められる者を除
く。）になったこと，分掌変更等の後における報酬が激減（おおむね50％
以上減少）したことなど，その職務の内容やその地位が激変したものに
対し，その分掌変更等の前における役員であった勤続期間にかかる退職
手当等として支払われるもの

ニ　いわゆる定年に達した後引き続き勤務する使用人に対し，その定年に
達する前の勤続期間にかかる退職手当等として支払われるもの

ホ　労働協約等を改正し定年を延長した場合に，その延長前の定年（旧定
年）に達した使用人に対して旧定年に達する前の勤続期間にかかわる退
職手当等として支払われる給与で，その支払いをすることにつき相当の
理由があると認められるもの

ヘ　生協が解散した場合に引き続き役員または使用人として清算事務に従
事する者に対し，その解散前の勤続期間にかかる退職手当等として支払
われるもの

② 　受給者が掛金をきょ出することにより退職に際しその使用者から
支払われる一時金

　在職中に生協に対し所定の掛金をきょ出することにより退職に際し
て生協から支払われる一時金は，退職手当等として課税される。この
場合において，その退職手当等の収入金額は，その一時金の額から受
給者がきょ出した掛金（支給日までにその掛金の運用益として元本に

第1章　生協に関係のある税金

繰り入れられた金額を含む。）の額を控除した金額による（所基通30
－3）。

③　**解雇予告手当**

労働基準法第20条（解雇の予告）の規定により生協が予告をしない
で解雇する場合に支払う予告手当は，退職手当等に該当する（所基通
30－5）。

④　**死亡退職により支払われる退職手当**

死亡退職により支払われる退職手当等については，つぎのように取
り扱われる。

> イ　死亡した者にかかる退職手当等で，その死亡後に支給期の到来するも
> ののうち相続税法の規定により相続税の課税価格計算の基礎に算入され
> るものについては，課税されない（所基通9－17）。
> ロ　死亡した者にかかる退職手当等で，その死亡後に支給期の到来するも
> ののうちイにより所得税が課税されないもの以外のものについては，そ
> の支払いを受ける遺族の一時所得として課税される（所基通34－2）。

⑤　**退職所得とみなされるもの**

つぎに掲げるものは退職所得とみなされる（所令72，所基通31－1）。

> イ　社会保険制度（厚生年金等）にもとづいて支給を受ける一時金（厚生
> 年金基金等から支払われる一時金を含む。）
> ロ　適格退職年金契約にもとづいて支給を受ける退職一時金
> ハ　中小企業基盤整備機構，特定退職金共済団体が行う退職金共済に関す
> る制度にもとづいて支払いを受ける一時金
> ニ　確定拠出年金法に規定する企業型年金規約または個人型年金規約にも

51

とづいて老齢給付金として支給される一時金

（2）退職所得の計算

① 退職所得の金額

　退職所得の金額は，その年中の退職手当等の収入金額から退職所得控除額を控除した残額の2分の1に相当する金額である（所30②）。

$$退職所得の金額＝（収入金額－退職所得控除額）×\frac{1}{2}$$

　※　なお，退職手当等が特定役員退職手当等である場合には，退職手当等の収入金額から退職所得控除額を控除した残額に相当する金額となる（所30②かっこ書）。

$$退職所得の金額＝収入金額－退職所得控除額$$

　※　特定役員退職手当等とは，退職手当等のうち，つぎの役員等として勤続年数が5年以下である者が，その勤続年数に対応する退職手当等として支払いを受けるものをいう（所30④，所令69の2）。

　　（イ）　法人税法第2条第15号に定める役員（取締役，執行役，会計参与，監査役，理事，監事および清算人など）

　　（ロ）　国会議員および地方公共団体の議会の議員

　　（ハ）　国家公務員および地方公務員

　退職所得控除額は，勤続年数に応じ，つぎの算式で計算した額である（所30③，⑤，所令69，70）。

イ　勤続年数が20年以下である場合

　40万円×勤続年数

　※　これにより計算した額が80万円未満のときは80万円とする。

第1章　生協に関係のある税金

ロ　勤続年数が20年をこえる場合

　800万円＋70万円×（勤続年数－20年）

〈設例1〉勤続年数15年の者に退職手当800万円を支給した場合

　　退職所得の金額＝（800万円－40万円×15年）×$\frac{1}{2}$＝100万円

〈設例2〉勤続年数35年の者に退職手当1,900万円を支給した場合

　　退職所得の金額＝〔1,900万円－（800万円＋70万円×（35年－20年））〕

　　　　　　　　　　×$\frac{1}{2}$＝25万円

※　退職手当等の支払いを受ける者が退職手当等の支払者に「退職所得の受給に関する申告書」を提出しなかった場合には，その支払う退職手当等の金額の20％に相当する税額を徴収する。そして，この税額の過不足については，すべて確定申告により精算することになる（所201③）。

※　源泉徴収税額は①によって求めた退職所得金額に所得税の税率を適用して計算する（所201）。

8　報酬または料金等の源泉徴収

　報酬または料金等のうち，原稿料，デザイン料，弁護士の報酬等特定のものについては，源泉徴収を行わなければならない（所204）。

（1）源泉徴収の対象となる報酬または料金等の範囲

　源泉徴収の対象となる報酬または料金等の範囲は，つぎのとおりである（所204①）。

イ　原稿料，作曲料，放送謝金，工業所有権や著作権の使用料，講演料等

ロ　弁護士，公認会計士，税理士，測量士等の業務に関する報酬または料金

ハ　映画，演劇その他の芸能またはラジオ放送もしくはテレビ放送にかか

る出演もしくは演出または企画の報酬または料金

ニ　その他（社会保険診療報酬支払基金法による診療報酬，職業野球の選
　　手，職業拳闘家，競馬の騎手等に支払う報酬など）

（2）源泉徴収税額の計算

　源泉徴収税額は，つぎのとおり計算する（所205，所令322，所基通
204－6〜204－18）。

報酬または料金等の種類	課税標準	税　率
原稿料，さし絵料，作曲料，レコード・テープ・ワイヤーの吹込料，デザイン料，放送謝金，著作権，著作隣接権，工業所有権等の使用料，講演料，技術・スポーツ・知識等の教授・指導料，脚本料，脚色料，翻訳料，通訳料，校正料，書籍の装てい料，速記料，版下料，写真の報酬または料金	その支払われる金額	①同一人に対し1回に支払われる金額が100万円以下の場合…10％ ②同一人に対し1回に支払われる金額が100万円をこえる場合 イ　100万円以下の部分…10％ ロ　100万円超の部分…20％ ※ロの速算式 支払金額×20％−10万円
弁護士，公認会計士，税理士，計理士，会計士補，社会保険労務士，弁理士，企業診断員，建築士，建築代理士，測量士，測量士補，不動産鑑定士，不動産鑑定士補，技術士，技術士補，技術士以外の者で技術士と同一の業務を行う者，火災損害鑑定士，自動車等損害鑑定人の業務に関する報酬または料金	その支払われる金額	①同一人に対し1回に支払われる金額が100万円以下の場合…10％ ②同一人に対し1回に支払われる金額が100万円をこえる場合 イ　100万円以下の部分…10％ ロ　100万円超の部分…20％ ※ロの速算式 支払金額×20％−10万円
司法書士，土地家屋調査士，海事代理士の業務に関する報酬または料金	同一人に対し1回に支払われる金額から1万円を控除した金額	控除額を差し引いた残額の10％

　※　税率については現在，復興特別所得税率が加算されている（56頁参照）。

第1章　生協に関係のある税金

9　確定申告

　所得税は，申告納税制度を採用している。したがって，一暦年が終了したら，所得を自ら計算し，それに対する税額を納付しなければならない。この税額を確定する手続きを，確定申告という。

（1）確定申告をしなければならない場合

　確定申告をしなければならないのは，納める税金が算出される者である（所120①，所基通120－1）。

（2）給与所得者の特例

　給与所得者は，源泉徴収されているので，原則として，確定申告をする必要はない（所121）。

　しかし，つぎのいずれかに該当する者は，翌年の2月16日から3月15日までの間に所轄税務署長に確定申告書を提出しなければならない（所121，所令262の2）。

イ　その年中の給与の収入金額が2,000万円をこえる者

ロ　1カ所から給与を受ける給与所得者で給与所得および退職所得以外の所得の合計額が20万円をこえる者

ハ　2カ所以上から給与を受ける給与所得者で，年末調整をされた主たる給与以外の従たる給与の収入金額と給与所得および退職所得以外の所得の合計額が20万円をこえる者

　　しかし，2カ所以上から給与を受ける給与所得者であっても，その給与の合計額が社会保険料控除，小規模企業共済等掛金控除，生命保険料控除，地震保険料控除，障害者控除，寡婦（夫）控除，勤労学生控除，配偶者控除，配偶者特別控除および扶養控除の各控除額の合計額に150万円を加えた金額以下で，かつ，給与所得および退職所得以外の所得の合

55

計が20万円以下の者は，確定申告をする必要はない。

ニ　退職所得の支払いを受ける時に「退職所得の受給に関する申告書」を
提出しなかったために20％の税率で源泉徴収された者で，その源泉徴収
税額が正当に計算した年税額よりも少ない者

10　復興特別所得税

東日本大震災からの復興を図ることを目的として，「東日本大震災か
らの復興のための施策を実施するために必要な財源の確保に関する特別
措置法」（以下「復興財確法」）が，2011年（平成23年）11月30日に成立
し，同年12月2日に公布された。これにもとづき復興特別所得税が創設
された。

（1）納税義務者

所得税を納める義務のある居住者，非居住者，内国法人等は，2013年
（平成25年）から2037年までの各年分の所得について，復興特別所得税
を納めなければならない（復興財確法8①，9）。

（2）課税標準

個人のその年分の基準所得税額とする（復興財確法12）。基準所得税
額は，居住者であればすべての所得に対する所得税の額，内国法人であ
れば利子等や配当等に対する所得税の額である（復興財確法10）。

（3）税　　率

個人のその年分の基準所得税額に100分の2.1の税率を乗じて計算する
（復興財確法13）。

第 1 章　生協に関係のある税金

復興特別所得税の額＝各年分の基準所得税額　×　2.1％

（4）確定申告

通常の所得税の確定申告書を提出すべき者は，税務署長に対し，復興特別所得税申告書を，その確定申告書とあわせて提出しなければならない（復興財確法17①）。

（5）源泉徴収等

①　源泉徴収義務

所得税の源泉徴収義務を有する者は，その所得税を徴収する際に，復興特別所得税をあわせて徴収し，所得税の法定納期限までに，国に納付しなければならない（復興財確法18）。2013年（平成25年）1月1日から2037年12月31日までの間に生じる所得に対して源泉徴収義務がある（復興財確法28）。

②　源泉徴収税率，源泉所得税額

源泉徴収すべき復興特別所得税の額は，通常の所得税の額に100分の2.1の税率を乗じて計算した額とする（復興財確法28②）。

実際には，源泉徴収の対象となる支払金額等に対して合計税率を乗じて計算した金額を源泉徴収する（復興特別所得税（源泉徴収関係）Q＆A，2012年（平成24年）4月国税庁，以下「復興源泉徴収Q＆A」）。

源泉徴収すべき所得税および復興特別所得税の額
　＝支払金額等×合計税率（％）

※　合計税率（％）＝所得税率（％）×102.1％

57

※　所得税率に応じた合計税率の例

所得税率 （％）	5	7	10	15	16	18	20
合計税率 （％）	5.105	7.147	10.21	15.315	16.336	18.378	20.42

※　端数処理

　　所得税および復興特別所得税の額の端数計算は，所得税および復興特別所得税の合計額により行う。したがって，源泉徴収の対象となる支払金額等に対し，合計税率を乗じて算出した金額について，1円未満の端数を切り捨てた金額を源泉徴収額とする。

〈設例1〉

講演料として200,000円（源泉所得税および復興特別所得税込み）を支払う場合（合計税率は10.21％）

　200,000円×10.21％＝20,420円

納付すべき税額は20,420円。

　※手取り額は200,000円－20,420円＝179,580円となる。

　手取り額が減少するので注意が必要。

〈設例2〉

講演料として200,000円（源泉所得税および復興特別所得税抜き）を支払う場合（合計税率は10.21％）

　200,000円÷（100－10.21）％＝222,741.953…

　　　　　　　　　　　　　　　　　→222,741円（1円未満切り捨て）

　222,741円×10.21％＝22,741.8561

　　　　　　　　　　　　　　　　　→22,741円（1円未満切り捨て）

よって納付すべき税額は22,741円となる。

　※手取り額は222,741円－22,741円＝200,000円となる。

第1章　生協に関係のある税金

③　年末調整

　所得税の年末調整をする者は，その年末調整とあわせて，復興特別所得税についても年末調整を行う（復興財確法30①）。

V

印　　紙　　税

　印紙税は，課税される文書に印紙をはりつけて消印することによって
納税することを原則としている。

　印紙税法でいう課税対象は，課税物件表（巻末資料「別表第一」（568
頁）参照）の課税物件の欄に掲げられている文書だけである。したがっ
て，それ以外の文書については，印紙税は課されない（不課税）。

1　契　約　書

　印紙税法では，課税文書として契約書ということばが数多く使われて
いる。

（1）契約とは

　契約は，申し込みと承諾の二つの意思の合致によって成立する。

　先にされる意思表示を「申し込み」，あとでなされる意思表示を「承
諾」という（印基通14）。

（2）契約書とは

　契約書とは，契約書，協定書，約定書その他名称のいかんを問わず，
契約の成立もしくは更改または契約の変更もしくは補充の事実を証すべ
き文書のことである。したがって，念書，請書，その他契約の当事者の
一方のみが作成する文書，または契約当事者の全部または一部の署名を
欠く文書で当事者間の了解または商慣習にもとづき契約の成立等を証す
るものも含まれる（印基通12）。

第1章　生協に関係のある税金

たとえば，契約書の標題を契約書とせずに，念書，覚書，請書，差入証，誓約書，協定書，約定書等のように記載しても，その書面の記載内容が一定の契約の成立を証する限り，印紙税法上は契約書ということになる。

（3）契約の予約，更改

契約には，契約の予約も含まれる。また契約の更改とは，契約によって，既存の債務を消滅させて新債務を成立させることをいう。

たとえば，請負代金の支払債務を消滅させて，土地を給付する債務を成立させるものなどが，これに該当する（印基通15，16）。

（4）契約の内容を変更または補充する契約

契約の内容の変更とは，すでに存在している契約（原契約）の同一性を失わせないで，その内容を変更することをいう。

たとえば，消費貸借契約書の金額50万円を100万円に変更する場合などが，これに該当する（印基通17）。

また，契約の内容の補充とは，すでに成立している契約について，契約の内容として欠けている部分を補充することをいう。

たとえば，契約金額のない清掃請負契約書の報酬月額および契約期間を決定するものなどが，これに該当する（印基通18）。

なお，変更契約書および補充契約書のうち，課税文書となるのは，原契約の「重要な事項」について，変更または補充するものに限られる（巻末資料・印基通「別表第二」（584頁）参照）。

（5）契約書の写し，副本，謄本等

契約書には，写し，副本，謄本というものが作成されることがある。このような写し，副本，謄本と表示されている文書であっても，契約当事者の双方または一方が署名または記名捺印等をするもの，正本等と相

61

違ないことの証明があるもの，写し，副本，謄本等であることの証明の
あるものは，契約書に該当する。ただし，文書の所持者のみが署名また
は押印，証明しているものは除かれる（印基通19）。

（6）申込書等と表示された文書

　申込書，注文書，依頼書（申込書等）は，ふつうは，契約の申込事実
を証明する目的で作成されるものであり，契約書とはならない。しかし，
申込書等の標題が用いられている文書であっても相手方の申し込みに対
する承諾事実を証明する目的で作成されるものは，契約書に該当する。

　契約書に該当するかどうか，判定が困難なものも多いが，つぎに掲げ
るものは，原則として契約書とされる（印基通21）。

イ　契約当事者間の基本契約書，規約または約款等にもとづく申し込みで
　あることが記載されていて，一方の申し込みにより自動的に契約が成立
　することとなっているもの（ただし，別に請書等を作成することが記載
　されているものは除かれる。）

ロ　相手方の作成した見積書等にもとづく申し込みであることが記載され
　ているその申込書等（ただし，別に請書等を作成することが記載されて
　いるものを除く。）

ハ　契約者双方の署名または押印があるもの

2　生協の非（不）課税文書

（1）出資証券（第4号文書）

　生協および生協連合会が発行する出資証券（出資通帳を含む。）は，
課税物件表第4号でいう出資証券のうち非課税証券に該当する（印別表
第一　四，印令25①四）。

第1章　生協に関係のある税金

（2）合併契約書

　生協についての合併契約書は課税物件表第5号の合併契約書に該当しないため課税されない（会社法に規定する合併契約を証する文書に限定されているため。）。

（3）定　　款

　生協の定款は，課税物件表第6号の定款に該当しないため課税されない（会社の設立の時に作成される定款の原本に限定されているため。）。

（4）身元保証に関する契約書（第13号文書）

　身元保証に関する法律に定める身元保証に関する契約書は課税物件表第13号の「非課税物件」に該当するため非課税である。

（5）金銭の受取書（第17号文書）

　受取書には，物品の受取書（物品受領書）と金銭の受取書（金銭領収書）があるが，物品受領書は課税物件表に掲げられていないため課税されない。

　金銭の受取書（第17号文書）で，生協とその出資組合員との間で取りかわされる受取書は，「営業に関しない受取書」として非課税である。ただし，その他の者との間で取りかわされる受取書は，課税される。

　なお，記載された金額が5万円未満であれば，すべて非課税文書となる。

3　印紙税法上留意すべき証書

（1）消費貸借に関する契約書（組合員借入金，第1号の3文書）

　生協の組合員借入金（組合債）は，生協とその組合員との金銭の消費

63

貸借契約にもとづく契約証書に該当するから，所定の印紙を貼付しなければならない（１万円未満のものは非課税。）。

また，給料，出張旅費等の前渡しを受けた場合に作成する仮払金領収証等で，その領収証等が，内部規則などで，生協の事務整理上作成することになっているものは，課税対象にならない。この取り扱いは「生協の業務を行うに関し，かつ，事務の整理上作成されるもの」に限られることになる（印基通59）。なお，生協の従業員に住宅資金の貸し付けを行う場合の住宅資金等は，生協の業務を行うためのものではないので，この場合の借用証は，「消費貸借に関する契約書」に該当する。

（２）継続的取引の基本となる契約書（第７号文書）

① 継続的取引の基本となる契約書の意義

継続的取引の基本となる契約書とは，特定の相手方との間において継続的に生ずる取引の基本となる契約書のうち，つぎに掲げるものをいう（印別表第一　七，印令26）。

イ　特約店契約書のように営業者の間において，売買，売買の委託，運送，運送の取り扱いまたは請負に関する２以上の取引を継続して行うため作成される契約書で，その２以上の取引に共通して適用される取引条件のうち，目的物の種類，取り扱い数量，単価，対価の支払方法，債務不履行の場合の損害賠償の方法または再販売価格を定めるもの（電気，ガスの供給に関するものを除く。）

　　※　「営業者の間」とは，契約の当事者の双方が営業者である場合をいうので，生協と組合員（出資者）の間で行われる事業は，営業者の間のものにはならない（印基通別表一　第七号文書３）。

ロ　代理店契約書，業務委託契約書のように，両当事者間（営業者に限らない。）において，売買に関する業務，金融機関の業務，保険募集の業務

第1章　生協に関係のある税金

などを継続して委託するため作成される契約書で，委託される業務または事務の範囲または対価の支払方法を定めるもの

ハ　銀行取引約定書のように，金融機関から信用の供与を受ける者と金融機関との間において，債務の履行について包括的に履行方法その他の基本的事項を定める契約書

② 継続的取引の基本となる契約書から除外されるもの

継続的取引の基本となる契約書に含まれる契約書であっても，その契約書に記載された契約期間が3カ月以内であり，かつ，更新に関する定めのないものは，継続的取引の基本となる契約書から除かれる（印別表第一　七）。

（3）通帳（第19号文書）

① 通帳の意義

ここにいう通帳とは，継続または連続して特定の当事者の一方から相手方に対し，つぎに掲げる事項を付け込んで証明する文書をいう。

イ　第1号文書（不動産等の譲渡に関する契約書，借地権の設定または譲渡に関する契約書，消費貸借に関する契約書，運送に関する契約書）

ロ　第2号文書（請負に関する契約書）

ハ　第14号文書（金銭または有価証券の寄託に関する契約書）

ニ　第17号文書（金銭または有価証券の受取書）

② 通帳の作成とみなされる場合

通帳を1年以上継続して使用する場合には，その通帳を作成した日から1年を経過した日以後最初の付け込みをした時に，新たな通帳を

65

作成したものとみなされる（印4②）。

③　通帳の付け込みであっても契約書等の作成とみなされる場合

　通帳に，つぎの事項を記載したときは，その事項については，通帳への付け込みがなく，それぞれその事項の属する号の文書が作成されたものとみなされる（印4④）。

イ　第1号該当事項…10万円をこえる金額

ロ　第2号該当事項…100万円をこえる金額

ハ　第17号の「1売上代金に係る金銭または有価証券の受取書」該当事項
　…100万円をこえる金額

---

④　生協における通帳

　組合員との間で，供給代金の授受を確認するために，通帳形式の領収書を作成すると，第19号文書とされる。

　なお，出資通帳は，すでにのべたとおり非課税である。

（4）判取帳（第20号文書）

　（3）①のイ～ニの記載事項につき，2以上の相手から付け込み証明を受ける目的をもって作成する帳簿は，判取帳とされる。通帳が特定の相手方1人との取引関係を付け込み証明するものであるのに対し，判取帳は多数の相手方との取引内容を付け込み証明するものである。

▎　4　印紙税の納付方法

　印紙税は，原則として，課税文書に印紙税額に相当する金額の印紙をはりつけて納付することになっている。

　この印紙をはりつけた場合には，文書と印紙の彩紋にかけて作成者ま

第1章　生協に関係のある税金

たはその代理人，使用人その他の従業者の印章または署名ではっきりと
消さなければならない（印8，印令5）。

　また，この消印について，数人が共同して作成した課税文書にはりつ
けた印紙を消す場合には，本来は共同作成者全員が消印しなければなら
ないことになる。しかし，消印ということが印紙の再使用を防止するた
めのものであることから，その共同作成者のうち1人が消印すればよい
とされている（印8②，印令5，印基通64）。

　例外的な納付方法として，①税印による納付の特例，②印紙税納付計
器の使用による納付の特例，③書式表示による納付の特例などがある
（印9～11）。

5　印紙をはり忘れた場合

　課税文書に印紙をはりつけなかった場合，または消印しなかった場合
には，懲役，罰金，科料および過怠税が課される。なお，不納付の場合
には，原則として，納付しなかった印紙税の額とその2倍に相当する金
額との合計額相当の過怠税が課せられることになっている（印20～24）。

6　印紙税と消費税

　印紙税の課税標準は，契約書や受取書等で本体価格と消費税相当部分
とが区分明記されている場合は本体価格となり，区分明記されていない
場合は合計額となる（「消費税法の改正等に伴う印紙税の取扱いについ
て」平元.3.10間消3-2）。

Ⅵ 登録免許税

1 課税の範囲および納税義務者

登録免許税は，2に掲げる登記，登録，特許，免許，許可，認可，指定および技能証明について課される。なお，登記等を受ける者が2人以上あるときは，連帯して納付義務を負う（登録免許税法2，3）。

2 課税範囲，課税標準，税率の主なもの

（1）不動産の登記（登別表第一）

課税範囲	課税標準	税　率
イ　所有権の保存の登記	不動産の価額	1,000分の4
ロ　所有権の移転の登記 （イ）売買による移転登記 （ロ）相続，法人の合併による移転登記	不動産の価額 不動産の価額	1,000分の20 1,000分の4
ハ　抵当権，質権等の設定登記	債権金額または 極度金額	1,000分の4
ニ　仮登記 （イ）所有権のその他の原因による移転または移転請求権の保全のための仮登記 （ロ）その他の仮登記	不動産の価額 不動産の個数	1,000分の10 1個につき 　　1,000円

なお，土地の売買による所有権の移転登記に対する登録免許税の税率は，2019年（平成31年）3月31日までの間，1,000分の15の軽減税率が適用されている（措法72）。

第1章　生協に関係のある税金

※　不動産の価額とは登記時の価額をいう。ただし，当分の間，申請日の前
　　年12月末または申請の日の属する年の1月1日現在における固定資産課税
　　台帳の価格によることができる（登附則7）。

（2）商業登記

　生協の設立，解散，合併，役員の変更等の登記については，「別表第
一」に掲名列挙されていないため課税されない。

VII 法人住民税

法人住民税は，道府県民税と市町村民税とに分けられる。

法人住民税	道府県民税	均等割
		法人税割
	市町村民税	均等割
		法人税割

1 納税義務者

法人住民税の納税義務者は，つぎに掲げるものである（地24，294）。

① 市町村内に事務所または事業所を有する生協…均等割と法人税割の課税

② 市町村内に寮，宿泊所，クラブその他これらに類する施設を有する生協でその市町村内に事務所または事業所を有しないもの…均等割の課税

これらの生協は，市町村民税の納税義務者であり，また，その事務所，事業所または寮等のある市町村の属する都道府県に対しても道府県民税の納税義務者になる。

第1章　生協に関係のある税金

2　均等割の税率

法人住民税は，均等割と法人税割の二つに分けて課税される。

生協の均等割の標準税率は，つぎのとおりである（地52，312）。

均等割の税率（年額）

区　　分		市町村民税	都道府県民税
資本金等の金額が50億円をこえる法人	市町村内の事務所等の従業員数が50人をこえるもの	300万円	80万円
	市町村内の事務所等の従業員数が50人以下であるもの	41万円	
資本金等の金額が10億円をこえ50億円以下である法人	市町村内の事務所等の従業員数が50人をこえるもの	175万円	54万円
	市町村内の事務所等の従業員数が50人以下であるもの	41万円	
資本金等の金額が1億円をこえ10億円以下である法人	市町村内の事務所等の従業員数が50人をこえるもの	40万円	13万円
	市町村内の事務所等の従業員数が50人以下であるもの	16万円	
資本金等の金額が1,000万円をこえ1億円以下である法人	市町村内の事務所等の従業員数が50人をこえるもの	15万円	5万円
	市町村内の事務所等の従業員数が50人以下であるもの	13万円	
上記以外の法人	市町村内の事務所等の従業員数が50人をこえるもの	12万円	2万円
	市町村内の事務所等の従業員数が50人以下であるものおよび一定の公益法人等	5万円	

※　市町村民税の税率は標準税率であり，標準税率をこえる税率で課税する場合でも，標準税率の1.2倍（制限税率）をこえることはできない（地312②）。

3 法人税割の課税標準および税率

法人税割の課税標準は，法人税法その他の法人税に関する法令によって計算した税額である（地23①，292①）。

法人税割の税率は，つぎのとおりである（地51，314の4）。

法人税割

区　分	税　率	
市町村民税	標準税率 （制限税率	9.7% 12.1%）
道府県民税	標準税率 （制限税率	3.2% 4.2%）

※　利子および配当等にかかる所得税の控除（法68）等をする前の法人税額を課税標準とする。

※　2019年10月1日からつぎのように変更となる。

区　分	税　率	
市町村民税	標準税率 （制限税率	6.0% 8.4%）
道府県民税	標準税率 （制限税率	1.0% 2.0%）

なお，これに関連して，地方法人税の税率が2019年10月1日より4.4％から10.3％に変更となる。

4 繰り越し控除

法人税法では，一定の場合に欠損金の繰り戻しによる法人税額の還付を受けることができる（391頁参照）。しかし法人住民税では繰り戻し還付が認められていないので，還付された法人税額を10年間に限って繰り越して控除することとし，その繰り越し控除後の法人税額を法人税割の

第1章　生協に関係のある税金

課税標準とする（地53⑫，321の8⑫）。

5　2以上の市町村（または都道府県）への分割申告納付

　2以上の市町村（または都道府県）において事務所または事業所を有する生協（これを分割法人という。）は，課税標準となる法人税額をその事務所または事業所の従業員の数にあん分して分割し，その分割した額を課税標準とし，関係市町村（または都道府県）ごとに法人税割額を算定して，これに均等割額を加算した額を申告納付することになる（地57，321の13）。

Ⅷ 事　業　税

1　内　　容

　法人事業税の課税標準には，付加価値割，資本割，所得割等があるが，生協には所得割（事業年度における所得）が適用される（地72の12，72の2①ロの「第72条の24の7第5項各号に掲げる法人」）。

　※地方税法第72条の24の7第5項第2号に「消費生活協同組合及び消費生活協同組合連合会」と規定されている。

　したがって，原則として，法人税の課税標準である所得の計算の例にならって算定される（地72の23）。

2　地方法人特別税等に関する暫定措置法（暫定措置法）

　2008年（平成20年）10月1日以後に開始する事業年度において，事業税の取り扱いが変更された。税制の抜本的改革が行われるまでの間の措置として，法人の事業税の税率が引き下げられるとともに，地方法人特別税が創設され，その収入額に相当する額を地方法人特別譲与税として都道府県に譲与することになった（暫定措置法1）。

　なお，地方法人特別税は国が徴収するが，地方税として位置付けられているため，国税としての取り扱いはされない（暫定措置法7，国税徴収法2）。

　※「地方法人特別税等に関する暫定措置法」は2019年10月1日で廃止されることとなる。

第1章 生協に関係のある税金

3 所得の算定

事業税の所得の算定は，原則として法人税の所得の計算の例によるのであるが，地方税法で若干の特別の定めがおかれている。

（1）欠損金の繰り戻し還付制度がないことにともなう繰越欠損金の控除額の特例

事業税には，欠損金が生じた場合は，繰り戻し還付の制度がないので，繰り越し控除の対象となる（地令21）。

（2）所得税の損金不算入

法人税法では，源泉徴収された所得税額を，損金に算入するか，法人税額から控除するかは，法人の任意にまかされている。しかし，事業税では，所得税額は，すべて損金不算入とされる（地令21の2の2）。

4 税　　率

法人事業税の税率は，課税主体である都道府県の条例の定めるところによるのであるが，地方税法には，標準税率が規定されている（地72の24の7①〜⑤，地附9の2）。なお，地方法人特別税等に関する暫定措置法により，2014年（平成26年）10月1日以後に開始する事業年度において，標準税率は変更されている。地方法人特別税の課税標準は，基準法人所得割額である（暫定措置法2，6，9）。

生協（生協は事業税法上，特別法人とされている。）の税率は，つぎのとおりである（2016年（平成28年）4月1日から2019年9月30日までに開始する事業年度）。

所得区分	法人事業税		地方法人特別税
	本　則	改正後	
年400万円以下の所得	5.0%	3.4%	基準法人所得割額×43.2%
年400万円超の所得	6.6%	4.6%	
特定の生協※	7.9%	5.5%	

※　特定の生協…特定の地区または地域にかかる生協であって，主として物品供給事業を行うもののうち，組合員数が50万人以上，かつ店舗による供給高が1,000億円以上であるものについて，所得のうち10億円をこえる所得を有する生協をいう。

※　基準法人所得割額での税率は，標準税率によって計算した所得割額をいう。

　なお，法人事業税の税率は，標準税率の1.2倍（制限税率）をこえることはできないことになっている（地72の24の7⑦）。

※　「地方法人特別税等に関する暫定措置法」は2019年10月1日で廃止されることとなる。したがって2019年10月1日以後に開始する事業年度においては，法人事業税率はつぎの表のとおりとなる。

所得区分	法人事業税
年400万円以下の所得	5.0%
年400万円超の所得	6.6%
特定の生協	7.9%

5　2以上の都道府県への分割申告の方法

　2以上の都道府県において事務所または事業所を設けて事業を行う生協（分割法人という。）は，事務所または事業所の所在する関係都道府県に課税標準額（その所得の総額が年400万円をこえるものにあっては，その所得の総額を年400万円以下の金額と年400万円をこえる部分の金額

第1章　生協に関係のある税金

とに区分した金額とする。）を，「事務所または事業所の従業者の数」に
したがって分割し，その分割した課税標準額にもとづいて算出した税額
をそれぞれの関係都道府県に申告納付しなければならない（地72の48）。

　ここで，事務所または事業所の従業者とは，その事務所等に勤務すべ
き者で俸給，給料，賃金，賞与その他これらの性質を有する給与の支払
いを受けるべき者をいう（「地方税法の施行に関する取扱いについて
（道府県税関係）」第3章第2節第9）。

　なお，事業年度の中途において事務所等が新設または廃止された場合
の従業者数は，事業年度末日または廃止日の前月末日の従業者数を基礎
に月割計算した数により，また事業年度中を通じ従業者数に著しい変動
がある事務所等の場合は，その事業年度に属する各月の末日現在の数値
の月平均とされる（地72の48⑤）。

6　3以上の道府県への分割申告の方法

　3以上の道府県において事務所または事業所を設けて事業を行う生協
で出資金額が1,000万円以上のものが行う事業に対する法人事業税の標
準税率は，4の税率によらず，所得の6.6％とされる（地72の24の7③
二）。

IX

固定資産税，都市計画税

　固定資産税の課税対象となる固定資産は，毎年1月1日（賦課期日）現在において所有している土地，家屋および償却資産である（地342, 359）。

1　固定資産

　固定資産税でいう固定資産とは，土地，家屋および償却資産をいう（地341）。

（1）土　　地
　土地とは，田，畑，宅地，山林，原野その他の土地をいう。

（2）家　　屋
　家屋とは，住家，店舗，工場，倉庫その他の建物をいう。

（3）償却資産
　償却資産とは，土地および家屋以外の事業の用に供することができる資産（牛馬，果樹等および鉱業権，漁業権，特許権その他の無形減価償却資産を除く。）で，その減価償却額または減価償却費が法人税法の規定による所得の計算上損金に算入されるものをいう（地341，「地方税法の施行に関する取扱いについて（市町村税関係）」第3章第1節第1）。
　つまり，償却資産として固定資産税の課税客体となるのは，構築物，機械装置，航空機，車両運搬具，工具，器具備品のうち，つぎのもので

第1章　生協に関係のある税金

ある。

イ　事業の用に供することができる資産であること。

　　現在事業の用に供されているものはもとより，遊休施設，未稼働施設であっても，事業の用に供する目的で取得され，あるいは事業の用に供し得る状態にある限り，課税客体たる償却資産の範囲に含まれるが，貯蔵品は棚卸資産に該当するので含まれない（地方税法の施行に関する取扱いについて（市町村税関係）第3章第1節第1－4）。

　　また，建設中の資産は，一般的に課税の対象となる償却資産にならない。もっとも現にその一部が完成し事業の用に供されているものは課税の対象となる（地方税法の施行に関する取扱いについて（市町村税関係）第3章第1節第1－7）。

ロ　有形資産であること。

　　無形減価償却資産は課税客体から除外される（地341①四）。

ハ　法人税で減価償却が認められる性格のものであること。

　　現実に必ずしも，所得の計算上損金算入されていることを要しない。

　　つまり，その資産の性質上，損金に算入されるべきものであれば足りる。したがって簿外資産や償却ずみの資産であっても課税の対象となる（地方税法の施行に関する取扱いについて（市町村税関係）第3章第1節第1－5，6）。

ニ　自動車税または軽自動車税の課税客体である自動車，軽自動車等は該当しない（地341①四）。

　　※2019年10月1日以後は，「自動車税または軽自動車の種類別の課税客体である自動車，軽自動車等は該当しない（地341①四）」と変更される。

ホ　少額の減価償却資産の取得価額の損金算入（法令133）および一括償却の損金算入（法令133の2①）の対象とされる資産は，固定資産税の課税対象とされない（地341①四，地令49）。

2 税　　率

固定資産税の税率はつぎのとおりである（地350）。

標準税率…$\dfrac{1.4}{100}$

3 免　税　点

同一市町村の区域内にあり，同一人の所有する固定資産にかかる固定資産税の課税標準額が特別の場合を除いて，つぎの額未満の場合には固定資産税が免除され，この金額以上の場合には，その全額について課税されることになる（地351）。

土地…	30万円
家屋…	20万円
償却資産…	150万円

※　ただし，市町村の条例により上記金額に満たない場合であっても，課税される場合がある。

4 生協における非課税の特例

地方税法第348条によって，つぎのものは固定資産税が非課税となっている。

① 消費生活協同組合法による組合および連合会が所有し，かつ，経営する病院および診療所において直接その用に供する固定資産（地348②十一の三）

② 消費生活協同組合法による組合および連合会が所有し，かつ，使用する事務所および倉庫（地348④）

第1章　生協に関係のある税金

　なお，事務所と倉庫の範囲について，つぎの通達がある。
（昭和27年8月29日自丙税発第7号各都道府県知事あて自治庁税務部
　長通達）

記

1　地方税法第348条4項の規定によって，固定資産税を非課税とする事務
　所及び倉庫は，消費生活協同組合法による組合及び連合会が所有し，か
　つ，使用するものに限るものであること。

　　従って，これらの組合若しくは連合会が所有する事務所又は倉庫でも，
　これらの組合若しくは連合会以外の者が使用するもの，及びこれらの組
　合若しくは連合会が使用する事務所又は倉庫でも，これらの組合若しく
　は連合会以外の者が所有するものは，非課税の取り扱いを受けないもの
　であること。

2　同項の「事務所及び倉庫」とは，事務所又は倉庫の建物をいい，その
　敷地は勿論これに属する償却資産も原則として，その範囲に含まないも
　のであるが，ただ当該事務所又は倉庫に通常設置される備品等の償却資
　産は非課税の範囲に含めて取り扱うのが適当であること。

3　事務所とは，当該組合又は連合会の行う事業に関連して，庶務，会計
　等いわゆる現業に属さない総合的な事務を行う建物をいい，通常これに
　附属する物置，炊事場，小使室，会議室，金庫室等は事務所に含めて取
　り扱うべきものであること。ただし，物品の加工，販売等を行う場所の
　一部において，現業に直結して現金の出納，事務所との連絡，従業者の
　出欠等の事務を行うため，単に一二の机を配置した程度の場所は事務所
　といわれないものであること。

4　倉庫とは，当該組合又は連合会の行う業務に関連して，特に設けられ
　た物品の恒久的な貯蔵庫をいい，臨時的に倉庫として使用する建物及び
　単なる物置程度のものは含まれないものであること。

5　一個の建物の一部が事務所又は倉庫として使用されている場合には，

原則として当該建物の価格を事務所又は倉庫として使用されている部分の床面積とその他の用に供されている部分の床面積にあん分し，課税される部分の課税標準を決定するのが適当であること。ただし，事務所の一部に販売品の一部を陳列している程度のものは，店舗として取り扱わないものとすることが適当であること。

※　生協の有する事務所や倉庫が非課税であることは，地方税法に明記されている。しかし，その範囲については上記通達も含め，実態的に認定していく，という態度が課税主体である自治体によりなされている。このため，非課税対象が限定的に取り扱われる傾向にあるが，その解釈にあたっては，租税法律主義にもとづき，十分な予測可能性が確保されていなければならない。

③児童福祉法に規定する小規模保育事業の用に供する固定資産（地348②十の二）

④児童福祉法に規定する児童福祉施設の用に供する固定資産（地348②十の三）

⑤就学前の子どもに関する教育，保育等の総合的な提供の推進に関する法律に規定する認定こども園の用に供する固定資産（地348②十の四）

⑥老人福祉法に規定する老人福祉施設の用に供する固定資産（地348②十の五）

⑦障害者の日常生活及び社会生活を総合的に支援するための法律に規定する障害者支援施設の用に供する固定資産（地348②十の六）

⑧社会福祉法に規定する社会福祉事業の用に供する固定資産（地348②十の七）

⑨介護保険法に規定する包括的支援事業の用に供する固定資産（地348②十の九）

第1章　生協に関係のある税金

5　償却資産の申告

　土地，家屋については，原則的に土地登記簿や建物登記簿をもってその課税客体を捕捉できることになっているが，償却資産についてはそのような方法がないので，特に所有者から申告書の提出を求め，市町村の評価員の調査と相まって価格が決定されることになる。なお，この申告期日は1月31日までとなっている（地383）。

6　都市計画税

　市町村は，都市計画事業，土地区画整理事業に要する費用にあてるため，原則として，都市計画区域のうち，市街化区域に所在する土地および家屋について，その所有者に都市計画税を課することができることになっている（地702）。

　ただし，特別の事情がある場合に限り，市街化調整区域で条例で定める区域内に所在する土地および家屋についても課することができることになっている（地702）。

　イ　税率および課税客体（地702，702の4）

　　　制限税率…$\dfrac{0.3}{100}$

　　　課税客体…土地および家屋

　ロ　非課税の範囲
　　　固定資産税において非課税または免税点とされているものと同じものが非課税となる（地702の2②）。

83

X

不動産取得税

1 不動産とは

　不動産取得税でいう不動産とは，土地および家屋をいう。家屋のなかには，住宅，店舗，工場，倉庫その他の建物を含む。土地とは，田，畑，宅地，池沼，山林，牧場，原野その他の土地をいう（地73）。

2 不動産の取得とは

　不動産の取得とは，有償，無償を問わず，またその原因が売買，交換，贈与，寄附，法人に対する現物出資，建築その他で原始取得か承継取得かの別を問わない（「地方税法の施行に関する取扱いについて（道府県税関係）」第5章第1）。

3 納税義務者

　不動産取得税は，不動産の取得に対してその不動産所在の道府県において，その不動産の取得者に課税される（地73の2）。

4 取得の時期

　不動産の取得の時期は，契約内容その他から総合的に判断して現実に所有権を取得したと認められる時によるものであり，所有権の取得に関する登記の有無を問わない（地方税の施行に関する取扱いについて（道

84

第1章　生協に関係のある税金

府県税関係）第5章第1）。

5　生協に対する非課税の特例

生協が，つぎの不動産を取得した場合には，不動産取得税が課されない。

> イ　消費生活協同組合法による組合および連合会が経営する病院および診療所の用に供する不動産（地73の4①八）
>
> ロ　児童福祉法に規定する小規模保育事業の用に供する不動産（地73の4①四の二）
>
> ハ　児童福祉法に規定する児童福祉施設の用に供する不動産（地73の4①四の三）
>
> ニ　就学前の子どもに関する教育，保育等の総合的な提供の推進に関する法律に規定する認定子ども園の用に供する不動産（地73の4①四の四）
>
> ホ　老人福祉法に規定する老人福祉施設の用に供する不動産（地73の4①四の五）
>
> ヘ　障害者の日常生活および社会生活を総合的に支援するための法律に規定する障害者支援施設の用に供する不動産（地73の4①四の六）
>
> ト　社会福祉法による社会福祉事業の用に供する不動産（地73の4①四の七）
>
> チ　介護保険法による包括的支援事業の用に供する不動産（地73の4①四の九）

6　課　税　標　準

その不動産取得時の価格が課税標準となる。家屋の改築をもって取得とみなす場合には，改築により増加した価格である（地73の13）。

85

市町村の固定資産課税台帳に登録されている不動産については，その価格によって不動産取得税の課税標準となるべき価格が決定される（地73の21①）。

　固定資産課税台帳に価格が登録されていない不動産および増築などの事由により課税台帳価格により難い不動産については，総務大臣の示す固定資産評価基準によって課税標準となるべき価格が決定される（地73の21②）。

7　税　　　率

　不動産取得税の標準税率は100分の4である（地73の15）。

　※　不動産（住宅または土地）の取得が2006年（平成18年）4月1日から2021年3月31日までに行われた場合には，税率は100分の3とされる（地附11の2①）。

8　免　税　点

　不動産取得税にも免税点が採用されており，つぎの額に満たないものに対しては不動産取得税は課されない（地73の15の2）。

> イ　土地の取得…10万円
> ロ　家屋の取得のうち建築にかかるもの…1戸につき　23万円
> ハ　家屋の取得のうちその他のもの…1戸につき　12万円

9　申　告　義　務

　不動産を取得した者は，条例の定めにしたがって取得した不動産の種類，所在地，取得年月日などを文書により，その不動産所在地の市町村

第1章　生協に関係のある税金

長を経由して都道府県知事に申告または報告しなければならない（地73の18①～③）。

XI

特別土地保有税

1　納税義務者

　特別土地保有税は土地（の所有）または土地の取得に対して，土地の所有者または取得者に課される（地585①）。

　したがって，特別土地保有税は，2種類に分けられる。

　イ　土地保有税…土地（の所有）に対して課される特別土地保有税

　ロ　土地取得税…土地の取得に対して課される特別土地保有税

2　取得後10年を経過した土地に対する不適用

　特別土地保有税は，所有者が所有する土地で，その年の1月1日において保有期間が10年を経過したものについては，課されない（地585③）。

3　非　課　税

　つぎに掲げる土地またはその取得に対しては，特別土地保有税は課されない（地586②五，五の二，二十八，二十九，地587）。

　イ　病院の用に供する土地，介護老人保健施設の用に供する土地

　ロ　その取得について不動産取得税が非課税とされている土地，または用途により固定資産税が非課税とされている土地

　ハ　換地，収用等による取得

第1章　生協に関係のある税金

4　免　税　点

　特別土地保有税は，市町村（区）ごとに名寄せした合計面積がつぎに
掲げる基準面積に満たない場合には，その市町村（または区）内に所在
する土地の取得または所有する土地については課されない（地595）。
　この場合の合計面積とはつぎのものをいう。
　土地保有税…1月1日において所有する土地の合計面積
　土地取得税…その年1月1日前1年以内（2月申告分），または，そ
　　　　　　　の年7月1日前1年以内（8月申告分）に取得した土地の
　　　　　　　合計面積

| イ　東京都の特別区および指定都市（人口50万人以上）の区の区域 …2,000㎡ |
| ロ　都市計画法第5条に規定する都市計画区域を有する市町村の区域 …5,000㎡ |
| ハ　その他の市町村の区域　　　　　　　　　　　　　　　　　…10,000㎡ |

5　税　　　率

　特別土地保有税の税率は，つぎのとおりである（地594）。

| イ　土地保有税…1.4% |
| ロ　土地取得税…3% |

6　税額の計算

　特別土地保有税の税額の算定にあたっては，その課税対象とされた土
地にかかる不動産取得税およびその年度分の固定資産税額相当額を控除
する（地596）。

89

（1）土地保有税

　土地の所在市町村ごと（東京都特別区および指定都市にあっては，区ごと）に名寄せし，その市区町村の区域内の土地について，つぎにより計算する。

$$\text{税額} = \left[\begin{array}{l}\text{毎年1月1日現在において所有}\\\text{する土地の取得価格の合計額}\end{array}\right] \times 1.4\% - \left[\begin{array}{l}\text{その土地の固定}\\\text{資産税評価額}\end{array}\right] \times 1.4\%$$

　　※　申告および納付は，取得したまたは所有する土地の所在市町村（東京都
　　　　特別区内にあっては，都）に対して行う。

（2）土地取得税

　取得した土地の所在市町村ごと（東京都特別区および指定都市にあっては，区ごと）に名寄せし，その市区町村の区域内の土地の取得については，つぎにより計算する。

$$\text{税額} = \left[\begin{array}{l}\text{過去1年間に取得した土地}\\\text{（すでに申告納付した土地}\\\text{を除く。）の取得価額の合計}\end{array}\right] \times 3\% - \left[\begin{array}{l}\text{その土地にかか}\\\text{る不動産取得税}\\\text{の課税標準とな}\\\text{るべき額}\end{array}\right] \times 4\%$$

7　申告納付

特別土地保有税の申告および納付期限はつぎのとおりである（地599）。

　イ　毎年1月1日現在において基準面積以上の土地を所有する者にかかる
　　　土地保有税…その年の5月31日
　ロ　その年1月1日前1年以内に基準面積以上の土地を取得した者にかかる
　　　土地取得税…その年の2月末日
　ハ　その年7月1日前1年以内に基準面積以上の土地を取得した者にかかる

第1章　生協に関係のある税金

土地取得税…その年の8月31日

8　恒久的な建物等の用に供する土地にかかる納税義務の免除

　事務所，店舗その他の建物または構築物で恒久的な利用に供されるものの敷地の用に供する土地については，市町村長に申請して認定を受けた場合，納税義務が免除される（地603の2）。

　納税義務の免除については，つぎのように特例が設けられている（地附31の4）。

（1）土地保有税

　三大都市圏の特定市の区域内に所在する土地に対して課される1997年度（平成9年度）から2011年度（平成23年度）までの各年度分の特別土地保有税については，駐車場，資材置場，その他の土地自体の利用を主たる目的とする特定施設のうち，建物または構築物をともなわないものの用に供する土地を，納税義務の免除制度の対象としない。

（2）土地取得税

　1997年（平成9年）4月1日から2011年（平成23年）3月31日までの間に取得したものについて課される特別土地保有税については，駐車場，資材置場その他の土地自体の利用を主たる目的とする特定施設のうち，建物または構築物をともなわないものの用に供する土地を免除制度の対象としない。

　※　なお，保有分および遊休土地分に対しては，当分の間，2003年度（平成15年度）以後の年度分の特別土地保有税の課税は停止されている。また，2003年（平成15年）1月1日以後に取得される土地の取得に対しても同様である（地附31）。

91

XII

事 業 所 税

1 納税義務者

事業所税の納税義務者は，事業所等において事業を行う者である（地701の32①）。

2 課税団体

事業所税の課税団体は，つぎの指定都市等である（地701の30，701の31）。

イ　東京都（特別区に限る。）

ロ　指定都市…札幌市，仙台市，さいたま市，千葉市，川崎市，横浜市，
　　相模原市，新潟市，静岡市，浜松市，名古屋市，京都市，大阪市，堺市，
　　神戸市，岡山市，広島市，北九州市，福岡市，熊本市

ハ　首都圏の既成市街地および近畿圏の既成都市区域を有するもの…武蔵
　　野市，三鷹市，川口市，守口市，東大阪市，尼崎市，西宮市，芦屋市

ニ　上記以外で人口30万人以上の市のうち政令で定める市…旭川市，秋田
　　市，郡山市，いわき市，宇都宮市，前橋市，高崎市，川越市，所沢市，
　　越谷市，市川市，船橋市，松戸市，柏市，八王子市，町田市，横須賀市，
　　藤沢市，富山市，金沢市，長野市，岐阜市，豊橋市，岡崎市，一宮市，
　　春日井市，豊田市，四日市市，大津市，豊中市，吹田市，高槻市，枚方
　　市，姫路市，明石市，奈良市，和歌山市，倉敷市，福山市，高松市，松
　　山市，高知市，久留米市，長崎市，大分市，宮崎市，鹿児島市，那覇市

第1章　生協に関係のある税金

3　課税客体

事業所税の課税客体は，事務所または事業所において生協の行う事業である（地701の32①）。

（1）事務所または事業所とは

事務所または事業所（事業所等という。）とは，それが自己の所有に属すると否とを問わず，事業の必要から設けられた人的または物的設備であって，そこで継続して事業が行われる場所をいう。したがって，社会通念上，そこで事業が行われていると考えられるものは，事業所等として取り扱われる。

しかし，宿泊所，従業員詰所，番小屋，監視所等で番人，小使等の外に別に事務員を配置しないで，もっぱら従業員の宿泊，監視等の内部的，便宜的目的のみに供されるものは，事業所等の範囲に含まれない（「地方税法の施行に関する取扱いについて（市町村税関係）」第1章第1節）。

（2）事業とは

事業とは，社会的通念によって，判断されるべきものであるが，一般的には「物的，人的な結合によって，利益を得る目的で継続的に行うもの」をいう。

したがって，事業所等において行われる事業は，定款などで定められたその法人の本来の事業の取引に関するものであることを必要とせず，本来の事業に直接，間接に関連して行われる付随的な事業であっても，社会通念上，そこで行われていると考えられているものであれば事業ということになる（「地方税法の施行に関する取扱いについて（市町村税関係）」第1章第1節）。

93

（3）事業所用家屋とは

　事業所用家屋とは，家屋の全部または一部で現に事業所等の用に供するものをいう（地701の31①六）。

　また，家屋とは，固定資産税の場合と同様に，住宅，店舗，工場，倉庫その他の建物をいう。

4　課税標準

　事業所税の課税標準はつぎのとおりである（地701の40）。

事業にかかる事業所税の課税標準（既設の事業所）

> イ　資産割…課税標準の算定期間の末日における事業所床面積（その課税標準の算定期間の月数が12カ月に満たない場合には，その課税標準の算定期間の月数に応じて月割計算をして得た面積）
>
> ロ　従業者割…課税標準の算定期間中に支払われた従業者給与総額

　ここでいう事業所床面積というのは，事業所用家屋の延床面積をいう。ただし，そのうちでもっぱら事業所等の用に供する共用部分のある事業所床面積は，つぎの算式によって計算された合計面積である（地令56の16）。

$$事業所床面積 = (専用部分床面積) + \left(\begin{array}{c} もっぱら事業 \\ の用に供する \\ 各共用部分の \\ 床面積の合計 \end{array} \right) \times \frac{専用部分延床面積}{\begin{array}{c} 各共用部分に対応する \\ 専用部分床面積の合計 \end{array}}$$

第1章　生協に関係のある税金

<設例>

　つぎの場合の床面積（(A)，(B)，(C)は床面積を表す）のうち，生協の床面積を求めよ。

| 生協（A） | 廊下（C） | 別会社（事業所等）（B） |

<解答>

　生協の床面積は　　(A) ＋ (C) × $\dfrac{(A)}{(A)＋(B)}$

で求めることになる。

　また，従業員給与総額というのは，事業所等の従業者（役員を含むものとし，一定の障害者および年齢65歳以上の役員以外の者を除く。）に対して支払われる給与等（俸給，給料，賃金，および賞与ならびにこれらの性質を有する給与をいう。）の総額をいう（地701の31①五）。

　ただし，事業等の従業者のうち年齢55歳以上65歳未満の者で，雇用保険法，その他の法令の規定にもとづき国の雇用に関する助成の対象になっている者がある場合には，その者の給与等の額の2分の1は除かれることになる（地701の31①五，地令56の17の2，地規24の2）。

5　課税標準の特例（2分の1の特例）

　資産割，従業者割にかかる事業所税のすべてについて特例として，生協がその本来の事業の用に供する施設については，資産割の課税標準となる床面積および従業者割の従業者給与総額から，それぞれ，その2分の1が控除されることになる（地701の41①の表の一，法2七，法別表第三）。

6 免 税 点

　事業にかかる事業所税，つまり既設の事業所等については，同一の者がその指定都市等の区域内において行う事業にかかる事業所等について，つぎに該当する場合には，課税されない（地701の43①）。

> イ　資産割…各事業所等の事業所床面積の合計が1,000㎡以下
>
> ロ　従業者割…各事業所等の従業者の数の合計数が100人以下

　このように，既設の事業所等の免税点は資産割と従業者割とで別個に判定されることとなる。したがって，たとえば，資産割だけが課税され，従業者割は課税されない場合もあり得る。

　また，資産割および従業者割の免税点の判定は，課税標準の算定期間の末日，すなわち期末の現況により行う（地701の43③）。

7　免税点についての留意事項

（1）免税点の判定

　免税点の判定にあたって，さきの事業所床面積が1,000㎡以下であるかどうか，従業者数が100人以下であるかどうかの判定は，課税標準の算定期間の末日の現況による（地701の43③）。

（2）従業員数の範囲

　従業者割の免税点の判定にあたっては，従業者数には，原則として，臨時的なものや非常勤役員を含めて判定することになっている。したがって，事業年度の末日においてその事業所等の事業に従事しているものであれば，常雇いまたは臨時雇いを問わず従業者に含まれることになる。

第1章　生協に関係のある税金

（3）従業者数の著しい変動がある場合

　従業者割の免税点の判定に関して，課税標準の算定期間中を通じて従業者の数に著しい変動がある事業所等については，課税標準の算定期間に属する各月末日現在における従業者の数を合計した数をその課税標準の算定期間の月数で除して得た数をもって課税標準の算定期間の末日現在の従業者数とみなすことになっている（地701の43④）。

　この従業者の数に著しい変動がある事業所等とは，課税標準の算定期間中に属する各月末日現在における従業者の数のうち，最大であるものの数値が，最小であるものの数値の2倍をこえる事業所等をいう（地令56の73①）。

（4）資産割の免税点の判定の時期

　課税標準の算定期間の中途において一部の事業所等が廃止されたため，課税標準の算定期間の末日現在においては床面積が免税点である1,000㎡以下となった場合には，事業にかかる事業所税の資産割の免税点の判定が，課税標準の算定期間の末日の現況によるものとされているから，事業にかかる事業所税の資産割は課税されないことになる（地701の43③）。

（5）事業所等が指定都市等とその他の市町村にわたる場合

　事業所等が一の指定都市等の区域とその他の市町村の区域にわたって所在する場合の免税点の判定については，つぎのとおりである。

　イ　その事業所税等にかかる事業所床面積は，その事業所等のうちその指定都市等の区域内に所在する部分にかかる事業所床面積に相当する面積で行う。

　ロ　その事業所等の従業者の数は，その従業者の数に，その事業所等にかかる事業所床面積の占める割合を乗じて得た数により行う（地令56の74）。

97

8 税率および税額の計算

事業所税の税率は，つぎのとおりである（地701の42）。

（1）事業にかかる事業所税

イ　資産割…事業所床面積1㎡につき年600円

ロ　従業者割…従業者給与総額の100分の0.25

（2）税額の計算

同一の者について，課税団体ごと（東京都の場合は特別区）に名寄せした事業所の延床面積または従業者数が免税点をこえる場合に，つぎにより計算する。

イ　資産割

$$税額 = 600円 \times \left(\begin{array}{l} 課税標準の算定期間の末日現在に \\ おける事業所の延床面積の合計（㎡） \end{array} \right) \times \frac{課税標準の算定期間の月数}{12}$$

ロ　従業者割

$$税額 = \left(\begin{array}{l} 課税標準の算定期間中に \\ 支払われた従業者給与総額 \end{array} \right) \times 0.0025$$

9 事業所税の非課税

事業所税には，人的非課税と用途による非課税が認められている。

この人的非課税は，国，地方公共団体および法人税法別表第一に掲げる公共法人や同別表第二に掲げる公益法人等が，その法人の性格から非課税とされるものである（地701の34①，②）。

第1章　生協に関係のある税金

　用途による非課税は，事業所等の用途あるいは使用目的等の面に着目
して，事業所税が非課税とされるものである。

　この用途による非課税のうち生協においてその対象となるものは，つ
ぎのとおりである（地701の34③九，十の二～九，二十六，地令56の41）。

イ　医療法に規定する病院および診療所，介護保険法に規定する介護老人
　保健施設，看護師等の養成所等

ロ　児童福祉法に規定する小規模保育事業施設および児童福祉施設，老人
　福祉法に規定する老人福祉施設，介護保険法に規定する包括的支援事業
　施設，社会福祉法に規定する社会福祉事業の用に供する施設など

ハ　勤労者の福利厚生施設（従業者の福利または厚生のために設置される
　美容室，理髪室，喫茶室，食堂，娯楽室等）で，消費生活協同組合，消
　費生活協同組合連合会が経営するもっぱらこれらの組合の構成員の利用
　に供する福利または厚生の施設

　また，消防法に規定する防火対象物で多数の者が出入りするものとし
て，つぎに掲げるものに設置される消防用設備等で同法の技術上の基準
に適合するもの（消防法施行令別表第一（一）～（四），（五）イ，（六），
（九）イ，（十六）イ，（十六の二），（十六の三））は，資産割が非課税
とされている（地701の34④，地令56の43）。

イ　百貨店，マーケットその他の物品販売業を営む店舗または展示場

ロ　寄宿舎

ハ　病院，診療所

ニ　老人福祉施設，介護老人保健施設，児童福祉施設

ホ　幼稚園

ヘ　その他

99

10 申告および納付手続

事業にかかる事業所税の申告納付

　事業にかかる事業所税の納税義務者は，毎事業年度終了の日から2カ月以内に，その事業年度の事業にかかる事業所税の課税標準および税額その他必要な事項を記載した所定の様式による申告書（第四十四号様式）をその事業所等所定の指定都市等の長に提出するとともに，その申告した税額をその指定都市等に納付しなければならないことになっている（地701の46①，地規24の29）。

第2章

法人税法の基本的な事項

Ⅰ 法人税法の概要

1 法人税の意義

　法人税は，法人の所得を基準として，法人に対して課される税金である。

　法人税は，広義の所得税の一種である。個人の所得に対して課される税金が，所得税であり，法人の所得に対して課される税金が，法人税である。

　納税義務者と租税の実際の負担者（担税者）とが一致しているので，法人税は直接税である。また，法人税は，国が課税するものであるから国税である。

2 2種類の法人税

　法人税には，つぎの2種類のものがある。

　①各事業年度の所得に対する法人税

　②退職年金等積立金に対する法人税

　ふつう，法人税という場合は，①の各事業年度の所得に対する法人税をさすものである。

　②の退職年金等積立金に対する法人税は，退職年金業務を営んでいる法人が有する退職年金積立金に対して課される，特殊なものである。

　以下，②については省略し，①についてのみのべる。

102

第2章　法人税法の基本的な事項

3　法人税の納税義務者と納税義務の範囲

　税金を納めなければならない者を，納税義務者という。

　法人税の納税義務者は，法人である。生協は，法人であるので（生協法第4条）法人税の納税義務者に含まれる。

　しかし，法人税は，法人をその性格に応じて分類し，法人の種類により，納税義務の範囲の広狭あるいは税率の高低の別を規定している。

（1）法人税法上の法人の区分

　法人税法上の法人は，つぎのように区分される（法2）。

イ　公共法人…法別表第一に掲げる法人（地方公共団体，株式会社日本政策金融公庫，独立行政法人等）

ロ　公益法人等…法別表第二に掲げる法人（医療法人，学校法人，社会福祉法人，宗教法人等）

ハ　協同組合等…法別表第三に掲げる法人（消費生活協同組合，農業協同組合，漁業協同組合，商工組合，労働金庫，信用金庫，森林組合等）

ニ　人格のない社団等…法人でない社団または財団で代表者または管理人の定めがあるもの（PTA，同窓会等）

ホ　普通法人…イ〜ハに掲げる法人以外の法人（株式会社，特例有限会社，合資会社，合名会社，合同会社等）をいい，人格のない社団等を含まない。

（2）納税義務の範囲，税率

　法人の種類に応ずる納税義務の範囲，税率は，つぎのとおりである（法66）。

法人の種類	各事業年度の所得	
	納税義務の範囲	税　率
公　共　法　人	非　　課　　税	
公　益　法　人　等	収　益　事　業　所　得	19%
協　同　組　合　等	全　　所　　得	19%
人格のない社団等	収　益　事　業　所　得	23.2%
普　通　法　人 一　般　社　団　法　人　等	全　　所　　得	23.2%

※　組合員数が50万人以上，総収入金額に占める物品供給事業の割合が50%
　をこえ，店舗供給高が1,000億円以上の協同組合は，その事業年度の所得金
　額が10億円をこえる部分に対して，法人税率22%が適用される（措法68）。

※　期末資本金が１億円以下の普通法人および一般社団法人等または人格の
　ない社団等は，所得金額が年800万円以下の部分について19%税率が適用さ
　れる（法66②）。

※　上記税率は，2018年（平成30年）４月１日以後に開始する事業年度より
　適用される。

　なお，中小企業者等の法人税率の特例があり，下記に該当する法人
（生協含む。）は，2012年（平成24年）４月１日から2019年（平成31
年）３月31日までの間に開始する事業年度について，所得金額が年800
万円以下の部分の税率は15%となる（措法42の３の２，措法68の８）。

中小企業者等の法人税率の特例適用対象法人

イ　期末資本金（出資金）が１億円以下または期末資本金（出資金）を有
　しない普通法人

ロ　人格のない社団等

ハ　一般社団法人等

ニ　公益法人等

ホ　協同組合等（生協など）

第2章　法人税法の基本的な事項

> ※　組合員数が50万人以上，総収入金額に占める物品供給事業の割合が
> 50％をこえ，店舗供給高が1,000億円以上の協同組合についても，所得
> 金額が年800万円以下の部分の税率は15％となり，10億円をこえる部分
> については22％の税率が適用される。

へ　特定医療法人

（3）中小特例の不適用

　（2）の中小企業者等の法人税率の特例適用対象法人については，大
法人と完全支配関係がある法人については適用が除外される。該当する
ものはつぎのとおりである（法66⑥，442頁参照）。

> イ　保険業法に規定する相互会社
> ロ　大法人による完全支配関係がある普通法人
> 　　大法人とはつぎに掲げる法人をいう。
> 　　（イ）資本金または出資金の額が5億円以上の法人
> 　　（ロ）相互会社
> 　　（ハ）法人課税信託の受託者たる受託法人
> ハ　完全支配関係があるすべての大法人により株式および出資の全部を保
> 　　有されている場合の法人
> ニ　投資法人
> ホ　特定目的会社
> へ　受託法人

（4）地方法人税

　法人住民税の法人割の税率を全体として4.4％引き下げたことにとも
ない，地方交付税の財源を確保するために創設された。2014年（平成26
年）10月1日以後開始する事業年度から施行されている（地方法人税法

105

（以下「地方」）附則1）。

※　地方法人税の税率は，2019年10月1日以後開始事業年度より4.4％から10.3％へ引き上げられる（平成28年改正法附則1，30①）。

① 納税義務者

法人税を納める義務のある法人は，地方法人税を納めなければならない（地方4）。

② 課税の対象

法人の各課税事業年度（法人の各事業年度）の基準法人税額に対して課する（地方5）。

③ 基準法人税額

基準法人税額は，各事業年度の所得の金額に対して所得税額控除，外国税額控除および仮装経理にもとづく過大申告の場合の更正にともなう法人税額の控除を適用しないで計算した法人税額とする（地方6）。

④ 課税標準

各課税事業年度の基準法人税額を課税標準とする（地方9）。

⑤ 税額の計算

税額はつぎのとおり計算される（地方10，11）。

各事業年度の課税標準法人税額×4.4％

※　2019年10月1日以後開始事業年度より，地方法人税の税率は10.3％となる。

⑥ 申告，納付

原則として各課税事業年度終了の日の翌日から2カ月以内に，地方

第2章　法人税法の基本的な事項

法人税の確定申告書を提出しなければならない（地方19①）。また，確定申告書の提出期限までに地方法人税を国に納付しなければならない（地方21）。

4　事業年度と納税地

（1）事業年度

法人の所得は，一定期間を区切って計算しなければならない。その一定期間を事業年度という。

生協は，定款において事業年度を定めているので，原則としてその期間が，法人税法上の事業年度となる（法13①）。

（2）みなし事業年度

法人が，事業年度の中途において，解散（合併による解散を除く。），合併等をした場合には，特別の期間を事業年度とみなすことにしている。

イ　解散した場合…その事業年度開始の日から解散の日までの期間，および解散の日の翌日から事業年度の末日までの期間

ロ　合併により解散した場合…その事業年度開始の日から合併の前日までの期間

このように，本来は一事業年度ではないものを，法人税の計算の便宜のために，事業年度とみなしているのであるが，これをみなし事業年度という（法14）。

（3）納　税　地

納税地とは，納税義務者が税法にもとづく義務（申告，申請，届出，納付等）を履行し，あるいは，権利（異議申し立て，納税猶予の申請

107

等）を行使する上において基準となる場所をいう。

　法人税の納税地は，原則としてその本店または主たる事務所の所在地である（法16）。

　納税地は，一定の時点においては，一法人について一箇所しかない。生協では，定款に定めた主たる事務所が納税地となる。

　納税地に異動があった場合には政令で定めるところにより，その異動前の納税地の所轄税務署長および異動後の納税地の所轄税務署長にその旨を届け出なければならない（法20）。

5　法人税法とその関連法令

（1）憲法と租税法律主義

　日本国憲法第30条は，「国民は法律の定めるところにより，納税の義務を負ふ」と定め，さらに，同第84条は，「あらたに租税を課し，又は現行の租税を変更するには，法律又は法律の定める条件によることを必要とする」と定めている。法律の根拠にもとづくことなしには，国民は納税の義務を負うことはないのである。この原則を租税法律主義という。

（2）法人税法と同施行令，規則

　法人税法は，上述の租税法律主義にもとづいて，法人税の課税関係を定めている。しかし，法人税法の対象は，複雑多岐にわたるため，その対象となる事象のすべてを，法律のみで規定することは，きわめて困難である。そこで，法人税に関する重要な事項は，法律で規定するが，具体的，細目的な事項は，法律の委任にもとづいて命令などで補充することとされている。

108

第 2 章　法人税法の基本的な事項

① 法人税法施行令

命令のうち，内閣が制定するものを政令という。政令は税法では，一般に施行令とよばれている。法人税法の政令が法人税法施行令である。

② 法人税法施行規則

命令のうち，各省大臣が制定するものを，省令という。省令は，税法では，一般に施行規則とよばれている。法人税法の省令には，法人税法施行規則と「減価償却資産の耐用年数等に関する省令」がある。

③ 告　　示

各省大臣は，国民に公示を必要とする場合には，告示をすることができる。法人税法に関しても，指定寄附金の告示等がなされている。

（3）租税特別措置法

租税特別措置法は，法人税法，所得税法等の各税法に関する特例を定める法律である。法人税法に関しては，特別償却，各種準備金等について定めている。

租税特別措置法にも，施行令と施行規則が制定されている。

（4）国税通則法，国税徴収法

国税通則法，国税徴収法は，法人税法，所得税法などの個別税法に対して，通則的事項を定める一般税法である。個別税法に定めのない事項については，これら一般税法の定めるところによらなければならない。

※　国税犯則取締法は2018年（平成30年）4月1日で廃止された。

① 国税通則法

国税について基本的かつ共通的な事項を定めている。

109

国税通則法には，施行令と施行規則が制定されている。

※　従来の国税犯則取締法が廃止され，国税通則法の第11章に「犯則事件の調査及び処分」が創設された。

② **国税徴収法**

国税徴収法は，もっぱら国税徴収手続，つまり滞納処分に関することを規定している。

国税徴収法には，施行令と施行規則が制定されている。

（5）通　　達

通達は，上級行政庁が，下級行政庁に権限の行使を指図するために発する命令で，とくに書面で行われるものである。

法人税法においても，国税庁長官が，多くの通達を定めている。

① **執行通達**…法人税事務の運営，執行の指針を示したもの

② **解釈通達**…法人税関係法令の適用にあたって全国的統一を図るため，解釈またはその指針を示したもの

イ　基本通達…解釈適用上の基本的事項について，一般的な取り扱い方針を定めたもの

ロ　個別通達…個別の事例について取り扱いを明らかにしたもの

第2章　法人税法の基本的な事項

II 各事業年度の所得に対する法人税

1　各事業年度の所得の金額の計算

　法人税法第21条は，各事業年度の所得に対する課税標準について，つぎのように定めている。

　「内国法人に対して課する各事業年度の所得に対する法人税の課税標準は，各事業年度の所得の金額とする」

　また，所得金額について，法人税法第22条でつぎのように定めている。

　「内国法人の各事業年度の所得の金額は，当該事業年度の益金の額から当該事業年度の損金の額を控除した金額とする」

　上記の条文を算式で示すと，つぎのとおりである。

　　　所得の金額　＝　益金の額　－　損金の額

　また，法人が各事業年度において益金の額に算入すべき金額ならびに損金の額に算入すべき金額については，「一般に公正妥当と認められる会計処理の基準に従って計算されるものとする。」（法22④）と規定されている。

2　益金の額

　法人税法第22条第2項は，益金の額についてつぎのように定めている。

　「内国法人の各事業年度の所得の金額の計算上当該事業年度の益金の額に算入すべき金額は，別段の定めがあるものを除き，資産の販売，有償又は無償による資産の譲渡又は役務の提供，無償による資産の譲受け

111

その他の取引で資本等取引以外のものにかかる当該事業年度の収益の額とする。」

つまり，益金の額というのは，資本等取引以外の取引で純資産の増加の原因となるべき事実にかかる収入金額その他経済的価値の増加額ということになる。

生協に関する益金には，つぎのようなものがある。

イ　商品，製品等の供給による収益

ロ　有価証券，固定資産等の譲渡による収益

ハ　利用事業等における役務の提供による収益

ニ　共済事業における役務の提供による収益

ホ　受贈による収益

ヘ　配当，利子等の受け取りによる収益

ト　賃貸料等の受け取りによる収益

チ　債務（買掛金，借入金等）の免除による収益

また，資本等取引による収益は課税の対象から除かれている。ここで，資本等取引とは，法人の資本金等の額の増加または減少を生ずる取引や，法人が行う利益または剰余金の分配（法22⑤）のことである。

資本金等の額とは，出資金額と資本積立金額との合計額をいう。

生協の場合，資本積立金の例はきわめて少ないので，説明は省略する。

※　「益金の額の計算」としてあらたに法人税法第22条の2に収益の額について，その益金算入の時期と金額が定められた。この規定は，「収益認識に関する会計基準」に対応するものとして定められたとされる。

3　損金の額

法人税法第22条第3項は，損金の額について，つぎのように定めている。

第2章　法人税法の基本的な事項

「内国法人の各事業年度の所得の金額の計算上当該事業年度の損金の額に算入すべき金額は，別段の定めがあるものを除き，次に掲げる金額とする。

1　当該事業年度の収益に係る売上原価，完成工事原価その他これらに準ずる原価の額

2　前号に掲げるもののほか，当該事業年度の販売費，一般管理費その他の費用（償却費以外の費用で当該事業年度終了の日までに債務の確定しないものを除く。）の額

3　当該事業年度の損失の額で資本等取引以外の取引に係るもの」

1は，供給原価のことである。

2は，人件費（役員報酬，職員給与，厚生費等），物件費（包装費，教育文化費，広報費，減価償却費，通信交通費等）および支払利息等である。ただし，当期の損金の額に算入される人件費，物件費，支払利息等は，償却費を除き，期末までに債務の確定したものに限られる（法22③二）。つまり，外部費用の未払い計上については，債務確定基準が適用されるということである。費用について期末までに債務が確定しているというためには，つぎに掲げる要件のすべてを満たしていることが必要である（基通2－2－12）。

イ　期末までにその費用にかかる債務が成立していること。

ロ　期末までにその債務にもとづいて具体的な給付をすべき原因となる事実が発生していること。

ハ　期末までにその金額を合理的に算定することができるものであること。

3は，災害その他による損失の額である。

4　別段の定め

すでにのべたとおり，益金の額および損金の額は，一般に公正妥当と

113

認められる会計処理の基準にしたがって計算される。

　しかし，税法に別段の定めがある場合には，その定めにしたがって処理をしなければならないこととされている。つまり公正妥当な会計処理の基準にしたがっていても，別段の定めがある場合には，それにしたがった計算をしなければならない。

　別段の定めは，課税の公平，徴税技術上の配慮や各種の政策的な要請等にもとづいて，定められているものである。

　別段の定めには，つぎのとおり，いくつかの類型がある。

（1）益金に関する別段の定め

①　益金不算入

　会計では，収益に該当するものでも，所得の金額の計算上は，益金の額に算入しないことを益金不算入という。

イ　受取配当等の益金不算入（法23）

ロ　資産評価益の益金不算入（法25）

ハ　還付金等の益金不算入（法26）など

---

②　益金算入

　会計では，収益に該当しないものを，所得の金額の計算上，益金の額に算入することを益金算入という。

イ　貸倒引当金の取崩し額の益金算入（法52⑩）

ロ　国庫補助金等にかかる特別勘定の要取崩し額の益金算入（法43②③）
　　など

114

第2章　法人税法の基本的な事項

（2）損金に関する別段の定め

①　損金不算入

　会計では，費用または損失に該当しても所得の金額の計算上，損金の額に算入しないことを損金不算入という。

イ　減価償却超過額の損金不算入（法31）

ロ　資産の評価損の損金不算入（法33）

ハ　役員給与の損金不算入（法34）

ニ　一定限度をこえる寄附金，交際費の損金不算入（法37，措法61の4）

ホ　法人税，地方法人税，都道府県民税，市町村民税の損金不算入（法38）

ヘ　不正行為等にかかる費用等の損金不算入（法55）など

---

②　損金算入

　会計では，費用または損失に該当しないものを，所得の金額の計算上，損金の額に算入することを損金算入という。

イ　引当金，準備金の損金算入（措法55等）

ロ　圧縮記帳の損金算入（法42等）

ハ　繰越欠損金の損金算入（法57）

ニ　利用分量に応ずる割り戻し（事業分量配当）の損金算入（法60の2）
　　など

5　確定決算原則と申告調整

（1）確定決算原則

以上のべたような理由で，決算上の当期剰余金（当期利益）と法人税

115

法上の所得金額とは一致しないのがふつうである。

　したがって，決算上の剰余金と所得の金額とが一致しない場合には，会計上の確定決算にもとづく当期剰余金の金額を基礎として，法人税法上の所得の金額に訂正しなければならないこととされている（法74①）。これを確定決算原則という。すなわち，法人税法上の所得の金額は，会計の確定決算における当期剰余金を基礎として，所要の調整を加えて，計算することになるのである。

　※　確定決算…総（代）会で承認された決算をいう。

（2）税務調整

　上述のように，所得金額は，確定決算上の当期剰余金を基礎として，税法所要の調整を加えて計算するのであるが，この調整を税務調整という。税務調整には，決算調整と申告調整とがある。

①　決算調整事項

　決算調整とは，確定した決算において税法の規定を考慮した経理を行うことである。決算調整事項には，減価償却，各種引当金等の内部計算に属する事項，使用人兼務役員の賞与のように，その損金性の判断を生協にゆだねている事項等がある。

　決算調整事項に属する事項は，生協が確定した決算において経理しなかった場合には，課税所得の計算に影響させないことになっている。

　生協に関するものとしてつぎの2つのグループがある。

イ　損金経理を要件とするもの

　これは，生協が損金経理をした場合にのみ認められる事項であって，つぎのようなものがある。

イ　減価償却資産の償却費の損金算入（法31）

第2章　法人税法の基本的な事項

ロ　繰延資産の償却費の損金算入（法32）

ハ　特別事由がある場合の資産の評価損の損金算入（法33②）

ニ　使用人兼務役員の使用人分給与（賞与を含む）の損金算入（法34①）

ホ　交換の場合の圧縮記帳の損金算入（法50）

ヘ　貸倒引当金の損金算入（法52）

ト　貸倒損失（債権切り捨てによるものを除く。）の損金算入（基通9－6－2等）

※　損金経理…確定した決算において費用または損失として経理することをいう（法2二十五）。

②　申告調整事項

　申告調整とは，確定申告書の上で，税法所要の調整を行うことである。申告調整事項には，任意的調整事項と必要的調整事項とがある。

イ　任意的調整事項

　申告書で調整するかしないかは，自由であるが，調整を行わない場合には，税務官庁も進んで是正することはしないものである。

イ　受取配当等の益金不算入（法23）

ロ　会社更生等による債務免除等があった場合の欠損金の損金算入（法59）

ハ　協同組合等の事業分量配当等の損金算入（法60の2）

ニ　収用換地等の場合の所得の特別控除による損金算入（措法65の2）

ロ　必要的調整事項

　決算調整をしていない場合は，申告書上で必ず調整しなければならないものであって，法人がこれを調整しなければ，税務官庁が進んで調整する事項である。

117

イ　当期剰余金の計算が事実にもとづいていないもの（例　棚卸しもれ）

ロ　法人税等の還付金の益金不算入（法26①）

ハ　役員給与の損金不算入（法34）

ニ　寄附金，交際費の損金不算入（法37，措法61の４）

ホ　法人税等の損金不算入（法38）

ヘ　法人税額から控除する所得税額の損金不算入（法40）

ト　償却超過額，引当金繰入超過額，圧縮記帳超過額等の限度超過額（法31，法50等）

チ　青色申告年度の欠損金および災害損失金の損金算入（法57，法58）

6　実質所得者課税の原則

　一般に所得課税が行われる場合には，原則として，その所得が，私法形式上も経済的実質上もその所得者に帰属していることが前提となる。

　しかし，実際には，私法形式上の所得者と経済的実質上の所得者が一致しないことがある。その理由としては，違法行為や租税回避行為その他の事情によることが考えられるが，税法本来の趣旨である公平負担の原則からすれば，実質的にその所得が直接帰属したと考えられる者に対して課税すべきである。これを実質所得者課税の原則というが，法人税法第11条（実質所得者課税の原則）は，この考え方を規定したものとされる。

7　帳簿書類の保存，電子保存

　青色申告書を提出する生協は，すべての取引を借方および貸方に仕訳する帳簿（仕訳帳），すべての取引を勘定科目の種類別に分類して整理する帳簿（総勘定元帳），その他必要な帳簿を備え，別表20に定める取

引に関する事項を記録しなければならない（規54①）。

（1）国税関係帳簿書類の電磁的記録による保存等

　国税関係帳簿の全部または一部について，自己が最初の記録段階から一貫して電子計算機を使用して作成する場合または国税関係書類の全部または一部について，自己が一貫して電子計算機を使用して作成する場合であって，所轄税務署長等の承認を受けたときは，記録の真実性および可視性等の確保に必要となる所定の要件の下で，その電磁的記録の備付けおよび保存をもってその帳簿の備付けおよび保存に代えること，またはその電磁的記録の保存をもってその書類の保存に代えることができる（電子帳簿保存法4①②）。

（注）「電磁的記録」とは，電子的方式，磁気的方式その他の人の知覚によっては認識することができない方式で作られる記録であって，電子計算機による情報処理の用に供されるものをいう（電子帳簿保存法2三）。具体的には，情報がフロッピーディスク，コンパクトディスク，ＤＶＤ，磁気テープ等に記録・保存された状態にあるものをいう。

（2）国税関係書類のスキャナによる保存

　取引の相手方から受け取った請求書等および自己が作成したこれらの写し等の国税関係書類（決算関係書類を除く。）について（契約書，領収書，請求書等についての30,000円未満でなければならないという金額基準は廃止された。），その書類に記載されている事項をスキャナ（原稿台と一体となったものとする限定要件を廃止し，デジカメ・スマホによるものも認められる。）による電磁的記録に記録する場合であって，所轄税務署長の承認を受けたときは，一定の要件の下で，その電磁的記録の保存をもってその書類の保存に代えることができる（電子帳簿保存法4③）。

（3）国税関係帳簿書類の COM（コンピュータ・アウトプット・マイクロフィルム）による保存等

　国税関係帳簿の全部または一部について，自己が最初の記録段階から一貫して電子計算機を使用して作成する場合または国税関係書類の全部または一部について，自己が一貫して電子計算機を使用して作成する場合であって，所轄税務署長等の承認を受けたときは，所定の要件の下で，その電磁的記録の備付けおよび COM の保存をもってその帳簿の備付けおよび保存に代えること，またはその COM の保存をもってその書類の保存に代えることができる（電子帳簿保存法5①②）。

（4）電子取引の取引情報にかかる電磁的記録の保存

　所得税および法人税にかかる保存義務者は，電子取引（取引情報の授受を電磁的方式により行う取引）を行った場合には，その取引情報にかかる電磁的記録を保存しなければならない（電子帳簿保存法10）。

（5）国税関係帳簿書類の撮影タイプのマイクロフィルムによる保存

　すべての帳簿書類は，マイクロフィルムおよびマイクロフィルムリーダーが一定の要件に適合することを条件として，6年目以降の保存期間について，撮影タイプのマイクロフィルムによる保存が認められる（規59③⑥，67③）。

　また，取引に関して相手方から受け取った注文書，見積書その他資金の流れや物の流れに直結あるいは連動しない書類および相手方に交付したこれらの書類の写しは，上記の一定の要件に適合し，かつ，その書類の検索機能が確保されることを条件として，4年目および5年目の保存期間についても，撮影タイプのマイクロフィルムによる保存が認められる（規59③⑤⑥，67③）。

第2章　法人税法の基本的な事項

（6）承認の手続き

　法人は，帳簿書類の電磁的記録による保存，スキャナによる保存または COM による保存等の承認を受けようとする場合には，所定の期限までに承認申請書を税務署長に提出しなければならない。

イ　提出期限

　帳簿書類の電磁的記録等による保存等の承認申請書の提出期限は，その帳簿の備付開始日または書類の保存開始日の3カ月前の日である（電子帳簿保存法6①②，9）。

ロ　承認または却下

　承認申請にかかる帳簿書類の全部または一部につき所定の要件を具備していないなどの事実があるときは，その事実がある帳簿書類について申請を却下することができる（電子帳簿保存法6③④，9）。

ハ　みなし承認

　承認申請書の提出があった場合において，それぞれの区分に応じ，一定の日までに承認，または却下の処分がなかったときは，その一定の日に承認されたものとみなす（電子帳簿保存法6⑤，9）。

121

第3章

事 業 収 益

Ⅰ 収 益 の 意 義

1 収益とは

収益とは，生協の事業活動の結果，生み出された成果である。

収益は，その発生源泉にしたがって，事業収益と事業外収益に分類される。事業収益とは，生協本来の業務＝主たる事業活動から生じる収益をいう。事業外収益とは，主たる事業活動以外の活動から生じた収益をいい，その内容は，財務活動による収益である。財務活動とは，具体的には，金融活動（銀行からの借り入れなど），資本活動（組合員からの出資など）をいい，いわば生協の主たる事業活動を，財務的に補助し，調整する活動である。事業外収益には，受取利息，受取配当金等があげられる。事業外収益は財務上の収益であるが，継続的，反復的に発生する経常的収益である点で，事業収益と異なるところはない。

2 税法上の課税所得

税法上の課税所得金額は，益金の額から損金の額を差し引いて計算するが，この場合の益金の額は会計上の収益の額に相当するといってよい。しかし税法と会計とでは，その目的や立場が違うために，益金と収益の範囲に相違がある。

3 益金の額

各事業年度の所得の金額は，その事業年度の益金の額から損金の額を

控除した金額とされている（法22①）。

この益金の額に算入すべき金額は，別段に定めがあるものを除き，資産の販売，有償または無償による資産の譲渡または役務の提供，無償による資産の譲受け，その他の取引で資本等取引以外のもので事業年度の収益の額とする，とされている（法22②）。さらに，この法人税法第22条第2項の「事業年度の収益の額」は，別段に定めがあるものを除き，一般に公正妥当と認められる会計処理の基準にしたがって計算されるものである，と規定されている（法22④）。

4 益金の額の計算の別段の定め

税法は別段に定めがあるものを除いて，所得金額の計算上，益金の額は，会計上の収益の額と一致するとしている。しかし，収益の額については，「収益認識に関する会計基準」が定められたことに対応して，「**Ⅲ 収益の額を益金の額に算入する時期**」（136頁参照）および「**Ⅳ 収益の額として益金の額に算入する金額**」（156頁参照）を明確にするために，税法上あらたに収益の額に関する通則的な規定が設けられた（法22の2）。

※ 2018年度（平成30年度）税制改正により法人税法の収益の額に関する条文構成はつぎのようになった。

法 令 名	条文番号	改 正 前	改 正 後
法人税法	22	「各事業年度の所得の金額の計算」を規定。	第4項に「別段の定めがあるものを除き」が追記された。
	22の2	−	新設（収益の額）。
	53	返品調整引当金を規定。	削除。
	63	長期割賦販売等にかかる収益および費用の帰属年度の特例を規定。	リース譲渡にかかる収益および費用の帰属年度の特例として改正された。

125

法　令　名	条文番号	改　正　前	改　正　後
法人税法施行令	18の2	－	新設（収益の額）。
	99	返品調整引当金を規定。	削除。代わりに金銭債権計上差額を貸倒引当金に繰り入れた金額等とみなす，との規定がされた。
	100〜111	返品調整引当金を規定。	削除。
	124〜128	長期割賦販売等を規定。	リース譲渡に限定して改正された。
	129	工事の請負を規定。	工事の請負を規定。

※　これにあわせて，法人税基本通達が大幅に改正された。国税庁より新旧対応表（「収益等の計上に関する改正通達（法人税基本通達第2章第1節部分）の構成及び新旧対応表」国税庁2018年（平成30年）5月）が公表されている。

※　国税庁は「収益認識に関する会計基準」への対応についてつぎのように記している（「収益認識に関する会計基準」への対応について〜法人税関係〜，国税庁平成30年5月，14頁引用）。

① 30改正は，改正前の公正処理基準（これを補完する通達・判例）における取り扱いを明確化したもの。新会計基準を適用しない場合の収益計上時期を従来と変更するものではない。

② 引渡しの日には複数の収益計上時期がありうるところ，引渡しの日の中で法人が選択した収益計上時期の基準は継続して適用することが求められる。

（注）例えば，その取引について出荷した日が引渡しの日として合理的と認められ継続して適用している場合に，期末の取引だけ検収した日とすることは認められない。

③ 引渡しの日ではなくても，公正処理基準にしたがい引渡しの日に近接する日を収益計上時期としている場合には，その近接する日において収

益計上することが認められる（申告調整も可）。その近接する日を収益計
上時期の基準としている場合，継続して適用することが求められる。

（注）３項は，２項における収益経理をしていない場合であっても申告調
整により近接する日に収益計上することを認めるというものであって，
恣意的な申告調整を認めるものではない。

④　収益計上時期に誤りがある取引については，すべて引渡しの日の収益
として是正するわけではなく，公正処理基準にしたがい近接する日を収
益計上時期の基準として継続して適用している場合には，その近接する
日の収益として是正することとなる。

※　上記①「30改正」とは，2018年（平成30年）税制改正のこと。
※　上記③（注）「３項」とは法人税法第22条の２第３項のことをさす。また
③（注）「２項」とは法人税法第22条の２第２項のことをさす。

　また，国税庁は，法人税法第22条の２（新設）は，「収益認識に関す
る会計基準」における「取引価格の算定」および「履行義務の充足」に
対応したものである旨を解説している（「収益認識に関する会計基準」
への対応について〜法人税関係〜，国税庁平成30年５月，15頁参照）。

収益認識に関する会計基準	法人税法第22条の２
ステップ１「顧客との契約の識別」	
ステップ２「契約における履行義務の識別」	
ステップ３「取引価格の算定」	資産の販売等にかかる収益の額として益金の額に算入する金額は，原則として資産の引渡し等の時の価額（時価）とする。貸し倒れおよび買い戻しを考慮しない。
ステップ４「履行義務への取引価格の配分」	
ステップ５「履行義務の充足による収益の認識」	資産の販売等による収益の額は，原則として目的物の引渡し等の日の属する事業年度の益金の額に算入する。

Ⅱ 収益等の計上の単位

1 収益等の計上の単位に関する通則

(1) 原　　則

　資産の販売もしくは譲渡または役務の提供（ただし，「収益認識に関する会計基準」の適用対象となる取引に限る。以下「資産の販売等」という。）については，原則として個々の契約ごとに計上する。ただし，つぎの場合，それぞれつぎの定めるところにより区分した単位ごとに収益の額を計上することができる（基通2－1－1）。

(2) 結合単位

　同一の相手方と同時期に契約した複数の契約について，その複数の契約において約束した資産の販売等を組み合わせて初めて単一の履行義務（「収益認識に関する会計基準」第7項に定める履行義務をいう。以下同じ。）となる場合には，その複数の契約による資産の販売等の組み合わせを収益計上の単位とする。

　※　「履行義務」とは，顧客との契約において，①別個の財またはサービス，または②一連の別個の財またはサービス（特性が実質的に同じであり，顧客への移転のパターンが同じである複数の財またはサービス），のいずれかを顧客に移転する約束をいう（「収益認識に関する会計基準」7）。

(3) 区分した単位

　一の契約の中に複数の履行義務が含まれている場合には，それぞれの

128

第3章　事業収益

履行義務にかかる資産の販売等を単位とする。

※　同一の相手方と同時期に締結した複数の契約について，つぎのいずれか
に該当する場合には，その複数の契約を結合したものを一の契約とみなし
て（２）を適用する（「複数契約を一の契約とみなす規定」）。

（イ）その複数の契約が同一の商業目的があるものとして交渉されたこと。

（ロ）一の契約において支払いを受ける対価の額が，他の契約の価格または
履行により影響を受けること。

※　工事の請負契約について，つぎの（イ）に区分した単位における収益の
計上時期および金額が，つぎの（ロ）に区分した単位における収益の計上
時期および金額に比してその差異に重要性が乏しいと認められる場合には，
つぎの（イ）に区分した単位ごとにその収益の額を計上することができる。

（イ）当事者間で合意された実質的な取引の単位を反映するように複数の契
約（異なる相手方と締結した複数の契約または異なる時点に締結した複
数の契約を含む。）を結合した場合のその複数の契約において約束した工
事の組み合わせ

（ロ）同時期に締結した複数の契約について，（２）または（３）に該当する
場合（（３）にあっては，「複数契約を一の契約とみなす規定」の場合に
限る。）におけるそれぞれ（２）または（３）に定めるところにより区分
した単位

なお，請負工事が工事進行基準が強制適用される長期大規模工事に該
当するかどうかの判定は，その複数の契約を結合した単位で行うことに
なる（基通２－４－14（注））。ただし，その目的物の性質，取引の内容
ならびに目的物ごとの請負の対価の額および原価の額の区分の状況に照
らして，個々に独立した契約が一の契約書に一括して記載されている場
合には，個々に独立した契約ごとに，長期大規模工事に該当するかどう
かの判定を行う（基通２－14－15）。

※　本規定は「収益認識に関する会計基準」の適用対象となる取引に該当す
る場合に限り，適用される。また，本規定は「収益認識に関する会計基

129

準」の「顧客との契約の識別」に対応した取り扱いを定めたものである。

2 資産の販売等にともない保証をした場合の収益の計上の単位

　資産の販売等にともない保証を行った場合において，その保証がその資産または役務が合意された仕様にしたがっているという保証のみのときは，その保証はその資産の販売等とは別の取引の単位として収益の額を計上することにはならない（基通2-1-1の3）。

※　製品が契約に定められた仕様を満たしているという保証（いわゆる品質保証）である場合には，会計上は製品保証引当金等の対象となるが，税務上は別個の収益の計上の単位とはしないとされることになる。したがって，会計上，製品保証引当金繰入額として費用に計上した金額は，税務上否認されることとなる。

※　約束した財またはサービスに対する保証が，合意された仕様にしたがっているという保証に加えて，顧客にサービスを提供する保証を含む場合は，その保証サービスは履行義務とされる（「収益認識に関する会計基準の適用指針」35）。したがって本通達は，そうでない場合について留意事項として定めたものである。

3 技術役務の提供にかかる収益の計上の単位

　設計，作業の指揮監督，技術指導その他の技術役務の提供についてつぎのような事実がある場合には，「1　収益等の計上の単位に関する通則」にかかわらず，つぎの期間または作業にかかる部分に区分した単位ごとにその収益の額を計上する（基通2-1-1の5）。

①　報酬の額が現地に派遣する技術者等の数および滞在期間の日数等により算定され，かつ，一定の期間ごとにその金額を確定させて支払いを受けることとなっている場合

第3章　事業収益

② 　たとえば基本設計にかかる報酬の額と部分設計にかかる報酬の額が区分されている場合のように，報酬の額が作業の段階ごとに区分され，かつ，それぞれの段階の作業が完了するつど，その金額を確定させて支払いを受けることとなっている場合

4　ノウハウの頭金等の収益の計上の単位

　ノウハウの開示が2回以上にわたって分割して行われ，かつ，その設定契約に際して支払いを受ける一時金または頭金の支払いがほぼこれに見合って分割して行われることとなっている場合には，「**1　収益等の計上の単位に関する通則**」にかかわらず，その開示をした部分に区分した単位ごとにその収益の額を計上する（基通2－1－1の6）。

　※　ノウハウの設定契約に際して支払いを受ける一時金または頭金の額がノウハウの開示のために現地に派遣する技術者等の数および滞在期間の日数等により算定され，かつ，一定の期間ごとにその金額を確定させて支払いを受けることとなっている場合には，その期間にかかる部分に区分した単位ごとにその収益の額を計上する。

　※　ノウハウの設定契約の締結に先立って，相手方に契約締結の選択権を付与する場合には，その選択権の提供をそのノウハウの設定とは別の取引の単位としてその収益の額を計上する。

5　ポイント等を付与した場合の収益の計上の単位

　資産の販売等にともない，いわゆるポイントまたはクーポンその他これらに類するもの（「ポイント等」という。）で，将来の資産の販売等に際して，相手方からの呈示があった場合には，その呈示のあった単位数等と交換に，その将来の資産の販売等について，値引きして，または無償により，販売もしくは譲渡または提供をすることとなるもの（その法

131

人以外の者が運営するものを除く。以下「自己発行ポイント等」という。）を相手方に付与する場合（不特定多数の者に付与する場合に限る。）において，つぎの要件のすべてに該当するときは，継続適用を条件として，その自己発行ポイント等について当初の資産の販売等（以下「当初資産の販売等」という。）とは別の取引の収入の一部または全部の前受けとすることができる（基通2－1－1の7）。

---

① その付与した自己発行ポイント等が当初資産の販売等の契約を締結しなければ顧客等が受け取れない重要な権利を与えるものであること。

※ 重要な権利とは，たとえば，通常の値引きの範囲をこえる値引きなどをいうとされる。

② その付与した自己発行ポイント等が発行年度ごとに区分して管理されていること。

③ 法人がその付与した自己発行ポイント等に関する権利につきその有効期限を経過したこと，規約その他の契約で定める違反事項に顧客等が抵触したことその他のその法人の責に帰さないやむを得ない事情があること以外の理由により一方的に失わせることができないことが規約その他の契約において明らかにされていること。

④ そのほか，つぎのいずれかの要件を満たすこと。

（イ）その付与した自己発行ポイント等の呈示があった場合に値引き等をする金額（以下「ポイント等相当額」という。）が明らかにされており，かつ，将来の資産の販売等に際して，たとえ1ポイントまたは1枚のクーポンの呈示があっても値引き等をすることとされていること。

※ 一定単位数等に達しないと値引き等の対象にならないもの，割引券（将来の資産の販売等の対価の額の一定割合を割り引くことを約する証票をいう。）およびいわゆるスタンプカードのようなものは（イ）の要件を満たす自己発行ポイント等には該当しない。

（ロ）その付与した自己発行ポイント等がその法人以外の者が運営するポ

132

第3章　事業収益

イント等または自ら運営する他の自己発行ポイント等で，（イ）に該当
するものと所定の交換比率により交換できることとされていること。

※　自己発行ポイント等の付与について別の取引の収入の一部または全
部の前受けとする場合には，当初資産の販売等に際して支払いを受け
る対価の額を，当初資産の販売等にかかる引渡し時の価額等（その販
売もしくは譲渡をした資産の引渡しの時における価額またはその提供
をした役務につき通常得べき対価の額に相当する金額をいう。）と，そ
の自己発行ポイント等にかかるポイント等相当額とに合理的に割り振
る。

※　「収益認識に関する会計基準」では，既存の契約に加えて，追加の財また
はサービスを取得するオプションを顧客に付与する場合，そのオプション
が，その契約を締結しなければ顧客が受け取れない重要な権利を顧客に提
供するときにのみ，そのオプションから履行義務が生じる，とされている
（「収益認識に関する会計基準の適用指針」48）。したがって，ポイントが
重要な権利を顧客に提供すると判断される場合には，そのポイント部分に
ついて履行義務として認識し，収益の計上が繰り延べられる。この場合に，
顧客に付与するポイントについての引当金処理は認められない。このため，
商品の販売とは別個の履行義務となり，取引価格を当初販売した商品とポ
イントにそれぞれ独立販売価格にもとづいて配分し，それぞれの履行義務
を充足した時点（商品であれば販売時，ポイントは利用時）で収益を認識
する。ポイントは付与時点では，履行義務を充足しないため契約負債とし
て認識し，ポイントが利用されるに応じて，契約負債から収益に振り替え
る。

　なお，生協に組合員が加入する際に付与されるポイントや，来店時に付
与されるポイントは，既存の契約に加えて追加の財またはサービスを取得
するオプションを付与する場合には該当しない。

133

＜設　例＞

　当生協（「収益認識に関する会計基準」を適用している。）では，商品Ａの供給高10千円に対し，1,000ポイントを付与する（すべて付与した年度内に消化してしまうとする。）。オプションであるポイントを重要な権利として組合員に提供していることとする。したがって，商品の販売とは別に，ポイント部分に履行義務が生じることとなる。計算にあたって小数点以下は考慮しない。

　イ　商品Ａの供給時

　　収益として計上すべき金額は，

$$10,000円 \times \frac{10,000円}{10,000円 + 1,000円} = 9,090円$$

　　負債として認識すべき金額は，

$$10,000円 \times \frac{1,000円}{10,000円 + 1,000円} = 910円$$

　　よって，会計上の仕訳はつぎのようになる。

　　（借）現　　　金　　　　　　10,000　　（貸）供　給　高　　　　9,090
　　　　　　　　　　　　　　　　　　　　　　　　契約負債　　　　　　910

　ロ　組合員が1,000ポイントをすべて使用して商品Ｂを購入した場合

　　（借）契約負債　　　　　　　　910　　（貸）供　給　高　　　　　910

　※　「収益認識に関する会計基準」を適用している場合には，付与されたポイントを組合員がその事業年度に使用しなかった場合には，収益は9,090円となり，910円は翌事業年度に契約負債として繰り越されることとなる。税務上もそのような会計処理を行っている場合には，税務調整を不要としたものである。

　※　参考（従来の会計処理として，ポイント引当金を計上した場合）

　イ　商品Ａの供給時

　　（借）現　　　金　　　　　　10,000　　（貸）供　給　高　　　10,000

第 3 章 事業収益

　仮にこのまま年度末を迎えたため，組合員が翌事業年度にポイントを全額使用すると見込まれた場合

　（借）ポイント引当金繰入額　1,000　　（貸）ポイント引当金　1,000

　ただし，ポイント引当金繰入額1,000は税務上否認される。

ロ　翌事業年度に組合員がポイントをすべて使用した。

　（借）ポイント引当金　　　　1,000　　（貸）供　給　高　　　　1,000

Ⅲ 収益の額を益金の額に算入する時期

1 目的物の引渡しの日または役務の提供の日（原則）

　資産の販売もしくは譲渡または役務の提供（以下「資産の販売等」という。）をした場合の収益の額は，別段の定めがあるものを除き，その資産の販売等にかかる目的物の引渡しまたは役務の提供の日の属する事業年度の益金の額に算入する（法22の2①）。したがって，商品，製品等を組合員に供給したことによる収益の額は，その引渡しのあった事業年度の益金の額に算入する（基通2－1－2）。このように商品や製品等の棚卸資産の販売等については，税法はいわゆる引渡基準を採用している。なお，固定資産の譲渡による収益についても同様である（基通2－1－14）。

　※　法人税法第22条の2は2018年度（平成30年度）の税制改正により創設された条文である。この条文の創設にともない，法人税基本通達も大幅に改正された。

　※　法人税法第22条の2第1項に定める「別段の定め」とは，具体的には有価証券の譲渡益または譲渡損の益金または損金算入（法61の2）やリース譲渡にかかる収益および費用の帰属事業年度（法63），工事の請負にかかる収益および費用の帰属事業年度（法64）などが該当する。

　※　法人税法第22条第2項には，「益金の額に算入すべき金額は，別段に定めがあるものを除き，資産の販売，有償又は無償による資産の譲渡又は役務の提供，無償による資産の譲受けその他の取引で資本等取引以外のものに係る当該事業年度の収益の額とする」と規定されている。ところが今回，あらたに，法人税法第22条の2第1項においても「資産の販売もしくは譲

第3章　事業収益

渡または役務の提供（以下「資産の販売等」という。）をした場合の収益の
額は，別段の定めがあるものを除き，その資産の販売等にかかる目的物の
引渡しまたは役務の提供の日の属する事業年度の所得の計算上，益金の額
に算入する」と規定された。このように，両条文に「資産の販売および譲
渡または役務の提供」について規定されているが，これについては，資産
の販売等にかかる収益を益金の額に算入するかどうかは法人税法第22条第
２項の規定を拠りどころとするとし，その時期および金額については同法
第22条の２の規定を拠りどころにする，と説明されている（「平成30年度税
制改正の解説　法人税等の改正」「一　収益認識に関する会計基準等への対
応」273頁，財務省）。これを整理すると次頁のようになる。

137

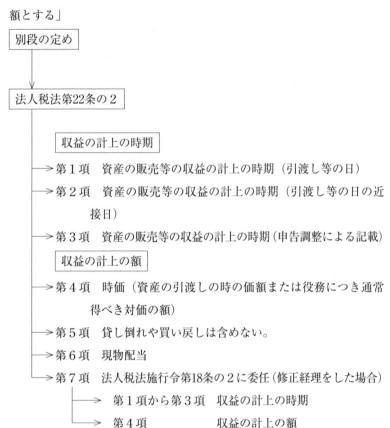

第3章　事業収益

2　契約効力の生ずる日その他目的物の引渡しまたは役務の提供の日の近接日(収益経理した場合)

　資産の販売等にかかる収益の額について，一般に公正妥当と認められる会計処理の基準にしたがって，その資産の販売等にかかる契約の効力が生ずる日その他のその資産の販売等にかかる目的物の引渡しまたは役務の提供の日に近接する日の属する事業年度の確定した決算において，経理上収益に計上した場合には，1にかかわらず，別段の定めがあるものを除き，その収益の額は，その事業年度の益金の額に算入する（法22の2②）。

※　「一般に公正妥当と認められる会計処理の基準」とは，「収益認識に関する会計基準」に限らず，企業会計原則，個別の会計基準，税法上の基準，判例等が含まれる。したがって，「収益認識に関する会計基準」を適用していない場合であっても，たとえば検収日基準，出荷日基準，契約効力発生日基準，仕切り精算書到達日基準なども，本規定により，税法上の「近接日」として収益の計上が認められることとなる。たとえば，ガス，水道，電気等の販売について，週，旬，月を単位とする規則的な指針にもとづき料金の算定が行われ，法人が継続してその検針の日が行われた日に収益計上をしているときは，その検針が行われた日は，その引渡しの日に近接する日に該当するとして，その事業年度の益金の額に算入する（基通2－1－4）。

※　資産の販売等にかかる収益の認識時期については，従来から，引渡しの日または役務の提供の日以外の日において収益を認識する会計原則や会計慣行があったため，そのような会計原則や会計慣行（ただし，一般に公正妥当と認められる会計処理の基準に該当するものに限る。）にしたがって収益の経理をした場合には，税法の益金の額の認識時期もその経理にしたがうこととされていたため，その取り扱いを維持したと説明されている（「平成30年度税制改正の解説　法人税等の改正」「一　収益認識に関する会計基準等への対応」274頁，財務省）。

139

※ 「別段の定め」とは１の２つ目の※に記載した内容と同様である。

※ 割賦基準による収益計上は，「収益認識に関する会計基準」において認められない。また，税法上もその規定が削除されたことにより認められなくなった（割賦販売における回収日は近接日に該当しないためであるとされる。）。ただし，一定の経過措置を講じて廃止されることになっている。

※ 延べ払い基準による収益計上は，税法上，リース譲渡の場合でしか認められなくなった（172頁参照）。

3　契約効力の生ずる日その他目的物の引渡しまたは役務の提供の日の近接日（申告調整した場合）

資産の譲渡等にかかる２の近接する日の事業年度の確定申告書に，その資産の販売等にかかる収益の額の益金算入に関する申告の記載があるときは，その額についてはその事業年度の確定した決算において収益として経理したものとみなす（法22の２③）。すなわち，当初申告した確定申告書にその収益の額について課税所得として加算した場合には，近接日に収益計上したものとみなすこととされる（申告調整）。

※ １または２による収益を認識した日に経理上収益計上している場合には，収益認識日を申告調整によりほかの日に変更することはできない。

※ 会計上，１の日でも２の近接日でもない日に計上していた場合に，申告調整によって１の日の益金の額とすることも可能であるとされる（「平成30年度税制改正の解説　法人税等の改正」「一　収益認識に関する会計基準等への対応」275頁，財務省）。

※ ３のみなし収益計上の規定は，あくまで「収益として経理したこと」のみが税法上みなされるにすぎない。したがって，申告調整により収益認識日を変更して２を適用するためには，その変更後の収益認識日が一般に公正妥当と認められる会計基準にしたがった場合の収益認識日でなければならないとされる（「平成30年度税制改正の解説　法人税等の改正」「一　収益認識に関する会計基準等への対応」275頁，財務省）。

第3章　事業収益

　以上のように収益の額を益金の額として算入する時期をまとめると，つぎの表のような取り扱いとなる（「収益認識に関する会計基準」への対応について〜法人税関係〜，国税庁平成30年5月，資料参照）。

区　分	ル　ー　ル	収益の計上時期
収益の計上時期	原則 （法22の2①）	・資産の販売等にかかる目的物の引渡しの日の属する事業年度 ・役務の提供の日の属する事業年度(資産の貸し付けを含む。) （例）出荷日，検収日，作業結了日，使用収益開始日など ※3/31決算の場合 　　　　　　　　当事業年度　　　　　　　　　　翌事業年度 　　4/1　　　　　　　12/7　　　　　　　　3/31 　　　　　　　　　　引渡し等の日 　　12/7　　　　供給未収金／供給高　　100 会計上の収益計上日（引渡し等の日）　当事業年度　100 税務上の益金算入　　　　　　　　　　当事業年度　100
	例外1 （法22の2②） 公正処理基準による場合 （近接日で収益経理）	一般に公正妥当と認められる会計処理の基準にしたがう場合 ・引渡し等の日に近接する日の属する事業年度の確定決算で収益経理することが可能。 （例）契約効力発生日，仕切精算書到達日，検針日など。割賦基準における回収日は近接する日に該当しない。 ※3/31決算の場合 　　　　　　　　当事業年度　　　　　　　　　　翌事業年度 　　4/1　　　　12/1　　12/7　　　　　　　3/31 　　　　　　　　近接日　引渡し等の日 　　12/1　供給未収金／供給高　　100 会計上の収益計上日（近接日）　　当事業年度　100 税務上の益金算入　　　　　　　　当事業年度　100

141

区　分	ルール	収益の計上時期
	例外2 （法22の2③） 申告調整による場合 （近接日で申告調整）	引渡し等の日に近接する日の属する事業年度の確定申告書に収益の額の益金算入に関する申告の記載をした場合（いわゆる申告調整） ・その近接する日の属する事業年度の確定した決算に収益として経理したものとみなされる（一般に公正妥当と認められる会計処理の基準にしたがう場合のみ）。 （注）引渡し等の日（原則）または近接する日（例外1）の属する事業年度に収益経理することとしている場合には，この例外2の適用はできない。

※3/31決算の場合

```
                 当事業年度                         翌事業年度
   4/1            12/7                           3/31
                引渡し等の日

   ├─────────────▲──────────────┼─────────────────▶
```

会計上の収益計上日	当事業年度	0
	翌事業年度	100
税務上の益金算入	当事業年度	100

4　棚卸資産の販売にかかる収益

　棚卸資産の販売にかかる収益の額は，その引渡しがあった日の事業年度の益金の額に算入される（法22の2①）。しかし，たとえば，出荷日，船積日，着荷日，検収日，仕切り精算書到達日など，その棚卸資産の種類および性質，契約の内容等に応じ，引渡し日として合理的であると認められ，法人が継続してその収益を計上している場合にはそれが認められる（基通2－1－2）。

※　一般に公正妥当と認められる会計処理の基準にしたがってその引渡し等の日に近接する日において収益経理した場合には，原則としてその近接する日の事業年度の益金の額に算入することができる（法22の2②），とされたため，法人税基本通達においてもそのことが明らかにされたものである。

※　委託販売について，原則は受託者が販売した日の事業年度の益金の額に

算入される。しかし，委託品についての売上計算書が売上げのつど作成され送付されている場合で継続してその売上計算書の到達した日において収益計上しているときは，引渡しの日の近接日に該当するとして，その到達日を引渡し日としてその事業年度の益金の額に算入される（基通2－1－3）。

※　固定資産を譲渡した場合も，その譲渡にかかる収益の額は，原則としてその固定資産の引渡しがあった日の事業年度の益金の額に算入される。ただし，その固定資産が土地，建物その他これらに類する資産である場合で，譲渡契約の効力発生日に収益計上をしているときは，その効力発生日を引渡しの近接日として，その近接日の事業年度の益金の額に算入する（基通2－1－14）。

5　履行義務が一定の期間にわたり充足されるものの収益の額の帰属

役務の提供（「収益認識に関する会計基準」の適用対象となる取引に限る。）のうち，その履行義務が一定の期間にわたり充足されるもの（以下「履行義務が一定の期間にわたり充足されるもの」という。）については，履行に着手した日から引渡し等の日までの期間に履行義務が充足されているそれぞれの日が役務提供の日に該当し，その収益の額は，その履行義務が充足されていくそれぞれの日の事業年度の益金の額に算入する（基通2－1－21の2）。

※　履行義務が一定の期間にわたり充足されるものとは，つぎのいずれかの要件を満たすものとされている（基通2－1－21の4）。

イ　取引における義務を履行するにつれて，相手方が便益を享受すること。
　※　たとえば，清掃サービスなどの日常的または反復的なサービスがこれに該当する。
ロ　取引における義務を履行することにより，資産が生じ，または資産の

価値が増加し，その資産が生じ，または資産の価値が増加するにつれて，相手方がその資産を支配すること。

※　「資産を支配すること」とは，その資産の使用を指図し，その資産からの残りの便益のほとんどすべてを享受する能力（他の者がその資産の使用を指図してその資産から便益を享受することを妨げる能力を含む。）を有することをいう。

ハ　つぎの要件のいずれも満たすこと。

（イ）取引における義務を履行することにより，別の用途に転用することができない資産が生じること。

（ロ）取引における義務の履行を完了した部分について，対価の額を収受する強制力のある権利を有していること。

※　「長期大規模工事の請負にかかる収益および費用の帰属事業年度」の適用があるものおよび「長期大規模工事以外の工事の請負にかかる収益および費用の帰属事業年度」の適用があるものは除かれる。

※　役務の提供のうち履行義務が一定の期間にわたり充足されるもの以外のもの（以下「履行義務が一時点で充足されるもの」という。）については，その収益の額は，引渡し等の日の事業年度の益金の額に算入される（基通2－1－21の3）。

6　請負にかかる収益の帰属

請負（長期大規模工事の請負および長期大規模工事以外の工事の請負を除く。）については，その履行義務が一定の期間にわたり充足されるものであると，その履行義務が一時点で充足されるものであるとにかかわらず，その引渡し等の日が役務の提供の日に該当し，その収益の額は，原則として引渡し等の日の事業年度の益金の額に算入する。ただし，その請負が，つぎのいずれかの要件を満たす場合には，その請負にかかる

第 3 章　事業収益

履行義務が充足されていくそれぞれの日の属する事業年度において，充
足の進捗度に応じた金額を益金の額に算入することができる（基通 2 −
1 −21の 7 ）。

イ　取引における義務を履行するにつれて，相手方が便益を享受すること。

　※　たとえば，清掃サービスなどの日常的または反復的なサービスがこ
　れに該当する。

ロ　取引における義務を履行することにより，資産が生じ，または資産の
　価値が増加し，その資産が生じ，または資産の価値が増加するにつれて，
　相手方がその資産を支配すること。

　※　「資産を支配すること」とは，その資産の使用を指図し，その資産か
　らの残りの便益のほとんどすべてを享受する能力（他の者がその資産
　の使用を指図してその資産から便益を享受することを妨げる能力を含
　む。）を有することをいう。

ハ　つぎの要件のいずれも満たすこと。

（イ）取引における義務を履行することにより，別の用途に転用すること
　ができない資産が生じること。

（ロ）取引における義務の履行を完了した部分について，対価の額を収受
　する強制力のある権利を有していること。

　※　たとえば，委任事務または準委任事務の履行により得られる成果に対し
　て報酬を支払うことを約している場合についても同様とされる（基通 2 −
　1 −21の 7 （注 1 ））。

▌ 7　商品引換券等

　商品引換券等（商品の引渡しまたは役務の提供（「商品の引渡し等」）
を約した証券等をいう。）については，原則として商品引換券等との引
換えに商品を引渡した時に益金の額に算入される。

145

ただし，商品引換券等の発行の日から10年が経過した日の属する事業年度終了の時において，商品の引渡し等を完了していない商品引換券等がある場合には，収益未計上となっている商品引換券等にかかる対価の額を一括して益金に算入する（基通2－1－39）。なお，つぎの取り扱いに注意が必要である。

（1）10年が経過した日

　「10年が経過した日」については，同日前につぎの事実が生じた場合にはその事実が生じた日がその該当日となる。

　イ　法人が発行した商品引換券等をその発行にかかる事業年度ごとに区分して管理しないことまたは管理しなくなったこと。

　ロ　その商品引換券等の有効期限が到来すること。

　ハ　法人が継続して収益計上を行うこととしている基準に達したこと。具体的には，たとえば，発行日から一定年数が経過したことや，商品引換券等の発行総数に占める未引換券の数の割合が一定割合になったことその他の合理的に定められた基準のうち法人があらかじめ定めたもの（会計処理方針その他のものによって明らかになっているものに限る。）などが該当する。

（2）非行使部分

　商品引換券等にかかる権利のうち，相手方が行使しないと見込まれる部分の金額（「非行使部分」）があるときは，その発行日から10年経過日等（10年が経過した日および同日前に（1）のイ～ハの事実が生じた日をいう。）の属する事業年度までは，つぎの算式で計算した金額を益金の額に算入することができる（基通2－1－39の2）。

第3章　事業収益

益金の額に算入することができる金額＝

非行使部分にかかる対価の額×権利行使割合

　　　　　　　　　　　－すでに益金の額に算入された金額

※　「権利行使割合」…相手方が行使すると見込まれる部分の金額のうちに
　実際に行使された金額の占める割合をいう。

※　　上記算式に準じた合理的な方法も認められる。

※　非行使部分の見積もりは，過去における権利の不行使の実績を基礎とす
　るなど合理的な方法により見積もられたものであることおよびその算定の
　根拠となる書類を保存していなければならない。また，10年経過日等の属
　する事業年度において，非行使部分にかかる対価の額のうち，益金の額に
　算入されていない残額を益金の額に算入することになる。

（3）経過的取り扱い

　法人が2018年（平成30年）４月１日前に終了した事業年度において発
行した商品引換券等について，改正前の法人税基本通達２－１－39の適
用を受けている場合には，あらたに法人が（1）のハの基準を定めるま
での間は，従来どおり，商品引換券等の発行日またはその発行にかかる
事業年度終了の日の翌日から３年を経過した日において収益未計上とな
っている商品引換券等にかかる対価の額を一括して益金の額に算入する
ことができる（基通「経過的取扱い（6）」）。

　※　2018年（平成30年）４月１日以後に終了する事業年度において，（1）の
　　ハの基準を定めていない場合に限る。

※　参考　旧法人税基本通達２－１－39

　商品引換券等を発行しその対価を受領した場合には，その発行した日の
属する事業年度の益金の額に算入する。ただし，商品引換券等（発行にか
かる事業年度ごとに区分管理するものに限る。）の発行にかかる対価の額を，

147

その商品の引渡し等に応じて収益に計上し，その発行にかかる事業年度終了の日の翌日から３年を経過した日の属する事業年度終了の時において商品の引渡し等を終了していない商品引換券等にかかる対価の額をその事業年度の収益に計上することについて，あらかじめ税務署長の確認を受けるとともに，継続して収益計上を行っている場合には，それが認められる。

（4）自己発行ポイント

自己発行ポイント等を付与した場合において，前受けとした額は，将来の資産の販売等に際して値引き等をするに応じて，その失効すると見積もられる自己発行ポイント等を勘案して，その値引き等をする日の属する事業年度の益金の額に算入する。ただし，その自己発行ポイント等の付与の日から10年が経過した日の属する事業年度終了の日において行使されずに未計上となっている自己発行ポイント等がある場合には，その前受けの額をその事業年度の益金の額に算入する（基通２－１－39の３）。

＜設　例＞

当事業年度に生協が商品券を1,000千円分現金で発行した。そのうち100千円について，顧客が権利を行使しないと見込んだ（生協が将来において権利を得ると見込まれる。）。

翌事業年度にそのうち，450千円が使用された。なお，消費税は考慮しない。当生協は「収益認識に関する会計基準」を適用している。

イ　会計上の仕訳

（イ）発行事業年度

（借）現金　　　1,000,000　　　（貸）前受金（商品券）　　1,000,000

第3章　事業収益

（ロ）翌事業年度

（借）前受金（商品券）　　500,000　　（貸）供給高　　　450,000

　　　　　　　　　　　　　　　　　　　　　　　雑収入　　　　50,000

※　権利行使部分900千円のうち450千円が使用されたため，非行使部分
　　の100千円のうち50％相当額の50千円分を収益として認識する。

ロ　税務上の取り扱い

　　「収益認識に関する会計基準」を適用している場合には，会計上の処
　理がそのまま認められる。

8　そ　の　他

（1）賃貸借契約にもとづく使用料等

　資産の賃貸借（「金融商品に関する会計基準」の適用対象となる資産，
負債およびデリバティブ取引およびリース取引を除く。）は，履行義務
が一定の期間にわたり充足されるものに該当する。このため，その収益
の額は，履行義務が一定の期間にわたり充足されていくそれぞれの日の
事業年度の益金の額に算入される。ただし，資産の賃貸借契約にもとづ
き支払いを受ける使用料等の額（前受けの額を除く。）について，契約
または慣習によりその支払いを受けるべき日に収益計上を行っている場
合には，その日を資産の賃貸借にかかる役務の提供の日に近接する日に
該当する（基通2－1－29）。

※　賃貸借契約について係争（使用料等の増減に関するものを除く。）がある
　ために支払いを受けるべき使用料等の額が確定せず，その事業年度に支払
　いを受けていないときは，相手方が供託をしたかどうかにかかわらず，係
　争が解決し使用料等が確定し，支払いを受けることとなるまでその使用料
　等を益金の額に算入することを見合わせることができる。

149

※　使用料等に係争がある場合に，契約の内容，相手方が供託をした金額等を勘案してその使用料等を合理的に見積もるものとする。

※　履行義務の充足にかかる進捗度の見積もりに使用される適切な指標は，通常は経過期間となるため，その収益は毎事業年度定額で益金の額に算入される。

（2）知的財産のライセンス

　知的財産のライセンスの供与にかかる収益の額については，知的財産のライセンスの性質に応じ，収益の帰属の時期が定められている（基通2－1－30）。

> ①　ライセンス期間にわたり存在する法人の知的財産にアクセスする権利
> …履行義務が一定の期間にわたり充足されるものとして，一定の期間にわたり計上される収益の額が益金の額に算入される。
> ②　ライセンスが供与される時点で存在する法人の知的財産を使用する権利
> …履行義務が一時点で充足されるものとして，一時点に計上される収益の額が益金の額に算入される。

※　知的財産のライセンスの供与に対して受け取る売上高または使用量にもとづく使用料が知的財産のライセンスのみに関連している場合またはその使用料において知的財産のライセンスが主な項目である場合には，変動対価の取り扱いは適用せず，つぎのいずれか遅い日の属する事業年度において，その使用料についての収益の額が益金の額に算入される（基通2－1－30の4）。

> イ　知的財産のライセンスに関連して相手方が売上高を計上する日または相手方が知的財産のライセンスを使用する日
> ロ　その使用料にかかる役務の全部または一部が完了する日
> ※　「収益認識に関する会計基準」では，売上高または使用量にもとづく

第3章　事業収益

> ロイヤルティは，（イ）ライセンスに関連して，顧客が売上高を計上する時または顧客が使用する時，または，（ロ）そのロイヤルティが配分される履行義務が充足される時，のいずれか遅い時に収益を認識することとなっている（「収益認識に関する会計基準の適用指針」67）。税務上もこれを認めたものである。

※　「収益認識に関する会計基準」では，ライセンス（企業の知的財産に対する顧客の権利を定めるもの）を供与する約束が，独立した履行義務である場合には，ライセンスを顧客に供与する約束が，顧客に，

イ　ライセンス期間にわたり存続する企業の知的財産にアクセスする権利の場合には，一定の期間にわたり充足される履行義務として一定の期間にわたり収益を認識し，

ロ　ライセンスが供与される時点で存在する企業の知的財産を使用する権利の場合には，一時点で充足される履行義務として一時点で収益を認識する，

とされている（「収益認識に関する会計基準の適用指針」62）。この「収益認識に関する会計基準」を適用している場合には，税務上もその取り扱いを認めたものである。

（3）工業所有権等

①　工業所有権等の実施権の設定により受ける対価

　工業所有権等の実施権の設定により受ける対価（使用料を除く。）について法人がつぎに掲げる日に収益計上している場合には，つぎに掲げる日をその実施権の設定にかかる役務の提供の日に近接する日として取り扱う（基通2 - 1 -30の2）。

> イ　その設定に関する契約の効力発生日
> ロ　その設定の効力が登録により生じることとなっている場合のその登録
> 　　日

②　工業所有権等の使用料

　工業所有権等を他の者に使用させたことにより支払いを受ける使用料について，法人が継続して契約によりその使用料の支払いを受けることとなっている日に収益計上している場合には，その支払いを受けることとなっている日は，その役務の提供の日に近接する日として取り扱う（基通2－1－30の5）。

（4）ノウハウの頭金等

　ノウハウの設定契約に際して支払い（返金が不要な支払いを除く。）を受ける一時金または頭金にかかる収益の額は，そのノウハウの開示を完了した日の属する事業年度の益金の額に算入される。

　ただし，ノウハウの開示が2回以上にわたって分割して行われ，かつ，その設定契約に際し支払いを受ける頭金等の支払いがほぼそれに見合って分割して行われる場合には，その開示をした部分に区分した単位ごとに収益の額を計上することとなっているが，この場合には，その開示をしたつど，これに見合って支払いを受けるべき金額が，その開示をした日の属する事業年度の益金の額にされることとなる（基通2－1－30の3）。

（5）不動産の仲介あっせん報酬の帰属

　土地，建物等の売買，交換または賃貸借（以下「売買等」という。）の仲介またはあっせんをしたことによる報酬の額は，その履行義務が一定の期間にわたり充足されるものに該当する場合を除き，原則としてそ

第3章　事業収益

の売買等にかかる契約の効力が発生した日の事業年度の益金の額に算入する。

　ただし，売買または交換の仲介またはあっせんをしたことにより受ける報酬の額について，継続してその契約にかかる取引の完了した日（同日前に実際に収受した金額があるときは，その金額についてはその収受した日。）において収益計上を行っている場合には，その完了した日は，その役務の提供の日に近接する日に該当するものとして，益金の額に算入される（基通2－1－21の9）。

（6）技術役務の提供にかかる報酬の帰属

　設計，作業の指揮監督，技術指導その他の技術指導の役務の提供により受け取る報酬の額は，その履行義務が一定の期間にわたり充足されるものに該当する場合を除き，原則としてその役務のすべての提供を完了した日の事業年度の益金の額に算入される。

　しかし，①その報酬の額が現地に派遣する技術者等の数および滞在期間の日数等により算定され，かつ，一定の期間ごとにその金額を確定させて支払いを受けることとなっている場合や，②たとえば基本設計にかかる報酬の額と部分設計にかかる報酬の額が区分されている場合のように，報酬の額が作業の段階ごとに区分され，かつ，それぞれの段階の作業が完了するつど，その金額を確定させて支払いを受けることとなっている場合には，その期間または作業にかかる部分に区分した単位ごとにその収益の額を計上することができるため（基通2－1－1の5），その支払いを受けるべき報酬の額が確定するつど，その確定した金額をその事業年度の益金の額に算入することとなる。

　ただし，その支払いを受けることが確定した金額のうち，役務の全部の提供が完了する日までまたは1年をこえる相当の期間が経過する日まで支払いを受けることができないとされている部分の金額については，その完了する日とその支払いを受ける日とのいずれか早い日まで，その

153

報酬の額を益金の額に算入することを見合わせることができる（基通2
－1－21の10）。

（7）運送収入の帰属

　運送業における運送収入の額は，その履行義務が一定の期間にわたり
充足されるものに該当する場合を除き，原則としてその運送にかかる役
務の提供を完了した日の事業年度の益金の額に算入する。ただし，運送
契約の種類，性質，内容等に応じ，たとえばつぎに掲げるような方法の
うち，その運送収入にかかる収益の計上基準として合理的であると認め
られるものを継続して収益計上を行っている場合には，その計上基準に
より合理的と認められる日は，役務の提供の日に近接する日に該当する
ものとする（基通2－1－21の11）。

イ　乗車券，乗船券，搭乗券等を発売した日に収益計上を行う方法

　※　自動販売機によるものについては，その集金をした時

ロ　船舶，航空機等が積み地を出発した日に，その船舶，航空機等に積載
　　した貨物または乗客にかかる運送収入の額について収益計上を行う方法

ハ　一の航海に通常要する期間がおおむね4カ月以内である場合に，その
　　一の航海を完了した日に収益計上を行う方法

ニ　運送業を営む2以上の法人が，運賃の交互計算または共同計算を行っ
　　ている場合に，その交互計算または共同計算によりその配分が確定した
　　日に収益計上を行う方法

ホ　その他一定の方法

（8）返金不要の顧客からの支払い

　法人が，資産の販売等にかかる取引を開始するに際し，相手方から中
途解約のいかんにかかわらず当初から返金が不要な支払いを受ける場合
には，原則として，その取引開始の日の属する事業年度の益金の額に算

第3章　事業収益

入する。ただし，契約の特定期間における役務の提供ごとに，それと具体的な対応関係をもって発生する対価の前受けと認められる場合には，継続してその特定期間の経過に応じて収益の額を益金の額に算入することも認められる（基通2−1−40の2）。

　※　「返金が不要な支払い」とは，たとえばつぎのようなものである。

　イ　工業所有権等の実施権の設定の対価として支払いを受ける一時金

　ロ　ノウハウの設定契約に際して支払いを受ける一時金や頭金

　ハ　技術役務の提供にかかる契約に関連してその着手費用に充当する目的で相手方から収受する仕度金，着手金等のうち，後日精算して剰余金があれば返還することとなっているもの以外のもの

　ニ　スポーツクラブの会員契約に際して支払いを受ける入会金

　※　資産の賃貸借契約等にもとづく保証金，敷金等として受け入れた金額（賃貸借の開始当初から返還が不要なものを除く。）であって，期間の経過その他その賃貸借契約等の終了前における一定の事由により返還しないこととなる部分の金額は，その返還しないこととなった日の属する事業年度の益金の額に算入する（基通2−1−41）。

155

Ⅳ 収益の額として益金の額に算入する金額

1 原 則

　資産の販売等にかかる収益の額としてその事業年度の益金の額に算入する金額は，別段の定めがあるものを除き，その販売または譲渡をした資産の引渡しの時における価額またはその提供をした役務について通常得べき対価の額に相当する金額とする（法22の2④）。

　※　「引渡しの時における価額」または「通常得べき対価の額」とは，一般的に第三者間で取引した場合に通常付される価額をいう。

　※　値引き，割り増し，割り戻し等により変動する可能性がある部分の金額がある場合で，その可能性の見積もりが客観的かつ合理的であるときは，その可能性を考慮した金額も「引渡しの時における価額」または「通常得べき対価の額」に該当する（「平成30年度税制改正の解説　法人税等の改正」「一　収益認識に関する会計基準等への対応」275～276頁，財務省）。

　※　「引渡しの時における価額」または「通常得べき対価の額」は幅がある概念であるため，第三者間の取引であれば，変動対価を考慮しない価額，すなわち，契約上の対価の額も「引渡しの時における価額」または「通常得べき対価の額」に該当する（「平成30年度税制改正の解説　法人税等の改正」「一　収益認識に関する会計基準等への対応」276頁，財務省）。

　※　資産の低廉譲渡または無償譲渡，役務の低廉提供または無償提供のように，時価と異なる価額を対価の額とする取引が行われた場合，いかなる場合にも「引渡しの時における価額」または「通常得べき対価の額」に修正して益金の計算をする必要があるとされる（「平成30年度税制改正の解説　法人税等の改正」「一　収益認識に関する会計基準等への対応」276頁，財

第3章　事業収益

務省)。

※　対価の額と「引渡しの時における価額」または「通常得べき対価の額」との差額に相当する金額が，寄附金や交際費，繰延資産等の資産の増加，負債の減少，利益または剰余金の分配等の額で損金に算入されない金額に該当しない場合には，その差額は損金の額に算入されることとなり，結果的に対価の額を益金の額とした場合と同じになる。このような結果が同様となる場合にまで，益金の額を時価で計算する手続きは要しないとされる（「平成30年度税制改正の解説　法人税等の改正」「一　収益認識に関する会計基準等への対応」276頁，財務省)。

2　貸し倒れまたは買い戻しの可能性がある場合

1の「引渡しの時における価額」または「通常得べき対価の額」は，つぎに掲げる事実が生じる可能性があるとしても，その可能性がないものとした場合における価額とする（法22の2⑤)。

イ　その資産の販売等の対価の額にかかる金銭債権の貸し倒れ

ロ　その資産の販売等（資産の販売または譲渡に限る。）にかかる資産の買い戻し

※　上記イまたはロの事実は，「引渡しの時における価額」または「通常得べき対価の額」の要素ではないとされる。つまり，税法上，「販売または譲渡をした資産の引渡しの時における価額またはその提供をした役務について通常得べき対価の額」から貸し倒れの見積もり額や買い戻しの見積もり額を差し引くことはできない。

※　ロは，「収益認識に関する会計基準」に規定する「返品権付きの販売」が該当する（「平成30年度税制改正の解説　法人税等の改正」「一　収益認識に関する会計基準等への対応」276頁，財務省)。

157

3　資本等取引との関係

　無償による資産の譲渡にかかる収益の額は，金銭以外の資産による利益または剰余金の分配および残余財産の分配または引渡しその他これらに類する行為としての資産の譲渡にかかる収益の額を含むものとする（法22の２⑥）。

4　変 動 対 価

　資産の販売等の契約の対価について，値引き，値増し，割り戻しその他の事実（「貸し倒れ」や「買い戻し」に掲げる事実を除く。以下「値引き等の事実」という。）により変動する可能性がある部分の金額（以下「変動対価」という。）がある場合（その値引き等の事実が損金不算入費用等に該当しないものに限る。）において，つぎのすべての要件を満たすときは，その変動対価について引渡し等事業年度の確定した決算において収益の額を減額し，または増額して経理した金額（引渡し等事業年度の確定申告書に申告調整がある場合のその金額を含み，変動対価に関する不確実性が解消されないものに限る。）は，引渡し等事業年度の引渡し時の価額等の算定に反映する（基通２－１－１の11）。

> イ　値引き等の事実の内容およびその値引き等の事実が生ずることにより契約の対価の額から減額もしくは増額する可能性のある金額またはその金額の算定基準（客観的なものに限る。）が，その契約もしくは法人の取引慣行もしくは公表した方針等により相手方に明らかにされていることまたはその事業年度終了の日において内部的に決定されていること。
>
> ロ　過去における実績を基礎とする等合理的な方法のうち法人が継続して適用している方法によりイの減額もしくは増額をする可能性または算定基準の基礎数値が見積もられ，その見積もりにもとづき収益の額を減額

第3章　事業収益

し，または増額することとなる変動対価が算定されていること。

ハ　イを明らかにする書類およびロの算定の根拠となる書類が保存されて
　いること。

※　「貸し倒れ」や「買い戻し」の可能性があるものは除かれる。

※　引渡し等事業年度終了の日後に生じた事情により収益基礎額が変動した
　場合において，資産の販売等にかかる収益の額につき当初益金算入額に修
　正の経理により増加した収益の額を加算し，またはその当初益金算入額か
　らその修正の経理により減少した収益の額を控除した金額がその資産の販
　売等にかかる資産の引渡し時における価額または提供した役務につき通常
　得べき対価の額に相当しないときは，その変動することが確定した事業年
　度の収益の額を減額し，または増額することとなる。

※　「収益基礎額」とは，資産の販売等にかかる収益の額として益金の額に算
　入する金額として当初計上された，「その販売もしくは譲渡をした資産の引
　渡しの時における価額またはその提供した役務につき通常得べき価額」を
　いう。また，「当初益金算入額」とは，最初に資産の販売等にかかる収益の
　額として益金の額に算入された金額をいう。

※　「損金不算入費用等」とは，引渡し時の価額等が，その取引に関して支払
　いを受ける対価の額をこえる場合において，そのこえる部分が，寄附金ま
　たは交際費等その他の損金に算入されないもの，剰余金の配当等およびそ
　の法人の資産の増加または負債の減少をともない生ずるもの，をいう。

※　引渡し等事業年度における資産の販売等にかかる収益の額につき，収益
　の額として経理していない場合において，その後の事業年度の確定した決
　算において行う受け入れの経理（税務調整により，確定申告書に申告の記
　載をした場合を含む。）は，一般に公正妥当な会計処理の基準にしたがって
　行う修正の経理には該当しない。

※　販売した棚卸資産にかかる売上割り戻し（供給割り戻し）について，変
　動対価に関する取り扱いを適用しない場合には，売上割り戻し（供給割り

戻し）の金額を，その通知または支払いをした日の属する事業年度の収益の額から減額することとなる（基通2－1－1の12）。さらに，その売上割り戻し（供給割り戻し）の金額について，契約等により特約店契約の解約，災害の発生等特別な事実が生じる時まで，または5年をこえる一定の期間が経過するまで，その相手の名義の保証金等として預かることとしているため，相手がその利益の全部または一部を実質的に享受することができないと認められる場合には，その売上割り戻し（供給割り戻し）の金額を現実に支払った日の事業年度の売上割り戻し（供給割り戻し）として取り扱うことになる（基通2－1－1の13）。

なお，実質的に利益を享受するとは，たとえば，（イ）売上割り戻し（供給割り戻し）の金額に通常の金利を付し，金利相当額を現実に支払っているか，請求があれば支払うこととしている場合，（ロ）保証金等に代えて有価証券などの財産を提供することができることとしている場合，（ハ）保証金等として預かっている金額が売上割り戻し（供給割り戻し）のおおむね50％以下である場合，（ニ）売上割り戻し（供給割り戻し）の金額を，相手名義の預金または有価証券として預かっていること，などが該当する。

＜設　例＞

契約には，供給高に対して15％のリベートを支払う条件が付いている。

① 会計処理

（借）現金　　　　　10,000　　　　（貸）供 給 高　　8,500

返金負債　　1,500

※　返金負債　10,000×15％＝1,500

第3章　事業収益

〔イメージ図〕

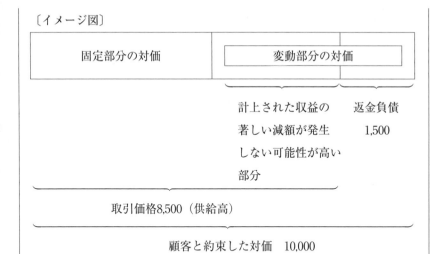

② 税務の考え方

「収益認識に関する会計基準」の適用をしている場合には，収益の額として経理した8,500を収益計上額とする。税務上もそのような会計処理を行っている場合には，税務調整を不要としたものである。

（1）相手方に支払われる対価

契約において，キャッシュバックのように相手方に対価が支払われることが条件となっている場合には，つぎのうちいずれか遅い日の事業年度に，その対価の額の金額をその事業年度の収益の額から減額する（基通2－1－1の16）。

イ　つぎのうちいずれかの日の属する事業年度
　（イ）その資産の販売等にかかる目的物の引渡しまたは役務の提供の日の属する事業年度
　（ロ）資産の販売等にかかる契約の効力が生じる日等その他資産の販売等

にかかる目的物の引渡しまたは役務の提供の日に近接する日の属する
事業年度

ロ　対価を支払う日またはその支払いを約する日

※　「損金不算入費用等」（159頁参照）に該当しない場合に限る。

※　経過的措置として，支払いをした日における費用処理も認められる（基
通「経過的取扱い」（3））。

※　抽選券付販売および金品引換券付販売についての取り扱いに関しては，
キャッシュバック等に該当する取引が除かれる。このため，これらの販売
がキャッシュバック等以外のものである場合には，引き続き，その事業年
度の事業経費等として損金の額に算入される（基通9－7－1，9－7－2）。

※　「収益認識に関する会計基準」では，相手方に支払われる対価（キャッ
シュバック等）は，相手方から受領する別個の財またはサービスと交換に支
払われるものである場合を除き，取引価格から減額することとされている。
また，その場合，（イ）財またはサービスの移転に対する収益を認識する日，
または，（ロ）企業が対価を支払う日，のいずれか遅い日の事業年度に，そ
のキャッシュバック等の対価の額を収益の額から減額する（「収益認識に関
する会計基準」63，64）。したがって，この場合には，税務の取り扱いは会
計の取り扱いと同様となる。

<設　例>
　生協が組合員に商品100千円を供給し，同日に商品を組合員に移転した。
この供給に関しては，年度末に組合員に10千円をキャッシュバックするこ
ととしている。当生協は「収益認識に関する会計基準」を適用している。
　①　会計処理：商品を組合員に引渡した日
　　（借）現金　　　　100,000　　　　（貸）供　給　高　　90,000
　　　　　　　　　　　　　　　　　　　　　　　返金負債　　10,000
　　※　キャッシュバック10千円を取引価格100千円から減額して収益計上
　　　する。

第3章　事業収益

② 税務処理

税務調整は不要。

（2）資産の販売等にかかる収益の額に含めないことができる利息相当
部分

法人が資産の販売等を行った場合に，つぎのイに掲げる額およびつぎ
のロに掲げる事実ならびにその他のこれらに関連するすべての事実およ
び状況を総合的に勘案して，その資産の販売等の契約に金銭の貸し付け
に準じた取引が含まれていると認められるときは，継続適用を条件とし
て，その取引にかかる利息相当額を収益の額に含めないことができる
（基通2－1－1の8）。

イ　資産の販売等にかかる契約の対価の額と現金販売価格（資産の販
売等と同時にその対価の全額の支払いを受ける場合の価格をい
う。）との差額

ロ　資産の販売等にかかる目的物の引渡しまたは役務の提供をしてか
ら顧客等がその資産の販売等にかかる対価の支払いを行うまでの予
想される期間および市場金利の影響

※　「収益認識に関する会計基準」では，契約の当事者が明示的または黙示的
に合意した支払時期により，財またはサービスの顧客への移転にかかる信
用供与についての重要な便益が顧客または企業に提供される場合には，顧
客との契約は重要な金融要素を含むものとされている。「重要」かどうかは，
（イ）約束した対価の額と財またはサービスの現金販売価格との差額，
（ロ）約束した財またはサービスを顧客に移転する時点と顧客が支払いを
行う時点との間の予想される期間の長さおよび関連する市場金利の金融要
素に対する影響を含む，関連するすべての事実および状況を勘案すること
とされている（「収益認識に関する会計基準」56，「収益認識に関する会計
基準の適用指針」27）が，約束した財またはサービスを顧客に移転する時

163

点と顧客が支払いを行う時点の間が1年以内と見込まれる場合には，約束した対価の額を調整する必要はないとされる（「収益認識に関する会計基準」58）。

※　税務上も資産の販売等の契約において，金銭の貸し付けに準じた取引が含まれると認められる場合には，その利息相当分は，その資産の販売等の収益の額に含めないことができる。

<設　例>

　当連合会（「収益認識に関する会計基準」を適用している。）では，会員生協との間で商品販売契約を締結し，契約締結と同時に商品を引渡した。会員生協は契約から2年後に対価2,040,200円を支払うこととなっており，対価には重要な金融要素が含まれているとする。なお，対価の調整として用いる金利は年1％とする。

イ　商品の引渡し時

（借）供給未収金　2,000,000　　　（貸）供給高　　　2,000,000

※　2,040,200　÷　$(1+0.01)^2$　=　2,000,000

ロ　契約から1年後

（借）供給未収金　20,000　　　（貸）受取利息　　20,000

※　受取利息　2,000,000　×　0.01　=　20,000

ハ　契約から2年後

（借）供給未収金　20,200　　　（貸）受取利息　　20,200

※　受取利息　(2,000,000＋20,000)　×　0.01　=　20,200

ニ　対価受領時

（借）現金預金　2,040,200　　　（貸）供給未収金　2,040,200

※　「収益認識に関する会計基準」を適用している場合には，信用供与として認められる部分は年利1％に相当する部分と考えられるため，その利息相当部分の金額は商品の売上収益に含めないで計上することに

第3章　事業収益

なる。税務上もそのような会計処理を行っている場合には，税務調整
を不要としたものである。

5　修正の経理

（1）引渡し等の事業年度後に修正の経理をした場合

　資産の販売等にかかる収益の額について，一般に公正妥当と認められ
る会計処理の基準にしたがって，引渡し等の事業年度後の事業年度の確
定した決算において，修正の経理をした場合に，引渡し等事業年度の所
得の金額の計算上益金の額に算入された金額（以下「当初益金算入額」
という。）に，その修正の経理により増加した収益の額を加算し，また
は当初益金算入額からその修正の経理により減少した収益の額を控除し
た金額が，「引渡しの時における価額」または「通常得べき対価の額」に
相当するときは，その修正の経理により増加し，または減少した収益の
額に相当する金額は，益金の額または損金の額に算入する（令18の２①）。

　※　資産の販売等にかかる収益の額について引渡し等事業年度の収益の額と
　　　して益金の額に算入した場合に，その後の事業年度に一般に公正妥当と認
　　　められる会計処理の基準にしたがって，変動対価の見積もりの変更や当初
　　　益金算入額と異なる額で変動対価の額が確定したことを反映する修正の経
　　　理を行った場合，その修正の経理をした事業年度の所得金額に反映するこ
　　　とになる。

　※　本規定は，Ⅲの１または２（136頁，139頁参照）の適用があるものに限
　　　る。したがって，別段の定めとして適用される工事の請負による収益等に
　　　は適用がない。

　※　貸し倒れまたは買い戻しの事実が生じる可能性の変動にもとづく修正の
　　　経理を除く。

165

※　単なる収益の計上もれの修正は，一般に公正妥当と認められる会計処理の基準にしたがった修正の経理には該当しないとされる（「平成30年度税制改正の解説　法人税等の改正」「一　収益認識に関する会計基準等への対応」278頁，財務省）。

（2）申告調整をした場合

　資産の販売等を行った場合に，その資産の販売等にかかる収益の額について引渡し等事業年度後の事業年度の確定申告書に，その資産の販売等にかかる当初益金算入額を増加させ，または減少させる金額の申告の記載があるときは，その増加しまたは減少した金額を確定した決算において修正の経理をしたものとみなして，（1）の適用をする（令18の2②）。

　　※　申告調整による修正も，修正の経理とみなすこととしたものである。

（3）（1）および（2）の適用がない場合

　資産の販売等にかかる収益の額について，引渡し等事業年度の確定した決算において収益として経理した場合で，かつ，その収益として経理した金額が，引渡し等事業年度の益金の額に算入された場合において，その引渡し等事業年度終了の日後に生じた事情により，その資産の販売等にかかる「引渡しの時における価額」または「通常得べき対価の額」（以下「収益基礎額」という。）が変動したときは，その変動により増加しまたは減少した収益基礎額は，その変動することが確定した事業年度の益金の額または損金の額に算入する（令18の2③）。ただし，修正の経理（申告調整を含む。）について（1）の適用があるときを除く。

　　※　変動対価の修正の経理または申告調整をしていない場合には，変動対価の額の確定時点に変動額を所得金額に確定させることになることを明確化したものである。

　　※　「引渡し等事業年度の確定した決算において収益として経理した場合」に

第3章　事業収益

は，申告調整した場合を含む。

（4）金銭債権の帳簿価額

　資産の販売等を行った場合で，その資産の販売等の対価として受け取る金額のうち，貸し倒れまたは買い戻しの可能性があることにより「収益認識に関する会計基準」にしたがってこれらの可能性を考慮して計算した金額を契約上の対価の額から控除して収益計上し，その額を売掛金その他の金銭債権の帳簿価額とした場合には，貸し倒れまたは買い戻しがないとした場合の金銭債権の額との差額（以下「金銭債権計上差額」）が生じる。税法上はこれらの可能性を考慮せずに益金の額に算入するため，会計上の帳簿価額に，この金銭債権計上差額を加算した金額を，金銭債権の帳簿価額とする（令18の２④）。

　※　この金銭債権計上差額については，貸倒引当金の計算上，損金経理により貸倒引当金に繰り入れた金額とみなして貸倒引当金の制度を適用することとなっている（法99）。

6　履行義務が一定の期間にわたり充足されるものの収益の額の算定

　履行義務が一定期間にわたり充足されるものにかかる，その履行に着手した日の属する事業年度から引渡し等の日の属する事業年度の前事業年度までの，各事業年度に益金の額に算入される収益の額は，つぎの算式で計算した金額とする（基通２-１-21の５）。

> 各事業年度の収益の額　＝
>
> 　提供する役務について通常得べき対価の額　×
>
> 　各事業年度終了の時における履行義務の充足にかかる進捗度　-
>
> 　各事業年度前の各事業年度の収益の額とされた金額

　※　履行義務の充足にかかる進捗度を合理的に見積もることができる場合に

限り適用される。

※　履行義務の充足にかかる進捗度を合理的に見積もることができない場合
でも，その履行義務を充足する際に発生する原価の額を回収することが見
込まれる場合には，その履行義務の充足にかかる進捗度を合理的に見積も
ることができることとなる時まで，履行義務を充足する際に発生する原価
のうち回収することが見込まれる原価の額をもってその事業年度の収益の
額とする。ただし，履行に着手した後の初期段階において，履行義務の充
足にかかる進捗度を合理的に見積もることができない場合には，その収益
の額を益金の額に算入しないことができる（基通2－1－21の5（注2，
3）。

※　履行義務の充足にかかる進捗度とは，つぎの算式で計算した割合をいう。
ただし，履行義務の進捗の度合いを示すものとして合理的と認められるも
のに限る（基通2－1－21の6）。

履行義務の充足にかかる進捗度　＝

$$\frac{役務の提供のためにすでに要した原材料費，労務費その他の経費の額の合計額}{役務の提供にかかる原価の額の合計額}$$

※　清掃サービスなど，日常的または反復的なサービスの場合には，た
とえば，契約期間の全体のうち，その事業年度終了の日までにすでに
経過した期間の占める割合は，合理的なものとして認められる（基通
2－1－21の6（注1））。

※　すでに要した原材料費，労務費その他の経費の額のうち，履行義務
の充足にかかる進捗度に寄与しないものまたは比例しないものがある
場合には，その金額を進捗度の見積もりに反映させないことができる
（基通2－1－21の6（注2））。

第3章 事業収益

そ の 他

1 工事の請負

(1) 長期大規模工事

　法人が，長期大規模工事（製造およびソフトウェアの開発を含む。）の請負をしたときは，その着手の日の属する事業年度からその目的物の引渡しの日の属する事業年度の前事業年度までの各事業年度においては，収益の額および費用の額は，工事進行基準の方法により計算した金額を，益金の額および損金の額に算入する（法64①）。

　※　長期大規模工事とは，請負金額が10億円以上の工事をいう（令129①）。また，その請負の対価の額の2分の1以上がその工事の目的物の引渡しの期日から1年を経過する日後に支払われることが定められていないものとする（令129②）。

　※　工事進行基準とはつぎの方法で計算する基準をいう（令129③）。

工事の請負にかかる収益の額および工事原価の額×その事業年度終了の時における工事進行割合－その事業年度前の各事業年度の収益の額および費用の額とされた金額

　　※　工事進行割合　…　$\dfrac{工事のためにすでに要した原材料費，労務費その他の経費の額の合計額}{工事原価の額}$

　※　法人が請け負った工事（任意に工事進行基準による経理処理をし工事進行基準を適用した場合を除く。）が，請負対価の額の引き上げその他の理由

169

により，その着手の日の属する事業年度（「着工事業年度」）後の事業年度（引渡し事業年度を除く。）において，長期大規模工事に該当することとなった場合については，すでに終了した事業年度の収益の額および費用の額は，その長期大規模工事となった適用開始事業年度から引渡し事業年度の直前の事業年度までの各事業年度のその工事の請負にかかる収益の額および費用の額に含まれないものとすることができる。この場合には確定申告書に，その工事の名称，すでに終了した事業年度分の収益の額および費用の額の計算に関する明細を記載した書類の添付がなければならない（令129⑤⑧）。

ただし，つぎの場合にはその定める事業年度以後の事業年度についてはこの限りではない（令129⑤）。

イ　その適用開始事業年度以後のいずれかの事業年度の確定した決算において，任意に工事進行基準の方法により経理した場合
　…その経理した決算事業年度

ロ　その適用開始事業年度以後のいずれかの事業年度において，すでに終了した事業年度の収益の額および費用の額を，適用開始事業年度から引渡し事業年度の直前の事業年度の各事業年度のその工事の請負にかかる収益の額および費用の額に含まれないこととする適用を受けなかった場合
　…その適用を受けなかった事業年度

※　長期大規模工事を請け負ったが，その事業年度終了の時において，着手日から6カ月を経過していないものまたは工事進行基準における進行割合が100分の20に満たない場合には工事進行基準の方法によらないことができる（ただし，任意に工事進行基準を選択し経理した場合は除く。）（令129⑥）。

第3章　事業収益

（2）長期大規模工事に該当しない場合で任意に工事進行基準を適用した場合

　法人が工事の請負をした場合に（長期大規模工事に該当するものを除く。）で，その工事の請負にかかる収益の額および費用の額について，着工事業年度からその工事の目的物の引渡しまでの各事業年度の確定した決算において工事進行基準の方法により経理したときは，その経理した収益の額および費用の額は，その事業年度の益金の額および損金の額に算入する（法64②）。

　※　長期大規模工事に該当するかどうかは，その工事の契約ごとに判定する。複数の契約書により工事の請負契約が締結されている場合で，その契約にいたった事情等からみて，契約全体で一の工事を請け負ったと認められる場合には，その工事契約全体を一の契約として長期大規模工事に該当するかどうかを判定する。なお，「収益認識に関する会計基準」にもとづいて，区分した単位を一の取引の単位とすることとした場合には，その単位により判定を行う（基通2－4－14）。

　※　工事の請負にかかる一の契約においてその目的物について個々の引渡しが可能であっても，その工事が長期大規模工事に該当するかどうかは，その一の契約ごとに判定する。ただし，その目的物の性質，取引の内容ならびに目的物ごとの請負の対価の額および原価の額の区分状況に照らし，個々の独立した契約が一の契約書に一括して記載されていると認められる工事の請負は，その個々に独立した契約ごとに長期大規模工事に該当するかどうかを判定する。「収益認識に関する会計基準」にもとづいて，区分した単位を一の単位とすることとした場合（その区分した単位ごとに対価の額が区分されている場合に限る。）は，その単位により判定を行う（基通2－4－15）。

　※　会計基準として定められている「企業会計基準第15号「工事契約に関する会計基準」（以下「工事契約会計基準」という。）」および「企業会計基準適用指針第18号「工事契約に関する会計基準の適用指針」（以下「工事契約

171

適用指針」という。）は，「収益認識に関する会計基準」の適用により廃止される。したがって，それらの基準にもとづいて，工事の請負にかかる収益の額および費用の額について「工事進行基準」や「工事完成基準」を適用していた場合には，「収益認識に関する会計基準」の適用後は適正な会計処理として認められなくなる。

※　「収益認識に関する会計基準」では，一定期間にわたって充足される履行義務であると判定された工事契約については，原則として工事進行基準が適用される。その要件に該当しない場合には，一時点で収益を認識することになる。一定期間にわたって充足される履行義務であるかどうかは，（イ）企業が顧客との契約における義務を履行するにつれて，顧客が便益を享受すること，（ロ）企業が顧客との契約における義務を履行することにより，資産が生じるまたは資産の価値が増加し，その資産が生じるまたはその資産の価値が増加するにつれて，顧客がその資産を支配すること，（ハ）企業が顧客との契約における義務を履行することにより，別の用途に転用することができない資産が生じることであり，かつ，企業が顧客との契約における義務の履行を完了した部分について対価を収受する強制力のある権利を有していること，のいずれかに該当するかどうかで判断する（「収益認識に関する会計基準」35）。会計上，工事進行基準の適用要件を満たすかどうかは，個々の契約ごとに判断する。その適用要件を満たさない場合には，税務上の「長期大規模工事」に該当しても，会計処理は工事進行基準として経理できない場合がある。このような場合には，税務調整が必要となる。

2　リース譲渡にかかる収益および費用の帰属

従来，長期割賦販売等をした資産については，延べ払い基準が適用されていたが，2018年度（平成30年度）税制改正により割賦基準が廃止されたことにともない，延べ払い基準を適用することができるのは，リー

第3章　事業収益

ス譲渡による取引だけとなった（法63）。

（1）リース資産の引渡し

　法人がリース取引によりリース資産の引渡し（「リース譲渡」という。）を行った場合に，そのリース譲渡の収益の額および費用の額について，延べ払い基準の方法により経理したときは，その金額をその事業年度の益金の額または損金の額に算入する。ただし，その事業年度後の事業年度の確定した決算において，延べ払い基準の方法により経理しなかった場合には，本規定の適用はない（法63①）。

（2）リース取引

　リース取引とは，資産の賃貸借（所有権が移転しない土地の賃貸借を除く。）で，つぎの要件に該当するものをいう（法64の2③）。

> イ　その賃貸借契約が，賃貸借期間の中途において，解除することができないものまたはこれに準ずるものであること。
> ロ　その賃貸借にかかる賃借人がその賃貸借にかかる資産からもたらされる経済的な利益を実質的に享受することができ，かつ，その資産の使用にともなって生じる費用を実質的に負担すべきこととされているものであること。

（3）リース譲渡にかかる対価の額と利息相当部分を簡便的に区分している場合

　法人が，リース譲渡を行った場合に利息相当部分を法令の規定により簡便的に区分して収益の額および費用の額として経理している場合には，その簡便的に区分した金額を益金の額および損金の額とする（法63②）。この場合には，明細書の添付が必要である（法63⑥）。

173

（4）延べ払い基準の方法

イ　利息部分を区分しない方法

（イ）収益の額＝リース譲渡の対価の額×賦払金割合

（ロ）費用の額＝リース譲渡の原価の額（手数料を含む。）×
賦払金割合

※　賦払金割合＝ $\dfrac{\text{リース譲渡の賦払金のうちその事業年度に支払期日が到来するものの合計}}{\text{リース譲渡にかかる賦払金}}$

ロ　利息部分を区分する方法

（イ）収益の額

つぎの㋑と㋺の合計額とする。

㋑　（そのリース譲渡の対価の額－利息相当額）÷リース期間の月数×その事業年度のリース期間の月数

㋺　リース期間に応じた利息相当額（リースの元本相当額のうち，支払いが到来していないものの金額に応じて生ずるものとしての場合）

（ロ）原価の額

リース原価の額÷リース期間の月数×その事業年度のリース期間の月数

ハ　簡便的に利息を区分している場合（（3）の場合をいう）

（イ）収益の額

つぎの㋑と㋺の合計額とする。

㋑　リース譲渡利息相当額÷リース期間の月数×その事業年度のリース期間の月数

㋺　賦払金の支払いを一定の率として賦払いの方法により行うものとした場合に，その事業年度におけるリース期間にかかる利息相当額

第3章　事業収益

※　なお，全体の利息相当額は，リース譲渡の対価の額からその原価の
額を控除した金額の20％相当額（利息相当額）として計算する（令124
③）。

（ロ）原価の額

リース原価の額÷リース期間の月数×その事業年度のリース期間
の月数

3　返品調整引当金の廃止

返品調整引当金はその制度が廃止された。

4　長期割賦販売等にかかる収益および費用の帰属事業年度

長期割賦販売等にかかる収益および費用の帰属事業年度については，
リース譲渡を除き，「Ⅲ　収益の額を益金の額に算入する時期」（136頁
参照）の1に定める原則および「Ⅳ　収益の額として益金の額に算入す
る金額」（156頁参照）の1に定める原則どおり，その資産の販売等にか
かる目的物の引渡しまたは役務の提供の日の属する事業年度において，
その資産の販売等にかかる収益の額および費用の額を益金の額および損
金の額に算入することとなる（「平成30年度税制改正の解説　法人税等
の改正」「一　収益認識に関する会計基準等への対応」280頁，財務省）。
したがって，延べ払い基準は，リース譲渡の場合を除いて廃止された
（ただし，一定の経過措置がある。）。

175

第4章

事 業 経 費

I

費　　　　用

1　費用（経費）の意義

費用（経費）とは，生協の事業活動をつうじて費やされた犠牲価値をいう。すなわち収益を獲得するために費やされた財貨および用役の犠牲価値をいうのである。

費用は，その発生源泉にしたがって事業費用と事業外費用に分類される。

事業費用は，生協本来の業務＝主たる事業活動から生ずる費用をいい，供給原価と事業経費に区分される。事業経費はさらに，人件費と物件費に区分される。

事業外費用とは，主たる事業活動以外の活動から生ずる費用をいう。その内容は，財務活動から生ずる費用であり，たとえば支払利息等がこれに該当する。

事業外費用は，財務上の費用であるが，継続的，反復的に発生する経常的費用である点は，事業費用と異なるところはない。

2　損金と費用

各事業年度の所得の金額の計算上，益金の額から控除される損金の額は，会計上の費用に該当するものである。それらの範囲に，いろいろな違いがあることは益金と収益に違いがあるのと同様である。

第4章　事業経費

Ⅱ

供　給　原　価

1　供 給 原 価

（1）供給原価の計算

　生協の決算では，収益と費用とを対応させて期間損益計算を行う。法人税法においても同様であり，商品の仕入高の全部が損金になるわけではなく，供給高に見合う供給原価だけが損金の額に算入される。

　そこで，各期末に，商品について，棚卸しを実施して，供給原価を計算する必要がある。

　供給原価は，つぎの算式によって計算する。

> 供給原価＝期首商品棚卸高＋当期商品仕入高－期末商品棚卸高

（2）棚卸資産の評価方法

　本書270頁以下を参照のこと。

2 商品引換券等を発行した場合の引き換え費用

　生協が，商品券等を発行するとともにその対価を受領した場合に，期末にまだ引き換えのすんでいない商品券等があるときは，その未引換券にかかる商品の引渡しに要する費用の見積もり額を，損金に算入できる（基通 2 - 2 - 11）。

① 未引換券をその発行年度ごとに区分して管理している場合

$$
見積もり費用の額 = \left(\begin{array}{l} その年度終了時の未引換券のうちその \\ 年度およびその年度開始の日前 9 年以内 \\ に開始した各年度において発行したもの \\ にかかる対価の額の合計額 \end{array} \right) \times 原価率
$$

※　2018年（平成30年）3月31日までに終了する事業年度までは，上記「9年」は「3年」であった。

② 未引換券を発行年度ごとに区分して管理していない場合

見積もり費用の額

$$
= \left[\left(\begin{array}{l} その年度およびその年 \\ 度開始の日前 3 年以内 \\ に開始した各年度にお \\ いて発行したものにか \\ かる対価の額の合計額 \end{array} \right) - \left(\begin{array}{l} 左の各年度において \\ 商品の引き渡し等を \\ 行ったものにかかる \\ 対価の額の合計額 \end{array} \right) \right] \times 原価率
$$

③ 原 価 率

　①および②における原価率は，つぎにより計算した割合である。

$$
原価率 = \frac{分母の金額にかかるその年度の供給原価の額}{\begin{array}{l} その引き渡しを約した商品と種類等を同じくする \\ 商品の供給にかかるその年度の収益の額の合計額 \end{array}}
$$

第4章 事業経費

④ 洗い替え

①または②により，損金に算入した金額は，翌年度の益金の額に算入しなければならない。

3 仕入割り戻し

（1）仕入割り戻しとは

仕入割り戻しは，一定期間に多額または多量の取引をした場合に仕入先から受ける仕入代金の返戻額である。

会計上は，算定基準が仕入価額または仕入数量によっているなど，商品取引と関係のあるものを処理することにしている。また，算定基準が，商品取引と関係のないものは雑収入などの事業外収益として処理する。

（2）棚卸資産にかかる仕入割り戻しの計上時期

① その算定基準が購入価額または購入数量によっており，かつ，その算定基準が契約その他の方法により明示されている場合

購入した日の事業年度に益金に算入する（基通2－5－1）。

② ①に該当しない場合

仕入割り戻しの金額の通知を受けた日の事業年度に益金に算入する（基通2－5－1）。

（3）一定期間支払いを受けない仕入割り戻しの計上時期

売上割り戻しについて「変動対価」（値引き，値増し，割り戻し等により資産の契約対価の額が変動する可能性があるもの）の取り扱いを適用しない場合で，その売上割り戻しの額について，生協との契約等によ

181

る契約の解約，災害の発生等の特別の事実が生じる時まで，または5年をこえる一定の期間が経過するまで相手が生協名義の保証金として預かることとしているため，生協がその利益の全部または一部を実質的に享受することができない場合には，（2）にかかわらず，現実に支払いを受けた日（その日前に実質的にその利益を享受することとなった場合には，その享受することとなった日）の属する事業年度の仕入割り戻しとして取り扱う。ただし，生協が棚卸資産を購入した日の属する事業年度または相手方から通知を受けた日の属する事業年度の仕入割り戻しとして経理している場合には，これが認められる（基通2－5－2）。

（4）生協が（2）（3）に定める事業年度に計上しなかった場合

　生協が購入した棚卸資産にかかる仕入割り戻しの金額につき（2）または（3）に定める事業年度において計上しなかった場合には，その仕入割り戻しの金額は，その事業年度の総仕入高から控除しないで益金の額に算入する（基通2－5－3）。

第4章　事業経費

Ⅲ　人　件　費

1　役員給与

（1）役員給与の税務上の取り扱い

　法人が役員に支給する給与は，役員報酬，役員賞与，役員退職給与に
大別されるが，これらのすべてが，損金に算入されるわけではない。こ
れに対して使用人（職員）に対して支給するものは，ほとんど損金算入
が認められる。

　役員に対して支給する報酬や賞与については，定期同額給与，事前確
定届出給与，業績連動給与の3つの要件のどれかに該当すれば損金に算
入されるが，不相当高額部分は損金に算入されない。

　役員の退職給与は，役員の職務執行の対価としての性質を有している
点で役員報酬等と同じであり，不相当高額部分を除き原則として損金に
算入される。不正経理により役員給与を支給した場合は，当然に損金不
算入となる。なお，使用人兼務役員については，特別な扱いがなされて
いる。

　以上を図示すれば次頁のとおりである。

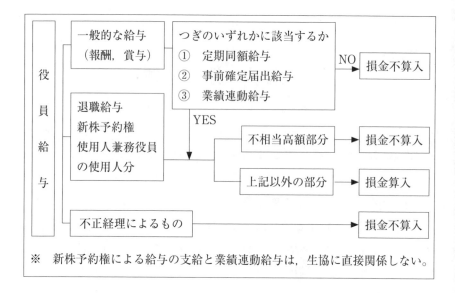

(2) 税法上の役員の範囲

　法人税では，生協法上の役員，つまり理事，監事，清算人（生協法27条，72条）のほか，それ以外の者でも，「法人の使用人（職制上使用人としての地位のみを有する者に限る。）以外の者でその法人の経営に従事している者」が含まれる（法2十五，令7，基通9－2－1）。具体的にはつぎの者が含まれる。

イ　会長，副会長，組合長，副組合長その他これらに準ずる者で，理事等でない者
ロ　相談役，顧問その他これらに類する者で，その地位，職務等から，実質的に生協の経営に従事していると認められる者

第4章　事業経費

税法上の役員を図示すれば，つぎのとおりである。

税法上の役員	生協法上の役員	理　　　事
		監　　　事
		清　算　人
	みなし役員（右の者で経営に従事している者）	会長，組合長等で理事でない者
		相談役，顧問等で，実質的経営従事者

（3）使用人兼務役員

役員のうち，その職務の内容が使用人としての職務に属する部分であるものについては，その報酬，賞与の取り扱いについても一般の役員とは異なる取り扱いがされている。この使用人としての職務を有する役員を，使用人兼務役員という。具体的には，役員で，部長，課長その他生協の使用人としての職制上の地位を有し，かつ，常時使用人としての職務に従事する者をいう（法34⑥）。

ただし，つぎに掲げる者は除かれる（法34⑥，令71）。

イ　代表理事，理事長（組合長理事），副理事長（副組合長理事），専務理事，常務理事，清算人その他これらに準ずる役員（代表権を有する，または代表権を有すると目される役員）

ロ　理　　　事

ハ　監　　　事

役員について，「生協の使用人としての職制上の地位を有している」とは，部長，課長，店長等生協の機構上定められている使用人たる職務上の地位をいう。したがって，理事で総務担当，経理担当というように，使用人としての職制上の地位ではなく，生協の特定の部門を統括している者は，使用人兼務役員に該当しない（基通9－2－5）。

また「常時使用人としての職務に従事する者」とは，使用人として，

185

その生協の職務に従事している者で常勤している者をいうのであるから，非常勤役員は使用人兼務役員に該当しないことになる。

なお，事業内容が単純で使用人が少数である等の事情により，生協がその使用人について特に機構としてその職務上の地位を定めていない場合には，常時従事している職務が他の使用人の職務の内容と同質であるか否かによって判定することができる。理事長等は，この場合でも使用人兼務役員となれないことはもちろんである（基通9－2－6）。

2　役員給与の損金不算入

（1）役員給与の損金不算入

生協がその役員に対して支給する給与（退職給与，使用人兼務役員に対して支給するその職務に対するもの，事実を隠ぺいまたは仮装して経理を行い支給する給与の額を除く。）のうち，定期同額給与，事前確定届出給与，業績連動給与のいずれにも該当しないものの額は，各事業年度の所得の金額の計算上，損金の額に算入されない（法34①）。

（2）定期同額給与

定期同額給与とは，役員に対する給与の支給額が1月以下の一定の期間ごとである給与（定期給与）で，その事業年度の各支給時期における支給額が同額であるものおよびこれに準ずるものとされている（法34①一）。

定期同額給与の具体的な範囲は，つぎのとおりである（令69）。

① 定期給与で，給与改定（通常改定，臨時改定事由，業績悪化改定事由）がされた場合のその事業年度開始の日または給与改定前の最後の支給時期の翌日から給与改定後の最初の支給時期の前日または

第4章　事業経費

その事業年度終了の日までの間の各支給時期の支給額が同額である
もの

イ　通常改定

事業年度開始日から3月を経過する日までにされた定期給与の額の
改定をいう。なお，前年所定の時期にされる定期給与の額の改定で，
3月経過日等後にされることについて特別の事情があると認められる
場合も同様に扱われる。

「特別の事情」とは，たとえば，つぎのような事情が該当する（基
通9－2－12の2）。

（イ）全国組織の協同組合連合会等で，その役員が下部組織である協同組
　　合等の役員から構成されているため，その協同組合等の定時総会の終
　　了後でなければ協同組合連合会等の定時総会が開催できないこと。

（ロ）監督官庁の決算承認を要すること等のため，3月経過日等後でなけ
　　れば定時総会が開催できないこと。

（ハ）法人の役員給与の額がその親会社の役員給与の額を参酌して決定さ
　　れるなどの常況にあるため，親会社の定時株主総会の終了後でなけれ
　　ば役員の定期給与の額の改定の決議ができないこと。

ロ　臨時改定事由による改定

事業年度内において，役員の職制上の地位の変更，役員の職務内容
の重大な変更その他これらに類するやむを得ない事情によりされた，
これらの役員の定期給与の額の改定をいう。

「役員の職制上の地位の変更，役員の職務内容の重大な変更その他
これらに類するやむをえない事情」とは，たとえば，定時株主総会後，
つぎの定時株主総会までの間に社長が退任したことにともない臨時株
主総会の決議により副社長が社長に就任する場合や，合併にともない

187

役員の職務の内容が大幅に変更される場合をいう（基通9－2－12の3）。役員の職制上の地位とは，定款等の規定，総会または取締役会の決議等により付与されたものをいう（基通9－2－12の3（注））。

ハ　業績悪化改定事由による改定

経営の状況が著しく悪化したことその他これに類する理由によりされた定期給与の額の減額改定をいう（通常改定，臨時改定を除く。）。

「経営の状況が著しく悪化したことその他これに類する理由」とは，経営状況が著しく悪化したことなどやむを得ず役員給与を減額せざるを得ない事情があることをいい，一時的な資金繰りの都合や単に業績目標値に達しなかったことなどは該当しない（基通9－2－13）。

国税庁「役員給与に関するQ＆A」（2008年（平成20年）12月，2012年（平成24年）4月改訂）によると，「業績等の悪化改定事由」について，つぎのように記載されている。

（業績等の悪化により役員給与の額を減額する場合の取扱い）

～［Q1］［A］［解説］（3）（4）～

（3）ところで，業績悪化改定事由については，「経営の状況が著しく悪化したことその他これに類する理由」と規定されていることから，経営状況が相当程度悪化しているような場合でなければこれに該当せず，対象となる事例は限定されているのではないかといった疑問もあるところです。

　これについては，法人税基本通達9－2－13のとおり，「経営の状況が著しく悪化したことその他これに類する理由」とは，経営状況が著しく悪化したことなどやむを得ず役員給与を減額せざるを得ない事情があることをいいますので，財務諸表の数値が相当程度悪化したことや倒産の危機に瀕したことだけではなく，経営状況の悪化に伴い，第三者である利害関係者（株主，債権者，取引先等）との関係上，役員

第4章　事業経費

給与の額を減額せざるを得ない事情が生じていれば，これも含まれることになります。

　このため，例えば，次のような場合の減額改定は，通常，業績悪化改定事由による改定に該当することになると考えられます。

①　株主との関係上，業績や財務状況の悪化についての役員としての経営上の責任から役員給与の額を減額せざるを得ない場合

②　取引銀行との間で行われる借入金返済のリスケジュールの協議において，役員給与の額を減額せざるを得ない場合

③　業績や財務状況又は資金繰りが悪化したため，取引先等の利害関係者からの信用を維持・確保する必要性から，経営状況の改善を図るための計画が策定され，これに役員給与の額の減額が盛り込まれた場合

　上記①については，株主が不特定多数の者からなる法人であれば，業績等の悪化が直ちに役員の評価に影響を与えるのが一般的であると思われますので，通常はこのような法人が業績等の悪化に対応して行う減額改定がこれに該当するものと考えられます。

　一方，同族会社のように株主が少数の者で占められ，かつ，役員の一部の者が株主である場合や株主と役員が親族関係にあるような会社についても，上記①に該当するケースがないわけではありませんが，そのような場合には，役員給与の額を減額せざるを得ない客観的かつ特別の事情を具体的に説明できるようにしておく必要があることに留意してください。

　上記②については，取引銀行との協議状況等により，これに該当することが判断できるものと考えられます。

　また，上記③に該当するかどうかについては，その策定された経営状況の改善を図るための計画によって判断できるものと考えられます。この場合，その計画は取引先等の利害関係者からの信用を維持・確保

することを目的として策定されるものであるので，利害関係者から開示等の求めがあればこれに応じられるものということになります。

（4）上記（3）に掲げた3事例以外の場合であっても，経営状況の悪化に伴い，第三者である利害関係者との関係上，役員給与の額を減額せざるを得ない事情があるときには，減額改定をしたことにより支給する役員給与は定期同額給与に該当すると考えられます。この場合にも，役員給与の額を減額せざるを得ない客観的な事情を具体的に説明できるようにしておく必要があります。

なお，業績や財務状況，資金繰りの悪化といった事実が生じていたとしても，利益調整のみを目的として減額改定を行う場合には，やむを得ず役員給与の額を減額したとはいえないことから，業績悪化改定事由に該当しないことは言うまでもありません。

（注）事前確定届出給与（法34①二）に係る業績悪化改定事由（令69①ハ）についても，同様の取り扱いとなります。

［関係法令通達］
法人税法第34条第1項第1号
法人税法施行令第69条第1項第1号
法人税基本通達9－2－13

② **継続的に供与される経済的な利益のうち，その供与される利益の額が毎月おおむね一定であるもの**

役員給与は，上記①により，通常の場合は定期同額給与に該当することになる。ただし，たとえば6月の総（代）会で増額決議し，期首にさかのぼって4月分と5月分の増額分を6月に一括支給した場合，その増額部分は定期同額給与に該当しないので損金不算入となる。

※　このような場合の増額部分は，改定給与額に均等に上乗せするなどし

190

第4章　事業経費

て定期同額給与にすれば損金に算入することができる。

　なお，生協の非常勤役員に年1回ないし年2回支給するような給与は，定期同額給与には該当しない（基通9－2－12，「(3)事前確定届出給与」）。

③　役員給与の手取額が同額の場合

　定期給与の各支給時期における支給額から源泉税等の額を控除した金額が同額である場合には，その定期給与のその各支給時期における支給額は，同額であるものとみなす（令69②）。

　なお，源泉税等の額とは，定期給与について源泉徴収をされる所得税の額，定期給与について特別徴収をされる地方税の額，健康保険法第167条第1項その他の法令の規定により定期給与の額から控除される社会保険料（所得税法第74条第2項に規定する社会保険料をいう。）の額その他これらに類するものの額の合計額をいう（令69②）。

(3)　事前確定届出給与

　事前確定届出給与は，役員の職務について所定の時期に確定額または確定した数の株式もしくは新株予約権もしくは確定した額の金銭債権にかかる特定譲渡制限付株式もしくは特定新株予約権を交付する旨の定めにもとづいて支給する給与で，定期同額給与，業績連動給与以外の給与である（法34①二）。

①　事前確定届出給与の損金算入要件等

　事前確定届出給与の損金算入要件および届出に関する規定は，つぎのとおりである。

イ　総（代）会等で事前確定届出給与の決議をした日（同日が職務執行を開始する日後である場合には職務執行を開始する日）から1月を経過す

191

る日（その日が期首から4月を経過する日後である場合には期首から4月を経過する日等）までに所轄税務署長に対して，その内容に関する所定の届出をした給与は，損金に算入される（令69④一）。

※　「職務の執行を開始する日」とは，その役員がいつから就任するかなど個々の事情によるが，たとえば，総（代）会において役員に選任されその日に就任した者および総（代）会の開催日に現に役員である者（同日に退任する者を除く。）にあっては，その総（代）会の開催日となる（基通9－2－16）。

ロ　新たな設立法人の事前確定届出給与の届出期限は，設立の日以後2月を経過する日までである（令69④一）。

ハ　臨時改定事由により，その事由にかかる役員の職務について所定の時期に確定額を支給する旨の定めをした場合（その役員のその臨時改定事由が生ずる直前の職務につき定めがあった場合を除く。）は，上記イとその臨時改定事由が生じた日から1月を経過する日のいずれか遅い日までに届出を行わなければならない（令69④二）。

※　その役員のその臨時改定事由が生ずる直前の職務について定めがあり，その定めに関する届出をしているときは，変更に関する届出となる。

ニ　生協が，他に定期給与を支給しない役員に対し，年1回ないし年2回等として事前確定届出給与を支給する場合は，届出は不要とされ，その給与は損金に算入される（法34①二イ）。

※　生協が非常勤役員（理事，監事）に年1回ないし年2回等で支給する役員報酬はこれに該当する。

ホ　すでに届け出た内容（直前届出）の変更の届出は，つぎの事由の区分に応じた変更届出期限までに行わなければならない（令69⑤）。

（イ）臨時改定事由…その臨時改定事由が生じた日から1月を経過する日

（ロ）業績悪化改定事由…その業績悪化改定事由により直前届出にかかる定めの内容の変更に関する総（代）会等の決議をした日から1月を経

第4章　事業経費

> 過する日。ただし，その変更前のその直前届出にかかる定めにもとづ
> く給与の支給日（その決議をした日後最初に到来するものに限る。）が
> 1月を経過する日前にある場合には，この支給の日の前日
> ヘ　届出がなかったことについて，税務署長がやむをえない事情があると
> 認めた場合の事前確定届出給与は，損金に算入される（令69⑦）。

②　届け出た支給額と実際の支給額とが異なる場合

　事前確定届出給与は，所定の時期に確定額を支給する旨の定めにも
とづいて支給される給与をいうので，納税地の所轄税務署長へ届け出
た支給額と実際の支給額が異なる場合には，原則として，その支給額
の全額が損金不算入となる（基通9－2－14）。

（4）業績連動給与

　業績連動給与は，利益の状況を示す指標等を基礎として算出される給
与とされている。生協はこれらの要件を満たさないので，適用すること
ができない（法34①三，令69⑩～⑭）。

（5）高額な役員報酬の損金不算入

①　役員報酬の原則的取り扱い

　役員報酬は，役員の業務に対する報酬であり，業務遂行のための必
要な経費であるから，定期同額給与，事前確定届出給与，業績連動給
与の要件を満たせば，損金に算入される。

②　高額な役員報酬の損金不算入

　しかし，役員報酬として支給された給与であっても，その額が不相
当に高額であると認められる場合には，その高額な部分は損金に算入

193

されない（法34②）。

③　不相当高額部分の判定

　役員報酬が不相当に高額かどうかは，つぎの２つの基準により判定
し，それぞれに掲げる金額が不相当高額部分とされる。いずれの基準
によっても，不相当に高額な部分が生じるときは，いずれか多いほう
の金額が損金不算入とされる（令70）。

イ　実質基準

　その役員に支給した給与の額が，その役員の職務内容，その生協の収益
およびその使用人に対する給与の支給の状況，同種の事業を営む法人でそ
の事業規模が類似するものの役員に対する給与の支給状況等と比較して，
その役員の職務の対価として相当であると認められる金額をこえる場合
…そのこえる部分の金額

ロ　形式基準

　定款の規定または総（代）会の決議によって支給することができる金額
の限度額を定めている生協が，その役員に対して支給した給与の額が，そ
の限度額をこえる場合
…そのこえる部分の金額

　※　イまたはロの給与の額は，退職給与を含まない。

　なお，使用人兼務役員に対する給与も，役員給与であることに変わり
はないが，定款等において使用人としての職務に対するものを含めない
でその限度額を定めている場合には，その使用人兼務役員の使用人分と
して支給した金額のうち，その生協の他の使用人に対する給与の支給の
状況等に照らし，その職務に対する給与として相当と認められる金額は，
ロの形式基準による判定上これを報酬支給額から除外する（令70①一ロ）。

　このように，使用人兼務役員の使用人給与を，役員給与の支給限度額
に含めていない場合には，総（代）会に提出する議案に，「役員給与に

は使用人兼務役員の使用人給与を含まない」旨の記載をし，これについて総（代）会の議決を受けておく必要がある（基通9－2－22）。

（6）経済的利益の扱い

① 経済的な利益の供与
　税法上の給与には，金銭や物を支給する場合だけでなく，債務の免除による利益その他の経済的な利益を与える場合も含まれる（法34④，36かっこ書き）。つまり，実質的に役員に対して給与を支給したと同様の経済的効果をもたらすものは，すべて給与とするのである（基通9－2－9）。これらの給与については，役員給与の損金算入の要件，不正経理による役員給与の額，過大な役員給与の額の取り扱いなどに関係するので注意が必要である。

② 給与としない経済的な利益
　生協が役員に対し経済的な利益の供与をした場合に，それが所得税法上経済的な利益として課税されないものであり，かつ生協がその役員に対する給与として経理しなかったものであるときは，給与として取り扱わないものとされている（基通9－2－10，所基通36－40～41，36－43）。

（7）使用人兼務役員の使用人分賞与の損金算入
　生協の理事が総務部長や組織部長等の職務を担当している，いわゆる使用人兼務役員に対して，その使用人としての職務に対するものとして支給する給与（賞与を含む。）は，損金に算入される（法34①）。
　ただし，使用人給与のうち，賞与については，他の使用人に対する賞与の支給時期と異なる時期に支給した場合には，不相当に高額な給与に該当することになり損金に算入されない（法34②，令70①三）。

195

3　使用人（職員）の給料および賞与

（1）使用人給料の取り扱い

　使用人（職員）に対して支給される給料および諸手当は，支給すべき債務が確定した事業年度の損金に算入される（法22③二）。

（2）使用人賞与の取り扱い

①　使用人賞与の損金算入

　使用人に対する賞与は，その生協の業績内容によって左右されるものではあるが，現在の実状からすれば，給料の補足たる性質を有するものと認められているため，原則として，損金に算入される（法22③二）。

②　使用人賞与の損金算入時期

　使用人賞与（使用人兼務役員に対して支給する使用人分賞与を含む。）は，原則として，実際に支給した日の属する事業年度の損金に算入される。ただし，一定の要件を満たす場合には未払い賞与の損金算入が認められる（令72の３）。（382頁参照）。

③　使用人が役員となった直後に支給される賞与等

　使用人であった者が役員となった場合，または，使用人兼務役員であった者が使用人兼務役員とされない役員となった場合に，その直後にその者に対して支給した賞与の額のうち，その使用人または使用人兼務役員であった期間にかかる賞与の額として相当であると認められる部分の金額は，使用人または使用人兼務役員に対する賞与として損金算入ができる（基通９－２－27）。

第4章　事業経費

4　役員退職給与

（1）退職給与とは

　税法上における退職給与とは，役員または使用人の退職により支給される一切の給与をいう。すなわち，所得税法上退職所得の収入金額とされるものはもとより，相続税法上相続財産とみなされる退職手当金等，退職により支給される退職年金も，退職給与に含まれる。なお，つぎに掲げるものは，その実質が退職給与の一部と認められるものを除いて，退職給与に含まれないこととされている（旧昭31　直法1の1・102の2，所9①四）。

> イ　遺族補償料および遺族手当
>
> ロ　葬祭料および香典
>
> ハ　結婚祝金品
>
> ニ　帰郷旅費
>
> ホ　イからニまでに準ずるもの

（2）死亡退職にともなう生協葬の費用と弔慰金

　生協が，死亡退職した役員または使用人のために生協葬を行い，その費用を負担した場合やその遺族に弔慰金を支給した場合には，つぎのように取り扱われる。

①　生協葬の費用

　生協葬の費用については，故人の経歴，生協における地位，生協の規模その他に照らして生協葬を行うことが社会通念上，相当と認められる場合には，支出した費用のうち生協葬のために通常要すると認められる金額が，損金に算入できる（基通9−7−19）。

197

② 弔 慰 金

弔慰金については，その金額が社会通念上，相当と認められるものであれば，福利厚生費として損金に算入される。弔慰金の金額が，相当であるかどうかは，故人の地位，死亡の事情，勤続期間，規程，類似法人の状況等を勘案して判断するが，相続税の取り扱いが，参考とされている。

相続税では，つぎの金額を弔慰金として取り扱っている（相基通3－20）。

イ　業務上の死亡の場合

　弔慰金の額＝死亡時の賞与以外の普通給与の3年分

ロ　業務上の死亡でない場合

　弔慰金の額＝死亡時の賞与以外の普通給与の半年分

（3）役員退職給与の損金算入

役員に対する退職給与は，原則として損金に算入される。

＜設　例＞

イ　引当金を計上しているとき

　（借）役員退職慰労引当金　10,000,000　　（貸）現金預金　10,000,000

※　この役員退職慰労引当金は，法人税申告書別表四の減算欄で役員退職給与として減算記入し，同別表五（一）の当期の増減欄の減欄に記入する。

ロ　引当金を計上していないとき

　（借）役員退職慰労金　10,000,000　　（貸）現金預金　10,000,000

第4章　事業経費

（4）過大な役員退職給与の損金不算入

役員退職給与を支給した場合であっても，その金額が不相当に高額な場合には，その不相当に高額な部分は，損金に算入されない。

不相当に高額であるかどうかは，その退職した役員の業務に従事した期間，退職の事情，その生協と同種の事業を営む法人でその事業規模が類似するものの役員退職給与の支給状況等に照らして判定する（令70①二）。

なお，退職した役員が退職給与のほか，過去における使用人兼務役員としての勤務に応ずる確定給付企業年金にかかる規約等にもとづく給付を受ける場合には，その給付を受ける金額をも勘案して不相当に高額であるかどうかを判定することとなる（基通9－2－31）。

（5）役員退職給与の損金算入時期

役員の退職給与の損金算入の時期は，総（代）会の決議等により，その額が具体的に確定した日の属する事業年度を原則とするが，生協が，役員退職給与の額について，実際に支給した事業年度で損金経理をした場合には，これが認められる（基通9－2－28）。

※　「総（代）会の決議等」とは，総（代）会の決議またはその委任を受けた理事会の決議をいう。

この場合の仕訳は，つぎのとおりである。

＜設　例＞

イ　総（代）会で役員退職慰労金について決議された事業年度に実際に支給した場合（役員退職慰労引当金残高は5,000千円とする。）

| （借）役員退職慰労引当金　5,000,000 | （貸）現金預金　5,000,000 |

※　役員退職慰労引当金は損金算入のため，法人税申告書別表四の減算欄に記入し，同別表五（一）の当期の増減欄の減欄に記入する。

199

ロ 役員退職慰労金を実際に支給し，翌事業年度に総（代）会で決議される予定である場合（役員退職慰労引当金残高は5,000千円とする。）

(借)役員退職慰労引当金	5,000,000	(貸)役員退職慰労引当金戻入益	5,000,000
役員退職慰労金	5,000,000	現金預金	5,000,000

※ 役員退職慰労引当金戻入益は益金不算入のため，法人税法申告書別表四の減算欄に記入し，同別表五（一）の当期の増減欄の減欄に記入する。

役員退職給与の支給にあたっては，総（代）会の決議等が必要なので，注意しなければならない。

（6）退職年金の損金算入時期

退職年金とは，退職金の全部または一部を退職時において一時に支払わず，年金をもって支払う場合の，その年金をいう。

退職年金は，その年金を支給すべき時の損金に算入すべきものであるから，その退職した役員または使用人にかかる年金の全額を計算して未払金等に計上した場合でも，退職の際に退職慰労引当金勘定の金額を取り崩しているといないとにかかわらず，その未払金等に相当する金額を損金に算入することはできない（基通9－2－29）。

退職時に総額をもって未払金に計上した場合には，法人税申告書別表四の加算欄に未払金の総額を計上し，以後年金を支払ったつど，その支払額を同別表四の減算欄に記入することになる。

（7）役員の分掌変更等の場合の退職給与

退職給与は，退職を基因として支給される給与であるから，役員の分掌変更，改選による再任等に際して支給した退職給与は，退職給与として取り扱われない。

しかし，その退職給与の支給が，たとえば，つぎに掲げるような事実があったことによるなど，役員としての地位，または，職務の内容が激

第4章　事業経費

変し，実質的に退職したと同様の事情にあると認められる場合には，退職給与として，損金算入が認められる（基通9－2－32）。

> イ　常勤役員が非常勤役員になったこと（代表権を有する者，および代表権は有しないが，実質的に生協の経営上主要な地位を占めている者を除く。）。
> ロ　理事が監事になったこと。
> ハ　分掌変更後の給与が激減（おおむね50％以上の減少）したこと。

5　使用人退職給与

（1）使用人退職給与の損金算入時期

　使用人に対する退職給与は，使用人が現実に退職した日を含む事業年度の損金に算入される（法22③二）。

　ただし，退職した使用人に対して，退職年金を支給する場合には，それぞれその年金の支給すべき時の損金に算入されるので，退職年金の総額を未払金に計上することはできない。

（2）退職給与の打ち切り支給

　使用人に対する退職給与は，その使用人が現実に退職しなければ，損金に算入されない。しかし，中小企業退職金共済制度または確定拠出年金制度への移行，定年の延長等にともない，退職給与規程の制定または改正をして，退職給与を打ち切り支給した場合にはその支給額は退職給与として，支給した日を含む事業年度の損金に算入される。ただし，つぎの3つの条件を満たしている場合に限られる（基通9－2－35）。

> イ　使用人に対して従来の在職年数を打ち切って，以後は過去の在職年数

201

を加味しないこととして支給すること。

ロ　その打ち切り支給したことについて，相当の理由があること。

ハ　現実に支払いを行うこと。未払金，預り金等に計上することは認められない。

(3) 使用人が役員に昇格した場合の退職給与

　使用人が役員に昇格した場合，現実に退職したものではないが，昇格の際に，退職給与規程にもとづき，その役員に対して，使用人であった期間にかかる退職給与として計算された金額を支給したときは，その支給した金額は，支給した事業年度の損金に算入される（基通9－2－36）。

　なお，現実に支払うことが必要であり，未払金，預り金等に計上することは認められない。

(4) 役員が使用人兼務役員に該当しなくなった場合の退職給与

　使用人兼務役員であった役員が，使用人としての職務を有する役員に該当しなくなった場合に，使用人兼務役員であった期間の退職給与として支給した金額があるときは，たとえその額が使用人としての職務に対する退職給与として計算されていても，その支給した金額はその役員に対する給与とされている。

　ただし，つぎのすべてに該当するときは，その退職給与として支給した給与が，使用人としての退職給与として取り扱われる（基通9－2－37）。

イ　給与の支給の対象者が，これまでに使用人から使用人兼務役員に昇格した者（その使用人であった期間が相当の期間であるものに限る。）であり，かつ，その者に対し昇格したときに使用人であった期間の退職給与を支給していないこと。

第4章　事業経費

> ロ　給与の額が，使用人としての退職給与規程にもとづき，使用人だった
> 　期間および使用人兼務役員だった期間を通算して，使用人の職務に対す
> 　る退職給与として計算されており，かつ，退職給与として相当と認めら
> 　れる金額であること。

（5）使用人から役員となった者に対する退職給与の特例

　生協の使用人が役員になったときに支給した退職給与は，（3）によって損金に算入される。しかし，昇格した際に，退職給与を精算していない場合もあり得るが，このような場合にも，退職給与規程の制定等により，支給することとなった使用人分退職給与の損金算入が認められている。

　すなわち，新たに退職給与規程を制定したり，または従来の退職給与規程を改正して，使用人から役員になった者に対して退職給与を支給することとした場合において，その制定等のときにすでに役員に昇格している者の全員に対し，それぞれの使用人であった期間にかかる退職給与として計算される金額を，その制定等のときに損金として支給したときは，その支給が，つぎのいずれにも該当するときに限り，これを認めることとされている（基通9－2－38）。

> イ　過去において，これらの者に対し使用人であった期間にかかる退職給
> 　与の支給をしたことがないこと（（2）の打ち切り支給に該当するものを
> 　除く。）。
> ロ　支給した退職給与の額が，その役員が，役員となった直前に受けてい
> 　た給与の額を基礎とし，その後のベースアップの状況等を参酌して計算
> 　される，その退職給与の額として相当な額であること。

6 退職金共済および退職企業年金契約の掛金

（1）退職金共済契約の掛金

外部の団体との契約による退職金共済の例が，生協においても，年々増えてきている。本来，税務計算上の理論からいえば，生協が，使用人のために，退職金共済契約等により掛金を支出したときは，その支出額は，給与等とみなされて，使用人の課税所得に算入されることになる。

しかし，このような取り扱いがされるとすれば，共済制度等の円滑な遂行を著しく阻害することになる。そこで，生協が，掛金等を払い込んだときには，これを使用人のその時の給与とはみなさないで，課税の延期をはかるとともに，その掛金は，支払いのつど生協の損金に算入することとされている。

すなわち，生協が，つぎの団体の行う退職金共済制度にもとづき，その被共済者のために支給した掛金（事業主掛金）は，現実に支出した事業年度の損金に算入される（令135①一）。

> イ　勤労者退職金共済機構
> ロ　特定退職金共済団体

掛金等の損金算入は，現金基準によることとされており，未払金等に計上することは認められない。退職金共済契約にかかる被共済者には，使用人兼務役員を含めることができる（基通9－3－1）。

（2）退職企業年金の掛金

① 確定給付企業年金の掛金

確定給付企業年金法の規約にもとづいて，その掛金または保険料を支出した場合には，その支出した金額は，その事業年度の損金に算入

される（令135①二）。

② 確定拠出年金の掛金

確定拠出年金法の企業型年金規約にもとづいて，その事業主掛金を支出した場合には，その支出した金額は，その事業年度の損金に算入される（令135①三）。

③ 不適格退職年金契約の掛金

税法上は，使用人の退職年金資金の生協外積み立ては，上述のとおり，勤労退職金共済機構，特定退職金共済団体等に対する掛金に限って，受給者の所得課税を延期して，掛金等支出時の生協の損金算入を認めている。

したがって，これ以外の団体等へ払い込まれた掛金等は，その受給の対象となる使用人の給与として，取り扱われる（所令65）。

7 出向者，転籍者の給料，賞与および退職給与

使用人が身分をその生協に留保したまま，他の生協に勤務する出向の例が増えてきているが，その税務上の取り扱いはつぎのとおりである。

（1）出向の問題点

使用人が出向した場合，出向使用人（出向者）に対する給料，賞与および退職給与を出向元生協（出向させている生協）が負担するのか，それとも出向先生協（出向を受けている生協）が負担するか，といった問題が生じる。

（2） 出向先生協の間接負担

① 出向先生協が支出する給与負担金

　出向者の役務提供は，出向先生協に対してなされているので，その給与は，出向先生協が負担するのが当然である。

　しかし，出向者に対する給与を出向元生協が支払い，出向先生協が，自己の負担すべき金額を，出向元生協に支出している場合がある。

　この場合には，出向先生協の支出する金額は，出向者に対する給与とされる。すなわち，出向者に対する給与を出向元生協が支給することになっているため，出向先生協が自己の負担すべき金額（給与負担金という。）を出向元生協に支出した場合には，その給与負担金の額は出向先生協の給与として取り扱われるのである。

　この場合，その給与負担金として支出した金額の名目は問わないこととされており，たとえ経営指導料等の名義であっても，給与としての取り扱いを受けることになる（基通9－2－45，同（注））。

第4章 事業経費

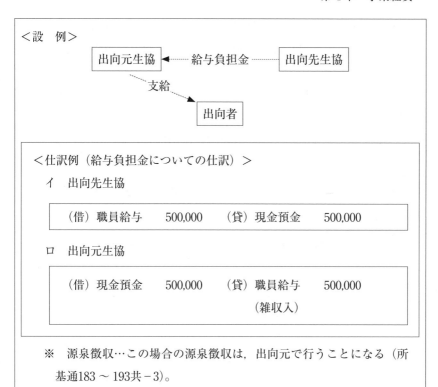

※ 源泉徴収…この場合の源泉徴収は，出向元で行うことになる（所基通183〜193共－3）。

② **出向者が役員になっているとき**

①の場合に，出向者が出向元生協では使用人であるが，出向先生協において役員となっているときは，つぎのイ，ロのいずれにも該当すれば，出向先生協が支出する給与相当額の負担金は，役員に対する給与として扱われることになる（基通9－2－46）。

イ その役員の給与負担金の額について，その役員に対する給与として出向先生協の総（代）会の決議がされていること。
ロ 出向契約等において，その出向者にかかる出向期間および給与負担金の額があらかじめ定められていること。

207

前記の適用を受ける給与負担金について，事前確定届出給与の規定の適用を受ける場合には，出向先生協がその納税地の所轄税務署長に届出を行うことになる（基通9－2－46（注）1）。

なお，出向先生協が給与負担金として支出した金額が，出向元生協がその出向者に支給する給与の額をこえる場合は，こえる金額については出向先生協にとって給与負担金の性格はないとされている（基通9－2－46（注）2）。

＜設　例＞　出向元では職員だが，出向先では役員の場合

イ　出向先生協

（借）役員報酬	700,000	（貸）現金預金	700,000

ロ　出向元生協

（借）現金預金	700,000	（貸）職員給与	700,000
		（雑収入）	

（3）出向元生協が負担する給与の差額補てん額

出向先生協の給与条件が，出向元生協のそれよりも低いために，出向元生協が出向者に対して，その差額を負担し支給した場合（出向先生協を経て支給した場合も含む。）には，出向元生協の損金に算入される（基通9－2－47）。

たとえば，出向先生協が，経営不振等で，出向者に賞与の支給ができないため，出向元生協が，出向者に対して賞与を支給する場合などが該当する（基通9－2－47（注）1）。

（4）出向先生協が支出する退職給与の負担金

出向先生協が，出向元生協に，定期的に支出する退職給与の負担金に

第4章　事業経費

ついては，その出向者が出向先生協において，使用人であると役員であるとを問わず，その支出する事業年度の損金に算入される。ただし，その定期的に支出する退職給与の負担金が，出向者の，出向期間に対応する額として，合理的なものでなければならないことは，もちろんである（基通9－2－48）。

（5）　出向者が出向元生協を退職した場合の退職給与の負担金

出向者が，出向元生協を退職した場合に，出向先生協が，その出向期間にかかる部分の退職給与を，出向元生協に支出したときは，その出向者が，出向先生協に引き続き役員，または使用人として勤務する場合であっても，その支出した事業年度の損金に算入される（基通9－2－49）。

（6）　出向先生協が出向者の退職給与を負担しない場合

出向者について，出向先生協が，出向期間にかかる退職給与の全部，または，一部を負担しない場合でも，たとえば，その出向者の出向期間が，比較的短期であるため退職給与まで出向先生協に負担させる必要はないなどの相当な理由があるときは，これを認めることとしている（基通9－2－50）。

（7）　出向者にかかる確定給付企業年金等の掛金等

出向元生協が確定給付企業年金等の契約を締結している場合，出向先生協があらかじめ定めた負担区分にもとづいて，その出向者にかかる掛金または保険料の額を出向元生協に支出したとき，その金額は支出をした事業年度の損金に算入する（基通9－2－51「出向者にかかる適格退職年金契約の掛金等」を「出向者にかかる確定給付企業年金等の掛金等」と本書にて読み替え）。

209

（8）転籍者に対する退職給与

転籍した使用人にかかる退職給与について，転籍前の生協における在職年数を通算して支給することとしている場合，転籍前の生協および転籍後の生協が，その転籍者に対して支給した退職給与の額（相手方である生協を経て支給した金額を含む。）について，それぞれの生協における退職給与として取り扱われる。

ただし，転籍前の生協および転籍後の生協が支給した退職給与の額のうちに，これらの生協の他の使用人に対する退職給与の支給状況や，それぞれの生協における在職期間等からみて，明らかに相手方の生協が支給すべき退職給与の額の全部または一部を負担したと認められるものがあるとき，その負担したと認められる金額は相手方生協に対する贈与として取り扱われる（基通9－2－52）。

8 福利厚生費

（1）福利厚生費の内容

福利厚生費には，法定福利費と厚生費が含まれる。

法定福利費は，生協が負担する健康保険料，厚生年金保険料，企業年金基金等の掛金，労働者災害補償保険料，雇用保険料等である。

厚生費は，使用人の健康維持，レクリエーション，慶弔関係の費用等であるが，通勤手当の非課税部分もこれに含まれる。

（2）社会保険料等の損金算入時期

① 社会保険料

生協が納付する社会保険料は，つぎに掲げる日の属する事業年度の損金に算入することができる（基通9－3－2）。

通常の保険料，企業年金基金等の掛金…計算対象となった月の末日

② **労働保険料**

　労働保険（労働者災害補償保険，雇用保険）の保険料の損金算入時期等は，つぎのとおりである（基通9－3－3）。

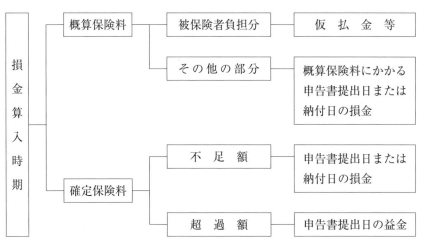

　　<設　例>
　イ　労働保険料（被保険者負担分）を概算払いしたとき

　　　（借）仮　払　金　15,000,000　　（貸）現金預金　15,000,000

　ロ　毎月の給与を支給したとき

　　　（借）職員給与　2,000,000　　（貸）現金預金　2,000,000
　　　　　　法定福利費　 200,000　　　　　仮 払 金　　 200,000

(3) 生命保険料

　生協が，役員や使用人を被保険者として，生命保険契約を締結し，そ

の保険料を負担することがある。その場合に法人の負担した保険料については，つぎのように取り扱われる。

① 養老保険の保険料

養老保険とは，被保険者が死亡したとき，または一定の年齢まで生存したとき，いずれの場合でも保険金が支払われる生命保険をいう。

生協が，自己を契約者とし，役員または使用人を被保険者とする養老保険に加入して，その保険料を支払ったときの取り扱いは，つぎのとおりである（基通9－3－4，9－3－6の2）。

受　取　人	保険料の種類	取り扱い
イ　死亡保険金，生存保険金の受取人が生協である場合	主 契 約 保 険 料	資産計上
	傷害特約保険料	損金算入
ロ　死亡保険金，生存保険金の受取人が被保険者またはその遺族である場合	主 契 約 保 険 料	給　　与
	傷害特約保険料	損金算入
ハ　死亡保険金の受取人＝遺族　生存保険金の受取人＝生協	主 契 約 保 険 料	$\frac{1}{2}$は資産計上　$\frac{1}{2}$は損金算入
	傷害特約保険料	損金算入

※　上記表中のロ，ハにおいて，役員または部課長その他特定の使用人のみを被保険者としている場合には，「損金算入」は，「その役員，部課長に対する給与」と読み替える。

＜設　例＞

イ　使用人を被保険者とし，生協を保険受取人とする養老保険を契約し，保険料500千円を支払った。

（借）保険積立金　500,000	（貸）現金預金　500,000

※　保険積立金は，その他固定資産の区分に計上する。

第4章　事業経費

ロ　使用人を被保険者・受取人とする養老保険を契約し，保険料500千円を支払った。

| （借）職員給与　500,000 | （貸）現金預金　500,000 |

ハ　使用人を被保険者，生存保険金の受取人を生協，死亡保険金の受取人を被保険者の遺族とする養老保険を契約し，保険料500千円を支払った。

| （借）保険積立金　250,000 | （貸）現金預金　500,000 |
| 　　　厚　生　費　250,000 | |

※　250,000円＝500,000円×$\frac{1}{2}$

特定の使用人のみを対象としている場合，「厚生費」は「職員給与」と読み替える。

② **定期保険の保険料**

定期保険とは，一定期間における被保険者の死亡を保険事故とする生命保険をいい，傷害特約等の特約が付されているものを含む，いわゆる掛け捨ての保険のことである。

生協が，自己を契約者とし，役員または使用人（これらの者の親族を含む。）を被保険者とする定期保険に加入して，その保険料を支払ったときの取り扱いはつぎのとおりである（基通9－3－5）。

受　取　人	取り扱い
イ　死亡保険金の受取人が生協	保険料は損金算入
ロ　死亡保険金の受取人が遺族	保険料は損金算入

※　上記表中のロにおいて，役員または部課長その他特定の使用人のみを被保険者としている場合には，「損金算入」は，「その役員または使用人に対する給与」と読み替える。

213

<設 例>

イ　使用人を被保険者とし，死亡保険金の受取人を生協とする定期保険を
　　契約し，保険料500千円を支払った。

（借）厚 生 費 500,000	（貸）現金預金 500,000

ロ　使用人を被保険者とし，死亡保険金の受取人を被保険者の遺族とする
　　定期保険を契約し，保険料500千円を支払った。

（借）厚 生 費 500,000	（貸）現金預金 500,000

※　特定の使用人のみを対象としている場合，「厚生費」は「職員給与」
　　と読み替える。

③　定期付養老保険の保険料

定期付養老保険とは，養老保険に定期保険を付したものをいう。

生協が，自己を契約者とし，役員または使用人（これらの者の親族を含む。）を被保険者とする定期付養老保険に加入してその保険料を支払った場合の取り扱いは，つぎのとおりである（基通9－3－6）。

区　　　分	種　類	取り扱い
保険料が区分されている場合	養老分	養老保険料と同じ扱い。
	定期分	定期保険料と同じ扱い（傷害特約は定期保険に付されているものとする。）。
保険料が区分されていない場合		養老保険料と同じ扱い。

（4）その他の福利厚生費

税務上その他の福利厚生費には，つぎのものがある。

いずれも，それぞれの要件に該当すれば，職員に対する給与の取り扱いに関するものは，所得税法上，非課税となる。また，生協が福利厚生

第4章　事業経費

費として計上したものは，法人税法上，損金に算入される。

① **衣服に関する費用**

　職務の性質上，着用すべき制服その他の身の回り品でもっぱら勤務場所においてのみ着用する事務服・作業服の支給，貸与などの費用（所令21①二，三，所基通9-8）

② **食事に関する費用**

　イ　残業食事代，宿日直食事代（所基通36-24）

　ロ　上記以外の食事の現物支給に関する月3,500円までの費用で，食事の評価額の50%以上を役員，使用人から徴収するもの（所基通36-38の2）

③ **住居，施設に関する費用**

　イ　寄宿舎等の電気，ガス，水道等の料金を負担する費用

　　　寄宿舎に居住するために通常必要であり，かつ，各人ごとの使用部分に相当する金額が明らかでない場合に限る（所基通36-26）。

　ロ　福利厚生のための施設運営費用等

　　　その費用等の額が著しく多額である場合または役員だけを対象とする場合を除く（所基通36-29）。

④ **レクリエーション等の費用**

　レクリエーションのために社会通念上，一般的に行われている会食，旅行，演芸会，運動会等の行事の費用（不参加者に金銭を支給する場合の取り扱いに注意。）（所基通36-30，措法61の4④）

⑤ **慶弔費用**

　役員および使用人（役員および使用人であった者を含む。）または

215

その親族等の慶弔，禍福に際し，一定の基準にしたがって支給される
金品に要する費用（措通61の4（1）－10）

⑥　**内部行事費用**

　イ　創立記念日等に際し，役員および使用人におおむね一律に生協
　　　内において供与される通常の飲食に要する費用（措通61の4
　　　（1）－10）

　ロ　10年以上の勤続年数の者を対象として，記念旅行，観劇等に招
　　　待し，または記念品（金銭を除く。）を支給する費用で，勤続期
　　　間等に照らし，社会通念上相当と認められるもの（所基通36－
　　　21）

　　※　2回以上表彰する場合は，おおむね5年以上の間隔をおいて行われ
　　　　るものであること（所基通36－21）。

　ハ　創業記念，工事完成記念，合併記念等に際し，10,000円以下の
　　　記念品（金銭を除く。）を支給する費用（所基通36－22）

⑦　**少額な保険料等**

　役員，使用人のために社会保険料，生命保険料，損害保険料，共済
掛金を負担した場合の，月額300円までの負担額（所基通36－32）

⑧　**一定額までの通勤手当**

　最高150,000円（月額）（所令20の2）

⑨　**従業員団体（互助会等）への支出金**

　生協の役員または使用人をもって組織した団体が，これらの者の親
ぼく，福利厚生に関する事業を主として行っている場合において，こ
の事業経費の相当部分を生協が負担しており，かつ，つぎに掲げる事
実のいずれかの事実があるときは，原則として，その事業にかかる収

益，費用等については，その全額を，その生協の収益，費用等にかか
るものとして計算する（基通14−1−4）。

> イ　生協の役員または使用人で一定の資格を有する者が，その資格におい
> 　て当然にその団体の役員に選出されることになっていること。
> ロ　その団体の事業計画または事業の運営に関する重要案件の決定につい
> 　て，その生協の許諾を要する等，その生協がその業務の運営に参画して
> 　いること。
> ハ　その団体の事業に必要な施設の全部または大部分をその生協が提供し
> 　ていること。

　つまり，イ〜ハの要件のうちのいずれかに該当する場合には，その団
体は生協の事業の一部として取り扱うものとされるのである。したがっ
て，従業員団体に支出した補助金は，つぎのように福利厚生費として処
理することが認められる。

> ＜設　例＞
> イ　互助会に900千円を支出したとき
>
> > （借）厚　生　費　900,000　　　（貸）現 金 預 金　900,000
>
> ロ　期末の処理
> 　互助会に30千円の剰余金がある場合
>
> > （借）現 金 預 金　30,000　　　（貸）厚　生　費　30,000
>
> ※　借方科目は剰余金を現金預金で受け入れた場合の処理であり，現金
> 　預金で返済を受けないときは，未収金とする。

　ただし，生協のきょ出した金額と役員，使用人が負担した部分に区分
経理することもできる（基通14−1−5）。

<設　例>

　生協のきょ出した金額と役員，使用人が負担した金額が同額，つまり負担割合が50％ずつの場合で，期末に30千円の剰余金が残ったとき

（借）現金預金　15,000	（貸）厚　生　費　15,000

　※　30,000円×50％＝15,000円

第4章 事業経費

Ⅳ

物　件　費

1　供給割戻費

（1）供給割り戻しとは

　従来，売上割り戻しは，一般に一定期間に多額または多量の取引をした得意先に対する売上代金の返戻額等であると解されていた。この売上割り戻しは，生協における供給割り戻しのことである。

　供給割り戻しは，組合員に対して，供給高の一定割合を還元するものであり，組織活動を推進し，利用結集を促進するための費用という性格をもっている。この期中において実施する割り戻しに要する費用を処理する勘定が供給割戻費である。

（2）供給割り戻しの税務上の取り扱い

　「収益認識に関する会計基準」に対応するために法人税基本通達が大幅改定され，供給割り戻しに関しても新たな規定が定められた。あわせて，「収益認識に関する会計基準」を適用しない場合の取り扱いも規定された。

①　収益認識に関する会計基準を適用する場合（変動対価の計上）

　供給高等の収益の額について，供給割り戻し等により変動する可能がある部分の金額（以下「変動対価」という。）がある場合で，つぎのすべての要件を満たすときは，供給高等の収益の額から変動対価に相当する額を減額し，または増額して経理した金額を，その事業年度

219

の収益等の額とする（基通2-1-1の11）。

※　会計上の経理を行っていない場合でも，申告調整することにより変動対価に相当する額を減額または増額することができる。

（イ）供給割り戻し等の事実の内容およびその供給割り戻し等の事実が生じることにより減額または増額する可能性がある金額またはその金額の算定基準が，契約もしくは生協の取引慣行もしくは公表した方針等で組合員に明らかにされていること，またはその事業年度終了の日において生協の内部で決定されていること。

（ロ）過去の実績等の合理的な方法のうち，生協が継続して適用している方法により（イ）の減額もしくは増額をする可能性または算定基準の基礎数値が見積もられ，その見積もりにもとづいて供給高等の収益の額を減額しまたは増額することとなる変動対価が算定されていること。

（ハ）（イ）を明らかにする書類および（ロ）の算定根拠となる書類が保存されていること。

※　組合員に供給した事業年度終了の日後に生じた事情により，収益の基礎となる額が変動した場合に，修正の経理をした場合には，その変動することが確定した事業年度の収益の額を減額しまたは増額する（基通2-1-1の11（注）1）。

②　収益認識に関する会計基準を適用しない場合

供給割り戻しの金額を，組合員に通知または支払いをした事業年度の収益の額から減額する（基通2-1-1の12）。

（参考）旧法人税基本通達における供給割り戻しの取り扱い

旧法人税基本通達における供給割り戻しは，つぎのように取り扱われていた。

①　割り戻しの算定基準が供給価額または供給数量によっており，かつ，

第4章　事業経費

その算定基準を契約その他の方法により組合員に明示している場合

…供給した事業年度

　　ただし，継続して割り戻しの金額の通知または支払いをした事業年度に計上している場合は，この処理が認められる（旧基通2－5－1（1））。

② ①に該当しない割り戻し（算定基準が①以外の場合または算定基準を組合員に明示していない場合）

…割り戻しの金額の通知または支払いをした事業年度

　　ただし，各事業年度終了の日までに割り戻しを支払うことおよび割り戻しの算定基準が内部的に決定されている場合に，その金額を未払金に計上し，確定申告書の提出期限までに組合員に通知したときは，継続適用を条件にこの処理が認められる（旧基通2－5－1（2））。

（3）利用分量に応ずる割り戻し（事業分量配当）

　本書399頁以下を参照のこと。

2　交際費（渉外費）

（1）交際費とは

　交際費とは，交際費，接待費，機密費その他その名義にかかわらず，これらに類する費用で，生協がその得意先，仕入先その他事業に関係のある者等に対する接待，供応，慰安，贈答その他これらに類する行為のために支出するものをいう。

　したがって寄附金，値引き，割り戻し，広告宣伝費，福利厚生費，給与等の性質を有するものは交際費に含まれない（措法61の4④，措通61の4（1）－1）。

221

「その他事業に関係ある者等」には，直接事業に関係のある者だけでなく，間接的に利害の関係のある者，および生協内部の役員，職員，組合員等も含まれる（措通61の4（1）-22）。

（2）交際費とならないもの

上述のように，交際費の範囲は，非常に広いので，形式的には，福利厚生費等に属すべき費用が含まれてしまうこともあり得る。そこで，つぎの費用は，交際費には含めないという除外規定がおかれている（措法61の4④，措令37の5）。

イ　もっぱら従業員の慰安のために行われる運動会，演芸会，旅行等のために通常要する費用…福利厚生費

ロ　飲食その他これに類する行為のために要する費用（もっぱら生協の役職員またはこれらの親族に対する費用は除く。）で，その支出する金額が1人あたり5,000円以下の飲食等の費用…渉外費

※　なお，この適用を受けるためには，つぎの事項を記載した書類を保存していなければならない（措規21の18の4）。

（イ）飲食等のあった年月日

（ロ）飲食等に参加した得意先，仕入先その他事業に関係ある者等の氏名または名称およびその関係

（ハ）飲食等に参加した者の数

（ニ）費用の金額ならびにその飲食店，料理店等の名称および所在地

ハ　カレンダー，手帳，扇子，うちわ，手ぬぐい，テレホンカード，その他これらに類する物品を贈与するために通常要する費用…広報費（広告宣伝費）

ニ　会議に関連して，茶菓，弁当その他これらに類する飲食物を供与するために通常要する費用…会議費

ホ　新聞，雑誌等の出版物または放送番組を編集するために行われる座談

第4章　事業経費

　　会その他記事の収集のために，または放送のための取材に通常要する費
　　用…教育文化費等

　上記ロを除く費用は，いずれも通常要する費用とされていることに注
意が必要である。

　また，「会議に際して社内または通常会議を行う場所において通常供
与される昼食の程度をこえない飲食物等の接待に要する費用」は原則と
して，上記ニの会議関連費用に該当するものとされている（措通61の4
（1）－21）。会議場所で出前により提供されるような程度の食事であ
れば，つごうによって外部の食堂やレストランへ出掛けたからといって
取り扱いが異なるものではない。また，来客との商談，打ち合わせ等も
含めてよいとされているので，商談の際のコーヒー，茶菓，弁当代等に
ついても会議費としてよい（措通61の4（1）－21（注）1）。

（3）交際費の例示

　つぎのような費用は，交際費の金額に含まれるものとされている（措
通61の4（1）－15）。

　イ　何周年記念または社屋新築記念における宴会費，交通費および記念品
　　代（役員および使用人におおむね一律に生協内において供与される通常
　　の飲食に要する費用は福利厚生費にあたるから，交際費から除かれる。
　　また，起工式，落成式等における式典の祭事のために通常要する費用も
　　除かれる。）
　ロ　下請工場，特約店，代理店となるため，またはするための運動費等の
　　費用（ただし，取引関係を結ぶために，相手方である事業者に対して金
　　銭または事業資産を交付する場合のその費用は，交際費に該当しない。）
　ハ　得意先，仕入先等社外の者の慶弔，禍福に際し支出する金品等の費用
　ニ　得意先，仕入先その他事業に関係のある者を旅行，観劇等に招待する

223

費用

ホ　得意先，仕入先等の従業員に対して，取引の謝礼等として支出する金品の費用

ヘ　高層ビル，マンション等の建設にあたり，周辺の住民の同意を得るために，その住民またはその関係者を旅行，観劇等に招待し，またはこれらの者に酒食を提供した場合におけるこれらの行為のために要した費用（周辺の住民が受ける日照妨害等による損害を補償するために交付する金品は，交際費等に該当しない。）

ト　スーパーマーケット業，百貨店業等を営む法人が既存の商店街等に進出するにあたり，周辺の商店等の同意を得るために支出する運動費等（営業補償等の名目で支出するものを含む。）の費用

（4）類似費用との区分

実務上はその支出が交際費等に属するか否かの区分は困難であることが少なくないが，税務上は以下にのべるところにしたがい取り扱われる。

①　寄附金と交際費

事業に直接関係のない者に対して，金銭，物品等の贈与をした場合，それが寄附金であるか交際費であるかは個々の実態により判定することとなる。そのうち金銭でした贈与は原則として寄附金とされる。たとえば，社会事業団体，政治団体に対する拠出金，神社の祭礼等の寄贈金は交際費には含まれないものとされる（措通61の4（1）－2）。

②　広告宣伝費（広報費）と交際費

不特定多数の者に対する宣伝的効果を意図するものは広告宣伝費の性質を有するものとされるので，つぎのようなものは交際費に含まれない（措通61の4（1）－9）。

第4章　事業経費

> イ　小売業者が商品の購入をした一般消費者に対し，景品を交付するために要する費用
>
> ロ　一般の工場見学者等に製品の試飲，試食をさせる費用（これらの者に対する通常の茶菓等の接待に要する費用を含む。）
>
> ハ　得意先等に対する見本品，試用品の供与に通常要する費用など

③　福利厚生費と交際費

本書210頁以下を参照のこと。

④　給与等と交際費

従業員に対して支給するつぎのようなものは，給与の性質を有するものとして交際費に含まれないものとされる（措通61の4（1）-12）。

> イ　常時支給される昼食等の費用
>
> ロ　自社の製品，商品等を原価以下で従業員に販売した場合の原価に達するまでの費用
>
> ハ　機密費，接待費，交際費，旅費等の名義で支給した金額でその費途が不明であるもの，または生協の業務に関係がないと認められるもの

（5）協同組合等が支給する災害見舞金等

協同組合等がその福利厚生事業の一環として一定の基準にしたがって組合員その他直接または間接の構成員を対象にして支出する災害見舞金等（慶弔，禍福を含む。）は，協同組合等の性格からみて，交際費等に含まれないものとする（措通61の4（1）-11）。

（6）費途不明の交際費

生協が交際費，機密費，接待費等の名義をもって支出した金銭でその

225

費途が明らかでないものは損金の額に算入しない（基通9－7－20）。

（7）使途秘匿金

1994年（平成6年）4月1日以後に使途秘匿金を支払った場合には，通常の法人税に加えて支出額に対し40％の法人税が追加課税される（措法62，措令38）。

（8）交際費の会計処理

① 「交際費の支出」の意義

「交際費の支出」は交際費として支出の事実があったことをいう，とされている。したがって，生協が仮払いまたは未払いの経理をしているか否かを問わず，接待，供応，慰安，贈答その他これらに類する行為のとき，支出の事実があったものとされ，その支出時の事業年度の交際費として取り扱われる（措通61の4（1）－24）。

② 交際費の支出の方法

生協が支出した交際費は，その生協が直接支出した交際費であると，間接支出した交際費であるとを問わないとされている。したがって，つぎにのべるものも交際費に含まれる（措通61の4（1）－23）。

イ　2以上の法人が共同して接待，供応，慰安，贈答その他これらに類する行為をして，その費用を分担した場合においても交際費の支出があったものとされる。

ロ　同業者の団体等が接待，供応，慰安，贈答その他これらに類する行為をして，その費用を生協が負担した場合においても，交際費の支出があったものとされる。

ハ　生協が団体等に対する会費その他の経費を負担した場合においても，

第4章　事業経費

> その団体がもっぱら団体相互間の懇親のための会合を催す等のために組織されたと認められるものであるときは，その会費等の負担は，交際費の支出があったものとされる。

　なお，イまたはロの場合において，飲食その他これに類する行為のために要する費用として分担または負担した金額については，その飲食等のために要する費用の総額をその飲食等に参加した者の数で除して計算した金額が5,000円以下であれば，損金に算入できる（措通61の4（1）－23（注））。

（9）交際費の損金不算入額の計算

　生協が支出する交際費等の額のうち，接待飲食費の額の50％をこえる金額は，原則としてその全額が，損金不算入とされる（措法61の4①）。ただし，期末出資金が1億円以下の生協は支出した交際費等の額のうち定額控除限度額（800万円）までの額は損金に算入でき（措法61の4②一），接待飲食費の額の50％相当額の損金算入と，定額控除限度額までの損金算入のいずれかを選択適用することができる。この措置は，2020年3月31日までの間に開始する各事業年度に支出する交際費等について適用される（措法61の4①，②)。

①　期末出資金が1億円以下の生協

損金不算入額＝支出交際費等の額 －	年800万円または接待飲食費の額の50％相当額のうちいずれか多い金額

②　期末出資金が1億円をこえる生協

損金不算入額＝支出交際費等の額 －（接待飲食費の額の50％相当額）

接待飲食費とは，交際費等のうち飲食その他これに類する行為のために要する費用であって，つぎの事項について帳簿書類に記載し飲食費であることが明らかにされているものをいう（措法61の4④，措規21の18の4，規59，62，67）。

- イ　飲食費にかかる飲食等（飲食その他これに類する行為をいう。）のあった年月日
- ロ　飲食等に参加した得意先，仕入先その他事業に関係ある者等の氏名または名称とその関係
- ハ　飲食等のために要する費用の金額ならびに飲食店，料理店等の名称および所在地（名称および所在地が店舗を有しないこと等により明らかでないときは，領収書等に記載された支払先の氏名または名称および住所もしくは居所または本店もしくは主たる事務所の所在地）

（10）交際費と消費税

本書484頁以下を参照のこと。

（11）中小特例の不適用

グループ税制の適用により，期末出資金が1億円以下の法人であっても，上記（9）の①の特例が不適用となる場合がある（442頁参照）。

3　寄　附　金

（1）寄附金と税法の規制

生協の支出した寄附金の額が，一定の限度額をこえる場合には，そのこえる部分の金額は，損金に算入されない（法37①）。

これは，本来，寄附金が，生協の事業活動に関係のない支出であり，

第4章　事業経費

剰余金処分に類する性格のものであること，また寄附金の損金算入を無
制限に認めると，法人税が減少して，国が，寄附の相手方に補助金を交
付するのとひとしいこととなるためである。

（2）寄附金とは

①　寄附金とは

　税法上，寄附金とは，寄附金，拠出金，見舞金，その他いずれの名
義をもってするかを問わず，法人が金銭その他の資産または経済的な
利益の贈与または無償の供与をした場合の，その金銭の額または金銭
以外の資産の贈与のときのその価額あるいは経済的利益の供与のとき
の価額をいう（法37⑦）。

②　広告宣伝費等の除外

　贈与または無償の供与ではあっても，広告，宣伝および見本品の費
用その他これらに類する費用ならびに交際費，福利厚生費とされるべ
きものは，寄附金とはされない（法37⑦）。

③　低廉譲渡

　法人が有する資産を著しく低い価額で譲渡した場合において，その
譲渡価額と時価との差額に相当する金額を相手方に贈与したものと認
められるときは，その差額相当額は，寄附金とされる（法37⑧）。

④　個人の負担すべき寄附金

　生協が，損金として支出した寄附金で，その生協の役員等が個人と
して負担すべきものは，その負担すべき者に対する給与とする（基通
9－4－2の2）。

229

⑤　被災者に対する義援金等

イ　災害の場合の取引先に対する売掛債権の免除等の除外

　法人が，災害を受けた得意先，仕入先等の取引先に対して，その
復旧を支援することを目的として災害発生後相当の期間（災害を受
けた取引先が通常の営業活動を再開するための復旧過程にある期
間）内に売掛金（供給未収金），未収請負金，貸付金その他これら
に準ずる債権の全部または一部を免除した場合には，その免除した
ことによる損失の額は，寄附金とはされない（基通9－4－6の
2）。

　すでに契約で定められたリース料，貸付利息，割賦販売にかかる
賦払金等で，災害発生後に授受するものの全部または一部の免除を
行うなど，契約で定められた従前の取引条件を変更する場合および
災害発生後に新たに行う取引について従前の取引条件を変更する場
合も同様に扱われる（基通9－4－6の2）。

ロ　自社製品等の被災者に対する提供の除外

　生協が，不特定または多数の被災者を救援するために緊急に行う
自社製品等の提供に要する費用の額は，寄附金とはされない（基通
9－4－6の4）。

ハ　災害の場合の取引先に対する低利または無利息による融資

　法人が，災害を受けた得意先，仕入先等の取引先に対して低利ま
たは無利息による融資をした場合において，その融資が取引先の復
旧を支援することを目的として災害発生後相当の期間内に行われた
ものであるときは，その融資は正常な取引条件にしたがって行われ
たものとされる（基通9－4－6の3）。

第4章　事業経費

⑥　資産の取得価額となる寄附金

　生協が，都道府県または市町村から土地等を取得した場合において，その取得に関連して都道府県等に寄附金を支出することがある。

　この場合の寄附金は，単純に地方公共団体に対する寄附金として取り扱われるものではない。たとえば，寄附金が条件となって土地等を著しく低い価額で取得できた場合等，寄附金が実質的にみてその資産の代価を構成すべきものと認められるときは，その寄附金は，その資産の取得価額に算入することになる（基通7－3－3）。

⑦　繰延資産となる寄附金

　本書359頁以下を参照のこと。

（3）寄附金の損金算入限度額

①　損金算入限度額

　寄附金を支出した場合，損金算入限度額をこえる金額は，損金に算入されない（法37①，令73）。

　損金算入限度額は，寄附金の種類により異なる（法37①～④，令73，77の2）。

　※　なお，グループ税制の適用を受ける場合の寄附金の取り扱いについては，本書432頁以下を参照のこと。

　イ　国または地方公共団体に対する寄附金および指定寄附金
　　　全額損金算入
　ロ　特定公益増進法人等に対する寄附金

　損金算入限度額
　　①　特定公益増進法人等に対する寄附金

231

$$
②\quad\left\{\left(\text{期末資本金等の金額}\times\frac{\text{当期の月数}}{12}\times\frac{3.75}{1{,}000}\right)+\left(\text{所得金額}\times\frac{6.25}{100}\right)\right\}\times\frac{1}{2}
$$

③　①と②のいずれか低いほうの金額

ハ　一般寄附金

$$
\text{損金算入限度額}=\left\{\left(\text{期末資本金等の金額}\times\frac{\text{当期の月数}}{12}\times\frac{2.5}{1{,}000}\right)+\left(\text{所得金額}\times\frac{2.5}{100}\right)\right\}\times\frac{1}{4}
$$

ニ　損金不算入額

$$
\text{損金不算入額}=\text{支出寄附金の額}-（\text{イ}+\text{ロ}+\text{ハ}）
$$

②　国または地方公共団体に対する寄附金および指定寄附金の損金算入

イ　国または地方公共団体に対する寄附金

国，地方公共団体（港湾法の規定による港湾局を含む。）に対する寄附金

※　寄附をした者がその寄附によって設けられた設備を専属的に利用すること，その他特別の利益がその寄附をした者におよぶと認められるものは含まれない（法37③一かっこ書）。

※　生協が，災害救助法第2条（被救助者）の規定にもとづき都道府県知事が救助を実施する区域として指定した区域の被災者のための義援金等の募集を行う募金団体（日本赤十字社，新聞・放送等の報道機関

第4章　事業経費

等）に対してきょ出した義援金等については，その義援金等が最終的
に義援金配分委員会等（地方公共団体が組織するもの）に対してきょ
出されることが募金趣意書等において明らかにされているものである
ときは「国等に対する寄附金」に該当する（基通9－4－6）。

ロ　指定寄附金

　公益社団法人，公益財団法人その他公益を目的とする事業を行う
法人または団体に対する寄附金のうち，広く一般に募集され，教育
または科学の振興，文化の向上，社会福祉への貢献その他公益の増
進に寄与するための支出で，緊急を要するものにあてられることが
確実であるものをいう（法37③二）。

　イ，ロに対する寄附金はその全額が損金の額に算入される（法37
③一，二）。

　国等に対する寄附金および指定寄附金の損金算入は，税務署長が
やむを得ない事情があると認める場合を除き，確定申告書，修正申
告書または更正請求書にその寄附金の額およびその寄附金の明細を
記載した書類の添付がある場合に限り適用され，かつ，損金算入額
は，その申告した金額が限度とされている（法37⑨⑩）。

③　特定公益増進法人等に対する寄附金の特例

　特定公益増進法人等とは，公共法人，公益法人その他特別の法律に
より設立された法人のうち，教育または科学の振興，文化の向上，社
会福祉への貢献その他公益の増進に著しく寄与する法人として定めら
れているものをいう。

　特例の対象となる寄附金は，特定公益増進法人等の主たる目的であ
る業務に関連するものでなければならない。また，特例の適用を受け
るためには，税務署長がやむを得ない事情があると認める場合を除き，
確定申告書，修正申告書または更正請求書にその寄附金の額およびそ

233

の寄附金の明細を記載した書類の添付がある場合に限り適用され，かつ，損金算入額は，その申告した金額が限度とされている（法37④⑨⑩）。

④　一般寄附金
②および③以外の寄附金をいう。

⑤　損金算入限度額
損金算入限度額の算式における「期末資本金等の金額」とは，その事業年度終了のときにおける出資金額と資本積立金額との合計額をいう。また，所得金額とは，法人税申告書別表四の仮計の金額に，損金算入した寄附金の金額を加算した金額をいう。

（4）寄附金の損金算入の要件

①　**現実に支出された寄附金であること。**
税法上，損金に算入される寄附金は，その事業年度において，現実に支出された寄附金であることを要する。すなわち，現金主義により処理されるのであり，寄附金を仮払いまたは未払い処理をした場合であっても，税務上は，現実に支出した事業年度の寄附金として調整が必要である。

イ　仮払寄附金
寄附金を仮払い処理した場合には，その年度の寄附金に加算して，損金不算入額を計算する。翌事業年度以降に消却した場合には，その消却した金額は，損金に算入されない。

ロ　未払寄附金
寄附金の未払い処理をしても，現実に支払いがなされるまでは，支出がなかったものとされ，損金に算入されない（令78）。したが

って，その金額を除いて損金不算入額の計算をする。

② 確定申告書へ記載し明細書を添付すること。

　国または地方公共団体に対する寄附金および指定寄附金ならびに特定公益増進法人等に対する寄附金以外の一般寄附金は，当初の確定申告書に記載がある場合に限り適用する（法37⑨）。

4　広告宣伝費（広報費）

（1）広告宣伝費の意義と取り扱い

　広告宣伝費とは，不特定多数の者に対する宣伝的効果を意図して支出されるものをいう（措通61の4（1）−9）。

　広告宣伝費は，原則として，全額損金に算入される。

（2）抽せん券付供給に要する景品等の費用

　生協が，商品等の抽せん券付供給により，当せん者に交付した金銭もしくは景品の代価，または当せん者の旅行，観劇等への招待のために支出した費用は，広告宣伝費として当せん者から抽せん券の引き換えの請求があった事業年度，または旅行等を実施した事業年度の損金に算入される。ただし，当せん者からの請求を待たないで，金銭または景品を送付することとしている場合には，抽せんの日の属する事業年度の損金に算入することができる（基通9−7−1）。

　ただし，生協が「収益認識に関する会計基準」の適用を受ける場合で，かつ，つぎの場合には，つぎの取り扱いとなる（基通9−7−1かっこ書）。

　① 　資産の販売等にともない，自己発行ポイント等を組合員に付与する場合で一定の要件に該当するときは，継続適用を条件として自己

235

発行ポイント等について，当初の資産の販売等とは別の取引にかかる収入の一部または全部の前受けとすることができる（基通2－1－1の7）。

② 資産の販売等にかかる契約において，いわゆるキャッシュバックのように組合員に対価が支払われることが条件となっている場合には，イ支払う対価に関連する資産の販売等の日または近接する日，ロその対価を支払う日またはその支払いを約する日，のうち，いずれか遅い日の属する事業年度の収益の額から減額する（基通2－1－1の16）。

（3） 金品引換券付供給に要する費用

① 金品引換券付供給の費用の損金算入

生協が，商品等の金品引換券付供給により，金品引換券と引き換えに，金銭または物品を交付することとしている場合には，その金銭または物品の代価に相当する金額は，広告宣伝費として，その引き換えた事業年度の損金に算入される（基通9－7－2）。

ただし，本取り扱いは，生協が「収益認識に関する会計基準」の適用を受ける場合で，かつ，つぎの場合には，つぎの取り扱いとなる（基通9－7－2かっこ書）。

① 資産の販売等にともない，自己発行ポイント等を組合員に付与する場合で一定の要件に該当するときは，継続適用を条件として自己発行ポイント等について，当初の資産の販売等とは別の取引にかかる収入の一部または全部の前受けとすることができる（基通2－1－1の7）。

② 資産の販売等にかかる契約において，いわゆるキャッシュバックのように組合員に対価が支払われることが条件となっている場合には，イ支払う対価に関連する資産の販売等の日または近接す

236

第4章　事業経費

る日，ロその対価を支払う日またはその支払いを約する日，のう
ち，いずれか遅い日の属する事業年度の収益の額から減額する
（基通2－1－1の16）。

②　金品引換費用の未払金の計上

商品等の金品引換券付供給をした場合において，その金品引換券が，
供給価額または供給数量に応ずる点数で表示されており，かつ，たと
え1枚の呈示があっても，金銭または物品と引き換えることとしてい
る場合には，つぎの算式により計算した金額を，その供給年度におい
て損金経理により未払金に計上することができる（基通9－7－3）。

$$
未払金計上額 = \left(\begin{array}{c} 1枚または1点に \\ ついて交付する \\ 金銭の額 \end{array} \right) \times \left(\begin{array}{c} その事業年度におい \\ て発行した枚数また \\ は点数 \end{array} \right)
$$

※　算式中「1枚または1点について交付する金銭の額」は，物品だけ
　　の引き換えをすることとしている場合には，1枚または1点について
　　交付する物品の購入単価（2以上の物品のうちその一つを選択するこ
　　とができることとしている場合には，その最低購入単価）による（基
　　通9－7－3（注）1）。

※　算式中「その事業年度において発行した枚数または点数」には，そ
　　の事業年度において発行した枚数または点数のうち，その事業年度終
　　了の日までに引き換えのすんだものおよび引換期間の終了したものは
　　含まない（基通9－7－3（注）2）。

この未払金の計上を行う場合には，確定申告書にその未払金の計算
の基礎およびその引換条件等に関する明細書の添付が必要である（基
通9－7－5）。

なお，金品引換費用の未払金の計上の取り扱いは，生協が「収益認
識に関する会計基準」の適用を受ける場合で，かつ，つぎの場合には，
つぎの取り扱いとなる（基通9－7－3かっこ書）。

237

① 資産の販売等にともない，自己発行ポイント等を組合員に付与する場合で一定の要件に該当するときは，継続適用を条件として自己発行ポイント等について，当初の資産の販売等とは別の取引にかかる収入の一部または全部の前受けとすることができる（基通2－1－1の7）。

② 資産の販売等にかかる契約において，いわゆるキャッシュバックのように組合員に対価が支払われることが条件となっている場合には，イ 支払う対価に関連する資産の販売等の日または近接する日，ロ その対価を支払う日またはその支払いを約する日，のうち，いずれか遅い日の属する事業年度の収益の額から減額する（基通2－1－1の16）。

③ 金品引換費用の未払金の益金算入

②により損金に算入した未払金の額は，その翌事業年度の益金に算入しなければならない。ただし，引換期間の定めのあるもので，その期間が終了していないものの未払金の額は，その引換期間の末日の属する事業年度の益金に算入する（基通9－7－4）。

5 旅費交通費

（1）国内旅費

① 旅費交通費とは

旅費交通費は，職務を遂行するための旅行に必要とされる費用にあてるため支給される金品であり，実費弁償的な性格を有するものとされている（所9①四）。

第4章　事業経費

②　旅費交通費の取り扱い

　所得税法では，つぎに掲げる各場合に，その旅行に必要な支出にあてるため支給される金品で，その旅行について通常必要であると認められるものには，所得税を課さないこととしている。

イ　勤務する場所を離れてその職務を遂行するために旅行をした場合

ロ　転任にともなう転居のための旅行をした場合

ハ　就職または退職した者が，これにともなう転居のための旅行をした場合

ニ　死亡による退職をした者の遺族が，これにともなう転居のための旅行をした場合

　イ〜ニに該当する場合であっても，その旅行目的，目的地，行路，期間の長短，宿泊の要否，旅行者の職務内容および地位等からみて，その旅行に通常必要と認められる費用の範囲をこえる場合には，そのこえる部分は，原則として旅行者の所得として課税されることになる（所9①四，所基通9－4）。

　旅費を支給する生協の側では，支給した旅費交通費は，損金に算入される。

（2）海外渡航費

①　海外渡航費の取り扱い

　生協が，その役員または使用人の海外渡航に際して支給する旅費（支度金を含む。）は，その海外渡航が，生協の業務の遂行上必要なものであり，かつ，その渡航のため通常必要と認められる部分の金額に限り，旅費として損金に算入することができる（基通9－7－6）。

　したがって，つぎの金額は支給を受けた役員また使用人に対する給与とされる。

> イ　渡航が業務の遂行上，必要とは認められない場合の，海外渡航の旅費
> の金額
>
> ロ　渡航が業務の遂行上必要と認められるが，その旅費のうち通常必要と
> 認められる部分をこえる部分の金額

　ただし，たとえば，海外渡航中の休日等を利用して，観光地を回る
ような場合で，その海外渡航がその旅行期間のおおむね全期間を通じ
て，明らかに生協の業務の遂行上必要と認められるものであり，その
海外渡航費の計算の基礎となった運賃，日当，宿泊料，支度金等が合
理的な基準により計算され，これにもとづいて支給されているもので
ある場合には，たとえ休日等の余暇に観光地を回ったとしても，その
観光のための費用がその支給された海外渡航費の範囲内で支出される
ものである限り，その海外渡航費の全額が旅費として取り扱われる
（基通9－7－6（注））。

　海外渡航費が，役員または使用人の給与と認められた場合には，そ
れは定期的な給与ではないので，賞与になり，該当する者が役員であ
れば，役員賞与となり損金に算入されない。

②　業務の遂行上必要な海外渡航の判定

　海外渡航が，生協の業務の遂行上，必要なものであるかどうかは，
その旅行の目的，旅行先，旅行経路，旅行期間等を総合勘案して実質
的に判定するものとするが，つぎに掲げる旅行は，原則として，生協
の業務の遂行上必要な海外渡航に該当しないものとされている（基通
9－7－7）。

> イ　観光渡航の許可を得て行う旅行
>
> ロ　旅行業者等が行う団体旅行に応募してする旅行
>
> ハ　同業者団体その他これに準ずる団体が主催して行う団体旅行で主とし

第4章　事業経費

> て観光目的と認められるもの

　ただし，観光渡航以外に相手国に入国できない等の場合には，業務の遂行上必要な渡航かどうかは，実質的に判定されることになる。

③　業務の遂行上必要と認められる旅行と認められない旅行をあわせて行った場合

　業務の遂行上必要と認められる旅行と，認められない旅行とを，あわせて行った場合には，その支給した旅費を，業務上必要と認められる旅行の期間と，認められない期間との比等によりあん分し，業務の遂行上必要と認められない旅行にかかる部分の金額については，その旅行者の給与とする。

$$旅費交通費 = 海外渡航費 \times \frac{業務上必要と認められる日数}{総渡航日数}$$

$$給与 = 海外渡航費 \times \frac{業務上必要と認められない日数}{総渡航日数}$$

　ただし，海外渡航の直接の動機が特定の取引先との商談，契約の締結等生協の業務の遂行のためであり，その機会に観光をあわせて行うものである場合には，その往復の旅費（その取引先の所在地等その業務を遂行する場所までのものに限る。）は，海外渡航費から控除して，残額だけを期間配分して給与部分と旅費部分に区分する。往復旅費は損金に算入される（基通9－7－9）。

④　業務の遂行上必要と認められない海外渡航の旅費の特例

　すでにのべたとおり，②のイ～ハに該当する旅行は，業務の遂行上必要な渡航とは認められないのであるが，その海外渡航の旅行期間内における旅行先で行った仕事の内容等からみて，生協の業務にとって

241

直接関連のある部分の旅行について直接要した費用の額は，旅費として損金に算入される（基通9－7－10）。

6　租税公課

（1）租税公課の取り扱い

生協が納付する税金は，別段の定めにより損金不算入とされない限り，損金に算入される（法38①②，39～41）。

租税公課等は，本来会計コストを形成するものであり，損金に算入されるべきものであるが，一定の租税公課等は損金不算入とされている。

損金不算入とされる理由はいろいろであるが，分類するとつぎのようになる。

①　租税政策にもとづくもの

法人税，住民税は，本来その所得のなかから支払われることを前提としており，租税政策上損金不算入とされている。

②　違法行為にもとづいて負担するもの

罰金，科料等反社会的な行為によって負担したもの，加算税，延滞税等を損金に算入すれば，それによって減少する法人税等は国が負担したものと同じ結果になるので，損金不算入とされている。

③　技術的理由にもとづくもの

生協が受け取る利子や配当については，所得税法の規定により所得税が源泉徴収されているが，その所得税額は，その事業年度の所得に対する法人税の額から控除され，控除しきれない金額があるときは，還付される。控除され，還付されるということは，実質的に所得税額

第 4 章　事業経費

を払わないことと同様にしようとするものである。この場合に，この
税額控除または還付の規定の適用を受ける所得税額は損金不算入とさ
れる。これは税込みの利子，配当等により計算される法人税額から前
払いした所得税額を控除するという課税の技術的理由にもとづくもの
である。

（2）損金不算入の主な租税公課

イ　法人税，地方法人税，都道府県民税および市町村民税の本税

ロ　各種加算税および各種加算金，延滞税および延滞金（地方税の納期限
　の延長にかかる延滞金は除きます。）ならびに過怠税

ハ　罰金および科料（外国または外国の地方公共団体が課する罰金または
　科料に相当するものを含みます。）ならびに過料

ニ　法人税額から控除する所得税，復興特別所得税および外国法人税

（3）損金算入の租税公課とその損金算入時期

　（2）以外の租税公課は損金に算入されるが，その損金算入の時期は，
つぎのとおりである（基通9－5－1～3）。

①　申告納税方式による租税（酒税，事業所税等）

イ　納税申告書に記載された税額
　　…納税申告書を提出した事業年度

ロ　更正，決定にかかる税金
　　…更正，決定のあった事業年度

ハ　申告期限未到来の酒税等につき，収入金額，棚卸資産の評価額のうち
　に税額が含まれているとき
　　…損金経理により未払金に計上したときはその事業年度

243

② 賦課課税方式による租税（固定資産税，不動産取得税，自動車税，都市計画税等）

イ　原則…賦課決定のあった事業年度
ロ　納期の開始日または実際に納付した事業年度において損金経理したとき
　　…損金経理した事業年度

---

③ 特別徴収方式による租税（ゴルフ場利用税，軽油引取税等）

イ　納入申告書にかかる税額
　　…納入申告書を提出した事業年度
ロ　更正，決定にかかる税額
　　…更正，決定があった事業年度
ハ　申告期限未到来のものにつき，収入金額のうちに納入すべき金額が含まれているとき
　　…損金経理により未払金に計上したときは，その事業年度

---

④ 事業税および地方法人特別税の損金算入時期

　　事業税および地方法人特別税は，①にかかわらず，翌事業年度の損金に算入されその事業年度においては，損金に算入されない。翌事業年度においては，生協が納付しているかどうか，または損金経理しているかどうかにかかわりなく，損金に算入される（基通9－5－2）。

⑤ 身体障害者雇用納付金等の損金算入時期

　　生協が納付すべきつぎに掲げる賦課金等については，それぞれつぎに掲げる日の属する事業年度の損金の額に算入する（基通9－5－7）。

第4章　事業経費

> イ　公害健康被害の補償等に関する法律に規定する汚染負荷量賦課金
> 　　…汚染負荷量賦課金申告書を提出した日（決定にかかる金額について
> 　　は，決定の通知があった日）
> ロ　公害健康被害の補償等に関する法律に規定する特定賦課金
> 　　…その特定賦課金の額につき，決定の通知があった日
> ハ　障害者の雇用の促進等に関する法律に規定する身体障害者雇用納付金
> 　　…身体障害者雇用納付金申告書を提出した日（告知にかかる金額につ
> 　　いては，その告知があった日）

（4）源泉徴収された所得税および復興特別所得税の取り扱い

①　法人税額から控除される所得税および復興特別所得税額

　受取配当金，預金等に対する受取利息，労働金庫からの事業分量配当には，所得税および復興特別所得税が源泉徴収される。税率はつぎのとおりである。

項　　目	所得税および復興特別所得税
受　取　配　当　金	20.42%
預　金　等　の　受　取　利　息	15.315%
労働金庫等の事業分量配当	15.315%

　源泉徴収された所得税および復興特別所得税は，税務申告の際に法人税額から控除するかまたは控除しきれなかった金額がある場合には還付される（法68，78）。この場合の税額控除または還付の規定の適用を受ける所得税および復興特別所得税額は損金の額に算入されない（法40）。

245

② 会計処理

<設 例>

イ 定期預金の利息100,000円のうち所得税および復興特別所得税15,315円を差し引いた残額84,685円が，普通預金口座に振り込まれた場合

（借）普通預金 84,685	（貸）受取利息 100,000
仮 払 金 15,315	

ロ 労働金庫から事業分量配当20,000円のうち所得税および復興特別所得税3,063円を差し引いた残額16,937円が，普通預金口座に振り込まれた場合

（借）普通預金 16,937	（貸）雑 収 入 20,000
仮 払 金 3,063	

仮払金で処理した所得税および復興特別所得税は，税務申告の際に税額控除または還付を受けることになる。そしてこの仮払金は期末において未払法人税等に振り替える。

（5）罰金，科料および過料

① 罰金等の取り扱い

生協が納付する罰金，科料，過料については，損金に算入されない（法55④一）。

※ 科料…金銭による刑罰

※ 過料…主として行政上の義務強制の目的で，違反者に科せられる金銭による制裁。犯罪に対する刑罰でなく，行政上の間接強制手段

第4章　事業経費

② 役員等に対する罰金等

生協が，役員または使用人に対して課された罰金もしくは科料，過料または交通反則金を負担した場合の取り扱いは，つぎのとおりである（基通9－5－8）。

イ　罰金等が，生協の業務の遂行に関連してなされた行為等に対して課されたときは損金不算入とされる。生協自身の罰金と同じ取り扱いをされる。

ロ　業務に関連がないとき

　（イ）課された者が役員であるとき

　　役員給与とされる。生協は損金に算入できない。

　（ロ）課された者が使用人であるとき

　　使用人給与となり，その者の給与所得となる。生協は損金に算入する。

（6）還付法人税等の益金不算入

生協が，その納付をしたときに損金に算入されなかった法人税等を，還付または充当された場合には，その金額は益金に算入されない。法人税額から控除される所得税および復興特別所得税の還付金，欠損金の繰り戻しによる還付金も，益金に算入されない（法26）。

ただし，利子税の還付金または，還付金に付される還付加算金は，益金に算入される。

（7）道府県民税等の減免に代えて交付を受けた補助金

生協が，道府県または市町村から，工場誘致条例またはこれに準ずる条例にもとづいて，補助金，奨励金等の交付を受けた場合において，その補助金等が，実質的に，道府県民税および市町村民税の減免に代えて交付されたものであることが明らかであるときは，その補助金等は，その交付を受けた事業年度の益金に算入しない（基通9－5－4）。

247

（8） 強制徴収等にかかる源泉所得税

　生協が，支払配当，給料等について，源泉所得税を納付しなかったため，所得税を徴収された場合においてその徴収された所得税を，生協が負担して，租税公課等として損金経理をしたときは，その負担した金額は，支払配当，給料の受領者に追加支払いされたものとされる。したがって，その追加支払額について，再び所得税を徴収しなければならない。

　ただし，徴収された所得税を，仮払金等として，経理し，受領者に求償することとしている場合には，その経理が認められる（基通9－5－3）。

7　短期の前払費用

　前払費用（一定の契約にもとづき継続的に役務の提供を受けるために支出した費用のうち，その事業年度終了のときにおいてまだ提供を受けていない役務に対応するものをいう。）の額で，生協が，その支払った日から1年以内に提供を受ける役務にかかるものに相当する金額を，継続してその事業年度の損金に算入しているときは，その方法が認められる。

　たとえば，土地，建物等の賃借料，支払利息等について，その事業年度分と翌事業年度分とが支払われる場合，その支払日にそのまま経費として処理する方法を継続して採用しているときは，税務上その方法が認められるということである（基通2－2－14）。

8　消耗品費等

　生協が事務用消耗品，作業用消耗品，包装材料，広告宣伝用印刷物，見本品その他，これに準ずる棚卸資産（各事業年度ごとにおおむね一定数量を取得し，かつ，経常的に消費するものに限る。）の取得に要した

第4章　事業経費

費用の額を，継続して取得事業年度の損金に算入しているときは，この方法が認められる（基通2－2－15）。

　期間損益を正確に計算するためには，本来，期末にその在庫数量を確認し，これらを貯蔵品勘定に振り替えるのであるが，これら消耗品等の中には，毎期おおむね一定数量を取得し，かつ，経常的に消費するものが少なくない。そこで，このようなものについては，期末に在庫計上を省略して，取得に要した金額を損金に算入する会計処理を行ったとしても，税務上の所得計算がそれほどゆがめられるとはいえないという判断から，毎期継続して適用することを条件に，上記のような税務上の取り扱いを明らかにしたものである。

9　損害賠償金

（1）損害賠償金の取り扱い

　生協が，役員または使用人の行為により，他人に与えた損害につき損害賠償金を支出した場合には，つぎのように取り扱われる（基通9－7－16）。

① 　その損害賠償金の対象となった行為が業務の遂行に関連するもので，故意または重過失にもとづかないものである場合その支出した損害賠償金の額は，給与以外の損金に算入される。

② 　その行為等が，業務の遂行に関連するが，故意または重過失にもとづくものである場合，またはその行為等が業務の遂行に関連しないものである場合その役員または使用人への債権とするが，その者に支払能力がないため，求償できないときは貸し倒れとして損金経理することが認められる（基通9－7－17）。

249

（2）損害賠償金の損金算入時期

　生協が，その業務の遂行に関連して，他人に与えた損害について賠償をする場合に，その事業年度末までに賠償金の総額が確定していない場合であっても，事業年度末までに，相手方に対して具体的に申し出た賠償金額があるときは，その金額について未払金に計上することができる。

　この場合，たとえば，相手方に直接申し出ることに代えて，仲介者等の第三者に一定の金額を寄託するというような方法であっても，同様の取り扱いがされる。

　ただし，損害賠償金の全部，または，一部が保険金等によって補てんされることが明らかなときは，その補てんされる部分の金額を除くことになる（基通2－2－13）。

（3）自動車による人身事故にかかる内払いの損害賠償金

　自動車による人身事故（死亡または傷害事故）にともない，損害賠償金（（1）の②の場合を除く。）として支出した金額は示談の成立等による確定前であっても，その支出した事業年度の損金の額に算入することができる。この場合には，損金の額に算入した損害賠償金に相当する金額の保険金（その人身事故について，すでに益金の額に算入した保険金がある場合には，その累積額をその人身事故にかかる保険金見積もり額から控除した残額が限度）は，益金の額に算入する（基通9－7－18）。

第5章

事 業 外 収 益

| 1 受取配当等の益金不算入 |

（1）益金不算入の趣旨

　法人が，他の法人（外国法人もしくは公益法人等または人格のない社団等を除く。）から受ける配当等は，つぎに掲げる区分に応じ，益金に算入されない（法23①④〜⑦，令22の2〜22の3の2）。

区分（保有割合）	不算入割合	負債利子控除
完全子法人株式等（100%）	100%	なし
関連法人株式等（$\frac{1}{3}$超）		あり
その他の株式等（5%超）	50%	なし
非支配目的株式等（5%以下）	20%	

※　完全子法人株式等とは，配当等の額の計算期間の初日から計算期間の末日まで継続して完全支配関係にある他の法人の株式または出資を有している場合の，その株式または出資をいう（法23⑤，令22の2①）。完全支配関係がある他の内国法人には，連結完全支配関係がある他の内国法人が含まれる。

※　関連法人株式等とは，他の法人の発行済株式または出資金額の$\frac{1}{3}$超を配当等の額の計算期間の初日から計算期間の末日まで引き続いて所有しているその他の法人の株式または出資をいう（法23⑥，令22の3①）。

※　非支配目的株式等とは，他の法人の発行済株式または出資金額の5%以下を配当等の額の支払いにかかる基準日において所有している場合の，その株式または出資をいう（法23⑦，令22の3の2①）。

　なお，2017年度（平成29年度）税制改正により，協同組合等の各事業年度において，その有する普通出資につき支払いを受ける配当等の額がある場合には，その普通出資にかかる受取配当等の益金不算入額は，そ

第5章　事業外収益

の普通出資が，完全子法人株式等，関連法人株式等および非支配目的株式等のいずれにも該当しないものとして計算することとなった（措法67の8①）。

　すなわち，生協や生協連合会が有する普通出資にかかる配当等の額については，その他の株式等にかかる配当等の額として，実際の保有割合にかかわらず，その配当等の額の50％相当額が益金不算入とされる。

　また，協同組合等が有する関連法人株式等にかかる配当等の額について，益金不算入額を計算する際に控除する関連法人株式等にかかる負債利子の額の計算（257頁参照）にあっては，分子の金額の基礎となる「期末関連法人株式等」から，その協同組合等が有する普通出資を除くこととされている（措令39の30）。したがって，生協や生協連合会が普通出資した生協連合会等に対する出資割合が $\frac{1}{3}$ 超となる場合であっても，その普通出資にかかる生協連合会等の帳簿価額は期末関連法人株式等の帳簿価額に含めないで，負債利子の額を計算することになる。

　※　本改正は2017年（平成29年）4月1日以後開始事業年度から適用される（平成29年改正措法附則61）。

　※　この制度の対象となる普通出資とは，連合会等に対する出資のうち，優先出資以外のものをいう。また，連合会等とは，農林中央金庫その他の協同組合等であってその会員または組合員がそれぞれの協同組合等の根拠法の規定により他の協同組合等およびこれに準ずる法人に限られている。

　わが国の税制では，法人税は，個人の所得税の前払いと考えられており，個人の所得税の課税は，法人税課税済み利益の分配であるという点に着目して，配当控除の制度が設けられている（所92）。しかし，この制度は，法人の所得に，一度だけ法人税が課税されていることを前提にしている。そこで，法人税の課税を法人の段階で1回だけにするために，他の法人から受ける配当は益金不算入としているのである。

253

（2）益金不算入となる配当金

① 益金不算入となる配当等

益金不算入となる配当等とは，つぎのものである（法23①）。

イ　剰余金の配当もしくは利益の配当または剰余金の分配（出資にかかる
　ものに限る。）

ロ　投資信託および投資法人に関する法律にもとづく金銭の分配

ハ　資産の流動化に関する法律に規定する金銭の分配

　※　「剰余金の配当もしくは利益の配当または剰余金の分配」とは，

　（イ）株式会社の株式配当金

　（ロ）生協連合会，労働金庫，信用金庫等の剰余金の分配金（出資配当
　　　金）をいう。

---

② 益金不算入の対象とならない配当等

益金不算入の対象とならない配当等はつぎのものである（法23①②）。

イ　公益法人等または人格のない社団等からの分配金

ロ　保険会社の契約者配当

ハ　協同組合等の事業分量配当

ニ　一定の短期間しか所有しない株式の配当等（短期所有株式等）

　※　生協連合会および労働金庫から受ける事業分量配当（利用割り戻
　　し）は益金不算入の対象にならない。

（3）配当等の計上時期

受取配当等の益金不算入の規定は，その配当等を収益として計上すべき事業年度において適用される。

配当等を収益として計上すべき時期は，その剰余金の配当もしくは利

第5章　事業外収益

益の配当または剰余金の分配について，その配当または分配する法人の
株主総会等で，決議のあった日を含む事業年度である（基通2－1－27）。

（4）短期所有株式等の不適用

　配当等の元本たる株式等が，配当等の額の支払いにかかる基準日以前
1カ月以内に取得し，基準日後2カ月以内に譲渡されたものであるとき
は，その譲渡された株式等にかかる配当等は益金不算入の対象とはなら
ない（法23②）。

（5）受取配当等からの負債利子の控除

　受取配当等は全額益金不算入となるのではなく，受取配当等に関する
費用とみられる支払利息分は益金不算入とならない。すなわち受取配当
等の益金不算入額を計算する場合において，これらの元本たる株式等を
取得するために要した負債の利子があるときは，その負債の利子を控除
したつぎの金額が益金不算入となる（法23①④）。

　ただし，負債利子を控除するのは関連法人株式等からの配当等に限定
される。

①　完全子法人株式等

益金不算入額＝完全子法人株式等にかかる受取配当等の合計額

②　関連法人株式等

益金不算入額＝関連法人株式等にかかる受取配当等の合計額－
　　　　　　当期に支払う負債利子額のうち関連法人株式等にかかる金額

255

③　その他の株式等（①②④以外の株式等）

益金不算入額＝その他の株式等にかかる受取配当等の合計額×50％

---

④　非支配目的株式等

益金不算入額＝非支配目的株式等にかかる受取配当等の合計額×20％

※　なお，生協や生協連合会が，普通出資をしたその生協連合会等から配当
　等を受けた場合の益金不算入額はつぎのように計算する。

益金不算入額＝普通出資をしたその生協連合会等にかかる受取配当等の
　　　　　　　合計額×50％

（6）負債利子の範囲

　負債利子には，つぎのものが含まれる（令21，基通3－2－1，3－
2－2，3－2－4の2）。
① 　借入金の利子
② 　手形の割引料
③ 　従業員預り金等の利子
④ 　利子税または地方税の延滞金（「支払う負債利子」に含めないこ
　　ともできる。）
⑤ 　固定資産その他の資産の取得価額に算入した負債利子
　　なお，つぎのような場合については，その取り扱いに注意する必要
　がある。

イ　割賦購入をした資産の取得価額に含まれている割賦利息について，法
　人が，その金額を取得価額に含めないで，経費として処理した場合には，

第5章　事業外収益

その相当額は，負債利子控除の対象とされる（基通3－2－3）。

　リース資産について，法人がリース料の額の合計額のうち，利息相当額を取得価額に含めないこととしている場合の利息相当額についても同様である（基通3－2－3（注））。

ロ　仕入先との委託買付契約により，取得した資産の取得価額の中に，利子相当額を含めている場合には，その相当額は，負債利子に含めないことができる（基通3－2－4）。

（7）控除する負債利子額の計算方法

　「当年度実績による場合」と「基準年度実績による場合」の2つの計算方法が認められており，事業年度によって，有利な方法を選択適用することができる。

①　当年度実績による場合（原則的計算方法）

イ　算式（令22①②）

　関連法人株式等の負債利子額の計算

$$
控除すべき負債利子額 = \left(\begin{array}{c} 当期の負債 \\ 利子等の額 \end{array} \right) \times \frac{関連法人株式等の前期末と当期末の帳簿価額の合計額}{前期末と当期末の総資産の帳簿価額の合計額}
$$

※　協同組合等が有する関連法人株式等にかかる配当等の額について，益金不算入額を計算する際に控除する関連法人株式等にかかる負債利子の額の計算にあっては，分子の金額の基礎となる「期末関連法人株式等」から，その協同組合等が有する普通出資の帳簿価額を除くこととされている（措令39の30）。

　つまり，生協や生協連合会がその普通出資した連合会等に対する出

257

資割合が$\frac{1}{3}$超となる場合であっても，その出資した帳簿価額は期末関連法人株式等の帳簿価額に含めないで，負債利子の額を計算することになる。

ロ　総資産の帳簿価額

確定した決算にもとづく貸借対照表に計上されている金額によるが，つぎの金額は，総資産より控除する（令22①）。

イ　固定資産の帳簿価額を損金経理により減額することに代えて積立金として積み立てている金額

ロ　特別償却準備金として積み立てている金額

※　貸倒引当金を計上している場合の取り扱い（基通3－2－5）

貸倒引当金を計上している場合，つぎのいずれかの方法により帳簿価額を計算することができる。

（イ）貸倒引当金を金銭債権から控除する方法により貸借対照表に計上している場合

控除前の金額を金銭債権の帳簿価額とすることができる。

（ロ）金銭債権から貸倒引当金を控除した金額を貸借対照表に計上し，控除額を注記している場合

控除額を加算した金額を金銭債権の帳簿価額とすることができる。

ハ　税効果会計を適用している場合の帳簿価額

（イ）貸借対照表に計上されている繰延税金資産の額は，総資産の帳簿価額に含まれる（基通3－2－6）。

（ロ）税効果会計を適用している場合には，総資産の帳簿価額から控除する剰余金処分により積み立てている圧縮積立金または特別償却準備金の額は，貸借対照表に計上されている圧縮積立金勘定または特別償却準備金勘定の額とこれらの勘定にかかる繰

第5章　事業外収益

延税金負債の額との合計額である（基通3－2－7）。

（ハ）（ロ）の繰延税金負債が繰延税金資産と相殺されて貸借対照
表に計上されている場合には，相殺後の残額となる（基通3－
2－7（注））。

② **基準年度実績による場合（簡便計算方法）**

イ　適用法人

　2015年（平成27年）4月1日に存する法人について，基準年度実
績による簡便計算を行うことができる（同日後に行われる適格合併
にかかる合併法人の場合には，合併法人および被合併法人が2015年
（平成27年）4月1日に存していたものに限る。）（令22④）。

ロ　算式（令22④）

　関連法人株式等の負債利子額の計算

$$
\text{控除すべき負債利子額} = \text{当期の負債利子等の額（A）} \times \frac{\text{原則的計算方法による基準年度の関連法人株式等にかかる負債利子等の合計額（C）}}{\text{基準年度の負債利子等の合計額（B）}}
$$

※　基準年度

　2015年（平成27年）4月1日から2017年（平成29年）3月31日まで
の間に開始した各事業年度をいう（令22④）。

※　負債利子控除割合$\dfrac{（C）}{（B）}$は，小数点以下3位未満切り捨て

　基準年度について，原則的計算方法（①のイ）により計算した金額
を基礎として計算する（基通3－2－13）。

※　基準年度のうちに，負債利子控除額がない事業年度があるとき

　基準年度のうちに，株式，出資等を有していなかったため，配当等

259

の額から控除すべき負債利子額がない事業年度がある場合には，その
事業年度は基準年度実績の計算に関係させない（基通3－2－12）。

（8）配当金等について納付した所得税および復興特別所得税の取り扱い

本書29頁以下を参照のこと。

2 還付金等の益金不算入

本書518頁以下を参照のこと。

3 受 贈 益

（1）受贈益の原則的取り扱い

法人が，他の者から無償で資産の贈与を受けた場合には，その金額は
益金に算入しなければならない（法22②）。また，他の者から，時価に
比し低い価額で資産の譲渡を受けた場合における，その時価と譲受け価
額との差額のうち，実質的に贈与を受けたと認められる金額も，益金に
算入しなければならない（法22②，25の2③）。

（2）受贈益の例外的取り扱い

すべての場合に，受贈益に課税することは，必ずしも適切ではないの
で，法人税では，若干の場合について，例外的取り扱いをすることとし
ている。国庫補助金等の圧縮記帳，広告宣伝用資産の受贈益の取り扱い
がそれであるが，ここでは，後者についてのべることにする。

第5章　事業外収益

（3）広告宣伝用資産の受贈益の原則的取り扱い

　法人が，メーカー等から資産を無償で取得した場合，またはメーカー等のその資産の取得価額に満たない価額により取得した場合には，つぎの金額を，その取得した事業年度の益金に算入する（基通4－2－1）。

①　無償で取得した場合
　　　受贈益＝メーカー等のその取得価額

②　低価譲受けの場合
　　　受贈益＝メーカー等のその取得価額－法人の負担額

（4）広告宣伝用資産の受贈益

　受贈資産で，つぎのように，もっぱらメーカー等の広告宣伝の用に供するためのものであることが明らかなものである場合には，受贈益は課税されない（基通4－2－1（注））。

　　イ　広告宣伝用の看板

　　ロ　広告宣伝用のネオンサイン

　　ハ　広告宣伝用のどん帳

（5）広告宣伝目的の自動車等の受贈益

　受贈資産が，つぎのような資産であるときは，つぎに掲げる算式により，受贈益を計算する。

①　対象資産

　　イ　広告宣伝用であることが明らかな自動車

　　ロ　広告宣伝用であることが明らかな陳列だな，陳列ケース，冷蔵庫または容器

　　ハ　展示用モデルハウスのように製造業者等の製品の見本であることが明らかなもの

261

② 算　式

$$
受贈益＝メーカー等のその資産の取得価額 \times \frac{2}{3} - 法人の負担額
$$

※　受贈益が30万円以下のときは，課税されない（基通4－2－1）。

（6）未払給与の免除益

　他の者から資産の贈与を受けた場合の受贈益の取り扱いについてはすでにのべたが，債務の免除を受けた場合の経済的利益も原則として益金に算入される（法22②）。

　しかし，理事会等の決議により，未払給与（役員給与の損金不算入の規定により損金算入が認められないものに限る。）の全部または大部分を支払わないこととした場合には，つぎの条件のすべてを満たせば，支払わないことが確定した日の属する事業年度の益金の額に算入しないことができる（基通4－2－3）。

① 　支払わないことが生協の整理，事業の再建または業況不振のためのものであること。

② 　支払わないこととなる金額がその支払いを受ける金額に応じて計算されている等，一定の基準によって計算されたものであること。

第6章

事 業 外 費 用

1　貸倒損失

（1）貸倒損失の税務上の取り扱い

　法人税法では，債権については，一般にその評価損の計上を認めていない（法33①）。

　これは，債権は対人的なものであり，実際に貸し倒れとなり，または債務免除を行うまでは，個々の債権の評価を行うのは適切ではないと考えているためである。したがって，貸倒損失の認定については，きわめて厳格な制限が加えられている。

　　※　後にのべる貸倒引当金は，債権の貸倒損失の見込額として，引き当てることが認められており（ただし，法人によっては貸倒引当金の設定は税法上，認められていない。），一種の債権評価とも考えられる。

（2）金銭債権の全部または一部の切り捨てをした場合の貸し倒れ

　つぎの場合には，供給未収金，貸付金その他の債権（金銭債権）が，法律的に消滅するので，つぎの金額がその事実の発生した事業年度の貸倒損失として損金に算入される。決算上，貸し倒れ処理をしなかった場合には，申告上減算すべきことになる（基通9－6－1）。

イ　法律上の手続き等による切り捨てがあった場合

　　会社更生法，民事再生法，会社法の特別清算等の法律上の手続きや，債権者集会の決定などによって，供給未収金や貸付金等の切り捨てがあった場合

　　その切り捨てられることとなった金額

ロ　債務者の債務超過の状態が相当期間継続し，弁済を受けることができない場合

　　その債務者に対し書面により明らかにされた債務免除額

第6章　事業外費用

（3）回収不能の金銭債権の貸し倒れ

金銭債権につき，その債務者の資産状況，支払能力等からみて，その全額が回収できないことが明らかになった場合において，つぎのすべての条件を満たしていれば，その金額は，損金に算入することができる（基通9－6－2）。

イ　金銭債権の全額が回収不能であることが明らかになった場合

　　一部が回収不能の場合には，貸倒損失として処理することは認められない。

ロ　損金経理をすること。

　　確定した決算で，費用として計上しないで，申告書の上だけで減算することは認められない。

※　金銭債権について担保物があるときは，その担保物を処分したあとでなければ貸し倒れとして処理することはできない。

※　保証債務は，現実にこれを履行したあとでなければ貸し倒れの対象にすることはできない（基通9－6－2（注））。

（4）一定期間取引停止後，弁済がない場合等の貸し倒れ

つぎのすべての条件を満たした場合には，供給未収金等（売掛債権）について，備忘価額（たとえば1円）を控除した残額を貸し倒れとして，損金に算入することが認められる（基通9－6－3）。

※　貸付金その他これに準ずる債権は対象にならない。

イ　つぎのいずれかの事実が発生した場合

（イ）1年以上取引がない場合

　　債務者と取引の停止をした時以後1年以上経過し，その間にまったく弁済がない場合には，その供給未収金等は貸し倒れとして，処理することができる。この場合の取引とは，継続的な取引をさし，不動産取引の

265

ように，通常継続して行うことのない取引は，含まれない。

※　担保物がある場合には，貸し倒れとして処理できない。

（ロ）少額債権の場合

生協が，同一地域の債務者について有する供給未収金等の額が，その取り立てのために要する旅費その他の費用にも満たないもので，支払いを督促しても弁済がない場合には，その供給未収金等を貸し倒れとして処理することができる。

※　供給未収金等の残高が取立費用に満たないかどうかは，同一地域ごとに判定するのであり，一人ひとりの残高と比較するのではないので，注意が必要である。

ロ　損金経理をすること。

イの（イ），（ロ）のいずれかの場合においても，つぎの算式により，1円以上の備忘価額を残して，残高を損金経理する必要がある（基通9－6－3）。

　　　　貸倒損失＝供給未収金等の額－備忘価額（1円以上）

<設　例>

供給未収金残高10千円，備忘価額1円とする。

（借）貸倒損失　9,999　　　（貸）供給未収金　9,999

第7章

資　　　産

I

流 動 資 産

1 棚卸資産

法人税法上，棚卸資産とはつぎのものをいう（法2二十，令10）。

イ　商品または製品（副産物および作業くずを含む。）
ロ　半製品
ハ　仕掛品（半成工事を含む。）
ニ　主要原材料
ホ　補助原材料
ヘ　消耗品で貯蔵中のもの
ト　前各号に掲げる資産に準ずるもの

　以上の棚卸資産のうちで，生協に関係のあるものは，購買生協では商品，医療生協では薬品，医療材料等，住宅生協では，売買目的で所有している土地または建物ということになり，そのほか消耗品で貯蔵中のものとして，包装紙，事務用消耗品等があげられる。

2 棚卸資産の取得価額

（1）購入した棚卸資産の取得価額
　購入した棚卸資産の取得価額は，つぎの金額の合計額とされている（令32）。
　①　購入代価

第7章　資　　産

② 付随費用

イ　外部副費（引き取り運賃，荷役費，運送保険料，購入手数料等）

ロ　内部副費（買い入れ事務，検収，整理，選別，手入れなどの費用，移
　管費用，長期にわたる保管費用等）

※　内部副費の金額が，購入代価のおおむね３％以内である場合には，
　取得価額に算入しないことができる（基通５－１－１）。

また，棚卸資産の購入に要したつぎの費用の額は，取得価額に含めな
いことができる（基通５－１－１の２）。

イ　不動産取得税の額

ロ　固定資産税および都市計画税の額

ハ　特別土地保有税の額

ニ　登録免許税その他登記または登録のために要する費用の額

ホ　借入金の利子の額など

（2）適格合併により引き継ぎを受けた棚卸資産（法62の２，令28③）

適格合併により引き継ぎを受けた棚卸資産については，被合併法人の
最後事業年度の時における期末評価額の計算の基礎となった取得価額に，
付随費用（（1）②）を加算した額とする。

（3）非適格合併または交換，贈与により取得した棚卸資産（法62）

非適格合併または交換，贈与により取得した棚卸資産については，そ
の棚卸資産の取得の時における時価（取得のために通常要する価額）に，
付随費用（（1）②）を加算した額とする。

（4）消費税の処理

棚卸資産の仕入れにかかる消費税額を取得価額に含めるかどうかは，

採用している経理方式（税抜経理方式，税込経理方式）にしたがい，継続適用を条件として任意に選択できる（法人税関係個別通達「消費税法等の施行に伴う法人税の取扱いについて」平成元年直法2-1「3」)。

3 棚卸資産の評価方法

（1）棚卸資産の評価方法の種類
　税法上の棚卸資産の評価方法は原価法と，その原価法を基礎にする低価法の2つに分けられる（令28）。また，原価法は，つぎのとおり個別法，先入先出法，総平均法，移動平均法，最終仕入原価法，売価還元法の6種類に分けられる。

　※　2009年度（平成21年度）税制改正により，棚卸資産の評価について，後入先出法および単純平均法が除外され，会計上の「棚卸資産の評価に関する会計基準」にあわせる形になった。なお，会計上は「原価法」（貸借対照表価額は収益性の低下にもとづく簿価切り下げの方法により算定）のみとされている。

（2）原 価 法

① 個 別 法
　期末棚卸資産の全部について，ひとつひとつの実際の取得価額で評価する方法である。
　この方法は，不動産，宝石，骨とう，美術品等に用いられるが，通常，1回に多量の仕入れが行われ，しかも，同規格であれば，同価格で取引される商品には適用できない（令28②）。

270

第7章　資　　産

② **先入先出法**

　この方法は，供給された商品等は，先に仕入れたものから払い出され，期末に残っているものは，最後に仕入れたものから順になっているとして，期末棚卸資産を評価する方法である。

③ **総平均法**

　この方法は，期首の棚卸資産と，期中に取得した棚卸資産との取得価額を加重平均した価額をもって，期末棚卸資産の1単位あたり取得価額とする方法である。

　月別総平均法も認められている（基通5－2－3）。

④ **移動平均法**

　この方法は，新たな仕入れをするつど，その仕入れ時の在庫分と仕入れ分とを総平均し，最後の仕入れの時に改定した単価で，期末棚卸資産を評価する方法である。

　月別移動平均法も認められている（基通5－2－3）。

⑤ **最終仕入原価法**

　この方法は，期中の最後に取得した棚卸資産の1単位あたりの取得価額で，期末棚卸資産を評価する方法である。

⑥ **売価還元法**

　この方法は，商品を種類等または通常の差益率（GP率）の異なるごとに区別して，その種類等または差益率の同じものについて，期末棚卸資産の通常の供給予定価額の総額に，つぎの原価率を乗じて計算した金額を，取得価額とする方法である。

271

$$原価率 = \frac{期首棚卸資産の価額 + 当期仕入高}{期末棚卸資産の通常の供給価額 + 当期供給高}$$

この場合の当期供給高は，供給値引き高を差し引いた後の金額であるが，「期末棚卸資産の通常の供給価額」は，予想供給値引き高を控除しない金額である（基通5−2−7）。

また，原価率が，100％をこえることとなったときにおいても，その率によって，期末棚卸資産の評価額を計算する（基通5−2−8）。

（3）低 価 法

低価法とは，上記（2）の①から⑥までの原価法のうち，いずれかの方法をとって計算した取得価額と，その事業年度終了の時の価額と，いずれか低い方の価額を取得価額とする方法である。

※　「その事業年度終了の時の価額」は，その事業年度終了の時において，その棚卸資産を売却するものとした場合に通常付される価額（棚卸資産の期末時価）による（基通5−2−11）。

※　棚卸資産の期末時価の算定にあたっては，通常，商品または製品として売却するものとした場合の売却可能価額から見積追加製造原価（未完成品に限る。）および見積販売直接経費を控除した正味売却価額によることとされている（基通5−2−11（注））。

※　会計上，棚卸資産の評価基準は，「通常の販売目的で保有する棚卸資産は，取得原価をもって貸借対照表価額とし，期末における正味売却価額が取得原価よりも下落している場合には，当該正味売却価額をもって貸借対照表価額とする」（「棚卸資産の評価に関する会計基準」7）とし，低価法という考え方がなくなった。

※　従来，法人税法では洗い替え法または切放し法のいずれかの選択が可能であったが，2011年（平成23年）4月1日以後に開始する事業年度（同年6月30日前に終了するものを除く。）における期末棚卸資産の評価額の計算

より，切放し法が廃止され，洗い替え法だけとなった（2011年（平成23年）6月30日法令附則5①）。

なお，会計上，評価方法として売価還元法を選択した場合に，企業会計原則連続意見書第三・第四に規定されている，いわゆる「売価還元低価法」を用いて棚卸資産の期末帳簿価額を計算している場合には「収益性の低下にもとづく簿価切り下げ額を反映したものとみなす」（「棚卸資産の評価に関する会計基準」13）とされている。

税法上もその価額を期末棚卸資産の評価額とすれば，税法上の低価法を用いて計算したものとみなすこととなっており，会計基準との調整を図っている（基通5－2－11（注））。

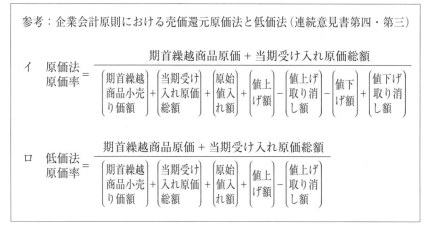

（4）棚卸資産の特別な評価方法

棚卸資産の評価は（1）でのべた原価法と低価法のいずれかの方法によらなければならないのであるが，あらかじめ税務署長の承認を受けて，これら税法所定の評価方法以外の特別な評価方法を採用することもできる（令28の2）。

（5）評価方法の選定と届出

棚卸資産の評価方法は，法人の営む事業の種類ごとに，かつ，つぎの区分ごとに，その評価方法を選定しなければならない（令29①）。

イ　商品または製品

ロ　半製品

ハ　仕掛品（半成工事を含む。）

ニ　主要原材料

ホ　補助原材料その他の棚卸資産

選定した評価方法は，つぎの区分ごとに，それぞれに掲げる期限までに，これを税務署長に届け出なければならない（令29②）。

①　新たに設立した生協

設立第1事業年度の確定申告書の提出期限まで

②　新たな種類の事業を開始した場合または事業の種類を変更した場合

その開始の日または変更の日を含む事業年度の確定申告書の提出期限まで

（6）法定評価方法

評価方法の選定をしなかった場合，または，選定した評価方法により評価しなかった場合には，最終仕入原価法により，評価額を計算することとされている（法29①，令31①）。

ただし，法人が選定した評価方法により評価しなかった場合においても，その適用した方法が，税法所定の評価方法（6種類の原価法および低価法）のいずれかに該当し，かつ，その方法によっても，所得金額の計算を適正に行うことができる場合には，税務署長は，その計算により

第7章 資　産

更正または決定をすることができることになっている（令31②）。

（7）評価方法の変更

評価方法を変更しようとするときは，その変更しようとする事業年度開始の日の前日までに，税務署長に変更承認申請書を提出しなければならない（令30①②）。

税務署長は，その現によっている評価の方法を採用してから相当期間（3年）を経過していないとき，または変更しようとする評価の方法によっては，所得の計算を適正に行い難いと認めるときは，その申請を却下できる（令30③，基通5－2－13）。

※　会計基準の変更にあわせて，税法上，評価方法を原価法から低価法に変更する場合には，評価方法の変更のための手続きが必要である。

4　資産の評価損

税法上，資産の評価替えによる損失は，損金に算入されず（法33①），評価損を否認された資産の帳簿価額については，その評価減はなかったものとして取り扱われる（法33⑥）。

（1）評価損の計上が認められる場合

例外として，災害等による著しい損傷その他特別な事実によって，資産の価額が，帳簿価額を下まわることになった場合には，損金経理を条件として，時価までの評価損の計上が認められる（令68①）。ただし，預金，貯金，貸付金，供給未収金その他の債権については，評価損の計上は認められない（令68①）。

（2）棚卸資産について評価損の計上が認められる場合

棚卸資産について，評価損の計上ができる場合は，つぎの事実が生じ

275

たことにより，その価額（時価）が帳簿価額を下まわることになった場合である（令68①一）。

① その資産が災害により著しく損傷したこと。

② その資産が著しく陳腐化したこと。
　「著しく陳腐化したこと」とは，棚卸資産そのものには，物質的な欠陥がないにもかかわらず，経済的な環境の変化にともなって，その価値が著しく減少し，その価額が今後回復しないと認められる状態にあることをいうのであり，たとえば，商品については，つぎのような事実が生じた場合がこれに該当する（基通9－1－4）。

> イ　いわゆる季節商品で売れ残ったものについて今後通常の価額では供給することができないことが過去の実績その他の事情に照らして明らかであること。
> ロ　その商品と用途の面では，おおむね同様のものであるが，型式，性能，品質等が，著しく異なる新製品が発表されたことにより，その商品につき，今後通常の方法により，供給することができないようになったこと。

③ ①②に準ずる特別の事実
棚卸資産について，評価損を計上できる場合の「特別の事実」とは，たとえば，つぎのような事実をいう（基通9－1－3の3，9－1－5）。

> イ　商品等が破損，型くずれ，たなざらし，品質変化等により通常の方法によって供給することができないようになったこと。
> ロ　民事再生法の規定による再生手続の開始決定があったことにより，棚卸資産につき評価替えをする必要が生じたこと。

276

第7章 資　　産

（3）評価損の計上ができない場合

　商品等の時価が，単に物価変動，過剰生産，建値の変更等の事情によって低下しただけでは，「棚卸資産の評価損の計上ができる事実」に該当しない（基通9－1－6）。

5　有価証券

（1）有価証券の範囲

　有価証券とは，金融商品取引法第2条第1項に規定する有価証券その他これに準ずる所定の有価証券をいう（法2①二十一，令11，金融商品取引法第2条①一～十五，十七）。

1）金融商品取引法第2条第1項の有価証券

① 国債証券

② 地方債証券

③ 特別の法律により法人の発行する債券（④，⑪を除く）

④ 資産の流動化に関する法律に規定する特定社債券

⑤ 社債券（相互会社の社債券を含む。）

⑥ 特別の法律により設立された法人の発行する出資証券（⑦⑧⑪を除く。）

⑦ 協同組織金融機関の優先出資に関する法律に規定する優先出資証券

⑧ 資産の流動化に関する法律に規定する優先出資証券または新優先出資引受権を表示する証券

⑨ 株券または新株予約権証券

⑩ 投資信託および投資法人に関する法律に規定する投資信託または外国投資信託の受益証券

⑪ 投資信託および投資法人に関する法律に規定する投資証券，新投資口

277

予約権証券もしくは投資法人債券または外国投資証券

⑫　貸付信託の受益証券

⑬　資産の流動化に関する法律に規定する特定目的信託の受益証券

⑭　信託法に規定する受益証券発行信託の受益証券

⑮　法人が事業に必要な資金を調達するために発行する約束手形のうち，内閣府令で定めるもの

⑯　抵当証券法に規定する抵当証券

⑰　外国または外国の者の発行する証券または証書で①から⑨，⑫から⑯の証券または証書の性質を有するものなど

⑱　外国の者の発行する証券または証書で銀行業を営む者その他の金銭の貸付けを業として行う者の貸付債権を信託する信託の受益権またはこれに類する権利を表示するもののうち，内閣府令で定めるもの

⑲　金融商品市場において金融商品市場を開設する者の定める基準および方法にしたがい行う一定の取引にかかる権利，外国金融商品市場において行う取引であってその一定の取引と類似の取引または金融指標にかかる権利または金融商品市場および外国金融商品市場によらないで行う一定の取引にかかる権利（「オプション」という。）を表示する証券または証書

⑳　①～⑲に掲げる証券または証書の預託を受けた者がその証券または証書の発行された国以外の国において発行する証券または証書で，その預託を受けた証券または証書にかかる権利を表示するもの

㉑　そのほか，流通性その他の事情を勘案し，公益または投資者の保護を確保することが必要と認められるものとして政令で定める証券または証書

第7章　資　産

2）銀行法第10条第2項第5号・同施行規則第12条

① 譲渡性預金の預金証書（払戻しについて期限の定めがある預金で，譲渡禁止の特約のないもの）

② コマーシャル・ペーパー

③ 住宅抵当証書

④ 貸付債権信託の受益証書

⑤ 抵当証券法に規定する抵当証券

⑥ 商品投資にかかる事業の規制に関する法律に規定する商品投資受益権の受益権証書

⑦ 外国の法人の発行する証券または証書で，銀行業を営む者その他の金銭の貸付けを業として行う者の貸付債権を信託する信託の受益権またはこれに類する権利を表示するもの

⑧ デリバティブ取引または金融デリバティブ取引に規定する取引にかかる権利を表示する証券または証書

⑨ 株主または投資者となる権利，協同組織金融機関の優先出資に関する法律に規定する優先出資者となる権利，資産の流動化に関する法律に規定する特定社員または特定出資社員となる権利，その他法人の出資者となる権利

⑩ 合名会社，合資会社または合同会社の社員の持分，協同組合等の組合員または会員の持分その他法人の出資者の持分

（2）有価証券の取得価額

　有価証券の取得価額は，つぎに掲げる区分に応じて，それぞれに掲げる金額とされている（令119①）。

279

① 購入した有価証券（令119①一）

> 取得価額＝購入の代価＋購入手数料その他その有価証券の購入のために
> 要した費用の額

イ　信用取引によって取得した有価証券（法61の４③）またはデリバ
　　ティブ取引による資産の取得（法61の５③）の規定の適用があるも
　　のは除かれる（令119①一かっこ書）。

ロ　「その他その有価証券の購入のために要した費用」には，有価証
　　券を取得するために要した通信費，名義書換料の額を含めないこと
　　ができる。外国有価証券の取得に際して徴収される有価証券取得税
　　その他これに類する税についても同様である（基通２−３−５）。

ハ　公社債を利子の計算期間の中途で購入し，直前の利払期から購入
　　の時までの期間に応じてその債券の発行条件である利率による経過
　　利子を支払った場合に，その金額を債券の取得価額に含めないで債
　　券購入後最初に到来する利払期まで前払金として経理することがで
　　きる（基通２−３−10）。

② 金銭の払い込みまたは金銭以外の資産の給付により取得した有価証券（令119①二）

　生協が，株主または出資者として払い込みをした場合などが該当する。

> 取得価額＝払込金額または給付をした金銭以外の資産の価額の合計額＋
> その払い込みによる取得のために要した費用の額

第7章　資　産

③　その他の方法で取得した有価証券（令119①二十七）

> 取得価額＝その有価証券の取得の時における時価
>
> 　　　　（取得のために通常要する価額）

（3）有価証券の区分と帳簿価額の算出方法

　有価証券の一単位あたりの帳簿価額は，つぎの有価証券の区分ごとに，かつ，種類ごとに算出する（令119の2，119の5，119の12）。

有価証券の区分	区分の内容	帳簿価額の算定方法
売買目的有価証券（企業支配株式等を除く。）	イ　短期的な価格の変動を利用して利益を得る目的（以下「短期売買目的」）で行う取引にもっぱら従事する者が，短期売買目的でその取得の取引を行った有価証券 ロ　短期売買目的で取得したものとして，その取得の日に「売買目的有価証券」等の勘定科目により区分したイ以外の有価証券 ハ　短期売買目的の有価証券を取得する金銭の信託（合同運用信託，証券投資信託を除く。以下同じ。）として，信託財産となる金銭を支出した日に区分した金銭の信託の，その信託財産に属する有価証券	移動平均法または総平均法（原価法）
満期保有目的等有価証券	イ　償還期限まで保有する目的で保有しているものとして，「満期保有目的債券」等の勘定科目により区分した有価証券 ロ　企業支配株式等に該当する有価証券	
その他有価証券	上記以外の有価証券	

　※　企業支配株式等とは，単独または企業グループで20％以上の持株割合を

281

占める子会社などの株式または出資をいう（令119の2②二）。

①　移動平均法

1単位あたりの帳簿価額

$$= \frac{取得直前の帳簿価額＋取得した有価証券の取得価額}{取得直前の有価証券の数＋取得した有価証券の数}$$

②　総平均法

1単位あたりの帳簿価額

$$= \frac{期首の有価証券の帳簿価額＋期中に取得した有価証券の取得価額}{期首の有価証券の数＋期中に取得した有価証券の数}$$

（4）算出方法の選定・届出・変更

　有価証券を取得した場合には，そのよるべき1単位あたりの帳簿価額の算出方法を記載した書面をその取得の日の属する事業年度の確定申告書の提出期限までに所轄税務署長に届け出なければならない（令119の5②）。

　有価証券の1単位あたりの帳簿価額の算出方法は，有価証券の区分ごとに，かつ，その種類の異なるごとに選定しなければならないので，原則として銘柄ごとにまたは事業所ごとに異なる算出方法を選択することは認められない（令119の5①）。

　法人が算出方法の届出をしなかった場合または届け出た方法によらなかった場合の法定算出方法は，原則として移動平均法が適用される（法61の2①二，令119の7①②）。

　いったん選定し届け出た算出方法を相当の理由により変更したい場合は，その変更しようとする事業年度開始の日の前日までに，税務署長に

第7章　資　産

対して変更承認申請書を提出して承認を受けなければならない（令119
の6）。

（5）有価証券の譲渡損益の益金または損金算入

①　譲渡損益の計上時期

　有価証券の譲渡損益は，その譲渡の契約をした日の属する事業年度
（約定日基準）の益金の額または損金の額に算入することとされてい
る（法61の2①）。

　なお，約定日基準を原則とするが，継続適用を条件として，有価証
券の譲渡損益の計上時期をその引渡した日（引渡基準）としている場
合は，それを認める特例がおかれている（基通2-1-23）。

②　譲渡損益の計算（法61の2①）

　譲渡損益の額の計算はつぎにより計算される。

> 譲渡損益の額＝有価証券の譲渡対価の額－その有価証券の譲渡原価の額

　譲渡対価の額は，通常の売買や交換の場合は譲渡した有価証券の時
価を反映した売買代金または交換により取得した資産の時価となる。

　譲渡対価の額に，みなし配当（法24①）の金額が含まれている場合
はそれを控除することとされている（法61の2①一）。

　譲渡原価の額の計算はつぎにより計算される。

> 譲渡原価の額＝
> 　　選定した1単位あたりの帳簿価額の算出方法により算出した金額
> 　　×譲渡をした有価証券の数

283

（6）有価証券の区分と期末評価額

有価証券の期末評価額は，つぎの有価証券の区分による評価額とされる（法61の3）。

有価証券の区分		帳簿価額	期末評価
売買目的有価証券		移動平均法または総平均法（原価法）	時 価 法
売買目的外有価証券	満期保有目的等有価証券		左の原価法による期末帳簿価額（償還期限・償還金額の定めのあるものは償却原価法）
	その他有価証券		

※　時価法は，期末の時価をもってその評価額とする方法

※　償還期限・償還金額の定めのあるものに適用される償却原価法は，帳簿価額と償還金額との差額のうち，当期に配分すべき金額をその帳簿価額に加算または減算した金額を期末帳簿価額とする方法

（7）売買目的有価証券の評価損益と翌期の処理

期末に時価法により評価した売買目的有価証券の評価損益は，その事業年度の所得の計算上，益金の額（評価益）または損金の額（評価損）に算入される（法61の3②）。

この課税所得に算入された評価損益は，翌期には反対に損金の額または益金の額に算入される（令119の15①）。つまり，毎期洗い替えの処理を行うことになる。したがって，翌期首の帳簿価額は，前期末の時価評価額ではなく，時価評価直前の原価法で計算した帳簿価額に修正される（令119の15④）。

（8）有価証券の区分変更によるみなし譲渡

有価証券の区分の変更は，次表の①の有価証券について②の事実が生じた場合に限られるとともに，②の事実が生じたときに①の有価証券を③の価額で譲渡し，かつ，④の有価証券を③の価額で取得したものとみ

なして所得計算を行うこととされている（令119の11）。

①変更前の区分	②変更事由	③譲渡等の価額	④変更後の区分
売買目的有価証券	企業支配株式等に該当することとなったこと。	時　　価	満期保有目的等有価証券
	短期売買目的で有価証券の売買を行う業務（以下「短期売買業務」）の全部を廃止したこと。	時　　価	満期保有目的等有価証券
			その他有価証券
満期保有目的等有価証券（企業支配株式等に該当するものに限る。）	企業支配株式等に該当しないこととなったこと。	帳簿価額	売買目的有価証券
			その他有価証券
その他有価証券	企業支配株式等に該当することとなったこと。	帳簿価額	満期保有目的等有価証券
	法令の規定にしたがって新たに短期売買業務を行うこととなったことにともない，その他有価証券を短期売買業務に使用することとなったこと。	時　　価	売買目的有価証券

（9）有価証券の評価損

　有価証券の評価損は，原則として損金に算入することが認められていない。したがって，有価証券について帳簿価額を減額しても，評価減は所得の計算上損金に算入せず，その帳簿価額は減額されなかったものとされる（法33⑥）。有価証券について，つぎの事実が生じた場合には評価損の計上が認められる。

285

① 上場有価証券等の価額が著しく低下した場合

「価額が著しく低下したこと」とは，つぎのすべての要件を満たす場合をいう（基通9－1－7）。

イ　有価証券の期末の時価が帳簿価額のおおむね50%相当額を下まわることとなったこと。

ロ　近い将来に時価が回復する見込みがないこと。

② ①の有価証券以外の有価証券について，その有価証券を発行する法人の資産状態が著しく悪化したため，その価額が著しく低下した場合

具体的にはつぎのいずれかの事実が生じている場合がこれに該当する（基通9－1－9）。

イ　発行法人について一定の事実が生じた場合（形式基準）

（イ）特別清算開始の命令があったこと。

（ロ）破産手続開始の決定があったこと。

（ハ）再生手続開始の決定があったこと。

（ニ）更生手続開始の決定があったこと。

ロ　発行法人の1株あたりの純資産価額が50%以下に低下した場合（実質基準）

　　その事業年度終了の日におけるその有価証券の発行法人の1株または1口あたりの純資産価額が，その有価証券を取得した時のその発行法人の1株または1口あたりの純資産価額に比しておおむね50%以上下まわることとなったこと。

第7章　資　　産

Ⅱ

固　定　資　産

1　固定資産の意義

　税法上，固定資産とは，棚卸資産，有価証券および繰延資産以外の資
産で，つぎに掲げるものである（法2①二十二，令12）。

① 　土地（土地の上に存する権利を含む。）

② 　減価償却資産

③ 　電話加入権

④ 　①～③までに掲げる資産に準ずるもの

2　減価償却資産

（1）減価償却資産の範囲

　減価償却資産とは，つぎに掲げるものをいうが，事業の用に供してい
ないものおよび時の経過によりその価値の減少しないものは除かれる
（法2①二十三，令13）。

イ　建物およびその附属設備（暖冷房設備，照明設備，通風設備，昇降機
　その他建物に附属する設備をいう。）

ロ　構築物（橋，煙突その他土地に定着する土木設備または工作物をいう。）

ハ　機械および装置

ニ　船舶

ホ　航空機

ヘ　車両および運搬具

ト　工具，器具および備品（観賞用，興行用その他これらに準ずる用に供する生物を含む。）

チ　無形固定資産（特許権，実用新案権，意匠権，商標権，ソフトウェア，営業権，水道施設利用権，電気通信施設利用権等）

リ　生物（牛，馬，豚，かんきつ樹，りんご樹，茶樹等，ただし，トに含まれるものは除く。）など

（2）少額の減価償却資産についての取り扱い

①　少額の減価償却資産の取得価額の損金算入

取得価額が10万円未満の減価償却資産および使用可能期間が１年未満の減価償却資産は，これを事業の用に供した時点で一時に損金経理することができる（令133）。

②　一括償却資産の３年均等償却

取得価額が20万円未満の減価償却資産（①により一時償却するものを除く。）については，通常の減価償却の方法によらないで，事業の用に供した事業年度ごとにその全部または特定の一部を一括して，その一括したもの（以下「一括償却資産」という。）ごとに３年で均等に損金経理することが認められる（令133の２）。

$$損金算入限度額＝一括償却資産の取得価額の合計額 \times \frac{その事業年度の月数}{36}$$

すなわち，その取得価額が10万円以上20万円未満のものについては，一時に損金算入が認められるのではなく，３年間にわたって損金に算入されることになる。

第7章　資　産

※　取得価額20万円未満のもののうち，どの減価償却資産を一括償却資産の対象とするかは，任意に選択できる。

※　取得価額20万円未満のものを一時の損金として処理した場合は，申告書で調整をしなければならない。

※　上記の算式の当期の月数は暦にしたがって計算し，1月に満たない端数は，1月とする（令133の2⑥）。

※　所有権移転外リース資産は，取得価額が20万円未満のものであっても，リース期間定額法によって償却を行うので，3年均等償却は認められない（令48の2①六，令133の2①かっこ書）。

③　取得価額10万円未満または20万円未満の判定

取得価額が10万円未満であるかまたは20万円未満であるかどうかは，通常1単位として取引されるその単位，たとえば，機械および装置については1台または1基ごとに，工具，器具および備品については1個，1組または1そろいごとに判定する（基通7－1－11）。

したがって，たとえば，机と椅子を購入した場合には，それぞれの単価が10万円未満であっても，机と椅子とを一組にすれば10万円以上となるときは，少額の減価償却資産に該当しないこととなる。

④　一括償却資産について滅失等があった場合

一括償却資産の償却方法を選定したときは，対象資産が途中で滅失，除却，譲渡等をしても，残額を除却損として一時の費用に計上することは認められず，損金に算入できるのは②の損金算入限度額までであり，3年均等償却の計算を続けることになる（基通7－1－13）。

⑤　中小企業者等の少額減価償却資産の一時償却の特例

青色申告書を提出する出資金1億円以下の法人（ただし，常時使用する従業員の数が1,000人以下の法人に限定される。）が，2006年（平

289

成18年）４月１日から2020年３月31日までの間に，取得価額が30万円未満の減価償却資産を損金経理により取得し，事業の用に供した場合は，年300万円を限度として損金算入が認められる（措法67の５，措令27の４⑫）。

ただし，2019年（平成31年）４月１日以後開始事業年度からは，中小企業者であっても課税所得金額が15億円をこえるような中小企業者（これを「適用除外事業者」という。）には適用されない（措法42の４⑧六，六の二，措法67の５①）。

なお，たとえば，資本金が１億円以下である生協の子会社であっても，その生協自身の出資金額が１億円をこえる場合には，その子会社は中小企業者には該当しないため，その子会社には本制度は適用されない（措令27の４⑤）。

3　非減価償却資産

事業の用に供していないものおよび時の経過により価値の減少しない固定資産は，減価償却をすることはできない（令13かっこ書）。

（1）時の経過により価値の減少しない固定資産

時の経過により価値の減少しない固定資産には，土地，借地権，電話加入権，美術品等がある（令12，13，基通７－１－１）。

なお，美術品等に該当するかどうかはつぎの基準により判断することとなる（基通７－１－１）。

> イ　古美術品，古文書，出土品，遺物等のように歴史的価値または希少価値を有し，代替性のないもの
> ロ　イ以外の美術品等で，取得価額が１点100万円以上であるもの（時の経過によりその価値が減少することが明らかなものを除く。）

第7章 資　産

※　取得価額が100万円未満の美術品等（時の経過によりその価値が減少しないことが明らかなものを除く。）は減価償却資産として取り扱うこととなる（基通7－1－1）。

なお，その場合には償却資産税の対象となるため注意が必要である。

（2）稼働休止資産

減価償却資産であっても，事業の用に供されていないものは，償却することはできない（令13かっこ書）。

ただし，稼働を休止している資産であっても，その休止期間中，必要な維持管理が行われており，いつでも稼働しうる状態にあるものは，減価償却資産に該当するものとして，取り扱われる（基通7－1－3）。

（3）建設中の資産

建設中の建物，機械装置等は，原則として，減価償却資産に該当しないが，その完成した部分が，現実に事業の用に供されている場合には，その部分は減価償却資産に該当するものとされている（基通7－1－4）。

4　固定資産の取得価額

（1）減価償却資産の取得価額

減価償却資産の取得価額は，その取得の態様に応じて，それぞれつぎに掲げる金額の合計額である（令54①）。

①　購入した減価償却資産

イ　購入代価
ロ　引き取り運賃，荷役費，運送保険料，購入手数料等の費用の額

291

ハ　事業の用に供するために直接要した費用の額

②　自己が建設等した減価償却資産

イ　原材料費，労務費，経費の額

ロ　事業の用に供するために直接要した費用の額

③　自己が成育させた牛馬等

イ　購入代価および購入付随費用の額または種付け費，出産費の額

ロ　飼料費，労務費，経費の額

ハ　成育した牛馬等を事業の用に供するために直接要した費用の額

④　自己が成熟させた果樹等

イ　購入代価および購入付随費用の額，または，種苗費の額

ロ　肥料費，労務費，経費の額

ハ　成熟した果樹等を事業の用に供するために直接要した費用の額

⑤　適格合併等により受け入れた減価償却資産

イ　被合併法人等の合併事業年度において，その資産の償却限度額の計算の基礎とすべき取得価額

ロ　合併法人が事業の用に供するために直接要した費用の額

第7章　資　　産

⑥　その他の方法により取得した減価償却資産

イ　時価（取得のために通常要する価額）

ロ　事業の用に供するために直接要した費用の額

⑦　他から購入したソフトウェア（基通7－3－15の2（注））

イ　購入代価および購入付随費用の額

ロ　導入に必要な設定および自社の仕様に合わせるために行う付随的な修
　　正作業等の費用の額

ハ　事業の用に供するために直接要した費用の額

⑧　自己の製作にかかるソフトウェア（基通7－3－15の2）

イ　原材料，労務費，経費の額

　※　技術者派遣費用も含まれる。

ロ　事業の用に供するために直接要した費用の額

⑨　リース資産の取得価額（基通7－6の2－9）

イ　そのリース期間中に支払うべきリース料の額の合計額

　※　リース料の額の合計額のうち，利息相当額から成る部分の金額を合
　　理的に区分することができる場合は，その利息相当額を控除した金額
　　を取得価額とすることができる。この場合の利息相当額は，リース期
　　間の経過に応じて利息法または定額法により損金の額に算入する（基
　　通7－6の2－9（注3））。

　※　再リース料の額は，原則として，リース資産の取得価額に算入しな
　　い。ただし，再リースをすることが明らかな場合には，その再リース

293

料の額は，リース資産の取得価額に含まれる（基通 7 − 6 の 2 − 9 （注 1 ））。

ロ　事業の用に供するための付随費用の額

⑩　リース期間終了の時にリース資産を購入した場合の取得価額（基通 7 − 6 の 2 − 10）

取得価額＝購入直前のその資産の取得価額＋購入代価の額

※　つぎのリース取引は除かれる（令48の 2 ⑤五）。

（イ）リース期間終了の時またはリース期間の中途において，そのリース取引にかかる契約において定められているそのリース取引の目的とされている資産が，無償または名目的な対価の額で譲渡されるもの

（ロ）リース期間終了の時またはリース期間の中途においてそのリース取引の目的とされている資産を著しく有利な価格で買い取る権利があたえられているもの

（ハ）（イ）（ロ）に準ずるもの

（2）非減価償却資産の取得価額

①　非減価償却資産の取得価額

非減価償却資産の取得価額については，別段の定めのあるものを除き，減価償却資産の取得価額に関する規定が準用される（基通 7 − 3 −16の 2 ）。

②　土地についてした防壁，石垣積み等の費用

土地の造成または改良のために要した費用（埋立て，地盛り，地ならし，切土，防壁工事その他）の額は，その土地の取得価額に算入す

第7章　資　産

る。しかし，土地についてした防壁，石垣積み等であっても，その規模，構造等からみて土地と区分して構築物とすることが適当と認められるものの費用の額は，土地の取得価額としないで構築物の取得価額とすることができる。上水道，下水道の工事に要した費用の額も同様に取り扱われる（基通7－3－4）。

また，もっぱら建物，構築物等の建設のために行う地質調査，地盤強化，地盛り，特殊な切土等のために要するもので，土地の改良のためのものでない工事に要した費用の額は，その建物，構築物等の取得価額に算入する（基通7－3－4（注））。

③　土地とともに取得した建物等の取壊し費等

土地（借地権を含む。）の取得後，おおむね1年以内に，建物の取り壊しに着手する等当初から建物を取り壊して土地を利用する目的であることが明らかであると認められるときは，その建物の取り壊し時における帳簿価額および取壊し費用（廃材等の処分によって得た金額がある場合は，その金額を控除した金額）は，土地の取得価額に算入する（基通7－3－6）。

④　借地権の取得価額

本書343頁以下を参照のこと。

（3）取得価額に算入すべき費用

①　立ち退き料

土地，建物等の取得に際し，その土地，建物等の使用者に支払う立ち退き料その他立ち退きのために要した費用は，その土地，建物等の取得価額に算入する（基通7－3－5）。

295

② 工期短縮の値増し金

固定資産の建物工事を，他人に請負わせた場合に，予定工期を短縮するために値増し金を支払ったときは，その金額は，取得価額に算入する（旧昭35直法1－28「4」）。

③ 固定資産の取得に関連して支出する地方公共団体に対する寄附金等

本書231頁を参照のこと。

④ 地方公共団体に支出する開発負担金等

宅地開発等（土地，建物等の造成または建築等をいう。）の許可を受けるために，地方公共団体に対して，その宅地開発等に関して行われる公共的施設等の設置または改良の費用にあてるものとして支出する負担金等の額は，つぎのように扱われる（基通7－3－11の2）。

イ　直接土地の効用を形成すると認められる施設にかかるもの

　　…土地の取得価額に算入する。

　※　この場合の施設には団地内の道路，公園または緑地，公道との取り付け道路，雨水調整池等が含まれる。

ロ　土地または建物等の効用をこえて独立した効用を形成すると認められる施設で，その負担金を支出した法人の便益に直接寄与すると認められるもの

　　…無形固定資産の取得価額とするかまたは繰延資産とする。

　※　この場合の施設には，上水道，下水道，汚水処理場，団地近辺の道路（取り付け道路を除く。）等が含まれる。

ハ　主として団地外の住民の便益に寄与すると認められる公共的施設にかかるもの

　　…繰延資産とする（8年間で償却する）。

第7章　資　産

> ※　この場合の施設には，団地の周辺または後背地に設置されるいわゆ
> る緩衝緑地，文教福祉施設，環境衛生施設，消防施設等が含まれる。

⑤　土地の取得にあたり支出する負担金等

　地方公共団体等が造成した土地を取得するにあたり，その土地の購
入代価のほかに，④の負担金等の性質を有する金額を支出した場合に，
つぎの条件を満すときは，④に準じて処理してよいこととされている
（基通7－3－11の3）。

> イ　④の負担金等の性質を有するものであること。
> ロ　その内容を，地方公共団体等が，具体的に明らかにしていること。
> ハ　その資産を固定資産として使用するものであること。

⑥　私道を地方公共団体に寄附した場合

　法人が，もっぱらその有する土地の利用のために設置されている私
道を，地方公共団体に寄附した場合には，その私道の帳簿価額を，土
地の帳簿価額に振り替えなければならない。つまり，寄附金とはなら
ないのである（基通7－3－11の5）。

（4）取得価額に算入しないことができる費用

①　借入金の利子

　固定資産の購入等のために借り入れた資金の利子を取得価額に算入
するかどうかは自由であり，その資産の使用開始前の期間にかかるも
のであっても，その固定資産の取得価額としないことができる。利子
を建設仮勘定に含めたときは，取得価額に含めたことになり，その後，
これを抜き出して損金算入することはできない（基通7－3－1の2）。

297

② 割賦購入代価のうちに含まれる利息相当分

　割賦または延べ払い条件付販売で固定資産を購入した場合に，契約において購入代価と割賦期間の利息および手数料等が明らかに区分されているときは，その利息および手数料は，取得価額に含めないことができる（基通7－3－2）。

③ 落成式の費用等

　新工場の落成，操業開始等にともなって支出する記念費用等，減価償却資産の取得後に生ずる付随費用の額は，取得価額に算入しないことができる。ただし，工場，ビル，マンション等の建設にともなって支出する住民対策費，公害補償費等の費用で当初からその支出が予定されているもの（毎年支出することとなる補償金を除く。）については，たとえその支出が建設後に行われるものであっても，その減価償却資産の取得価額に算入する（基通7－3－7）。

④ その他，固定資産の取得価額に算入しないことができる費用

　つぎのような費用の額は，たとえ固定資産の取得に関連して支出するものであっても，これを固定資産の取得価額に算入しないことができる（基通7－3－3の2）。

イ　不動産取得税または自動車取得税

ロ　特別土地保有税のうち土地の取得に対して課されるもの

ハ　新増設にかかる事業所税

ニ　登録免許税その他登記または登録のために要する費用

ホ　建物の建設等のために行った調査，測量，設計，基礎工事等でその建設計画を変更したことにより不要になったものにかかる費用

ヘ　いったん締結した固定資産の取得に関する契約を解除して他の固定資産を取得することとした場合に支出する違約金

第7章　資　産

⑤　取り壊した建物等の帳簿価額の損金算入

　法人が，その有する建物，構築物等で，まだ使用にたえ得るものを取り壊し，これに代わる建物，構築物を取得した場合（(2) ③「土地とともに取得した建物等の取壊し費等」に該当する場合を除く。）には，その取り壊した資産の取り壊し直前の帳簿価額（取り壊した時における廃材等の見積もり額を除く。）は，その取り壊した事業年度の損金に算入され，新しい建物等の取得価額に算入する必要はない（基通7－7－1）。

⑥　固定資産について値引き等があった場合

　法人の有する固定資産について値引き，割り戻しまたは割り引き（以下「値引き等」）があった場合には，その値引き等のあった事業年度の確定した決算においてつぎの算式により計算した金額の範囲内でその固定資産の帳簿価額を減額することができる（基通7－3－17の2）。

$$
値引き等の額 \times \frac{値引き等の直前における固定資産の帳簿価額}{値引き等の直前における固定資産の取得価額}
$$

⑦　ソフトウェア

　つぎに掲げるような費用は，取得価額に算入しないことができる（基通7－3－15の3）。

イ　自己の製作にかかるソフトウェアの製作計画の変更により，いわゆる仕損じがあったため不要となったことが明らかなものの費用
ロ　研究開発費（自社利用のソフトウェアにあっては，将来の収益獲得または費用削減にならないことが明らかなものの費用）
ハ　製作等のために要した間接費，付随費用等で，その合計額が少額（製作原価のおおむね3％以内の金額）であるもの

299

（5）消費税の処理

固定資産の取得にかかる消費税額（仕入れにかかる消費税額）を取得価額に含めるかどうかは，採用している経理方式（税抜経理方式，税込経理方式）にしたがい継続適用を条件として任意に選択できる（法人税関係個別通達「消費税法等の施行に伴う法人税の取扱いについて」平成元年直法2－1「3」）。

（6）賃借建物等の造作費等

① 賃借建物の造作費

他人の建物を賃借して自己の用に供するために造作した場合（現に使用している用途を他の用途に変えるために造作した場合を含む。）には，その造作等の費用は，固定資産の取得価額に計上する（耐通1－1－3）。

② 建物以外の賃借減価償却資産の改良費

建物以外の減価償却資産で賃借しているものにつき，改良，改造の費用を支出した場合においても，①に準じて，その資本的支出の金額を，固定資産の取得価額に計上しなければならない（耐通1－1－4）。

（7）電気通信施設利用権

① 電気通信施設利用権

電気通信施設利用権とは，電気通信事業法施行規則第2条第2項第1号から第3号までに規定する電気通信役務の提供を受けるすべての権利（電話加入権およびこれに準ずる権利を除く。）をいい，NTTまたはKDDI等の電気通信事業者と締結したつぎの役務の提供を受

第7章　資　　産

ける権利等とされている（令13①八，基通7－1－9）。

イ　電信役務

ロ　専用役務

ハ　データ通信役務

ニ　デジタルデータ伝送役務

ホ　無線呼び出し役務等

---

②　減価償却

①の権利は，いずれも無形減価償却資産に該当し，償却をすることができる（基通7－1－9）。耐用年数は，20年である（耐用年数省令別表第三）。

※　携帯電話，PHS（簡易携帯電話）等については，電気通信施設利用権として取り扱われるので，少額減価償却資産としての適用を受けることができる。

5　資本的支出と修繕費

（1）資本的支出とは

固定資産は，その能力を維持するために常に清掃，補修，取り替え等の支出を行わなければならないが，その際その支出を当期の費用＝修繕費とするか，固定資産の取得価額に含めるかが問題になる。資本的支出とは固定資産の使用開始後に支出された金額のうち，その取得価額に加えるべきものをいう。

修理，改良その他いずれの名義をもってするかを問わず，その所有する固定資産について支出した金額で，つぎのイまたはロに該当するもの（いずれにも該当する場合には，いずれか多い金額）は資本的支出とし

301

て，その資産の取得価額に算入しなければならない（令55，132）。

イ　支出によりその固定資産の使用可能期間を延長させる部分に対応する
　　金額

$$資本的支出＝支出金額×\frac{支出後の使用可能年数－支出前の使用可能年数}{支出後の使用可能年数}$$

ロ　支出によりその固定資産の価額を増加させる部分に対応する金額

$$資本的支出＝支出直後の価額－\left[\begin{array}{l}最初の取得時から通常の管理または\\修理をした場合の支出時の予想価額\end{array}\right]$$

（2）資本的支出と修繕費の判定基準

　資本的支出と修繕費の区分についての税法の考え方は，（1）にのべたように，通常，減価償却資産の価値を増大させるか否か，使用可能期間を延長させるか否かによるのであるが，実務上は，その判定が困難な場合が多い。そこで，つぎのような取り扱いが定められている。

①　資本的支出の例示

　法人がその有する固定資産の修理，改良等のために支出した金額のうち，その固定資産の価値を高め，またはその耐久性を増すこととなると認められる部分に対応する金額が資本的支出となる。

　たとえば，つぎに掲げるような金額は，原則として資本的支出に該当する。なお，建物の増築，構築物の拡張，延長等は，建物等そのものの取得にあたるとされている（基通7－8－1，同（注））。

イ　建物の避難階段の取り付け等物理的に付加した部分にかかる費用

ロ　用途変更のための模様替え等改造または改装に直接要した費用の額

ハ　機械の部分品を特に品質または性能の高いものに取り替えた場合のその取り替え費用のうち通常の取り替え費用の額をこえる部分の額

第7章　資　　産

② **修繕費の例示**

　固定資産の修理，改良等のために支出した金額のうちその固定資産の通常の維持管理のため，または災害等によりき損した固定資産につきその原状を回復するために要したと認められる部分の金額，たとえば，つぎに掲げるような金額は，修繕費に該当する（基通7－8－2）。

イ　建物の移えいまたは解体移築費用

　　ただし，解体移築にあたっては，旧資材の70％以上がその性質上再使用できる場合であって，その旧資材をそのまま利用して従前の建物と同一の規模および構造の建物を再建築するものに限る。なお，移えいまたは解体を予定して取得した建物についてした場合の移えい等の費用は修繕費とはならない。

ロ　機械装置の移設費用（解体費を含む。）

　　集中生産を行う等のための移設を除く。

ハ　砂利，砕石等の敷設費用

　　現に使用している土地の水はけを良くする等のために行う砂利，砕石等の敷設に要した費用の額は，修繕費として損金に算入することができる。

　　また，表面に砂利，砕石等を敷設した砂利道，または砂利路面については，土地ではなく，構築物として減価償却をすることとされている（「舗装道路及び舗装路面」石敷きのもの15年，耐通2－3－13）が，その後その道路等に砂利，砕石等を補充するために要した費用は修繕費とされる（基通7－8－2）。

※　新たに他から取得した土地について，これを業務用に供するために敷設する砂利，砕石等の費用は，土地の取得価額に算入しなければならない。

---

③ **少額または周期の短い修理，改良等の費用**

　つぎのような少額な修理，改良等の費用は①にかかわらず修繕費と

303

して損金経理できる（基通７－８－３）。

イ　少額な修理，改良費等

　一つの計画にもとづき同一の固定資産について行う修理，改良等のために要した費用の額が20万円に満たない場合

　※　その一つの修理，改良等が２以上の事業年度にわたって行われるときは，各事業年度ごとに判定する。

ロ　周期の短い修理，改良費等

　その修理，改良等がおおむね３年以内の期間を周期として行われることが過去の実績その他の事情からみて明らかである場合

---

④　形式基準による修繕費の判定

　一つの修理，改良等のために要した費用の額のうちに資本的支出であるか修繕費であるかが明らかでない金額がある場合において，その金額がつぎのいずれかに該当するときは，修繕費として損金経理することができる（基通７－８－４）。

イ　その金額が60万円に満たない場合

ロ　その金額がその修理，改良等にかかる固定資産の前期末における取得価額のおおむね10％相当額以下である場合

　※　前期末における取得価額とは，その固定資産の帳簿価額に償却累計額を加算した金額をいう。取得後に，資本的支出があれば，それを加算した金額である。

---

⑤　資本的支出と修繕費の区分の特例（７：３基準）

　一つの修理，改良等のために要した費用の額のうちに資本的支出であるか修繕費であるか明らかでない金額がある場合（③④の適用を受けるものまたは災害にともなって支出するものを除く。）において，

第7章　資　　産

継続してその金額の30％相当額と，その修理，改良等をした固定資産
の前期末における取得価額の10％相当額とのいずれか少ない金額を修
繕費とし，残額を資本的支出とする経理をしているときは，それが認
められる（基通7－8－5）。

⑥　災害等の場合の資本的支出と修繕費の区分の特例

　災害等によりき損した固定資産について支出した費用の額のうちに
資本的支出であるか修繕費であるかが明らかでないものがある場合に
おいて，その金額の30％相当額を修繕費とし，残額を資本的支出とす
る経理をしているときは，それが認められる（基通7－8－6）。

⑦　ソフトウェアにかかる資本的支出と修繕費

　ソフトウェアについて，プログラムの修正等を行った場合に，その
修正等が，プログラムの機能上の障害の除去，現状の効用の維持等に
該当するときはその修正等にかかった費用は修繕費とし，新たな機能
の追加，機能の向上等に該当するときは資本的支出とする（基通7－
8－6の2）。なお，すでに持っているソフトウェア，購入したパッ
ケージソフトウェア等の仕様を大幅に変更して，新たなソフトウェア
を製作するための費用は，原則として取得価額となる（基通7－8－
6の2（注））。

⑧　機能復旧補償金による固定資産の取得または改良

　固定資産について電波障害，日照妨害，風害，騒音等による機能の
低下があったことにより，その原因者からその機能を復旧するための
補償金の交付を受けることがある。

　その補償金をもってその交付の目的に適合した固定資産の取得また
は改良をしたときは，その取得または改良にあてた補償金の額のうち，
その機能復旧のために支出したと認められる部分の金額に相当する金

305

額は，修繕費として損金の額に算入できる（基通7－8－7）。

[資本的支出と修繕費の判定]

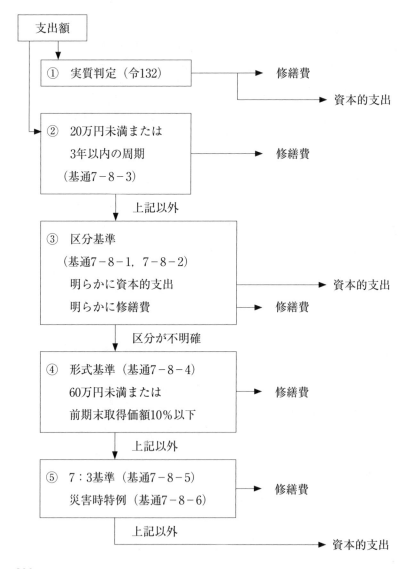

第7章　資　産

（3）資本的支出の取得価額

2007年（平成19年）4月1日以後に資本的支出を行った場合には，その資本的支出はその資本的支出とされた金額を取得価額として，その資本的支出の対象となった減価償却資産と種類および耐用年数を同じくする減価償却資産を新たに取得したものとされる（令55①）。

イ　2007年（平成19年）3月31日以前に取得した減価償却資産に対する資本的支出の特例

　　資本的支出を行った事業年度に資本的支出の対象となった減価償却資産の取得価額に加算することができる（令55②）。

ロ　定率法を採用している減価償却資産に対する資本的支出の特例

　　前事業年度に資本的支出がある場合において，その資本的支出の対象減価償却資産に定率法を採用しており，かつ，資本的支出として新たに取得した減価償却資産（追加償却資産）にも定率法を採用しているときは，当事業年度の開始時にその合計額を取得価額とする一の減価償却資産を新たに取得したものとすることができる（令55④）。

ハ　同一事業年度内に行われた複数の資本的支出の特例

　　前事業年度に複数の資本的支出がある場合において，その資本的支出により取得した追加償却資産に定率法を採用しているときは，上記ロの適用を受けない追加償却資産のうち，種類，耐用年数を同じくするものは，当事業年度の開始時にその合計額を取得価額とする一の減価償却資産を新たに取得したものとすることができる（令55⑤）。

ニ　リース資産に対する資本的支出

　　リース資産に資本的支出を行った場合において，その資本的支出として新たに取得した減価償却資産はリース資産とされる。この場合のリース期間は，代金を支出した日からリース期間の終了の日までとされている（令55③）。

307

6　減価償却

（1）減価償却とは

　建物，車両などのような減価償却資産は，使用や時の経過にしたがい，その価値が漸次，減少し，最後は備忘価額（1円）を残してその機能を喪失する。したがって，当初その減価償却資産を取得するために投下した費用について，その減耗額を見積もり，その使用期間に応じて正しく配分しなければならないが，その費用配分の手続きを減価償却という。

（2）減価償却の方法

①　方　　法

　償却限度額の計算上，選択することができる償却の方法は，資産の区分に応じて，つぎのように定められている。

区　　　分	2007年（平成19年）3月31日以前に取得した減価償却資産（令48）	2007年（平成19年）4月1日以後に取得した減価償却資産（令48の2）	2016年（平成28年）4月1日以後に取得した減価償却資産（令48の2）
イ　建　　物 （イ）1998年（平成10年）3月31日以前に取得した建物	旧定額法または旧定率法		
（ロ）（イ）以外の建物	旧定額法	定額法	
ロ　建物附属設備および構築物	旧定額法または旧定率法	定額法または定率法	定額法
ハ　建物，建物附属設備，構築物以外の有形減価償却資産	旧定額法または旧定率法	定額法または定率法	
ニ　無形減価償却資産および生物	旧定額法	定額法	
ホ　リース資産		リース期間定額法	

※　所有権移転外リース取引は，2008年（平成20年）4月1日以後に締結す

第7章　資　　産

る契約から売買取引（リース資産として資産計上）とされている（令48の2かっこ書）。

② 　内　　容

償却方法	償　却　限　度　額　の　計　算
定　額　法	償却限度額＝取得価額×定額法の償却率 ※耐用年数の経過時に1円の備忘価額を残す。
定　率　法	イ　償却限度額　≧　償却保証額（注1）となる事業年度 　償却限度額＝（取得価額－既償却額（注2））×定率法の償却率 （注1）償却保証額＝減価償却資産の取得価額×その資産の耐用年数に応じた保証率 （注2）既償却額とは，前事業年度までに損金の額に算入された償却費の累積額をいう。 ロ　償却限度額　＜　償却保証額　となる事業年度 　償却限度額＝改定取得価額（注3）×改定償却率 （注3）改定取得価額とは，調整前償却額（上記イの方法で計算した償却限度額をいう。）が最初に償却保証額に満たなくなる事業年度の期首未償却残高をいう。 ※耐用年数の経過時に1円の備忘価額を残す。
リース期間 定　額　法	償却限度額＝取得価額×$\dfrac{その事業年度のリース期間の月数}{リース期間の月数}$
旧定額法	償却限度額＝（取得価額－残存価額）×旧定額法の償却率
旧定率法	償却限度額＝（取得価額－既償却額）×旧定率法の償却率

※　リース資産を賃借人が賃借料として損金経理をした金額は，償却費として損金経理した金額に含まれるものとされる（令131の2③）。

③　償却方法の選定

　減価償却の方法は，耐用年数省令別表に規定する種類ごとに（機械装置については設備の種類ごとに），いずれかの方法を選定する。なお2以上の事業所を有する場合には，事業所ごとに選定することができる（令51①）。

※　減価償却資産の耐用年数等に関する省令別表第一および別表第二（546頁

309

以下）を参照のこと。

④　償却方法の届出

　つぎのいずれかの区分に応じ，それぞれに定める日の属する事業年度の確定申告書の提出期限までに，その償却方法を書面により税務署長に届け出なければならない。ただし**（2）**①の表のイの（ロ），同じく**（2）**①の表の「2007年（平成19年）4月1日以後に取得した減価償却資産（令48の2）」のイ，ニ，ホに掲げる資産，さらに同じく**（2）**①の表の「2016年（平成28年）4月1日以後に取得した減価償却資産（令48の2）」のロに掲げる資産については届出の必要はない（令51②）。

イ　新たに設立した場合　　　…設立の日

ロ　すでに償却方法を選定している減価償却資産以外の資産を取得
　　した場合　　　　　　　　…取得した日

ハ　新たに事業所を設けた法人で，事業所ごとに異なる償却方法を
　　選定する場合　　　　　　…新たに事業所を設けた日

---

⑤　償却方法の選定の特例（みなし規定）

　2007年（平成19年）4月1日以後に取得した減価償却資産について，2007年（平成19年）3月31日以前に取得した減価償却資産の区分に適用していた方法をそのまま適用する場合において，上記④の選定の届出をしていないときには，つぎの償却方法を選定したものとみなされる（令51③）。

　　イ　旧定額法…定額法

　　ロ　旧定率法…定率法

第7章　資　　産

⑥　**法定償却方法**

届出のない場合は，（2）の①のイ（イ）およびハについては区分にしたがい旧定率法または定率法とされている（令53）。

⑦　**償却方法の変更手続**

償却方法を変更しようとする場合は，その新たな償却方法を採用しようとする事業年度開始の日の前日までに，変更のための申請書を税務署長に提出し，その承認を受けなければならない（令52①②）。

税務署長は，その現によっている償却の方法を採用してから相当期間（3年）を経過していないとき，または変更しようとする償却の方法によっては所得の金額の計算が適正に行われ難いと認めるときは，その変更のための申請を却下することができる。3年経過後であってもその変更することについて合理的な理由がないと認められるときは，その変更を承認しないことができる（令52③〜⑤，基通7－2－4）。

（3）耐用年数

①　**法定耐用年数**

償却限度額の計算に必要な耐用年数は，「減価償却資産の耐用年数等に関する省令」に定めるところによる。

イ	省令別表第一	機械および装置以外の有形減価償却資産の耐用年数表
ロ	省令別表第二	機械および装置の耐用年数表
ハ	省令別表第三	無形減価償却資産の耐用年数表
ニ	省令別表第四	生物の耐用年数表

※　その他省令別表第五から省令別表第十一までである。

311

② **耐用年数の留意事項**

　イ　資本的支出後の耐用年数

　　減価償却資産について資本的支出をした場合には，その資本的支出部分についても，現に適用している耐用年数を適用する（耐通1－1－2）。

<設　例>

　つぎの建物に資本的支出を行った。

事業年度　4月1日〜3月31日，旧定率法を採用。

建物	取得価額（1998年（平成10年）3月31日以前に取得）	100,000,000円
	前期末帳簿価額	20,000,000円
	耐用年数，償却率	50年，0.045
	資本的支出額	10,000,000円
	資本的支出を行った月	10月

限度額の計算

　①　資本的支出部分

　　　$10,000,000円 \times 0.045 \times \dfrac{6}{12} = 225,000円$

　②　従来部分

　　　$20,000,000円 \times 0.045 = 900,000円$

　③　①＋②＝1,125,000円

※　1998年（平成10年）4月1日から2007年（平成19年）3月31日までの間に取得した建物について資本的支出を行った場合は旧定額法，それ以後に取得した建物に資本的支出を行った場合は定額法の償却率を適用する。

　ロ　賃借建物の造作の耐用年数

　　法人が賃借している建物についての造作の場合には，その建物の耐用年数等を基礎として合理的に見積もった耐用年数を使用し，建物附属設備についてされたときは，建物附属設備の耐用年数により

第7章 資　　産

償却する（耐通1－1－3）。

ハ　賃借資産についての改良費の耐用年数

　法人が使用するその賃借資産の耐用年数による。ただし，賃借建物について賃借期間の定めがあるもの（賃借期間の更新のできないものに限る。）で，かつ有益費の請求または買取請求をすることができないものについては，その賃借期間を耐用年数として償却することができる（耐通1－1－3，1－1－4）。

③　中古資産の耐用年数

　中古資産を取得して事業の用に供した場合には，その事業の用に供した時以後の使用可能期間を耐用年数とすることができる。ただし，取得した中古資産を事業の用に供するにあたり支出した資本的支出の金額が，その減価償却資産の再取得価額の100分の50に相当する金額をこえる場合には，残存耐用年数の見積もりは認められず，法定耐用年数による（耐用年数省令3，耐通1－5－2）。

④　中古資産の残存耐用年数見積もりの簡便法

　残存耐用年数の見積もりが困難なときは，つぎの年数（1年未満端数切り捨て，2年に満たない場合は2年）を残存耐用年数とすることができる（耐用年数省令3①二）。

　※　年数を見積もることが困難なときとは，つぎの場合をいう（耐通1－5－4）。

　（イ）その見積もりのために必要な資料がないため，技術者等が積極的に特別の調査をしなければならないとき

　（ロ）耐用年数の見積もりに多額の費用を要するとき

　イ　法定耐用年数の全部を経過した資産

> 見積もり耐用年数＝法定耐用年数×20％

ロ　法定耐用年数の一部を経過した資産

見積もり耐用年数＝（法定耐用年数－経過年数）＋経過年数×20％

　なお，取得した中古資産を事業の用に供するにあたり支出した資本的支出の金額が，その減価償却資産の再取得価額の100分の50に相当する金額をこえる場合には，③と同様残存耐用年数の見積もりは認められない。

⑤　中古資産の耐用年数を簡便法により算定している場合において，法定耐用年数が短縮されたときの取り扱い

　中古資産を取得し，その耐用年数を簡便法により算定している場合，その取得の日の属する事業年度後の事業年度でその資産にかかる法定耐用年数が短縮されたときは，改正後の省令の規定が適用される最初の事業年度において改正後の法定耐用年数を基礎に，その資産の耐用年数を簡便法により再計算することができる（耐通1－5－7）。

（4）残存価額

　残存価額とは，減価償却資産がその耐用年数を経過したときに，その資産について見積もられる処分価額をいうが，個々に見積もることはきわめて困難である。そこで税務上は，つぎのように資産ごとに残存価額が定められている（令56，耐用年数省令6）。

イ　2007年（平成19年）3月31日以前に取得した有形減価償却資産
…取得価額の10％
ロ　2007年（平成19年）3月31日以前に取得した無形減価償却資産 …ゼロ

　なお，2007年（平成19年）4月1日以後に取得した減価償却資産の償却の方法については，残存価額は廃止された。

第7章 資　産

（5）償却限度額

① 償却限度額とは

　償却限度額とは，減価償却費として損金経理をした金額のうち，税務計算上損金の額に算入される限度額をいう。

　損金経理により計上した償却額が，償却限度額をこえる場合には，そのこえる部分（償却超過額）は，損金に算入されない（法31①）。

② 償却費の損金算入の要件

　イ　償却費として損金経理すること。

　ロ　償却限度額に達するまでの金額であること。

③ 償却限度額の計算単位

　償却限度額は，種類，構造，用途，細目，設備の種類，耐用年数が同一の減価償却資産をひとつのグループにまとめて計算する。また，その償却過不足額も，そのグループごとに計算する。したがって，同一の計算単位に属する減価償却資産が2以上ある場合には，その2以上の減価償却資産を通算して償却限度額を計算するが，計算単位を異にする減価償却資産の償却限度額とは，通算できない（規19）。

④ 償却超過額がある場合の処理

　イ　法人がその有する減価償却資産についてした償却の額のうち，償却限度額をこえる部分で損金の額に算入されなかった金額がある場合には，その資産の帳簿価額はその償却超過額の減額がされなかったものとみなす（令62）。

　　したがって，定率法の場合，翌期以後の償却限度額の計算はつぎのとおりとなる。

315

> 償却限度額＝（期首帳簿価額＋償却超過額）×償却率

ロ　償却超過額は，それが生じたあとの事業年度において，減価償却費として，損金経理をした金額に含まれるので，その後の事業年度で償却不足額が生じた場合には，その償却不足額の範囲内で，税法上，損金に算入される（法31④）。

＜設　例＞

(1)　前期（2017年（平成29年）4月1日〜2018年（平成30年）3月31日）の4月1日に取得した器具備品500千円。生協では，前期300千円の償却費を計上した。

（前　期）

①　税法上の償却限度額（耐用年数5年，定率法，償却率0.500）

$$500,000円 \times 0.500 \times \frac{12}{12} = 250,000円$$

②　償却超過額

300,000円 − 250,000円 ＝ 50,000円

(2)　当期は償却費を計上していない。

（当　期）

①　税法上の償却限度額

（500,000円 − 300,000円 ＋ 50,000円）×0.500 ＝ 125,000円

②　償却超過額

0円 − 125,000円 ＝ △125,000円（償却不足額を意味する。）

③　認　容

125,000円＞50,000円　∴50,000円

前期償却超過した金額50,000円が，当期に損金算入される。

---

⑤　償却不足額がある場合の償却限度額

　損金経理した償却費が，償却限度額に満たないときは，その不足額は損金に算入されない（法31①）。

第 7 章　資　　産

　ただし，租税特別措置法に定める一定の特別償却について生じた償却不足額については，青色申告法人に限り，1 年間の繰り越しが認められるものもある（措法52の 2 ）。

⑥　事業年度の中途で事業の用に供した固定資産の償却限度額（令59）

> 償却限度額＝その事業年度の全期間の償却限度額
>
> $$\times \quad \frac{\text{事業供用後の月数（1カ月未満切り上げ）}}{\text{事業年度の月数（1カ月未満切り上げ）}}$$

⑦　償却方法を変更した場合の償却限度額

　イ　定額法を定率法に変更した場合（基通 7 － 4 － 3 ）

　期首の帳簿価額，その減価償却資産にかかる改定取得価額またはその減価償却資産にかかる取得価額を基礎とし，その減価償却資産について定められている耐用年数に応じた償却率，改定償却率または保証率により計算することとされている。

　ロ　定率法を定額法に変更した場合（基通 7 － 4 － 4 ）

　つぎの（イ）に定める取得価額または残存価額を基礎とし，（ロ）に定める年数に応ずるそれぞれの償却方法にかかる償却率により計算することとされている。

> （イ）取得価額または残存価額は，その減価償却資産の取得の時期に応じて，つぎの㋑または㋺の価額による。
>
> 　㋑　2007年（平成19年） 3 月31日以前に取得したもの
>
> 　　期首の帳簿価額を取得価額とみなし，実際の取得価額の10％相当額を残存価額とする。

317

ロ　2007年（平成19年）４月１日以後に取得したもの

　　　　期首の帳簿価額を取得価額とみなす。

　（ロ）耐用年数は，減価償却資産の種類の異なるごとに，法人の選択によ

　　　り，つぎのイまたはロに定める年数による。

　　イ　その減価償却資産に定められている耐用年数

　　ロ　その減価償却資産に定められている耐用年数から経過年数（その変

　　　更をした事業年度の期首の帳簿価額を，実際の取得価額で除して得た

　　　割合に応ずるその耐用年数にかかる未償却残額割合に対応する採用し

　　　ていた償却方法に応じた経過年数）を控除した年数（年数が２年に満

　　　たない場合は，２年とする。）

　　※　減価償却資産の償却不足額は，変更をした事業年度期首の帳簿価額か
　　　ら控除する。

＜設　例＞

2007年（平成19年）３月31日以前に取得した減価償却資産の場合

　　種　　類　　　　器具備品

　　取得価額　　　　2,000,000円

　　期首帳簿価額　　　900,000円

　　耐用年数　　　　８年

　　旧定率法の償却率　0.250

　　イ　旧定額法から旧定率法に変更の場合

　　　　償却限度額　900,000円×0.250＝225,000円

　　ロ　旧定率法から旧定額法に変更の場合

　　　（イ）法定耐用年数による場合

　　　　　償却限度額　　（900,000円－2,000,000円×0.1）

　　　　　　　　　　　　　×0.125（旧定額法の償却率）＝87,500円

第7章　資　産

（ロ）残存耐用年数による場合

　手順1　まず経過年数をもとめる。

　　　　900,000円÷2,000,000円＝0.450　（帳簿価額÷取得価額）

　手順2　「耐用年数取扱関係通達付表七」（旧定率法未償却残額表）

　　　　より，0.450は，耐用年数8年の0.562と0.422との中間に位置する。

　　　　0.562（経過年数2年の未償却残額割合）＞0.450＞0.422（経過年

　　　　数3年の未償却残額割合）

　　　　したがって，経過年数3年のほうが有利となるので経過年数3

　　　　年を選択する。

　手順3　残存耐用年数は，8年－3年＝5年となる。

　手順4　5年の旧定額法の償却率（0.200）を使用して限度額を計算

　　　　する。

　償却限度額　（900,000円－2,000,000円×0.1）×0.200＝140,000円

※　「耐用年数取扱関係通達付表七」には，旧定率法未償却残額表

　　（付表七（1））「2007年（平成19年）3月31日以前取得分」と定

　　率法未償却残額表（付表七（2））「2007年（平成19年）4月1日

　　から2012年（平成24年）3月31日まで取得分」と定率法未償却残

　　額表（付表七（3））「2012年（平成24年）4月1日以後取得分」

　　の3種類が規定されている。

　なお，旧定額法または旧定率法を新しい定額法または定率法に変
更することはできない。

ハ　旧定率法を旧定額法に変更したあとに資本的支出をした場合等
　の耐用年数

　旧定率法を旧定額法に変更したあとの償却限度額の計算の基礎と
なる耐用年数につき上記設例のロ（ロ）によっている減価償却資産
について資本的支出をした場合には，その後におけるその減価償却

319

資産の償却限度額の計算の基礎となる耐用年数は，つぎの場合に応じてそれぞれつぎの年数によるものとされている（基通7－4－4の2）。

イ　その資本的支出の金額が，その減価償却資産の再取得価額の50％に相当する金額以下の場合
　　…その減価償却資産について現に適用している耐用年数
ロ　イ以外の場合
　　…その減価償却資産について定められている耐用年数

⑧　リース期間終了の時にリース資産を購入した場合のその後の償却限度額

　賃借人である法人がリース期間終了の時にそのリース取引の目的物であった資産を購入した場合の償却限度額は，つぎの区分によりそれぞれ計算する（基通7－6の2－10）。
イ　所有権移転リースの場合
　　…引き続きその資産に採用している償却方法。
ロ　所有権移転外リースの場合
　　…その資産と同じ資産の区分である他の減価償却資産（リース資産に該当するものを除く。以下同じ。）について採用している償却の方法に応じ，それぞれつぎにより計算する。

（イ）定率法を採用している場合
　　　…その資産と同じ資産の区分である他の減価償却資産に適用される耐用年数に応ずる償却率，改定償却率，保証率により計算する。
（ロ）定額法を採用している場合
　　　…その購入直前におけるその資産の帳簿価額にその購入代価の額を加算した金額を取得価額とみなし，その資産と同じ資産の区分で

320

第 7 章　資　　産

ある他の減価償却資産に適用される耐用年数からその資産にかか
るリース期間を控除した年数（その年数に 1 年未満の端数がある
場合には，その端数を切り捨て，その年数が 2 年に満たない場合
には， 2 年とする。）に応ずる償却率により計算する。

※　事業年度の中途にリース期間が終了する場合のその事業年度の償却限
度額は，リース期間終了の日以前の期間につきリース期間定額法により
計算した金額とリース期間終了の日後の期間につきロにより計算した金
額の合計額による。

（6）償却可能限度額の廃止

償却可能限度額は，減価償却資産について，最終的に償却できる限度
として，有形減価償却資産については取得価額の95％まで償却すること
が可能とされていたが，2007年度（平成19年度）税制改正により残存価
額と償却可能限度額は廃止され，以後はつぎのように取り扱うこととさ
れた。

①　2007年（平成19年） 4 月 1 日以後に取得した減価償却資産

取得価額から 1 円（備忘価額）を控除した金額まで償却することが
できる（令61①二）。

※　無形固定資産は，従来どおり取得価額の全額を償却することができる。

②　2007年（平成19年） 3 月31日以前に取得した減価償却資産

従来どおり計算し，残存価額および償却可能限度額（取得価額の 5
％）が存置される。ただし，償却可能限度額に達したものについては，
その達した事業年度の翌事業年度から以後 5 年間で備忘価額（ 1 円）
まで均等償却できる（令61①一，②）。算式はつぎのとおりである。

321

$$償却限度額 = (取得価額 - 償却可能限度額 - 1円)$$

$$\times \frac{償却を行う事業年度の月数}{60}$$

※　月数は，暦にしたがって計算し，1月に満たない端数は1月とする
（令61③）。

③　堅牢な建物等の償却限度額

つぎに掲げる減価償却資産について，償却累計額がその資産の取得
価額の100分の95に相当する金額に達している場合において，税務署
長の承認を受けて，つぎの算式により計算した金額を，各事業年度の
償却限度とみなし，1円（備忘価額）に達するまで減価償却すること
ができる（令61の2）。

イ　鉄骨鉄筋コンクリート造，鉄筋コンクリート造，れんが造，石
造またはブロック造の建物

ロ　鉄骨鉄筋コンクリート造，鉄筋コンクリート造，コンクリート
造，れんが造，石造または土造の構築物または装置

$$償却限度額 = (取得価額 \times 5\% - 1円)$$

$$\times \frac{その事業年度の月数}{設定残存使用可能期間の月数}$$

なお，この認定を受けようとする法人は，この認定を受けようとす
る事業年度開始の日の前日までに，減価償却資産の種類および名称，
その所在する場所等を記載した申請書に，その認定にかかる残存使用
可能期間の算定の基礎となる事項を記載した書類を添付し，これを税
務署長に提出しなければならない（令61の2③）。

第7章 資　産

（7）償却費の損金経理

　減価償却資産の償却費の損金算入額は，償却費として損金経理した金額のうち，償却限度額に達するまでの金額に限られる（法31①）。

　したがって，損金経理をしなかった場合には，減価償却の損金算入は認められない。ただし損金経理した金額には，償却費の科目をもって計上した金額に限らず，損金経理をしたつぎの金額も含まれる（基通7－5－1）。

イ　減価償却資産の取得価額に算入すべき付随費用のうち，取得価額に算入しなかった金額（引き取り運賃を取得価額に算入しなかった場合等）

ロ　減価償却資産について圧縮限度額をこえてその帳簿価額を減額した場合のそのこえる部分の金額

ハ　修繕費として処理した金額のうち，資本的支出と認められるもの

　　※　現在所有している減価償却資産について支出した金額に限られる。

ニ　無償または低い価額で取得した減価償却資産について付した帳簿価額が，購入した場合に取得価額とされる金額に満たない場合のその差額

　　※　贈与により取得した資産を，まったく記帳しなかった場合にはこの取り扱いの適用はない。しかし，その金額を申告調整しているとき（すなわち，その事業年度の確定申告書または修正申告書に添付する減価償却の計算に関する明細書においてその金額を記載していること。）は，償却費として損金経理をしたものとされる（基通7－5－2）。

ホ　減価償却資産について計上した除却損または評価損のうち損金の額に算入されなかった金額

　　※　評価損の金額には，法人が計上した減損損失の金額も含む。

ヘ　少額な減価償却資産（おおむね60万円以下）または耐用年数が3年以下の減価償却資産の取得価額を消耗品等として損金経理をした場合のその損金経理をした金額

---

(8) 定率法の償却率

① 償却率

定率法の償却率は、つぎの期間に応じ、それぞれに定める割合を用いる（令48の2①二）。

イ 2007年（平成19年）4月1日から2012年（平成24年）3月31日までの間に取得した減価償却資産

　　1から定額法に規定する償却率に2.5を乗じて計算した割合を控除した割合（250％定率法）

ロ 2012年（平成24年）4月1日以後に取得した減価償却資産

　　1から定額法に規定する償却率に2を乗じて計算した割合を控除した割合（200％定率法）

※ 2011年（平成23年）12月の税制改正により、2012年（平成24年）4月1日以後に取得する減価償却資産については、250％定率法から200％定率法に変更された（2011年（平成23年）法令附則3①、耐用年数省令別表第九、同別表第十）。

② 資本的支出

減価償却資産について資本的支出があった場合には、別に新たな減価償却資産を取得したものとし、その有している減価償却資産と種類および耐用年数が同じものであるとして、減価償却を行う（令55①）。

2011年（平成23年）12月の税制改正により、250％定率法から200％

第7章 資　　産

定率法に変更されたことにより，2007年（平成19年）4月1日から2012年（平成24年）3月31日までの間に取得した減価償却資産で250％定率法を適用している減価償却資産に2012年（平成24年）4月1日以後に資本的支出を行った場合には，その資本的支出は，200％定率法によらなければならない。

<設　例>
　2007年（平成19年）4月1日から2012年（平成24年）3月31日までに取得した減価償却資産に，2012年（平成24年）4月1日以後に資本的支出を行った場合

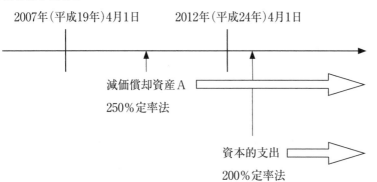

減価償却資産Aは250％定率法で償却，資本的支出は200％定率法で償却する。したがって，それぞれ別々の減価償却資産として償却しなければならない。
（「2011年（平成23年）12月改正　法人の減価償却制度の改正に関するQ＆A」2012年（平成24年）2月，国税庁より引用）

※　2007年（平成19年）3月31日以前に取得した減価償却資産に対して，資本的支出があった場合には，その金額をその資本的支出の対象となった減価償却資産の取得価額に加算することができる（令55②）。

（9）特別償却

　租税特別措置法上，減価償却費の損金算入に関する特例として，各種の特別償却制度が認められている。

　特別償却は，通常の減価償却額以上に超過償却を行わせるものであり，国が企業に対して無利息融資を行うのと同じ経済的効果を持っている。また，特別償却額については，損金経理により償却する方法のほか，つぎの場合にもその損金算入が認められる（措法52の3①②）。

イ　剰余金処分により特別償却準備金として積み立てる方法
ロ　直接に償却することに代えて，特別償却準備金として積み立てる方法

　特別償却には，通常の特別償却と割増償却がある。

　また，特別償却については，その限度額以下について1年間の繰り越しが認められているものもある。なお，特別償却することに代えて，税額控除の適用を受けることができるものもあるが，この場合は特別償却か税額控除かの選択となる。

※　特別償却または税額控除のいずれかの選択適用をすることができる制度と税額控除のみの適用を受けることができる制度がある。本書では税額控除のみの適用を受ける制度については項をあらためて記載している（491頁参照）。以下，法人税額の特別控除を「税額控除」と略している。

①　革新的情報産業活用設備を取得した場合の特別償却または税額控除

イ　概　　要

　青色申告書を提出する法人で生産性向上特別措置法に規定する一定の法人（「認定革新的データ産業活用事業者」という。）が，指定期間内に，革新的情報産業活用設備を取得等し事業の用に供した場合には，その取得価額の30％の特別償却または取得価額の5％（継

第7章 資　産

続雇用者給与等支給額から継続雇用者比較給与等支給額を控除した
金額が，その継続雇用者比較給与等支給額の３％未満である場合に
は，３％）の税額控除のいずれかを選択適用することができる（措
法42の12の６①②）。

ロ　適用対象法人

　青色申告書を提出する法人で生産性向上特別措置法第29条に規定
する認定革新的データ産業活用事業者が対象となる（措法42の12の
６①）。

※　生産性向上特別措置法第29条
「認定革新的データ産業活用計画に従って実施される革新的データ産業
活用（生産性の向上に特に資するものとして主務大臣が定める基準に適
合することについて主務大臣の確認を受けたものに限る。）を行う認定革
新的データ産業活用事業者が，当該革新的データ産業活用の用に供する
ために取得し，又は製作した機械及び装置，器具及び備品並びにソフト
ウェアについては，租税特別措置法（昭和32年法律第26号）で定めると
ころにより，課税の特例の適用があるものとする。」

　なお，この「認定革新的データ産業活用事業者」は，認定革新的
データ産業活用計画にしたがって実施される革新的データ産業活用
について主務大臣が定める基準に適合するかどうかの主務大臣の確
認を受けたものでなければならない。

ハ　適用期間

　生産性向上特別措置法の施行の日（2018年（平成30年）６月６
日）から2021年３月31日までの期間（指定期間）に取得等し，事業
の用に供した場合に適用される（貸し付けの場合を除く。）（措法42
の12の６①②）。

327

ニ　適用対象資産

　革新的情報産業活用設備で取得価額の合計額が5,000万円以上の固定資産が対象となる（措法42の12の6①，措令27の12の6②）。具体的にはつぎのとおりである。

　（イ）特定ソフトウェア

　　　電子計算機に対する指令で一の結果を得ることができるように組み合わされたもののうち，認定革新的データ産業活用計画にしたがい実施される革新的データ産業活用に供するために取得等をするもの（措法42の12の6①，措令27の12の6①）。

　（ロ）機械および装置または器具および備品（両方とも特定ソフトウェアとともに取得等をするものに限る。）

　　　情報の連携および利活用に資するものに限られる（措法42の12の6①）。

　　　㋑　機械および装置（措令27の12の6③一）

　　　　ⅰ　認定革新的データ産業活用計画にかかる特定ソフトウェアによる情報分析のために情報を収集し，かつ，その収集した情報を電磁的方法によりその特定ソフトウェアに送信する機能でその全部が自動化されているものを有する機械および装置

　　　　ⅱ　情報の分析にもとづく電磁的方法による指令を受ける機能を有する機械装置

　　　㋺　器具および備品（措令27の12の6③二）

　　　　認定革新的データ産業活用計画に記載されている器具および備品

ホ　特別償却

　特別償却は取得価額の30％である（措法42の12の6①）。

第7章 資　産

> 特別償却限度額＝革新的情報産業活用設備の取得価額×30％

※　特別償却不足額がある場合の特別償却限度額の計算

　減価償却の計算では，償却不足額は切り捨てられるが，一定の特別償却についてはその制度上の考え方から，特別償却不足額がある場合には，その金額を翌期に繰り越すことができる（措法52の2，措令30）。本制度は，特別償却不足額の翌期繰り越しができる。

ヘ　税額控除

　税額控除の適用を選択した場合の税額控除限度額は，つぎのようになる（措法42の12の6②）。

要　　　件	税額控除限度額
イ　対前年度の平均給与等増加割合が3％未満の場合 $\dfrac{\left(\begin{array}{c}\text{継続雇用者}\\\text{給与等支給額}\end{array}\right)-\left(\begin{array}{c}\text{継続雇用者比較}\\\text{給与等支給額}\end{array}\right)}{\text{継続雇用者比較給与等支給額}}<3\%$	税額控除限度額 　　＝取得価額×3％ ※ただし，法人税額の15％相当額を限度とする。
ロ　対前年度の平均給与等増加割合が3％以上の場合 $\dfrac{\left(\begin{array}{c}\text{継続雇用者}\\\text{給与等支給額}\end{array}\right)-\left(\begin{array}{c}\text{継続雇用者比較}\\\text{給与等支給額}\end{array}\right)}{\text{継続雇用者比較給与等支給額}}\geqq3\%$	税額控除限度額 　　＝取得価額×5％ ※ただし，法人税額の20％相当額を限度とする。

※　継続雇用者給与等支給額とは，継続雇用者に対するその事業年度の給与等の支給額をいい，継続雇用者比較給与等支給額とは，その継続雇用者に対する前事業年度の給与等の支給額をいう（措法42の12の5③六・七）。なお，前事業年度の継続雇用者に対する給与等の支給額がない場合には，上記表のロの適用はない（措令27の12の6⑤）。

ト　申告要件等

（イ）特別償却の場合

　仮決算をした場合の中間申告書および確定申告書に革新的情報産業活用設備の償却限度額の計算に関する明細書の添付がある場合に限り適用される（措法42の12の6④）。

（ロ）税額控除の場合

　仮決算をした場合の中間申告書および確定申告書（控除を受ける金額を増加させる修正申告書または更正請求書を提出する場合には，その修正申告書または更正請求書を含む。）に税額控除の対象となる革新的情報産業活用設備の取得価額，税額控除の金額およびその計算に関する明細書の添付がある場合に限り適用される（措法42の12の6⑤）。

　※　他の特別償却または税額控除の適用を受ける場合には，本制度の適用はない（措法53）。

② 高度省エネルギー増進設備等を取得した場合の特別償却または税額控除

イ　概　　要

　青色申告書を提出する法人が，指定期間内に，高度省エネルギー増進設備等を取得等し事業の用に供した場合には，その取得価額の30％の特別償却ができる。なお，中小企業者等については，取得価額の30％の特別償却または取得価額の7％の税額控除のいずれかを選択することができる（措法42の5①②）。

ロ　適用対象法人

　青色申告書を提出する法人で一定のもの。なお，中小企業者等に該当すれば特別償却または税額控除の選択適用が可能である（措法

330

第 7 章 　資 　　産

42の 5 ①②）。

※　2019年（平成31年） 4 月 1 日以後に開始する事業年度から，課税所得
　（過去 3 年間平均）が15億円をこえる中小企業者（「適用除外事業者」と
　いう。）はこの税額控除の適用を受けることができないこととなっている
　（措法42の 5 ②）。したがって，「適用除外事業者」に該当した中小企業
　者は特別償却のみ適用できる。

※　「適用除外事業者」とは，その事業年度開始の日前 3 年以内に終了した
　各事業年度（以下「基準年度」という。）の所得の金額の平均額が15億円
　をこえる法人をいう（措法42の 4 ⑧六の二）。この中小企業者の「適用除
　外事業者」の取り扱いは，2019年（平成31年） 4 月 1 日以後に開始する
　事業年度からの適用となる（措法平29年附則62①）。

ハ　適用期間

　2018年（平成30年） 4 月 1 日（つぎの適用対象資産に対応した法
人のうち「連携省エネルギー計画の認定を受けた工場等を設置して
いる者」または「荷主連携省エネルギー計画の認定を受けた荷主」
に該当する法人は，「エネルギーの使用の合理化等に関する法律の
一部を改正する法律」（平成30年法律第45号）の施行の日）から
2020年 3 月31日までの期間に高度省エネルギー増進設備等を取得等
し事業の用に供した場合に適用される（貸し付けの場合を除く。）
（措法42の 5 ①）。

ニ　適用対象資産

　つぎの法人の区分に応じ，それぞれの区分に対応する固定資産が
対象となる（措法42の 5 ①一〜三，措令27の 5 ①②，措規20の 2 ）。

331

法　人　区　分	適用対象資産
① 省エネ法に規定する特定事業者または特定連鎖化事業者 イ 特定事業者 　工場もしくは事務所その他の事業場（以下「工場等」）を設置している者でそのすべての工場等のエネルギー使用量が年間で原油換算で1,500kl以上であり，経済産業大臣にエネルギーの使用の合理化を特に推進する必要がある者として指定されたもの。 ロ 特定連鎖化事業者 　省エネ法に規定する連鎖化事業者のうち，その連鎖化事業者が設置しているすべての工場等およびその連鎖化事業の加盟者が設置しているすべての工場等のエネルギーの年間使用量が一定以上で，経済産業大臣にエネルギーの使用の合理化を特に推進する必要がある者として指定されたもの。特定連鎖化事業者には，特定加盟者を含む。 ※ 連鎖化事業者とは，㋑定型的な約款による契約にもとづき，特定の商標，商号その他の表示を使用させ，商品の販売または役務の提供に関する方法を指定し，かつ，継続的に経営に関する指導を行う事業であって，㋺その約款に，その事業に加盟する者（以下「加盟者」という。）が設置している工場等におけるエネルギーの使用の条件に関する事項で経済産業省令で定めるものにかかる定めがあるものを行う者をいう。フランチャイズチェーン本部などをいう。	特定事業者または特定連鎖化事業者の区分に応じ，それぞれの設備またはシステムを構成する機械装置，器具備品，建物附属設備ならびに構築物（「機械その他の減価償却資産」）が対象となる。 　ただし，つぎの要件を満たすことについて経済産業局長等の確認書およびその確認書にかかる申請書の写しを保存することにより証明がされたものに限られる。 イ 特定事業者または特定連鎖化事業者であって，すでに相当程度のエネルギーの使用の合理化を進めている者が取得等をするもの。 ロ 省エネ法の規定により主務大臣に提出されたエネルギーの使用の合理化の目標の達成のための中長期的な計画においてその合理化のために設置するものとして記載されたものであること。 ハ エネルギーの使用の合理化に資するものとして経済産業大臣が財務大臣と協議して指定するものに該当すること。経済産業大臣は，その指定をしたときは告示する（措令27の5①④）。

第7章　資　　産

法 人 区 分	適用対象資産
②　省エネ法の連携省エネルギー計画の認定を受けた工場等を設置している者 　　工場等を設置している者のうち，他の工場等を設置している者と連携して工場等におけるエネルギーの合理化を推進するもので，その連携して行うエネルギーの使用の合理化のための措置（以下「連携省エネルギー措置」という。）に関する計画（以下「連携省エネルギー計画」という。）を作成し，これを経済産業大臣に提出して，その連携省エネルギー計画が適当であることの認定を受けたもの。	連携省エネルギー計画に記載された連携省エネルギー措置の実施により取得等をする機械その他の減価償却資産
③　荷主連携省エネルギー計画の認定を受けた荷主 　　荷主のうち，他の荷主と連携して貨物輸送事業者に行わせる貨物の輸送にかかるエネルギーの使用の合理化を推進するもので，共同で，その連携して行うエネルギーの使用の合理化のための措置（以下「荷主連携省エネルギー措置」という。）に関する計画（以下「荷主連携省エネルギー計画」という。）を作成し，これを経済産業大臣に提出して，その荷主連携省エネルギー計画が適当であることの認定を受けたもの。	荷主連携省エネルギー計画に記載した荷主連携省エネルギー措置の実施により取得等をする機械その他の減価償却資産

※　「省エネ法」とは「エネルギーの使用の合理化等に関する法律」をいう。

　ホ　特別償却

　　特別償却は取得価額の30％である（措法42の5①）。

> 特別償却限度額＝高度省エネルギー増進設備等の取得価額×30％

　　※　特別償却不足額を翌期に繰り越すことができない（措法52の2）。

333

ヘ　税額控除

　中小企業者等に該当する場合には，特別償却に代えて税額控除の適用を受けることができる。

　税額控除は取得価額の7％である（措法42の5②）。ただし，法人税額の20％を限度とする。

ト　申告要件等

　（イ）特別償却の場合

　　仮決算をした場合の中間申告書および確定申告書に高度省エネルギー増進設備等の償却限度額の計算に関する明細書の添付がある場合に限り適用される（措法42の5⑤）。

　（ロ）税額控除の場合

　　仮決算をした場合の中間申告書および確定申告書（控除を受ける金額を増加させる修正申告書または更正請求書を提出する場合には，その修正申告書または更正請求書を含む。）に税額控除の対象となる高度省エネルギー増進設備等の取得価額，税額控除の金額およびその計算に関する明細書の添付がある場合に限り適用される（措法42の5⑥）。

　※　他の特別償却または税額控除の適用を受ける場合には，本制度の適用はない（措法53）。

③　再生可能エネルギー発電設備等を取得した場合の特別償却

イ　制度の背景

　導入初期のキャッシュフロー改善による事業リスクの低下と再投資拡大を図り，電源ごとの実態に即した設備の積極的普及を通じて，エネルギーミックスの水準実現と再エネの中長期的な自立化・長期安定発電を達成するための税制措置である。対象設備は，①再エネ

第7章　資　産

発電（中小水力発電，木質バイオマス，木質バイオマス熱供給装置，
バイオマス利用メタンガス供給装置，地熱発電設備），②付帯的設
備（蓄電池，自営線，風力発電関係設備（系統安定化，メンテナン
ス高度化設備））とされる。

※　なお，本制度は従来からある「特定設備等の特別償却」のうち，2018
　年度（平成30年度）税制改正として対象設備に再生可能エネルギー発電
　設備等が追加され，その適用対象法人も青色申告書を提出する法人とさ
　れたものである。従来の適用対象とされていた特定設備等とは，イ　公
　害防止設備，ロ　外航船舶等，ハ　自動車教習用貨物自動車，であるが，
　従来の取り扱いについては説明を省略する。

ロ　概　　要

　青色申告書を提出する法人が，2018年（平成30年）4月1日から
2020年3月31日までの間に，再生可能エネルギー発電設備等の取得
等し事業の用に供した場合には，その再生可能エネルギー発電設備
等の取得価額の20％の特別償却ができる（措法43①表四，措令28⑥
〜⑧⑩⑫）。

ハ　適用対象法人

　青色申告書を提出する法人。ただし，電気事業法第2条第1項第
9号に規定する一般送配電事業者に該当する法人が取得等をしたも
のなど一定の法人は適用が除外される（措令28⑦）。

※　電気事業法第2条第1項第9号
「一般送配電事業者　一般送配電事業を営むことについて第3条の許可を
　受けた者をいう。」

※　電気事業法第3条
「一般送配電事業を営もうとする者は，経済産業大臣の許可を受けなけれ
　ばならない。」

335

ニ　適用対象資産

　機械その他の減価償却資産のうち経済産業大臣が財務大臣と協議して指定するもの（「再生可能エネルギー発電設備等」）（措法43①表四上欄，措令28⑥）

　　（イ）再生可能エネルギー利用資産のうち太陽光または風力以外の再生可能エネルギー源の利用に資するもの

　　　　「エネルギー環境適合製品の開発および製造を行う事業の促進に関する法律」第2条第3項第1号に掲げる機械その他の減価償却資産のうち水力，地熱およびバイオマスの利用に資するものをいう（措令28⑥）。

　　※　再生可能エネルギー利用資産とは，再生可能エネルギー源から電気もしくは熱を得るためまたは再生可能エネルギー源から燃料を製造するための機械その他の減価償却資産をいう。また再生可能エネルギー源とは，「エネルギー環境適合製品の開発及び製造を行う事業の促進に関する法律」第2条第1項に規定する非化石エネルギー源のうち永続的に利用することができると認められるものをいい，太陽光，風力，水力，地熱，バイオマスなどがこれに該当する。

　　（ロ）主として再生可能エネルギー利用資産とともに使用するための機械その他の減価償却資産でその再生可能エネルギー利用資産の持続的な利用に資するもの

　　　　「エネルギー環境適合製品の開発及び製造を行う事業の促進に関する法律」第2条第3項第5号（同項第1号にかかる部分に限る。）に掲げる機械その他の減価償却資産のうち再生可能エネルギー利用資産の持続的な利用に資するものをいう（措令28⑥）。

ホ　特別償却

　特別償却は取得価額の20％である（措法43①表四下欄）。

第7章 資 産

> 特別償却限度額＝再生可能エネルギー発電設備等の取得価額×20％

※ 特別償却不足額を翌期に繰り越すことができる（措法52の２）。

へ 申告要件等

　仮決算をした場合の中間申告書および確定申告書に再生可能エネルギー発電設備等の償却限度額の計算に関する明細書の添付がある場合に限り適用される（措法43②）。

※ 他の特別償却の適用を受ける場合には，本制度の適用はない（措法53）。

④　医療用機器の特別償却

イ 概 要

　青色申告書を提出する法人で医療保健業を営むものが，1979年（昭和54年）４月１日から2019年（平成31年）３月31日までの間に，事業の用に供されたことのない特定の医療用の機械装置，器具備品（「医療用機器」という。）を取得し，医療保健業の用に供した場合（所有権転移外リース取引により取得したその医療用機器をその用に供した場合を除く。）には，特別償却が認められる（措法45の２，措令28の10）。

ロ 適用要件

（イ）青色申告書を提出していること。

（ロ）医療用の機器は，１台または１基（通常１組または１式をもって取引の単位とされるものにあっては，１組または１式とする。）の取得価額が500万円以上のものであること。

（ハ）高度な医療の提供に資するものまたは先進的なもののうち，つぎのもの

337

④　厚生労働大臣が財務大臣と協議して指定するもの

　　　ロ　「医薬品，医療機器等の品質，有効性及び安全性の確保等に関する
　　　　法律」に規定する高度管理医療機器，一般医療機器で，厚生労働大
　　　　臣が指定した日の翌日から２年を経過していないもの

　ハ　特別償却

　　特別償却は取得価額の12％である（措法45の２①）。

　　特別償却限度額＝取得価額×12％

　※　特別償却不足額を翌期に繰り越すことができる（措法52の２）。

　ニ　申告要件

　　仮決算をした場合の中間申告書および確定申告書に医療機器の償
　却限度額の計算に関する明細書の添付がある場合に限り適用される
　（措法45の２②）。

⑤　**企業主導型保育施設用資産の割増償却**

　イ　概　　要

　　青色申告書を提出する法人が，一定の期間内に，事業所内保育施
　設の新設等をするために，企業主導型保育施設用資産を取得等した
　場合には，通常の減価償却費（以下「普通償却」。）に加えて，一定
　の割増償却ができる（措法47①）。企業内の保育施設を整備した法
　人にインセンティブを付与し，待機児童解消および仕事と育児の両
　立支援推進を目的とした制度である。

第 7 章 資 産

ロ　適用対象法人

　青色申告書を提出する法人（措法47①）

ハ　適用期間

　2018年（平成30年）4月1日から2020年3月31日までの間に取得
等し保育事業の用に供した場合に適用される。ただし，法人がその
資産を保育事業の用に供した日以後3年以内の期間に限り適用され
る（措法47①）。具体的には，企業主導型保育施設用資産にかかる
事業所内保育施設における保育事業の運営費につき助成を行う事業
にかかる助成金の交付を受ける期間に限られる（措規20の20③）。

ニ　適用対象資産

　事業所内保育施設の新設，増設をする場合の建物，附属設備，幼
児遊戯用構築物等（企業主導型保育施設用資産）が対象となる（措
法47①）。

※　「事業所内保育施設の新設または増設をする場合」とは，新設または増
　　設をする事業所内保育施設とともに幼児遊戯用構築物等を取得等し，か
　　つ，その事業所内保育施設について，子ども・子育て支援法に規定する
　　助成金の交付を受ける場合に限られる（措法47①）。

※　事業所内保育施設とは子ども・子育て支援法第59条の2第1項に規定
　　する施設のうち児童福祉法第6条の3第12項に規定する業務（「保育業
　　務」）を目的とするものをいう（措法47①）。

※　幼児遊戯用構築物等とはつぎのものをいう（措法47①，措令29の4①，
　　措規20の20①②）。

減価償却資産	具体例
遊戯用の構築物のうち幼児用	滑り台，ぶらんこ，ジャングルジム，その他
遊戯具その他の器具備品	遊戯具，家具および一定の防犯設備

339

ホ　特別償却（割増償却）

資産の種類に応じ，つぎの算式により計算する（措法47①）。

資産の種類	割増償却限度額
①　建物およびその附属設備，構築物	普通償却限度額　×　15%
②　①以外	普通償却限度額　×　12%

※　特別償却不足額を翌期に繰り越すことができない（措法52の２）。

ヘ　申告要件等

仮決算をした場合の中間申告書および確定申告書に企業主導型保育施設用資産の償却限度額の計算に関する明細書の添付がある場合に限り適用される（措法47③）。

さらに，この適用を受ける最初の事業年度の確定申告書等に，新設または増設にかかる事業所内保育施設とともに幼児遊戯用構築物等の取得等をすることや，助成金の交付を受けることが確認できる書類を添付しなければならない（措法47③④，措令29の４②③，措規20の20④）。

⑥　倉庫用建物等の割増償却

イ　概　　要

青色申告書を提出する法人（流通業務の総合化及び効率化の促進に関する法律に規定する総合効率化計画の認定を受けたものに限る。）が，一定の期間内に，特定の物資の流通拠点地域内において倉庫業の用に供する倉庫用建物等（ただし，貸し付けの用に供するものは除く。）を取得等し事業の用に供した場合には，その倉庫用建物等は，その供した事業年度以後５年間，普通償却に加えて10%の割増償却ができる（措法48①）。

第7章　資　産

ロ　適用対象法人

　青色申告書を提出する法人（措法48①）。ただし，流通業務の総合化及び効率化の促進に関する法律に規定する総合効率化計画の認定を受けたものに限られる。

ハ　適用期間

　1974年（昭和49年）4月1日から2020年3月31日までの間に，特定の物資の流通拠点地域内において倉庫業の用に供する倉庫用建物等（ただし，貸し付けの用に供するものは除く。）を取得等し事業の用に供した場合に適用される。ただし，法人がその資産を事業の用に供した日以後5年以内の期間に限り適用される（措法48①）。

※　特定の物資の流通拠点地域とは，㋑高速自動車国道のインターチェンジ等の周辺5km の区域，㋺特定臨港地区，である（措令29の6，措規20の22）。

ニ　適用対象資産

　倉庫業の用に供する倉庫用建物および附属設備ならびに構築物

ホ　特別償却（割増償却）

　つぎの算式により計算する（措法48①）。

割増償却限度額＝普通償却限度額×10%

※　特別償却不足額を翌期に繰り越すことができる（措法52の2）。

ヘ　申告要件等

　仮決算をした場合の中間申告書および確定申告書に倉庫用建物等の償却限度額の計算に関する明細書の添付がある場合に限り適用される（措法48③）。

341

⑦ 障害者を雇用する場合の機械等の割増償却

イ 概　要

青色申告書を提出する法人が，一定の期間（「指定期間」）内に，障害者を雇用しており，かつ，一定の要件を満たす場合に，その事業年度終了の日に有する機械装置ならびに工場用の建物およびその附属設備（「機械等」）のうち，その事業年度の指定期間内にその機械等を取得等した場合，またはその事業年度開始の日前5年以内に開始した各事業年度にその機械等を取得等した場合には，その機械等は，普通償却に加えて一定の割増償却ができる（措法46①）。

ロ 適用対象法人

青色申告書を提出する法人で，一定の障害者を雇用する法人（措法46①）

※ 一定の法人とはつぎの要件を満たす法人をいう。

障害者を雇用した法人で，つぎのいずれかの要件を満たすこと。

㋑ 障害者雇用割合が50％以上であること。

㋺ 雇用障害者数が20人以上で，障害者雇用割合が25％以上であること。

㋩ 基準雇用障害者数が20人以上で，重度障害者割合が55％以上であり雇用障害者数が法定雇用障害者数以上であること。

ハ 適用期間

1973年（昭和48年）4月1日から2020年3月31日までの間に取得等をした場合に適用される。

ニ 適用対象資産

機械装置または工場用建物および附属設備

342

第7章　資　　産

ホ　特別償却（割増償却）

資産の種類に応じ，つぎの算式により計算する（措法46①）。

資産の種類	割増償却限度額
①　機械装置	普通償却限度額　×　24％
②　工場用建物および附属設備	普通償却限度額　×　32％

※　特別償却不足額を翌期に繰り越すことができない（措法52の2）。

ヘ　申告要件等

仮決算をした場合の中間申告書および確定申告書に機械等の償却限度額の計算に関する明細書の添付がある場合に限り適用される（措法46③）。

7　借　地　権

（1）借地権とは

法人税法上の借地権とは，地上権または土地の賃借権をいう（令137）。

これには，建物の所有を目的とする地上権または賃借権だけでなく，構築物の所有を目的とするもの，更地のまま使用するものも含まれる。

（2）借地権の取得価額

借地権の取得価額には，これを取得して，事業の用に供するために直接要した費用のすべてが含まれる。

具体的には，つぎの金額が含まれる（令137，基通7－3－6，7－3－8）。

イ　土地の賃貸借契約または転貸借契約（これらの契約の更新および更改

343

を含む。）をするに際して，借地権の対価として，支払った金額

ロ　土地の上に存する建物等を取得した場合におけるその建物の購入代価のうち借地権の対価と認められる部分の金額（ただし，その金額が建物等の購入代価のおおむね10％以下の金額である場合は，建物等の取得価額に含めることができる。）

ハ　賃借土地に対する資本的支出（改良のための整地費用）

ニ　借地契約にあたり支出した手数料その他の費用の額

ホ　建物等を増改築するにあたって，土地の所有者に支払った金額

ヘ　借地権を建物等とともに取得した場合に，その取得後おおむね１年以内にその建物等を取り壊したとき等，当初からその建物等を取り壊して土地を利用する目的であることが明らかであるときは，その建物の帳簿価額と取壊し費用

（3）権利金を授受する慣行がない地域での借地権の設定

借地権の設定にあたり，権利金を授受する慣行がない地域においては，権利金を授受しなくても課税問題は生じない。

慣行があるかどうかは，地域ごとに借地権取引の実態に即して判定することになる。

（4）権利金を授受する慣行がある地域での借地権の設定

①　通常授受すべき権利金を支払っている場合

課税問題は生じない。

②　通常授受すべき権利金を支払っていない場合

権利金を授受する慣行がある場合に，通常授受すべき権利金を授受しなかったときは，後述する相当の地代を授受している場合，または

第7章　資　　産

権利金の認定見合せの適用を受ける場合を除き，権利金の認定課税が
行われる。つまり，地主にあっては寄附金，借地人にあっては受贈益
の課税が行われることになる。

地主（法人）	権利金認定	…	益金算入
	寄　附　金	…	損金算入（限度計算あり）
借地人（法人）	受　贈　益	…	益金算入
	借　地　権	…	資産計上

※　権利金　…土地，家屋の賃借権設定や譲渡に際して，賃借人の側から
　　地主，家主に対して支払われる金銭をいう。名義のいかんを問わない。
　　権利金は，敷金と違って，契約が終了しても返還されない。

③　権利金を授受していないが，相当の地代を支払っている場合

借地権の設定等にともない権利金を授受することに代えて，相当の
地代を授受しているときは，税務上の問題は生じない（令137）。

相当の地代は，つぎの算式によって計算される（基通13−1−2，
平成元年直法2−2，平3課法2−4，平成19課法2−3，平成23課
法2−17改正）。

$$相当の地代（年額）＝土地の更地価額 \times \frac{6}{100}$$

※　更地価額　…その土地の更地としての通常の取引価額をいう。
※　課税上弊害がない限り，更地価額のかわりに，公示価格から合理的に
　　算定された価額，または相続税の「財産評価基本通達」による評価額を
　　使用してもよい。
※　法人税法基本通達13−1−2では，「年8％」とされているが，平成元
　　年3月20日付直法2−2「法人税の借地権課税における相当の地代の取
　　扱いについて」により，当分の間，「年6％」とされている。

345

※　一部の権利金を収受した場合の相当の地代　…通常収受すべき額ではないが，一部権利金を収受している場合の相当の地代は，つぎの算式によって計算する（基通13−1−2（注））。

$$
相当の地代（年額）=\left\{\left(\begin{array}{l}公示価格から算定し\\た価額，相続税の財\\産評価またはその3\\年間の平均額A\end{array}\right)-\left(\begin{array}{l}収受した\\権利金\end{array}\right)\times\left(\dfrac{A}{更地として\\の取引価額}\right)\right\}\times\dfrac{6}{100}
$$

※　税務署長への届出　…相当の地代を収受する場合には「相当の地代の改訂方法に関する届出書」を遅滞なく届け出なければならない（基通13−1−8）。

④　通常の権利金も，相当の地代も収受していない場合

借地権を設定した際に，権利金も相当の地代も収受していないときは，権利金の認定見合せの規定の適用を受ける場合を除き，原則として，つぎの算式により計算した金額の権利金認定課税（借地人に対する贈与としての判定）が行われる（基通13−1−3）。

$$
権利金認定額=土地の更地価額\times\left(1-\dfrac{実際に収受した地代の年額}{相当の地代の年額}\right)-\begin{array}{l}実際に収受\\した権利金\end{array}
$$

⑤　権利金認定課税の見合せ

権利金等の収受の慣行があるにもかかわらず，権利金も相当の地代も収受しない場合には，原則として権利金の認定課税が行われる。

しかし，つぎの条件を満たした場合には，権利金の認定課税を行わないこととされている（基通13−1−7）。

第7章 資　産

> イ　権利金または特別の経済的利益を受けていないこと。
> ロ　借地権設定契約書等において，将来，借地人等が無償で返還すること
> 　を定めていること。
> ハ　ロの旨を賃貸人と借地人等が連名で，税務署長に書面で届けること
> 　（土地の無償返還に関する届出書）。

　※　地代の認定課税　…権利金認定見合せの取り扱いを受ける場合には，
　　　実際に収受する地代の額が相当の地代の額に満たない部分について，認
　　　定課税が行われる。

⑥　**通常権利金を授受しない土地使用**

　権利金収受の慣行がある地域において借地権の設定をした場合であ
っても，土地の使用目的が，単に用品置場，駐車場として土地を更地
のまま使用し，または仮営業所，仮店舗等の簡易な建物の敷地として
使用するものである等，通常，権利金の収受をともなわないものであ
ると認められるときは，権利金の認定課税は行われない（基通13－1
－5）。

⑦　**借地権設定にともなう土地帳簿価額の損金算入**

　借地権等の設定により他人に土地を使用させたことにより，土地の
時価が著しく低下したときは，その土地の帳簿価額の一部が損金の額
に算入される（令138①）。

　イ　対象となる借地権等の設定

　　土地の帳簿価額の損金算入の適用があるのは，つぎに掲げる借地
　権等の設定の場合に限られている（令138①）。

　　（イ）借地権…建物または構築物の所有を目的とする地上権およ
　　　　び土地の賃借権

347

（ロ）地役権…特別高圧架空電線の架設その他特定の施設等の設置等のために設定されたもので，建造物の設置制限をともなうもの

ロ　著しい地価の低下の判定

　土地の帳簿価額の損金算入の適用があるのは，イの借地権等の設定により，つぎに掲げられる場合の区分に応じ，それぞれの割合が10分の5以上となる場合に限られる（令138①）。つまり，土地の時価の低下が2分の1以上でなければならない。

（イ）借地権または地役権の設定により土地を使用させた場合（（ロ）の場合を除く。令138①一）

$$低下割合 = \frac{設定直前の土地の帳簿価額 - 設定直後の土地の時価}{設定直前の土地の時価}$$

（ロ）建物または構築物の一部の所有を目的とする借地権の設定により土地を使用させた場合（令138①二，基通13－1－9）

$$低下割合 = \frac{\left(\begin{array}{c}設定直前の\\土地の価額\end{array}\right) - \left(\begin{array}{c}設定直後の\\土地の価額\end{array}\right) \times \dfrac{効用価値を勘案した借地権にかかる部分の建物等の床面積}{効用価値を勘案した建物等の総床面積}}{土地の価額 \times \dfrac{効用価値を勘案した借地権にかかる部分の建物等の床面積}{効用価値を勘案した建物等の総床面積}}$$

（ハ）借地権者が借地権にかかる土地を転貸した場合（令138①三）

$$低下割合 = \frac{転貸直前の借地権の時価 - 転貸直後の借地権の時価}{転貸直前の借地権の時価}$$

（ニ）他人に借地権にかかる土地を使用させる場合のうち，その土地の使用により，その使用の直前におけるその土地の利用

第7章　資　　産

状況に比し，その土地の所有者およびその借地権者がともに
その土地の利用を制限されることとなる場合（令138①四）

$$低下割合 = \frac{\left[\begin{array}{l}その使用させる直前 \\ の土地の更地時価\end{array}\right] - \left[\begin{array}{l}使用させた直後の土地の時価 \\ と借地権の時価との合計額\end{array}\right]}{その使用させる直前におけるその土地の更地としての時価}$$

※　（イ）または（ニ）の場合において，その借地権等の設定が地下または空
　　間について上下の範囲を定めたものであるときは，4分の1以上の低下
　　であれば，帳簿価額の損金算入の適用が認められる（令138①一かっこ書）。

ハ　損金算入額

　ロにより，土地の時価の著しい低下があったとされる場合には，
つぎの金額が，その借地権等の設定があった事業年度の損金に算入
される（令138①）。

$$損金算入額 = \left[\begin{array}{l}設定直前の土地 \\ の帳簿価額\end{array}\right] \times \frac{借地権等の時価}{設定直前の土地の時価}$$

⑧　権利金とみなされる特別の経済的利益

　権利金収受による課税を回避するため，権利金の収受に代えて，地
主が金銭の無利息または低利による融資を借地人から受ける場合があ
る。

　このような場合には，つぎのように取り扱われる（令138②③，基
通13-1-11）。

　イ　特別の経済的な利益の認定をする場合

　　借地権の設定により，土地の価額が2分の1以上下落する場合に
は，通常の条件にくらべて特に有利な条件で金銭の貸し付けを受け

349

たことによる利益その他の特別の経済的利益は，借地権の対価とし
て支払いを受ける金額に加算しなければならない。

特別の経済的な利益の額は，つぎの算式によって計算する。

特別な経済的利益の額＝

借入金額－借入金額×$\left(\begin{array}{l}\text{低利分（通常の利率－約定利率）}\\\text{の10分の5に見合う複利現価率}\end{array}\right)$

※　通常の利率　…相続税財産評価基本通達4－4に定める基準年利率を
いう。

※　複利現価率　…小数点以下第4位を切り上げて，第3位まで計算する。
貸し付け期間は1年未満の端数を切り捨てる。

※　通常の保証金等の除外　…通常授受される程度の保証金，敷金との額
（その額が明らかでないときは，借地権の設定契約により地代の3カ月
分相当額）は，特に有利な条件による金銭の貸し付けには該当しない
（基通13－1－10）。

※　帳簿価額の損金算入　…特別の経済的利益の認定をする場合は，地主
である法人は，土地の帳簿価額を損金に算入することができる（（4）⑦
（347頁参照））。

ロ　特別の経済的な利益の計算をしない場合

イの特別の経済的な利益の額の計算は，借地権の設定により，土
地の価額が2分の1以上下落する場合に限って適用される。

この計算が適用されない場合には，借地権の設定とは無関係に，
一般の経済的利益の供与を，借地人から地主が受けたことになる。

また，金銭を貸した借地人である法人は，毎年その経済的利益を
いったん受け取って，これを地主に贈与したものとされる。

第7章　資　　産

> （イ）地　主（法人）…課税問題は生じない。
>
> （ロ）借地人（法人）…$\begin{cases} 経済的利益…益金算入 \\ 寄附金…損金算入（限度計算あり） \end{cases}$

（5）更 新 料

借地権が，存続期間の満了により消滅する場合に，同一条件で設定し直すことを借地権の更新という。

借地権の更新の際に，借地人が地主に支払った更新料は，つぎのように取り扱われる（令139）。

①　地主（法人）の課税関係

地主が受け取った更新料は，益金に算入される。その他の課税問題は生じない。

②　借地人（法人）の課税関係

イ　借地権の帳簿価額への加算

借地人（法人）が，支払った更新料は，借地権の帳簿価額に加算しなければならない。

ロ　借地権帳簿価額の損金算入

更新料そのものの損金処理は認められないが，そのかわりに，更新直前における借地権の帳簿価額のうち，更新料の金額に対応する部分の金額が損金に算入される。

$$損金算入額 = \begin{pmatrix} 借地権の更新直前 \\ の帳簿価額 \end{pmatrix} \times \frac{更新料の額}{更新時の借地権の時価}$$

351

```
＜設　例＞
　　借地権の更新直前の帳簿価額　1,000
　　更新時の借地権の時価　1,500
　　更新料の額　150
　　損金算入額　$1,000 \times \dfrac{150}{1,500} = 100$

┌─────────────────────────────────────────────┐
│　（借）借地権償却額　　100　　（貸）借地権　　100 │
└─────────────────────────────────────────────┘
```

ハ　更新料の認定課税

　借地契約の更新に際して，更新料の授受をしなかった場合でも，それが，その借地権にかかる土地が存する地域において，通常更新料を授受する取引上の慣行が明らかでなかったことによるものであるときは，認定課税は行われない（基通13－1－13）。

ニ　更　改　料

　　従来の借地契約等を廃棄して，まったく別の内容の契約にやり直すことを，借地権の更改という。

　　更改の際に支払われる更改料の取り扱いは，更新料とほぼ同様である。

（6）借地権の無償返還

　借地の返還に際しては，通常立ち退き料が授受される。しかし，立ち退き料を支払わない無償の返還であっても，無償であることについて合理的な理由があれば，税務上も認められる。

　借地を無償で返還した場合の課税関係は，つぎのとおりである（基通13－1－14，13－1－15，13－1－16）。

第7章 資　　産

① 地主（法人）の課税関係

その返還を受けた土地について，借地権の設定にあたり損金に算入した土地の帳簿価額を，もとに戻さなければならない。その金額は益金に算入される。

② 借地人（法人）の課税関係

イ　認定課税

借地権の返還に際し，通常，借地権の価額に見合う立ち退き料等を授受する取引上の慣行があるにもかかわらず，立ち退き料等を収受しなかった場合には，通常，収受すべき立ち退き料相当額を相手方に贈与したものとして課税される。

借地人（法人）	立ち退き料相当額…益金算入
	寄附金　　　　　…損金算入（限度計算あり）

ロ　認定課税をしない場合

つぎの場合には，認定課税されない。

（イ）借地契約書において将来借地を無償返還することが，定められていること，またはその土地の使用が使用貸借契約によるものであること（いずれも無償返還の届出がなされているものに限られる。）。

（ロ）土地の使用の目的が，単に物品置場，駐車場等として土地を更地のまま使用し，または仮営業所，仮店舗等の簡易な建物の敷地として使用するものであること。

（ハ）借地上の建物が著しく老朽化したこと，その他これに類する事由により，借地権が消滅し，またはこれを存続させることが困難であると認められる事情が生じたこと。

8 リース取引

（1）趣　　旨

たとえば，生協が資産をリース（賃貸借）した場合，そのリース取引の内容が，一般の賃貸借と同じように，使用した期間の対応する分だけリース料（賃貸料）を払い，かつ，いつでも自由に契約を終了できるというようなものであれば，そのリース料は，リース期間（賃借期間）に応じて，そのつど損金に算入される。

しかし，リース取引の中には，実質的には資産の延べ払い条件付き売買，または，一種の譲渡担保付き金融にすぎないもの，ないしは，これに近い性質のものが少なくない，というのが実状である。

このようなリース取引（ファイナンス・リース）の場合に，契約にしたがって単純にリース料を損金に算入すると，リース期間の決め方によっては，経済的実態が変わらないのに，延べ払い条件付きで資産を購入した場合等にくらべて，税務上不公平な取り扱いになる結果が生ずる。

そこで，ファイナンス・リース取引のうち一定の要件に該当するものは，法形式上賃貸借契約であるにもかかわらず，その経済的実質に応じて，売買取引または金融取引として取り扱うこととされている。

（2）リース取引にかかる所得の計算

①　売買として取り扱われる場合

法人がリース取引を行った場合には，リース取引の目的となる資産（リース資産）の賃貸人から賃借人への引渡しの時に，リース資産の売買があったものとして，各事業年度の所得の金額を計算する（法64の2①）。

354

第7章　資　産

②　金融取引として取り扱われるもの

　譲受人から譲渡人に対する賃貸（リース取引に該当するものに限る。）を条件に資産の売買を行った場合において，その資産の種類，その売買および賃貸にいたるまでの事情その他の状況に照らし，これら一連の取引が，実質的に金銭の貸借であると認められるときは，その資産の売買はなかったものとし，かつ，その譲受人から譲渡人に対する金銭の貸し付けがあったものとして，各事業年度の所得の金額を計算する（法64の2②）。

③　リース取引とは

　①②に規定されるリース取引とは，資産の賃貸借（所有権が移転しない土地の賃貸借等を除く。）で，つぎの要件に該当するものをいう（法64の2③）。

　イ　賃貸借にかかる契約が，賃貸借期間の中途においてその解除することができないものであること，またはこれに準ずるものであること。

　　解除することができないものに準ずるものとは，たとえばつぎに掲げるものとされている（基通12の5－1－1）。

（イ）資産の賃貸借にかかる契約に解約禁止条項がない場合であって，賃借人が，その賃貸借にかかる賃貸借期間のうちの未経過期間に対応するリース料の額の合計額のおおむね全部（原則として100分の90以上）を支払うこととされているもの

（ロ）資産の賃貸借にかかる契約において，その賃貸借期間中に解約をする場合の条項としてつぎのような条件が付されているもの

　　㋑　賃貸借資産（その賃貸借の目的となる資産）を更新するための解約で，その解約にともないより性能の高い機種またはおおむね同一の機種を同一の賃貸人から賃貸を受ける場合は解約金

355

の支払いを要しないこと。

　　㋺　㋑以外の場合には，未経過期間に対応するリース料の額の合計額（賃貸借資産を処分することができたときは，その処分価額の全部または一部を控除した額）を解約金とすること。

　ロ　賃貸借にかかる賃借人が，その賃貸借にかかる資産からもたらされる経済的な利益を実質的に享受することができ，かつ，その資産の使用にともなって生ずる費用を実質的に負担すべきこととされているものであること。

（3）リース取引と消費税

　売買とされるリース取引の消費税の取り扱いについては，リース資産の引渡しを受けた時点で一括して消費税の経理処理を行うことになる。したがって，これを貸借料として費用処理する場合でも，リース資産の引渡し時点で一括処理することが原則である（消基通11－3－2）。

　ただし，実務の取り扱いとして，所有権移転外ファイナンス・リース取引について，賃貸借処理を行った場合には，分割控除が認められている（国税庁ホームページ質疑応答事例「仕入税額控除（課税仕入れの範囲）」）。

国税庁ホームページ　質疑応答事例

　所有権移転外ファイナンス・リース取引について賃借人が賃貸借処理した場合の取扱い

【照会要旨】

　所有権移転外ファイナンス・リース取引（所得税法施行令第120条の2第2項第5号又は法人税法施行令第48条の2第5項第5号に規定する「リース取引」をいい，以下「移転外リース取引」といいます。）につき，賃借人が賃貸借処理（通常の賃貸借取引に係る方法に準じた会計処理をいいます。

356

第7章 資　産

以下同じです。）をしている場合には，そのリース料について支払うべき日の属する課税期間における課税仕入れとする処理（以下「分割控除」といいます。）は認められるでしょうか。

【回答要旨】

移転外リース取引につき，事業者（賃借人）が賃貸借処理をしている場合で，そのリース料について支払うべき日の属する課税期間における課税仕入れ等として消費税の申告をしているときは，これによって差し支えありません。

【理由等】

移転外リース取引については，リース資産の譲渡として取り扱われ，消費税の課税仕入れの時期は，課税仕入れを行った日の属する課税期間において控除（以下「一括控除」といいます。）するのが原則ですから，移転外リース取引によりリース資産を賃借した賃借人においては，当該リース資産の引渡しを受けた日の属する課税期間において一括控除することになります（「賃借人における所有権移転外ファイナンス・リース取引の消費税法上の取扱い」参照）。

しかしながら，消費税の仕入税額控除については，事業者の経理実務を考慮して，その時期についてはこれまでも各種の特例を認めているところであり，これと同様の趣旨から，会計基準に基づいた経理処理を踏まえ，経理実務の簡便性という観点から，賃借人が賃貸借処理をしている場合には，分割控除を行っても差し支えないとしたものです。（注）

1　仕入税額控除の時期を変更することの可否

例えば，賃貸借処理しているリース期間が3年の移転外リース取引（リース料総額945,000円）について，リース期間の初年度にその課税期間に支払うべきリース料（315,000円）について仕入税額控除を行い，2年目にその課税期間に支払うべきリース料と残額の合計額（630,000円）について仕入税額控除を行うといった処理は認められません。

357

本件の取扱いは，移転外リース取引についてはリース資産の引渡しを受けた日の属する課税期間（すなわちリース期間の初年度）において一括控除することが原則であるところ，その仕入税額控除の時期において，賃貸借処理に基づいて分割控除して差し支えないとしたものであり，上記のような処理はこれに該当しません。

2　簡易課税から原則課税に移行した場合等の取扱い

本件の取扱いは，賃貸借処理している移転外リース取引に係る賃借人における仕入税額控除の時期について，分割控除して差し支えないとするものですから，次に掲げるような場合のリース期間の２年目以降の課税期間については，その課税期間に支払うべきリース料について仕入税額控除することができます。

（1）リース期間の初年度において簡易課税制度を適用し，リース期間の２年目以降は原則課税に移行した場合

（2）リース期間の初年度において免税事業者であった者が，リース期間の２年目以降は課税事業者となった場合

【関係法令通達】

消費税法第30条第１項，所得税法第67条の２，法人税法第64条の２，所得税法施行令第120条の２第２項第５号，法人税法施行令第48条の２第５項第５号，消費税法基本通達５－１－９，11－３－２

注記

平成29年７月１日現在の法令・通達等に基づいて作成しています。

この質疑事例は，照会に係る事実関係を前提とした一般的な回答であり，必ずしも事案の内容の全部を表現したものではありませんから，納税者の方々が行う具体的な取引等に適用する場合においては，この回答内容と異なる課税関係が生ずることがあることにご注意ください。

第 7 章 資　　産

Ⅲ

繰　延　資　産

1　繰延資産の意義

　繰延資産とは，法人が支出する費用のうち，支出の効果が 1 年以上に
およぶもので，つぎに掲げるものをいう（法 2 ①二十四，令14）。

① 　創立費

② 　開業費

③ 　開発費

④ 　株式交付費

⑤ 　社債等発行費

⑥ 　つぎに掲げる費用で，支出の効果が支出の日以後 1 年以上におよ
　ぶもの

イ　自己が便益を受ける公共的施設または共同的施設の設置または改良の
　ために支出する費用（公共的施設または共同的施設の負担金）

ロ　資産を賃借し，または使用するために支出する権利金，立ち退き料そ
　の他の費用

ハ　役務の提供を受けるために支出する権利金その他の費用

ニ　製品等の広告宣伝の用に供する資産を贈与したことにより生ずる費用

ホ　イからニまでに掲げる費用のほか，自己が便益を受けるために支出す
　る費用

※　税法上の繰延資産は，企業会計原則の繰延資産よりはるかに広い内容を
　もっており，⑥は税法固有の繰延資産として例示列挙されている。会計上は，
　その他固定資産の長期前払費用（施設負担金，権利金等）に含めて処理する。

359

2　繰延資産の内容と処理

（1）創立費および開業費

　創立費とは，たとえば生協設立に際して支出された費用であり，開業費は，設立後事業開始までに支出した開業準備のための費用をいう。

　創立費には，発起人に支払った報酬，定款，設立趣意書，出資申込書等の作成費用，組合員募集のための費用，創立事務所の賃借料，設立事務に使用する使用人の給与，創立総会の費用等が含まれる。

　ただし，設立後事業開始までの間に支出された費用のうち，支払利子，使用人給料，借家料，電気，ガス，水道料金等のような経常費的な性格を有する費用は，これに含まれない（旧昭34直法 1 − 150 − 163）。

　これら創立に関する費用は，すべて繰延資産に計上しなければならないわけではなく，支出事業年度において，損金に計上することも認められている（令64①）。

（2）開 発 費

　開発費とは，新たな技術もしくは新たな経営組織の採用，資源の開発または市場の開拓のために特別に支出する費用をいう（令14）。

　経常的に支出する費用は含まれない。

（3）公共的施設の負担金

　「自己が便益を受ける公共的施設の負担金」とは，つぎに掲げる費用をいう（基通 8 − 1 − 3 ）。

　イ　法人が，自己の必要にもとづいて行う公共的施設（道路，堤防，護岸その他の施設または工作物）の設置または改良（設置等）に要する費用

　ロ　法人が利用する公共的施設について，その設置等を，国または地方公

第7章 資　産

共団体が行う場合の，その設置等に要する費用の一部の負担金

ハ　法人が自己の有する道路その他の施設または工作物を，国等に提供した場合における，その施設または工作物の価額に相当する金額

ニ　法人が，国等が行う公共的施設の設置等により著しく利益を受ける場合における，その設置等に要する費用の一部の負担金（受益者負担金）

ホ　法人が，鉄道業を営む法人の行う鉄道の建設にあたり支出する，その施設に連絡する地下道等の建設に要する費用の一部の負担金

（4）共同的施設の負担金

「自己が便益を受ける共同的施設の負担金」とは，法人が所属する連合会，協会，組合，商店街等の行う共同的施設の建設または改良に要する費用の負担金をいう。ただし，共同的施設の相当部分が，貸室に供される等，協会等の本来の用以外の用に供されているときは，その部分にかかる負担金は，協会等に対する寄附金となる（基通8－1－4）。

（5）簡易な施設の負担金の損金算入

（3）（4）に該当する費用のうち，国，地方公共団体等の行う街路の舗装，街灯，がんぎ等の簡易な施設で，主として，一般公衆の便益に供されるもののためにあてられる負担金は，支出事業年度の損金に算入することができる（基通8－1－13）。

（6）権利金等の費用

つぎのような費用は，「資産を賃借し，または使用するために支出する権利金，立ち退き料その他の費用」に該当する（基通8－1－5）。

イ　建物を賃借するために支出する権利金，立ち退き料その他の費用

ロ　電子計算機その他の機器の賃借にともなって支出する引取運賃，関税，

据え付け費その他の費用

※ 建物の賃借に際して支払った仲介手数料の額は，その支払った事業年度の損金の額に算入することができる。

※ 土地賃借に際し支払う権利金は，非減価償却資産である借地権となる（令12，137）。

（7）同業者団体等の加入金

法人が同業者団体等に対して支出した加入金（その構成員としての地位をほかに譲渡することができることになっている場合における加入金および出資の性質を有する加入金を除く。）は，法人税法施行令第14条第1項第六号ホ（その他自己が便益を受けるための費用）に規定する繰延資産に該当する。

※ 構成員としての地位をほかに譲渡することができることとなっている場合における加入金および出資の性質を有する加入金については，その地位をほかに譲渡し，またはその同業者団体等を脱退するまでは損金の額に算入しない（基通8－1－11（注））。また，法人が社交団体に対して支出した加入金は，その支出の日の属する事業年度の交際費とする（基通9－7－14）。

（8）少額繰延資産の損金算入

繰延資産となるべき費用を支出した場合において，その金額が20万円未満であるものについては，繰延資産に計上しないで，損金経理により，損金に算入することが認められる（令64①，134）。

※ 「1 **繰延資産の意義**」の①〜⑤までの繰延資産は，原則として任意償却できるので，金額にかかわりなく，支出事業年度の損金に算入することができる（令64①一）。

第7章 資　　産

（9）繰延資産の償却

①　繰延資産の償却費の損金算入

　繰延資産として資産に計上した金額は，その費用の支出の効果のおよぶ期間に応じて償却することになる。

　繰延資産の償却費として，損金に算入される金額は，償却費として損金経理した金額のうち，償却限度額に達するまでの金額である（法32①）。

②　償却限度額

　イ　「1　繰延資産の意義」の①〜⑤までの繰延資産

> 償却限度額＝その繰延資産の額

　※　いつ，いかなる金額を償却するかは，法人の任意である。

　ロ　「1　繰延資産の意義」の⑥の繰延資産（公共的施設の負担金等）

> 償却限度額＝繰延資産の額 × $\dfrac{\text{事業年度の月数}}{\text{支出効果期間の月数}}$
>
> ※　支出効果期間＝償却期間

③　償却期間

　イ　原則的取り扱い

　別段の定めのあるもの以外は，その固定資産の耐用年数や契約期間等，その支出の効果のおよぶ期間にもとづいて，償却期間を算定する（基通8 − 2 − 1）。

　ロ　具体的定めのある償却期間（基通8 − 2 − 3）

　「1　繰延資産の意義」の⑥の繰延資産については，償却期間が定められている（1年未満の端数切り捨て）。

363

償却期間の定めのある繰延資産

	種　類	細　　目	償　却　期　間
公共的施設等の負担金	公共的施設の設置または改良のために要した費用	①　負担者がもっぱら利用するもの	施設の耐用年数×$\frac{7}{10}$
		②　①以外	施設の耐用年数×$\frac{4}{10}$
	共同的施設の設置または改良のために要した費用	①　負担者，構成員の共同使用または協会等の本来の用に供されるもの	施設の耐用年数×$\frac{7}{10}$ （土地の取得に対する負担金は45年）
		②　商店街におけるアーケード等一般公衆の用に供されるもの	5年 （施設の耐用年数が5年未満のときは，その耐用年数）
資産を賃借するための権利金等	建物を賃借するために支出した権利金等	①　新築に際し支払った権利金等で，その金額が，その建物の賃借部分の建設費の大部分に相当し，かつ，実務上その建物の存続期間中賃借できると認められるもの	建物の耐用年数×$\frac{7}{10}$
		②　①以外のもので，明け渡しの際に借家権として転売できるもの	建物賃借後の見積もり残存耐用年数×$\frac{7}{10}$
		③　①および②以外の権利金等	5年 （契約期間が5年未満で契約更新の際に，再び権利金等を支払うことが明らかであるときは，賃借期間）
	電子計算機その他の機器の賃借にともなって支出する費用		その機器の耐用年数×$\frac{7}{10}$ （その年数が契約による賃借期間をこえるときは，その賃借期間）

第 7 章　資　　産

	種　　類	細　　目	償　却　期　間
役務の提供を受けるための権利金等	ノウハウの頭金		5年 （設定契約の有効期間が5年未満である場合において，契約の更新に際して再び一時金または頭金の支払いを要することが明らかであるときは，その有効期間の年数）
広告宣伝用資産を贈与した費用	広告宣伝の用に供する資産を贈与したことにより生ずる費用		その資産の耐用年数 $\times \dfrac{7}{10}$ （その年数が5年をこえるときは5年）
自己が便益を受けるための費用	スキー場のゲレンデ整備費用		12年
	出版権の設定の対価		設定契約に定める存続期間 （設定契約に存続期間の定めがない場合には，3年）
	同業者団体等の加入金		5年
	職業運動選手等の契約金等		契約期間（契約期間の定めがない場合には，3年）

※　公共的施設の負担金のうち，道路用地をそのまま，または道路として舗

365

装の上，国または地方公共団体に提供した場合において，その提供した土地の価額（舗装費を含む。）が繰延資産となるときは，その償却期間の基礎となる耐用年数は15年として，前表を適用する（基通8－2－3表（注））。

※　共同的施設の負担金のうち，負担者または構成員の属する協会等の本来の用に供される会館等の建設または改良のための負担金について，前表の償却期間が，10年をこえる場合には，前表にかかわらず，当分の間，その償却期間は10年とされる（基通8－2－4）。

※　公共下水道にかかる受益者負担金等の償却期間の特例

　公共的施設の負担金のうち，地方公共団体が都市計画事業その他これに準ずる事業として，公共下水道を設置する場合において，その設置により著しく利益を受ける土地所有者が，都市計画法その他の法令の規定にもとづき負担する受益者負担金については，その償却期間は，6年とする（基通8－2－5）。ただし，下水道法第19条の規定による負担金は，自己の便益のために負担するものであるから，無形固定資産である水道施設利用権として処理しなければならない。耐用年数は，15年である（基通7－1－8）。

※　宅地開発等に際して支出する開発負担金等

　宅地開発負担金等で繰延資産とされるもののうち，緩衝緑地等にかかわるものの償却期間は8年である（基通7－3－11の2）。

④　分割払いの繰延資産

　法人が公共的施設または共同的施設の負担金を分割して支払うこととしている場合には，たとえその総額が確定しているときであっても，その総額を未払金に計上して償却することはできない。ただし，その分割して支払う期間が短期間（おおむね3年以内）である場合には，未払金計上して償却することができる（基通8－3－3）。

　また，つぎの条件を満たす場合にも，一時に損金の額に算入できる（基通8－3－4）。

第7章　資　　産

> イ　その負担金の額が，その負担金にかかる繰延資産の償却期間に相当す
>   る期間以上の期間にわたり分割して徴収されるものであること。
> ロ　その分割して徴収される負担金の額がおおむね均等額であること。
> ハ　その負担金の徴収がおおむねその支出にかかる施設の工事の着工後に
>   開始されること。

第8章

負債，引当金および資本

Ⅰ

負債，引当金

　負債勘定で主なものは，支払手形，買掛金，借入金，預り金，未払費用等である。このうちの借入金，とくに組合員からの借入金（組合債）について留意すべき点はつぎのとおりである。

1　組合員借入金（組合債）

（1）組合員借入金の性格

　組合員借入金（組合債）とは，組合員からの借入金についての勘定であるから，ほかの借入金勘定と区分しその借入期間により流動負債または固定負債として表示される。

　組合員借入金は，組合員との金銭の消費貸借契約にもとづく債務（借入金）であるから，会社法の社債とは，その法律的性格を異にするものである。

（2）組合員借入金の留意事項

① 　総（代）会に提出する事業計画（生協法40①四），とりわけ資金計画書において，組合員から借り入れる旨を明確に表示すること。

② 　組合員借入金の対象となる者は，すべてその生協の組合員でなければならない。組合員以外の者や団体等からの組合債の応募は，いっさいこれを行わないこと。

③ 　組合員より借り入れる際には，その資金の使途を組合員に明示すること。たとえば，店舗の新設，拡張，機械，器具備品の購入等，

370

第8章　負債，引当金および資本

組合員の便益になるためのいわゆる目的債であることを明示して，組合員の十分な理解と協力を得なければならない。安易に運転資金の不足に流用するようなことが行われてはならない。

④　組合員借入金の限度額は，事業計画書（資金計画）において定められることになるが，明らかに担保力の範囲内である等，組合員に対して債権保全が講ぜられる限度内でなければならない。

　また，組合員1人あたりの応募額には最高限度を定め，一部の組合員が多額にならないよう特に留意すること。

⑤　組合員借入金の返済期限および返済手続については，証書に明示しこれを厳守すること。

⑥　組合員借入金の約定利息については，単利，複利等が考えられるが，利子負担能力をこえるような利子設定，利殖目的の対象になるような利子設定を行わないこと。

⑦　組合員借入金の証書上で，譲渡禁止文句を明示しておくこと。

（3）税務上の留意点

①　組合員借入金証書は，組合員からの金銭の消費貸借契約による借り入れを証する文書であり，印紙税法上の「消費貸借に関する契約書」に該当するので，所定の印紙を貼付すること。

②　組合員に支払う利息は，支払利息として損金に算入されるが，組合員の収入としては所得税法上の雑所得となる（所基通2－11（注），35－1）。

　したがって，一定の場合には確定申告の要不要，配偶者控除の適用有無など，その組合員にとって課税問題がおきることに留意すること。

371

2 引 当 金

（1）引当金とは

引当金は将来の支出に備えて設けられるものであり，その支出の原因が発生していても，まだ債務が確定していないものである。

企業会計原則は，引当金の設定条件としてつぎの４つをあげている（企業会計原則注解18）。

イ　将来の特定の費用または損失であること。

ロ　その発生が，当期以前の事象に起因すること。

ハ　発生の可能性が高いこと。

ニ　その金額を合理的に見積もることができること。

法人税法において，各事業年度の所得の金額の計算上，損金に算入する事業経費等の費用は，償却費を除き，債務の確定しているものに限られる（法22③）が，別段の定めにより，一定の引当金の設定が認められている。

引当金は，資産の控除勘定である評価性引当金（貸倒引当金）と，将来の債務としての性格をもつ負債性引当金（退職給付引当金，賞与引当金）に区別される。

貸倒引当金は負債勘定に属するものではないが，便宜上，ここで取り上げる。

（2）引当金の設定要件

①　損金経理による繰り入れ

税務上の引当金を計上する場合には，損金経理による繰り入れを行わなければならない。

第8章　負債，引当金および資本

② 　繰り入れ額の損金算入と取崩し額の益金算入

　一定の計算によって計上された引当金の繰り入れ額は，損金に算入される。そして，その損金に算入した繰り入れ額は，翌期以後において，その性質に応じて，それぞれ所定の方法により取り崩して益金に算入しなければならない。

　※　退職給付引当金および賞与引当金の繰り入れ額は損金に算入されない。

③ 　申告書の記載

　貸倒引当金繰入額の損金算入のためには，確定申告書に，その損金算入に関する明細を記載しなければならない。

3　貸倒引当金

（1）貸倒引当金の概要

① 　趣　　旨

　貸倒引当金は，金銭債権の貸し倒れによる損失の見込み額として，設定することが認められている引当金である。

　貸倒引当金の対象となる金銭債権は，個別に回収不能見込額を計算する個別評価金銭債権と，売掛金・貸付金等の一般売掛金銭債権の回収不能見込額を計算する一括評価金銭債権とに区分される（法52①②）。

② 　2011年（平成23年）12月改正

　2011年（平成23年）12月の税制改正により，貸倒引当金を損金算入することができる法人が，中小法人，銀行・保険会社等に限定された。ただし，生協は引き続き貸倒引当金の損金算入が認められている（法

373

52①一ロ）。

イ　貸倒引当金の損金算入ができる法人
（イ）中小法人等
　イ　資本金額または出資金額が1億円以下であるもの（大法人の100％出資子会社等を除く。）
　ロ　公益法人等または協同組合等
　ハ　人格のない社団等
（ロ）銀行・保険会社等
　　　銀行，保険会社，長期信用銀行，債権回収会社など
（ハ）一定の金銭債権を有する法人
　　　リース資産の売買があったものとされる場合のリース資産の対価の額にかかる金銭債権を有する法人など

ロ　貸倒引当金の損金算入ができない法人
　上記イを除く法人

（2）繰入限度額
　繰入限度額は金銭債権の個別評価による繰入限度額と一括評価による繰入限度額を加えたものとなる（法52①②）。

> 繰入限度額＝個別評価金銭債権の繰入限度額＋一括評価金銭債権の繰入限度額

（3）個別評価による繰入限度額
　生協等がその金銭債権の貸し倒れその他これに類する事由による損失の見込額として損金経理により貸倒引当金勘定に繰り入れた金額については，つぎの①～③の合計額に達するまでの金額は，その事業年度の損金の額に算入される（法52①，令96①）。

第8章　負債，引当金および資本

※　貸し倒れ，その他これに類する事由

供給未収金，貸付金その他これに類する金銭債権の貸し倒れのほか，たとえば保証金や前渡金等について返還請求を行った場合における，その返還請求債権が回収不能となったものも含まれる（基通11－2－3）。

※　個別評価による繰り入れの判定単位

金銭債権を個別評価するには，その金銭債権の債務者ごとに判定する（法52①，令96①）。

①　5年経過後の弁済額

金銭債権のうち，つぎに掲げる事由により，その事由が生じた事業年度終了の日の翌日から5年を経過する日までに弁済されることとなっている金額以外の金額が繰入限度額とされる（担保権の実行その他により取り立て等の見込みがあると認められる金額を除く。）（令96①一）。

イ　会社更生法または金融機関の更生手続の特例等に関する法律の規定による更生計画認可の決定

ロ　民事再生法の規定による再生計画認可の決定

ハ　会社法の規定による特別清算にかかる協定の認可

ニ　法令の規定による整理手続によらない関係者の協議決定でつぎに掲げるもの

（イ）債権者集会の協議決定で，合理的な基準により債務者の負債整理を定めているもの

（ロ）行政機関，金融機関その他第三者のあっせんによる協議により締結された契約で（イ）に準ずるもの（令96①一，規25の2）

※　担保権の実行その他により取り立て等の見込みがあると認められる金額…質権，抵当権，所有権留保，信用保険等によって担保されている部分の金額をいう（基通11－2－5）。

375

② 債務超過状態が相当期間継続し，その営む事業に好転の見通しがないこと等による一部取り立て不能額

債務超過状態が相当期間継続し，事業に好転の見通しがないこと，災害，経済事情の急変等により多大な損害が生じたことその他の事由が生じていることにより，金銭債権の一部の金額についてその取り立て等の見込みがない，と認められるときのその金額（①にかかるものは除く。）が繰入限度額とされる（令96①二）。

　※　相当期間…「おおむね１年以上」とし，その債務超過にいたった事情と事業好転の見通しをみて事由が生じているかどうかを判定する（基通11－2－6）。

　※　その他の事由…金銭債権の額のうち担保物の処分によって得られると見込まれる金額以外の金額について回収できないことが明らかになった場合に，その担保物の処分に日時を要すると認められるときをいう（基通11－2－8）。

③ 形式基準による50％相当額

つぎに掲げる金銭債権の額（①および②の適用を受けるものを除く。）の50％に相当する金額が繰入限度額とされる（令96①三，規25の3）。

イ　会社更生法または金融機関の更生手続の特例等に関する法律の規定による更生手続開始の申し立て

ロ　民事再生法の規定による再生手続開始の申し立て

ハ　破産法の規定による破産手続開始の申し立て

ニ　会社法の規定による特別清算開始の申し立て

ホ　手形交換所による取引停止処分

　※　各事業年度終了の日までに債務者の振り出した手形が不渡りとなり，その事業年度の確定申告書の提出期限までに，その債務者について手

第8章　負債，引当金および資本

形交換所による取引停止処分が生じた場合も同様である（基通11−2
−11）。
ヘ　電子債権記録機関による取引停止処分（つぎの要件を満たす電子債権
記録機関であること。）
（イ）金融機関の総数の100分の50をこえる数の金融機関に業務委託してい
ること。
（ロ）その業務規定に業務委託を受けている金融機関はその取引停止処分
を受けたものに対しその金融機関の有する債権を保全するための資金
の貸し付け以外の資金の貸し付けをすることができない旨の定めがあ
ること。

　なお，上記金銭債権のうち，その債務者から受け入れた金額があるた
め実質的に債権とみられない部分の金額および担保権の実行，金融機関
または保証機関による保証債務の履行その他により，取り立て等の見込
みがあると認められる部分の金額は除かれる（令96①三）。

　実質的に債権とみられない部分の金額とは，つぎに掲げるものをいう
（基通11−2−9）。
イ　同一人に対する供給未収金または受取手形と買掛金がある場合の，そ
の供給未収金または受取手形の金額のうち買掛金の額に相当する金額
ロ　同一人に対する供給未収金または受取手形と買掛金がある場合におい
て，その買掛金の支払いのために他から取得した受取手形を裏書譲渡し
たときの，その供給未収金または受取手形の金額のうち，その裏書譲渡
をした手形の額に相当する金額
ハ　同一人に対する供給未収金とその者から受け入れた営業にかかる保証
金がある場合の，その供給未収金のうち保証金の額に相当する金額
ニ　同一人に対する供給未収金とその者から受け入れた借入金（組合債）
がある場合の，その供給未収金のうち借入金の額に相当する金額

377

ホ　同一人に対する貸付金と買掛金がある場合の，その貸付金の額のうち買掛金の額に相当する金額

ヘ　職員（使用人）に対する貸付金とその職員から受け入れた預り金がある場合の，その預り金に相当する金額

ト　同一人に対する未収地代家賃とその者から受け入れた敷金がある場合の，その未収地代家賃の額のうち敷金の額に相当する金額

（4）一括評価による繰入限度額

　生協等が，一般売掛債権等の金銭債権（「一括評価金銭債権」）の貸し倒れその他これに類する事由による損失の見込額として，損金経理により貸倒引当金として繰り入れた金額のうち，つぎにより計算した金額が，損金に算入される（個別評価の対象となった金銭債権は除く。）。

繰入限度額＝一括評価金銭債権の額×貸倒実績割合（令96⑥）

　なお，生協等は貸倒実績割合のほかにつぎの法定割合を用いることができる（措法57の9①，措令33の7④）。この場合の繰入限度額の計算は，

$$
繰入限度額＝\left(\begin{array}{c}一括評価金銭 \\ 債権の額\end{array} - \begin{array}{c}実質的に債権と \\ みられないものの額\end{array}\right)×法定割合
$$

となり，どちらか有利なほうを選択することになる。

　※　中小法人についても法定割合を用いることができる。ただし，2019年（平成31年）4月1日以後に開始する事業年度から，課税所得（過去3年間平均）が15億円をこえる法人（「適用除外事業者」という。）に該当する中小企業者は法定割合の適用を受けることができないこととなっている（措法57の9①）。「適用除外事業者」とは，その事業年度開始の日前3年以内に終了した各事業年度（以下「基準年度」）の所得の金額の平均額が15億円をこえる法人をいう（措法42の4⑧六の二）。

第8章　負債，引当金および資本

①　一括評価金銭債権

イ　売掛債権等に含まれるもの（基通11-2-16）
（イ）未収の譲渡代金，未収加工料，未収請負金，未収手数料，未収保管料，未収地代家賃等または貸付金の未収利子で，益金の額に算入されたもの

（ロ）他人のために立て替え払いをした場合の立替金

（ハ）未収の損害賠償金で益金の額に算入されたもの

（ニ）保証債務を履行した場合の求償権

ロ　売掛債権等に該当しないもの（基通11-2-18）
（イ）預貯金およびその未収利子，公社債の未収利子，未収配当その他これらに類する債権

（ロ）保証金，敷金（借地権，借家権等の取得等に関連して無利息または低利率で提供した建設協力金等を含む。），預け金その他これらに類する債権

（ハ）手付金，前渡金等のように資産の取得の代価または費用の支出にあてるものとして支出した金額

（ニ）前払給料，概算払旅費，前渡交際費等のように将来精算される費用の前払いとして一時的に仮払金，立替金等として経理されている金額

（ホ）雇用保険法，雇用対策法，障害者の雇用の促進等に関する法律等の法令の規定にもとづき交付を受ける給付金等の未収金

（ヘ）仕入割り戻しの未収金など

※　仮払金等として計上されている金額については，その実質的な内容に応じて売掛債権等に該当するかどうかを判定する（基通11-2-18（注））。

379

② 一括評価金銭債権に乗ずる割合

イ 法定割合による場合

（イ）法定割合

一括評価金銭債権に乗ずる法定割合は，つぎのとおりである
（措法57の9①，措令33の7④）。

区　　　分	割　　　合
卸 小 売 業	$\dfrac{10}{1,000}$
製 　造 　業	$\dfrac{8}{1,000}$
金 融 保 険 業	$\dfrac{3}{1,000}$
割賦小売業等	$\dfrac{13}{1,000}$
そ 　の 　他	$\dfrac{6}{1,000}$

（ロ）実質的に債権とみられないもの

法定割合を用いる場合は，一括評価金銭債権の額から実質的に
債権とみられないものの額を差し引かなければならない（措法57
の9①，措令33の7②）。

これには原則法と簡便法の2つがあり，有利な方を選択するこ
とになる。

㋑ 原則法による場合

債務者ごとに個々に計算する。

㋺ 簡便法による場合（措令33の7③）

第8章 負債, 引当金および資本

その事業年度末の実質的に債権とみられないものの額＝

$$\left(\begin{array}{l}\text{その事業年度末の}\\\text{一括評価金銭債権の額}\end{array}\right) \times \dfrac{\text{基準年度の各期末の実質的に}\text{債権とみられないものの合計額}}{\text{基準年度の各期末における}\text{一括評価金銭債権の額の合計額}}$$

※　上記の分数式の割合の端数処理は, 小数点以下第3位未満を切り捨てる。

※　基準年度とは, 2015年（平成27年） 4月1日から2017年（平成29年） 3月31日までの間に開始した各事業年度である。

ロ　実績割合による場合 （令96⑥）

貸倒実績率＝

$$\dfrac{\left(\begin{array}{l}\text{分母の各事業年度の}\\\text{貸倒損失の合計額（A）}\end{array}\right) \times \dfrac{12}{\text{左の事業年度の合計月数}}}{\left(\begin{array}{l}\text{その事業年度開始の日前3年以内に}\\\text{開始した各事業年度終了の時における}\\\text{一括評価金銭債権の帳簿価額の合計額}\end{array}\right) \times \dfrac{1}{\text{左の各事業年度の数}}}$$

※　貸倒実績率に小数点以下第4位未満の端数があるときは, 切り上げる。

（A）の合計額について, つぎのように計算する （令96⑥二）。

（A） ＝㋑＋㋺－㋩

㋑　売掛債権等（供給未収金, 貸付金その他これらに準ずる債権）の貸倒損失額

㋺　貸倒引当金の損金算入額のうち個別評価する金銭債権（売掛債権等以外の金銭債権を除く。）の損金算入額

㋩　個別評価する金銭債権の前期計上の貸倒引当金の洗い替えによる戻入益（売掛債権等以外の金銭債権にかかる金額を除く。）

③ 繰入限度額の特例

　公益法人や生協は，1998年（平成10年）4月1日から2019年（平成31年）3月31日までの間に開始する事業年度において，つぎの算式により計算した金額が繰入限度額となる（措法57の9③）。

$$特例の繰入限度額 = 繰入限度額 \times \frac{110}{100}$$

　※　この特例は，公益法人等または協同組合等のみが適用を受けることができる。

4　賞与引当金

（1）賞与引当金の廃止
　賞与引当金の繰り入れ額の損金算入制度は，2003年度（平成15年度）に廃止された。

（2）賞与引当金の廃止と会計基準
　法人税法上，賞与引当金の繰り入れ額の損金算入制度は廃止されたが，会計上は費用配分の原則の考え方から引当金を計上する必要がある。この場合の引当金の計上は，有税による引き当て（全額損金不算入）となる。

5　未払い賞与

　法人がその事業年度において，その使用人（職員）に対して支給する賞与の額は，その賞与の区分に応じ，つぎに定める事業年度の損金の額に算入される（令72の3）。

第8章　負債，引当金および資本

① **労働協約または就業規則により定められる支給予定日が到来している賞与**

その支給予定日またはその通知をした日のいずれか遅い日の属する事業年度の損金の額に算入される。ただし，使用人（職員）にその支給額の通知がされているもので，かつ，その支給予定日またはその通知をした日の属する事業年度においてその支給額について損金経理をしているものに限られる。

② **つぎの要件のすべてを満たす賞与**

使用人（職員）にその支給額の通知をした日の属する事業年度の損金の額に算入される。

イ　その支給額を，各人別に，かつ，同時期に支給を受けるすべての使用人（職員）に対して通知していること。

ロ　イの通知をした金額をその通知をしたすべての使用人（職員）に対してその通知をした日の属する事業年度終了の日の翌日から1月以内に支払っていること。

ハ　その支給額につきイの通知をした日の属する事業年度において損金経理をしていること。

---

③ **①および②以外の賞与**

その支給をした日の属する事業年度の損金の額に算入される。

※　支給額の通知

法人が支給日に在職する使用人（職員）のみに賞与を支給することとしている場合の，その支給額の通知は②イの「支給額の通知」には該当しない（基通9－2－43）。

※　支給額の通知の対象の区分

法人が，その使用人（職員）に対する賞与の支給について，パートタイ

383

マーの身分で雇用している者とその他の使用人（職員）を区分している場合は，その区分ごとに②イの支給額の通知を行ったかどうかを判定することとなる（基通9－2－44）。

6　退職給与引当金

退職給与引当金の損金算入制度は，2003年（平成15年）3月31日以後に終了する事業年度から廃止された（平成14年法律第79号）。

会計上は退職給付会計基準により退職給付引当金を計上することになる。この場合の引当金の計上は，有税による引き当て（損金不算入）となる。職員に支給される退職金は退職給付引当金を取り崩して支払われるので，この取崩し額を法人税法施行規則に定める申告書別表四において損金の額に算入（減算）することになる。

第8章　負債，引当金および資本

Ⅱ 資本（純資産）

1　出資金と税法上の資本金等の額

（1）出 資 金

出資金については，生協法第16条で，つぎのように規定している。

第1項　組合員は，出資1口以上を有しなければならない。

第2項　組合員の出資1口の金額は，組合員たる資格を有する者が通常負担できる程度とし，かつ，均一でなければならない。

第3項　1組合員の有することができる出資口数の限度は，組合員の総出資口数の4分の1を超えてはならない。ただし，第10条第1項第1号から第4号まで，第6号及び第7号の事業のうちいずれかの事業を行う連合会の会員にあっては，この限りでない。

第4項　組合員は，出資金額の払込みについて相殺をもって組合に対抗することができない。

第5項　組合員の責任は，その出資金額を限度とする。

また，出資口数の減少，つまり減資については，生協法第25条で，つぎのように規定している。

第1項　組合員は，定款の定めるところにより，その出資口数を減少することができる。

第2項　前項の場合には，第19条及び第21条から第23条までの規定を準用する。

385

したがって，出資口数を減少する場合，つまり，減資をする場合は，「組合員は，90日前までに予告し，事業年度の終りにおいて出資口数を減少することができる（生協法第19条）」ことになる。

また，出資金について，定款の定めにより，分割払い込みの規定を設けており，かつ，未払込出資金がある場合には，貸借対照表の出資金勘定には，その旨をつぎのように表示する必要がある。

```
記載例
       出資金        ×××
       未払込出資金  ×××
```

（2）税法上の「資本金等の額」

法人税法上の「資本金等の額」の意義については，法人税法第2条第16号に規定されている。

また，生協の出資金は，会計上明確に，「資本金」と定められているわけではないが，税法上は明確に「資本金等の額」と定められている（令8①四）。

2　会計上の剰余金と税法上の利益積立金

（1）会計上の剰余金

①　資本剰余金と利益剰余金

会計の原則として，企業会計原則の注解19では，剰余金について「会社の純資産額が法定資本の額をこえる部分を剰余金という。」と規定している。

剰余金には資本剰余金と利益剰余金がある。このうち資本剰余金と

第8章　負債，引当金および資本

は，株式払込剰余金，減資差益，合併差益等をいう（企業会計原則注解19）が，生協の場合，これらの資本剰余金が計上されることはきわめてまれである。

　また，会計上，利益剰余金とは，損益取引によって生じた利益を源泉とする剰余金である。

② 法定準備金，教育事業等繰越金，医療福祉等積立金

　法定準備金と教育事業等繰越金は，生協法第51条の4で積み立ておよび繰り越しが規定されている。

　医療福祉等積立金は，生協法第51条の2に規定された法定積立金である。

　法定準備金は定款所定の金額に達するまで毎期積み立てなければならない。教育事業等繰越金は，定款所定の金額を翌事業年度に繰り越さなければならない。

　医療福祉等積立金は，医療福祉等事業から生じた剰余金を積み立てるものである。

③ その他の積立金

　②の積立金を積み立てたあとの剰余金については，あとでのべる剰余金の割り戻し（利用高割り戻しと出資配当）を行ってもよいし，また，法定外の積立金として任意に積み立ててもよい。後者が任意積立金といわれるものである。

　この任意積立金については，各生協の定款の規定にもとづいて積み立てる場合のほか，総（代）会の決議によって積み立て（新築積立金，記念事業積立金等）を行うことができる。

387

（2）税法上の利益積立金額

① 利益積立金額の意義

　利益積立金額は，会計上の利益剰余金に近い概念である。しかし，会計上の利益剰余金は，純資産額より出資金，資本積立金額を控除した残額を意味するが，確定決算上の当期剰余金と税法上の課税所得とに差異があり，その差異部分が内部に留保されていれば，その分だけ，利益剰余金と利益積立金とに差異が生ずることになる。そして，その差異部分は，翌期以降の所得計算に影響を与えることになるのである。

② 利益積立金額の内容

　利益積立金額は，各事業年度の所得等の金額のうち，留保しているものの累積額をいうのであるが，具体的に主には，つぎのイの金額からロ～ニの金額の合計額を控除した金額である（法2①十八，令9）。

イ　つぎの金額のうち留保している金額の合計額
（イ）各事業年度の所得の金額
（ロ）受取配当等の益金不算入額，還付金等の益金不算入額，合併法人が適格合併により被合併法人から引き継ぎを受ける利益積立金額とされる金額
（ハ）繰越欠損金の損金算入額
（ニ）収用換地等，特定事業の用地買収等の場合の特別控除額（措法65の2～65の4）
ロ　各事業年度の欠損金額の合計額
ハ　納付すべきつぎの租税の金額
（イ）法人税（損金算入とされる還付加算金に相当する法人税，および附帯税を除く。）
（ロ）地方法人税

第8章　負債，引当金および資本

（ハ）法人税にかかる道府県民税および市町村民税（都民税およびこれら
　　　の税にかかる均等割を含む。）

ニ　剰余金の分配の額

3　欠　損　金

（1）欠損金額とは

　欠損金額とは，各事業年度の損金の額が，益金の額をこえる場合の，
そのこえる部分の金額をいう（法2①十九）。

（2）欠損金額の税務上の取り扱い

①　概　　要

　各事業年度において生じた欠損金額は，10年に限って，その後の事
業年度において生じた所得と通算することが認められている（法57①，
58①）。

対象事業年度	繰越期間
2008年（平成20年）3月31日までに開始する事業年度から生じた欠損金	7年
2008年（平成20年）4月1日以後開始する事業年度から生じた欠損金	9年
2018年（平成30年）4月1日以後開始する事業年度から生じた欠損金	10年

　また，欠損金額が生じた場合に，繰越控除に代えて，前事業年度に
納付した法人税の還付を受けることもできる（法80）。

② 中小法人等以外の法人の繰越控除の制限

つぎの中小法人等以外の法人は，欠損金の控除限度額が，段階的に引き下げられる（法57①，58①，平成23年12月法附則10，平成27年3月法附則27②）。ただし，生協は中小法人等の法人であるため，従来どおり，欠損金額控除前の所得の金額の100％相当額まで欠損金を繰越控除できる（法57⑪，58⑥）。

中小法人等

> イ　普通法人のうち，資本金または出資金の額が1億円以下であるもの
>
> 　※　ただし，資本金または出資金の額が5億円以上である大法人の100％
> 　　　出資子会社等は除く。
>
> ロ　公益法人等または協同組合等
>
> ハ　人格のない社団等

中小法人等以外の法人の控除限度の割合

対象事業年度	控除制限
2015年（平成27年）3月31日までに開始する事業年度	所得金額×80％
2015年（平成27年）4月1日から2016年（平成28年）3月31日までに開始する事業年度	所得金額×65％
2016年（平成28年）4月1日から2017年（平成29年）3月31日までに開始する事業年度	所得金額×60％
2017年（平成29年）4月1日から2018年（平成30年）3月31日までに開始する事業年度	所得金額×55％
2018年（平成30年）4月1日から開始する事業年度	所得金額×50％

（3）青色申告書を提出した事業年度の欠損金の繰越控除

① 欠損金の損金算入

確定申告書を提出する法人の，各事業年度開始の日前10年以内に開

第8章　負債，引当金および資本

始した事業年度において生じた欠損金額は，その事業年度の損金に算入する（法57①）。

②　繰越控除の適用要件

イ　欠損金額の生じた事業年度に青色申告書を提出していること。

ロ　欠損事業年度から連続して確定申告書を提出していること（法57⑩）。

※　欠損金額の生じた事業年度後は，青色申告書を提出していなくてもよい（白色申告書でもよい。）。

③　繰越欠損金の損金算入の順序

その事業年度に繰り越された欠損金額が，2以上の事業年度において生じたものからなる場合には，もっとも古い事業年度において生じたものから，順次損金に算入するものとされている（基通12−1−1）。

④　資本積立金額等により補てんした欠損金

法人が，資本積立金額または利益積立金額により，各事業年度において生じた欠損金額を補てんし，繰越欠損金として表示していない場合においても，繰越控除の適用要件を満たしている限り，その欠損金額は，損金に算入される（旧基通12−1−2）。

（4）欠損金の繰り戻しによる還付

①　欠損金の繰り戻しによる還付

青色申告書である確定申告書を提出する事業年度において生じた欠損金額がある場合には，その欠損金額にかかる事業年度（欠損事業年度）開始の日前1年以内に開始した事業年度（還付所得事業年度）の所得に対する法人税額の還付を請求することができる（法80①）。

391

② ①の適用停止

　1992年（平成４年）４月１日から2020年３月31日までの間に終了する各事業年度に生じた欠損金額については適用が停止されている（措法66の13）。

③ 中小企業者等の欠損金の繰り戻し還付の適用

　欠損金の繰り戻し還付は，②により適用が停止されているが，つぎに該当する法人については，2009年（平成21年）２月１日以後に終了する事業年度において生じた欠損金額から適用されることとなっている。生協は下記ハに該当するので欠損金の繰り戻し還付の適用を受けることができる（措法66の13①一〜四）。

イ　普通法人のうち，事業年度終了の時に資本金もしくは出資金が１億円以下であるもの

　※　ただし，資本金または出資金の額が５億円以上である法人の100％出資子会社等は除く。

ロ　公益法人等

ハ　協同組合等（生協，生協連合会など）

ニ　人格のない社団等

---

④ 繰り戻しの適用要件

　イ　還付所得事業年度，欠損事業年度とも青色申告書を提出していること。

　ロ　欠損事業年度の確定申告書を提出期限までに提出すること（やむを得ない事情があると税務署長が認めるときは，期限後申告書でもよい。）。

　ハ　還付請求書を，確定申告書と同時に提出すること（法80③⑤）。

第8章　負債，引当金および資本

⑤　還付金額の計算

イ　算　式

$$\text{還付金額} = \left[\begin{array}{c}\text{還付所得事業}\\\text{年度の法人税額}\end{array}\right] \times \frac{\text{欠損事業年度の欠損金額}}{\text{還付所得事業年度の所得金額}}$$

＜設　例＞

前年度の所得金額が5,000千円で，法人税額が1,100千円であった。

今年度は所得が△1,000千円の欠損であった。

還付金額は，

$$1,100,000円 \times \frac{1,000,000円}{5,000,000円} = 220,000円$$

ロ　還付所得事業年度の法人税額

附帯税を除き，控除された所得税額は加算する（法80①）。

ハ　還付加算金

欠損金の繰り戻しによる法人税額の還付または充当がなされる場合には，還付請求の日（請求が申告書の提出期限前になされた場合にはその提出期限）の翌日以後3カ月を経過した日から，その還付金額の支払決定の日または充当の日までの期間の日数に応じ，年7.3％（日歩2銭）の割合を乗じて計算した金額が，還付加算金として加算される（法80⑦，国58①）。

（5）青色申告書を提出しなかった事業年度の災害損失金の繰り越し

①　災害損失金の損金算入

青色申告書を提出しなかった事業年度について生じた欠損金額であっても，災害により棚卸資産，固定資産等に生じた損失金額については，10年間の繰越控除が認められている（法58①）。

393

② 災害損失金の範囲

対象となるのは，棚卸資産，固定資産，繰延資産（他の者の有する固定資産を利用するために支出されたものに限る。）について，つぎに掲げる災害により生じた損失金である（法58①，令114，115）。

イ　震災，風水害，火災
ロ　冷害，雪害，干害，落雷，噴火その他の自然現象の異変による災害
ハ　鉱害，火薬類の爆発その他の人為による異常な災害
ニ　害虫，害獣その他の生物による異常な災害

③ 災害損失金額

繰越控除の対象となる金額はつぎのイとロのうちいずれか低い金額である（令116）。

イ　災害損失金額 ＝ (帳簿価額を減額したことにより生じた損失額) ＋ (復旧のために支出した修繕費等) － (保険金，損害賠償金その他これらに類するもの)
※　帳簿価額を減額したことにより生じた損失額とは，資産が滅失，損壊，減価したものである。
※　復旧のために支出した修繕費等とは，資産が損壊し，価値が減少し，事業の用に供することが困難となり，災害のやんだ日の翌日から1年を経過した日の前日までに支出したものである。
ロ　損失を生じた事業年度の欠損金額

④ 繰越控除の適用要件（法58⑤）

　　イ　災害損失金の生じた事業年度の確定申告書，修正申告書または更正請求書に災害損失額の計算に関する明細を記載した書類を添付すること。

第8章　負債，引当金および資本

ロ　災害損失金発生事業年度後において，連続して確定申告書を提
　　出していること。

第9章

割 り 戻 し

1 　出資額に応ずる割り戻し（出資配当）

　出資配当について，生協法は，組合の剰余金を出資額に応じて割り戻す場合には，その限度が定められていること（生協法第2条第1項第六号），そして組合が払い込んだ出資額に応じて剰余金の割り戻しをなすときは，年1割をこえてはならない（生協法第52条第4項），と規定している。

（1）出資配当の日割計算

　出資金は，期中において，組合員の加入および増口によって増加する。このような期の中途において増口された分に対する出資配当は，総（代）会で定められた配当率を乗じて計算された金額に対して，さらに日数割または月数割計算をすることになる。

（2）出資配当の限度

　生協が出資配当を行うときは，年1割をこえてはならないことが生協法に規定されている。この規定は，組合員の主要な利益は配当ではなく，生協の事業を利用することにあることを明らかにしているといえる。

　その事業年度において分配できる剰余金（利益）には，当期未処分剰余金の範囲のほかに任意積立金がある場合のその取崩し額も含まれる（消費生活協同組合模範定款例第70条）。

第9章　割り戻し

（3）配当金の会計処理

```
＜設　例＞

イ　総（代）会で出資配当金1,000千円を決議したとき

  （借）未処分剰余金    1,000,000    （貸）未払割戻金    1,000,000

ロ　組合員に出資配当金1,000千円を支払ったとき（所得税および復興特別
   所得税は204,200円）

  （借）未払割戻金    1,000,000    （貸）現金預金    795,800
                                      預り金    204,200
```

2　利用分量に応ずる割り戻し（事業分量配当）

（1）生協法の規定

生協が行う利用割り戻しについて，生協法は，つぎのように規定している。

第2条　五　組合の剰余金を割り戻すときは，主として事業の利用分量により，これを行うこと。

第52条　組合は，損失をてん補し，第51条に定める金額を控除した後でなければ剰余金を割り戻してはならない。

　　2　剰余金の割戻しは，定款の定めるところにより，組合員の組合事業の利用分量又は払い込んだ出資額に応ずるほか，これを行ってはならない。

（2）生協法施行規則の規定

生協法施行規則第207条では，つぎのように規定している。

（利用分量割戻金）

第207条　組合は，法第52条第1項及び第2項の規定により，組合員に組合
　　　　事業の利用分量に応ずる剰余金の割戻し（以下「利用分量割戻し」
　　　　という。）を行おうとするときは，定款の定めるところにより，領収
　　　　書その他の当該利用分量を確認することができる証拠書類（以下
　　　　「領収書等」という。）を組合員に交付しなければならない。

　　2　組合は，定款の定めるところにより，前項の規定による領収書等
　　　　の交付に代えて，第5項で定めるところにより，当該組合員の承諾
　　　　を得て，当該領収書等に記載すべき事項を電子情報処理組織を使用
　　　　する方法その他の情報通信の技術を利用する方法であって次に掲げ
　　　　るもの（以下この条において「電磁的方法」という。）により提供す
　　　　ることができる。この場合において，当該組合は，当該領収書等を
　　　　交付したものとみなす。

　　　一　電子情報処理組織を使用する方法のうちイ又はロに掲げるもの
　　　　　イ　組合の使用に係る電子計算機と組合員の使用に係る電子計算
　　　　　　　機とを接続する電気通信回線を通じて送信し，受信者の使用に
　　　　　　　係る電子計算機に備えられたファイルに記録する方法
　　　　　ロ　組合の使用に係る電子計算機に備えられたファイルに記録さ
　　　　　　　れた当該領収書等に記載すべき事項を電気通信回線を通じて組
　　　　　　　合員の閲覧に供し，当該組合員の使用に係る電子計算機に備え
　　　　　　　られたファイルに当該領収書等に記載すべき事項を記録する方
　　　　　　　法（電磁的方法による提供を受ける旨の承諾又は受けない旨の
　　　　　　　申出をする場合にあっては，組合の使用に係る電子計算機に備
　　　　　　　えられたファイルにその旨を記載する方法）

　　　二　磁気ディスク，シー・ディー・ロムその他これらに準ずる方法

により一定の事項を確実に記録しておくことができる物をもって
調製するファイルに当該領収書等に記載すべき事項を記録したも
のを交付する方法

3　前項に掲げる方法は，組合員がファイルへの記録を出力すること
による文書を作成することができるものでなければならない。

4　第2項第一号の「電子情報処理組織」とは，組合の使用に係る電
子計算機と，受信者の使用に係る電子計算機とを電気通信回線で接
続した電子情報処理組織をいう。

5　組合は，第2項の規定により領収書等に記載すべき事項を提供し
ようとするときは，あらかじめ，当該組合員に対し，その用いる次
に掲げる電磁的方法の種類及び内容を示し，書面又は電磁的方法に
よる承諾を得なければならない。

一　第2項各号に規定する方法のうち組合が使用するもの

二　ファイルへの記録の方式

6　前項の規定による承諾を得た組合は，当該組合員から書面又は電
磁的方法により電磁的方法による提供を受けない旨の申出があった
ときは，当該組合員に対し，領収書等に記載すべき事項を電磁的方
法により提供してはならない。ただし，当該組合員が再び前項の規
定による承諾をした場合は，この限りでない。

7　利用分量割戻しは，第1項の規定により交付された領収書等によ
って確認することができる利用分量の総額が，当該組合の事業総額
の五割以上となったとき（事業別に利用分量割戻しを行おうとする
場合にあっては，利用分量割戻しを行おうとする事業ごとに，同項
の規定により交付された領収書等によって確認することができる利
用分量の総額が，当該事業の事業総額の5割以上となったとき）で
なければ行ってはならない。

8　組合は，法第52条第1項及び第2項の規定により利用分量割戻し

を行おうとするときは，その割り戻すべき金額に相当する額を利用
分量割戻金として積み立てなければならない。

9　利用分量割戻しは，定款の定めるところにより，前項の規定による利用分量割戻金の積立てを行った事業年度の翌事業年度開始の日から起算して2年を超えない期間内に，当該利用分量割戻金を取り崩して，組合員ごとに，確認した事業の利用分量に応じて行わなければならない。

10　組合は，前項の規定により利用分量割戻しを行う場合においては，当該組合員の事業の利用分量を確認するため，第1項の規定により交付した領収書等の提示を求めなければならない。

11　各事業年度の利用分量割戻金のうち，第9項に定める期間内に割戻しを行うことができなかった額は，当該事業年度の翌々事業年度における事業の利益金に算入しなければならない。

12　組合は，利用分量割戻しの金額が確定したときは，定款の定めるところにより，速やかに，その支払につき必要な事項を当該組合員に通知しなければならない。

（3）法人税法における取り扱い

①　利用割り戻し（事業分量配当）の損金算入

　法人税法は，生協が，その組合員その他の構成員に対し，その組合員等が，その事業年度中に取り扱った物の数量，価額その他その生協の事業を利用した分量に応じて分配する金額（事業分量配当）を，損金に算入するとしている（法60の2①一）。

　剰余金処分として行われたものは，通常の場合には，損金に算入されないのがたてまえである。しかし，利用割り戻しは，形式的には，剰余金処分によって行うのであるが，実質的には，組合員との取引の

第9章　割り戻し

価格修正であるので，損金に算入することとされているのである。

②　事業分量配当の対象となる剰余金

　事業分量配当の対象となる剰余金は，生協と組合員との取引および
その取引を基礎として行われた取引により生じたものに限られる。し
たがって，組合員との取引にもとづかない取引によるもの，たとえば
固定資産の処分等による剰余金の分配は，事業分量配当には含まれな
いことになる（基通14－2－1）。

　また，その事業年度における事業分量を基準としないで，前事業年
度以前の事業分量を基準として分配した場合は，その分配金額は，損
金に算入されない（法60の2①一）。

③　剰余金割戻積立金の損金算入

　生協法施行規則第207条第8項の規定により積み立てた利用分量割
戻金は，その金額が，各組合員別に計算されているといないとにかか
わらず，積み立てた事業年度の損金に算入される（基通14－2－5）。

　この取り扱いは，事業分量配当が期末において各組合員別に確定し
ていなくても，債務確定基準の特例として，損金算入を認めているも
のである。

④　割戻積立金の益金算入

　その積み立てている割戻積立金のうち，つぎに掲げる金額に相当す
る金額は，その該当することとなった事業年度の益金に算入する（基
通14－2－6）。

イ　生協法施行規則第207条第9項の規定による割戻積立金の取り崩しを行
　わずに利用分量割戻しを行った場合
　…その利用分量割戻しをした金額

403

ロ　割戻積立金を利用分量割戻しの支出以外の目的で取り崩した場合

　　…その取り崩した金額

ハ　割戻積立金を積み立てた事業年度の翌事業年度開始の日から2年を経

　　過した日の前日においてその割戻積立金残額がある場合

　　…その割戻積立金残額

⑤　領収書等の交付の省略

　組合員の利用の対価を，組合員の勤務先の給与から差し引き決済する等，掛供給の方法を採用している等のため，領収書等を組合員に交付しないでも，組合員の利用量が確認できることとなっている生協については，供給未収金台帳等により確認された利用分量により，生協法施行規則第207条第7項の判定および同条第10項の利用分量の確認を行うことができる（基通14－2－8）。

⑥　申告書の記載

　従来，事業分量配当の損金算入は，分配基準と分配金額を法人税の確定申告書に記載した書類の添付がある場合にかぎり，適用される（旧法60の2②）とされていたが，2011年（平成23年）12月の税制改正により，書類の添付要件がなくなった。したがって，2011年（平成23年）12月2日以後に確定申告書の提出期限が到来する法人税から，従来添付していた法人税申告書別表九（一）は，その提出の必要がなくなった。

（4）割戻し金の会計処理

　総（代）会において，利用割戻金が確定したときは，つぎの処理を行う。

第9章　割り戻し

```
＜設　例＞（単位省略）
イ　割り戻し1,000を決議したとき

　┌────────────────────────────────────────────────┐
　│（借）未処分剰余金　　1,000　　（貸）未 払 割 戻 金　　1,000│
　└────────────────────────────────────────────────┘

　※　1,000を損金算入する
ロ　割戻し金900を支払ったとき

　┌────────────────────────────────────────────────┐
　│（借）未 払 割 戻 金　　 900　　（貸）現 金 預 金　　　 900│
　└────────────────────────────────────────────────┘

ハ　その割り戻しをした時から2年後に残額100があるとき
　　つぎのように，益金に算入する。

　┌────────────────────────────────────────────────┐
　│（借）未 払 割 戻 金　　 100　　（貸）未払割戻金戻入益　　100│
　└────────────────────────────────────────────────┘
```

（5）消費税の取り扱い

　生協が組合員に支払う事業分量配当金のうち，課税資産の譲渡等の分量等に応じた部分の金額は，生協の売上げにかかる対価の返還等に該当する（消基通14-1-3）。したがって，経理上，決算において，その部分に対応する消費税額を「預り消費税等」の中で区分しておく必要がある。

第10章

特 殊 な 損 益

1　圧　縮　記　帳

（1）圧縮記帳の概要

①　圧縮記帳とは

　たとえば，生協が，国庫補助金等の交付等を受けた場合には，その金額をその事業年度の益金に算入しなければならない。

　しかし，これらの場合のすべてに課税することは，必ずしも適切ではない。なぜなら，固定資産の取得を目的として交付される国庫補助金等について，一時に課税されれば，その交付の本来の目的を達成することができない場合もあり得るからである。そこで，その交付の目的に適合した資産の取得等をした場合には，その国庫補助金等の額の範囲内で，取得価額を圧縮して経理することを認めている。その圧縮額は損金に算入され，国庫補助金等の受贈益と相殺されて，課税の延期がはかられることになる。これが圧縮記帳の制度である。

　圧縮記帳の適用を受けた資産の取得価額は，圧縮記帳後の金額によることとされているから，その後の譲渡原価または減価償却費は，実際の取得価額による場合より少なくなる。したがって圧縮額の損金算入額は，いずれ，将来の譲渡または減価償却を通じて取り返されることになるので，圧縮記帳は，免税ではなく，課税の延期をはかる制度とされている。

②　圧縮記帳制度の種類

　圧縮記帳制度のうち，生協に関連する主なものは，つぎのとおりである。

イ　国庫補助金等で取得した固定資産の圧縮記帳（法42 ～ 44）

第10章　特殊な損益

　ロ　保険金等で取得した固定資産の圧縮記帳（法47～49）

　ハ　交換により取得した資産の圧縮記帳（法50）

　ニ　収用等の場合の課税の特例（措法64～65の2）

　ホ　特定の資産の買い換え等の場合の課税の特例（措法65の7～65の9）

（2）圧縮記帳の経理

　圧縮記帳の経理方法としては，つぎの方法があるが，交換により取得した資産の圧縮記帳については，①の直接減額の方法しか認められていない。

①　圧縮限度額の範囲内で，固定資産の帳簿価額を損金経理により減額する方法

（借）建物圧縮損　×××　　　　　　（貸）建　　　物　×××

②　圧縮限度額以下の金額を確定した決算において剰余金の処分により積立金として積み立てる方法

（借）未処分剰余金　×××　　　　　（貸）土地圧縮積立金　×××

　※　この方法によったときは，法人税法施行規則に定める申告書別表四で減算しなければならない。

③　特別勘定の経理

　国庫補助金等の返還を要しないことが期末までに確定しない場合や，圧縮記帳の対象資産を期末までに取得しない場合には，国庫補助金等の金額以下の金額を，一定期間，特別勘定に経理することが認められる。

409

特別勘定は，確定した決算において経理すれば足り，必ずしも損金経理でなくともよい。仮受処理も認められる（基通10－1－1）。

<設　例>

当期に土地100,000千円を取得した。なお，当期に国庫補助金80,000千円を受け取っているが，返還を要しないことが当期末までに確定していない。

（借）普通預金	80,000,000	（貸）国庫補助金収入	80,000,000
（借）土　　地	100,000,000	（貸）普通預金	100,000,000
（借）土地特別勘定繰入	80,000,000	（貸）土地特別勘定	80,000,000

翌期に，国庫補助金　80,000千円について返還を要しないことが確定した。

（借）土地特別勘定	80,000,000	（貸）土地特別勘定戻入益	80,000,000
（借）土地圧縮損	80,000,000	（貸）土　　地	80,000,000

④　備忘価額

圧縮記帳後の対象資産の帳簿価額が，1円未満となる場合には，1円以上の帳簿価額を残さなければならない（令93）。

（3）申告書の記載等

圧縮記帳の損金算入は，税務署長がやむを得ない事情があると認める場合を除き，確定申告書に圧縮額の損金算入等に関する明細の記載がある場合に限り認められる（法42③，43④，44②ほか）。

第10章　特殊な損益

（4）国庫補助金等で取得した固定資産の圧縮記帳

①　適用要件

　法人が固定資産の取得または改良にあてるために国庫補助金，都道府県補助金，市町村補助金を交付された場合に，つぎの要件を具備するものについて圧縮記帳が認められる（法42，令79）。

イ　固定資産の取得または改良にあてるため，国または地方公共団体から，補助金の交付を受け，その交付の目的に適合した固定資産の取得または改良をしたこと。

ロ　補助金の返還が不要であることが，期末までに確定していること。

ハ　圧縮限度額以下の金額を損金に算入し，申告書にその明細を記載すること。

---

②　圧縮限度額

　イ　通常の場合（法42①）

圧縮限度額＝固定資産の取得，改良にあてた補助金の金額

　ロ　補助金返還不要が確定する前に，購入した固定資産（法44①，令82）

$$圧縮限度額＝\left(\begin{array}{c}返還を要しなくなった日に\\おける固定資産の帳簿価額\end{array}\right)\times\dfrac{返還しないことに なった補助金の額}{固定資産の取得価額}$$

　ハ　備忘価額　1円以上（令93）

③　特別勘定の経理

　固定資産の取得または改良にあてるための国庫補助金の交付を受け

411

た場合に，その国庫補助金の返還を要しないことがその事業年度終了
の時までに確定していない場合には，その交付を受けた国庫補助金の
金額を限度として，特別勘定としてその金額を経理することができる
（法43①，基通10－1－1）。

④　特別勘定の取り崩し

　③により特別勘定を設けている法人は，その国庫補助金を返還すべ
きことが定まった場合，または返還を要しないことが確定した場合に
は，つぎのとおり特別勘定を取り崩さなければならない。

イ　補助金が返還不要となった場合

　　返還不要確定額を取り崩して，益金に算入し，同時に，圧縮記帳の処
　理を行う（法43②③，令81，82）。この場合の圧縮限度額は，②のロの算
　式により計算する（法44①，令82）。

ロ　補助金返還が確定した場合

　　返還金額を損金に算入するとともに，その金額に相当する特別勘定の
　金額を取り崩して，益金に算入する（法43②③，令81）。

412

第11章

グループ税制

I

100％グループ内の法人間の取引等

1　概　　要

　今日，法人は急速にグループ化しているが，それは経営の効率化や競争力の強化を図ることができるからである。そして，法人のグループ化は，法人間の一体的管理運営をより強めることになる。税法では，グループ内法人間で資産の移転が行われたとしても，実質的に資産に対する支配は継続していること，グループ内法人間での資産の移転の時点で課税関係を生じさせると円滑な経営資源再配置に対する阻害要因にもなりかねないことなどから，連結納税を選択しているかどうかにかかわらず，その時点での課税関係を生じさせないようにするために，完全支配関係があるグループ法人間の取引について，主につぎのような措置がとられている。

① 　完全支配関係があるグループ法人間で資産の移転を行ったことにより生じる譲渡損益を，そのグループ外への移転等のときに，その移転を行った法人において計上する。

② 　完全支配関係があるグループ法人間の寄附について，支出法人で全額損金不算入とし，受領法人において全額益金不算入とする。

③ 　完全支配関係がある内国法人からの受取配当について，益金不算入を適用する場合には，負債利子を控除しない。

2 完全支配関係

　完全支配関係とは、「一の者が法人の発行済株式等の全部を直接若しくは間接に保有する関係として政令で定める関係（「当事者間の完全支配の関係」）または一の者との間に当事者間の完全支配の関係がある法人相互の関係をいう。」（法２十二の七の六）とされている。この「全部を直接若しくは間接に保有する関係」とは、「一の者が法人の発行済株式等の全部を保有する場合におけるその一の者とその法人との間の関係（「直接完全支配関係」）とする」（令４の２②）とされる。また、「一の者及びこれとの間に直接完全支配関係がある一若しくは二以上の法人またはその一の者との間に直接完全支配関係がある一若しくは二以上の法人が他の法人の発行済株式等の全部を保有するときは、その一の者はその他の法人の発行済株式等の全部を保有するものとみなす」（令４の２②）とされている。直接支配しているとみなされる関係を含めて図解するとつぎのようになる。

[発行済株式等の全部を直接または間接に保有する関係]
　　※　以下、会社はすべて株式会社とする。
① 一の者との間に直接完全支配関係がある場合（その１）

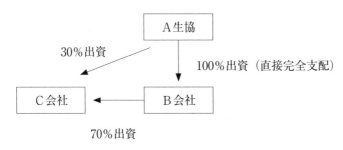

　イ　Ａ生協はＢ会社に100％出資しているので、Ａ生協とＢ会社は直接完全支配関係にある。

ロ　A生協はC会社に30％出資し，A生協が100％出資しているB会社がC会社に70％出資している。C会社は，A生協との間に直接完全支配関係があるものとみなされる。

ハ　B会社とC会社は直接完全支配関係になく，直接完全支配関係があるものとみなされない。

② 一の者との間に直接完全支配関係がある場合（その2）

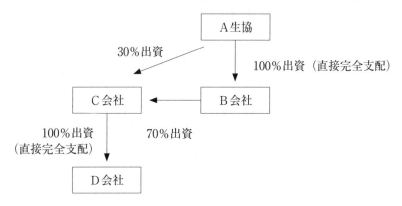

イ　A生協とB会社とC会社の関係は①と同じ。

ロ　D会社は，A生協と直接完全支配関係があるものとみなされるC会社に直接完全支配されている。結果，A生協とD会社も直接完全支配関係があるものとみなされる。

③ 一の者との間に直接完全支配関係がある場合（その３）

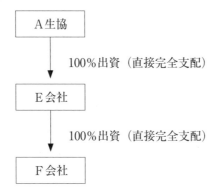

イ　A生協とE会社は直接完全支配関係にある。
ロ　F会社は，A生協に直接完全支配されているE会社に直接完全支配されている。結果，A生協とF会社は直接完全支配関係があるものとみなされる。

Ⅱ

100％グループ内の法人間の資産の譲渡取引等

1　概　　要

　内国法人が譲渡損益調整資産を子会社等の完全支配関係がある他の内国法人に譲渡した場合に，その譲渡によって得た利益額（譲渡利益額）または損失額（譲渡損失額）を，その譲渡した事業年度の所得の金額の計算上，損金の額または益金の額に算入する（法61の13①）。

　つまり，生協が直接完全支配関係にある会社等（直接完全支配関係にあるとみなされるものを含む。）に譲渡損益調整資産を譲渡して利益または損失が出た場合には，その利益または損失を計上しない（繰り延べる。）ことになる。ただし，生協が，直接完全支配関係にある「公益法人」などに資産を譲渡したとしてもこの制度の適用はない。あくまで，生協が普通法人または協同組合等に譲渡した場合に限定されている（法61の13①）。

2　譲渡損益調整資産

つぎの資産が対象となる（法61の13①，令122の14①）。

①　固定資産

②　土地（土地の上に存する権利を含む。）

　※　販売用の土地（棚卸資産としての土地）も含むため，固定資産と区分し規定している。

③　有価証券

④　金銭債権（供給未収金，貸付金，未収金など）

418

第11章　グループ税制

⑤　繰延資産（税務上の繰延資産）

ただし，つぎの資産は除かれる。

　イ　土地以外の棚卸資産

　ロ　売買目的有価証券

　ハ　譲渡直前の帳簿価額が1,000万円未満の資産

　　帳簿価額が1,000万円未満かどうかの判定をする場合の簿価は，

つぎの区分をしたあとのそれぞれの簿価とされる（令122の14①三，

規27の13の３，規27の15①）。

　　（イ）金銭債権

　　　　一の債務者ごとに区分

　　（ロ）減価償却資産

　　　　㋑　建物…１棟ごとに区分

　　　　㋺　機械および装置…一の生産設備または１台もしくは１基

　　　　　ごとに区分

　　　　㋩　その他…㋑または㋺に準じた区分

　　（ハ）土地等（土地の上に存する権利を含み，固定資産に該当す

　　　　るものを除く。）

　　　　土地等を一筆ごとに区分

　　（ニ）有価証券

　　　　銘柄の異なるごとに区分

　　（ホ）その他

　　　　通常の取引の単位を基準として区分

3　譲渡利益額または譲渡損失額

　譲渡利益額とは，譲渡にかかる収益の額が原価の額をこえる場合のそのこえる部分の金額をいい，譲渡損失額とは，譲渡にかかる原価の額が収益の額をこえる場合におけるそのこえる部分の金額をいう（法61の13

419

①）。

　譲渡損益調整資産について繰り延べられた譲渡利益額または譲渡損失額は，内国法人の税務上の負債または資産に含まれる（令122の14⑬）。

＜設　例＞

イ　Ａ生協は，完全支配関係にあるＢ会社に，土地10,000千円を15,000千円で譲渡した。

（イ）Ａ生協の会計処理

（借）現金預金	15,000,000	（貸）土　　　地	10,000,000
		土地譲渡益	5,000,000

　※　Ａ生協での税務調整

別表四　グループ法人間取引の減算調整額	
減算留保	5,000,000
別表五（一）利益積立金の増	△5,000,000

（ロ）Ｂ会社の会計処理

（借）土　　　地	15,000,000	（貸）現金預金	15,000,000

　※　Ｂ会社での税務調整なし。

ロ　その後，Ｂ会社が，土地をＣ会社（完全支配関係にない）に20,000千円で売却した場合

（イ）Ｂ会社の会計処理

（借）現金預金	20,000,000	（貸）土　　　地	15,000,000
		土地売却益	5,000,000

　※　Ｂ会社での税務調整なし。

（ロ）Ａ生協での税務調整

別表四　グループ法人間取引の加算調整額	
加算留保	5,000,000
別表五（一）利益積立金の減	△5,000,000

第11章　グループ税制

4　繰り延べられた譲渡利益額または譲渡損失額を計上しなければならない場合

　生協が，譲渡損益調整資産にかかる譲渡利益額または譲渡損失額について，繰り延べの適用を受けた場合に，譲渡を受けた法人（「譲受法人」）において，一定の事由が生じたときは，一定の金額を，譲渡をした生協の各事業年度の所得の金額の計算上，益金の額または損金の額に算入する（法61の13②，令122の14④）。

　益金の額または損金の額に算入しなければならない一定の事由と金額については，つぎのとおりである。

事　由	益金の額または損金の額に算入すべき金額
①　譲渡損益調整資産の譲渡，貸し倒れ，除却その他これらに類する事由が生じたとき	譲渡利益額または譲渡損失額に相当する金額（全額）
②　譲受法人がその有する資産について更生計画認可の決定があったことにより，会社更生法などの規定にしたがって評価換えをして帳簿価額を増額した場合に，その増額した部分の金額が益金の額に算入されたことなどの事由が生じたとき	譲渡利益額または譲渡損失額に相当する金額（全額）
③　譲渡損益調整資産が譲受法人において減価償却資産に該当し，減価償却費が損金の額に算入されたとき	$\left(\begin{array}{c}\text{譲渡利益額}\\\text{または譲渡}\\\text{損失額}\end{array}\right) \times \dfrac{\text{損金の額に算入された}\\\text{減価償却費の額}}{\text{譲受法人における譲渡}\\\text{損益調整資産の取得価額}}$
④　譲渡損益調整資産が譲受法人において繰延資産に該当し，償却費が損金の額に算入されたとき	$\left(\begin{array}{c}\text{譲渡利益額}\\\text{または譲渡}\\\text{損失額}\end{array}\right) \times \dfrac{\text{損金の額に算入された}\\\text{償却費の額}}{\text{譲受法人における譲渡}\\\text{損益調整資産の額}}$

⑤　譲渡損益調整資産が譲受法人において，災害による著しい損傷により資産の価額が帳簿価額を下まわることになったことなどで資産の評価換えをして，損金経理により帳簿価額を減額したとき	譲渡利益額または譲渡損失額に相当する金額（全額）
⑥　有価証券である譲渡損益調整資産と銘柄を同じくする有価証券を譲渡したとき	譲渡利益額または譲渡損失額に相当する金額のうち，譲渡をした数に対応する部分の金額
⑦　譲渡損益調整資産が譲受法人において償還有価証券（注）に該当し，その譲渡損益調整資産につき償還有価証券の調整差益または調整差損が益金の額または損金の額に算入されたとき	譲渡利益額または譲渡損失額に相当する金額（すでに同じ理由で調整済額がある場合には，その金額を控除した金額）$\times$ $\dfrac{譲受法人のその事業年度の日数}{譲受法人のその事業年度開始の日からその償還有価証券の償還日までの期間の日数}$

（注）償還期限および償還金額の定めのある売買目的外有価証券をいう（令119の14）。

＜設　例＞　譲渡した資産を譲受法人が減価償却した場合

　　A生協は，20X1年4月1日に完全支配関係にあるB会社に，A生協の車両12,000千円（帳簿価額）を9,000千円（適正時価）で譲渡した。車両は耐用年数5年（定額法　償却率0.2），すでにA生協で2年使用済である。

イ　A生協の譲渡時の会計処理

（借）現金預金	9,000,000	（貸）車　　両	12,000,000
車両売却損	3,000,000		

　※　A生協での税務調整

別表四　車両売却損否認	加算留保	3,000,000

第11章　グループ税制

ロ　B会社の譲受時の会計処理

（借）車　　両	9,000,000	（貸）現金預金	9,000,000

　　※　B会社での税務調整なし。

ハ　B会社では，年度末に減価償却費を計上した。B会社は，耐用年数3
　年，残存価額0で償却（直接法）。

（借）減価償却費	3,000,000	（貸）車　　両	3,000,000

　　※　B会社での税務調整なし。

ニ　A生協では年度末の会計処理は不要。

仕訳なし

　　※　A生協での税務調整

別表四　車両売却損認容	減算留保	1,000,000

　　※　認容額1,000,000＝

　　　　A生協の車両売却損否認額3,000,000

$$\times \ \frac{\text{B 会社での減価償却費} \ \ 3,000,000}{\text{B 会社での車両取得価額} \ \ 9,000,000}$$

　なお，譲渡損益調整資産が譲受法人において減価償却資産または繰延
資産であるときは，簡便的な方法により，上記表の③および④の金額を
計算することができる（令122の14⑥）。

（イ）上記の表③（減価償却資産）の場合の簡便計算

$$\left(\begin{array}{l}\text{譲渡利益額}\\\text{または譲渡}\\\text{損失額}\end{array}\right) \times \frac{\text{譲渡法人のその事業年度開始の日からその終了の日まで}}{\begin{array}{l}\text{の期間（譲渡の日の前日までの期間を除く）の月数}\\\text{譲受法人がその譲渡損益調整資産}\\\text{について適用する耐用年数} \times 12\end{array}}$$

423

（ロ）上記の表④（繰延資産）の場合の簡便計算

$$
\left.\begin{array}{l}\text{譲渡利益額}\\\text{または譲渡}\\\text{損失額}\end{array}\right\} \times \frac{\text{譲渡法人のその事業年度開始の日からその終了の日まで}\ \text{の期間（譲渡の日の前日までの期間を除く）の月数}}{\begin{array}{c}\text{その繰延資産となった費用の支出}\\\text{の効果のおよぶ期間の月数}\end{array}}
$$

※　月数は暦にしたがって計算し，1月に満たない端数はこれを1月とする（令122の14⑦）。また，この簡便計算は，確定申告書に計算明細の記載がある場合に限り適用される（令122の14⑧）。さらに，繰り延べられていた譲渡利益額または譲渡損失額を上記理由により，譲渡法人において計上しなければならない時期は，上記の表①および⑥の場合には，その事由が生じた日の属する譲受法人の事業年度終了の日，上記の表②～⑤，⑦の場合には，これらの事由により譲受法人において益金の額または損金の額に算入された事業年度終了の日となる。

※　支出の効果のおよぶ期間の起算点は，譲受法人による支出の効果のおよぶ期間が開始する時点なので，通常は譲受法人に権利が移転した時点である。

5　譲渡法人が譲受法人との間に完全支配関係を有しないこととなった場合

　譲渡法人が譲受法人との間に完全支配関係を有しないこととなった場合には，繰り延べられた譲渡利益額または譲渡損失額は，譲渡法人の完全支配関係を有しないこととなった日の前日の属する事業年度の所得の金額の計算上，益金の額または損金の額に算入する（法61の13③）。

　ただし，つぎの事由により完全支配関係を有しないこととなった場合には合併法人を譲渡法人または譲受法人とみなして引き続きこの制度を適用する（法61の13③一，二）。

第11章　グループ税制

①　譲渡法人の適格合併による解散

　譲渡法人が譲渡損益調整資産にかかる譲渡利益額または譲渡損失額について繰り延べの適用を受けた場合で，その譲渡法人が適格合併により解散したときは，その適格合併の日の属する事業年度以後の各事業年度においては，その合併法人を，繰り延べの適用を受けた法人とみなしてその適用を継続する（法61の13⑤）。

　　※　この適格合併は，合併法人が譲渡法人との間に完全支配関係がある内国法人でなければならない。つまりグループ内の適格合併に限る（法61の13⑤）。

②　譲受法人の適格合併による解散

　譲渡法人が譲渡損益調整資産にかかる譲渡利益額または譲渡損失額について繰り延べの適用を受けた場合で，その譲受法人が適格合併，適格分割，適格現物出資または適格現物分配により合併法人，分割承継法人，被現物出資法人または被現物分配法人（「合併法人等」）に譲渡損益調整資産を移転したときは，その移転した日以後に終了するその譲渡法人の各事業年度においては，その合併法人等をその譲渡損益調整資産にかかる譲受法人とみなして，繰り延べの適用を継続する（法61の13⑥）。

　　※　この適格組織再編は，譲受法人と合併法人等との間に完全支配関係がある内国法人でなければならない。つまりグループ内の適格組織再編に限る（法61の13⑥）。

③　非適格合併の場合

　適格合併に該当しない合併（＝非適格合併）にかかる被合併法人が，その非適格合併による譲渡損益調整資産の移転について譲渡利益額または譲渡損失額の繰り延べの適用を受けた場合には，その譲渡損益調整資産にかかる譲渡利益額は，その非適格合併にかかる合併法人のそ

425

の譲渡損益調整資産の取得価額に算入しないものとする。また，同様に，その譲渡損益調整資産にかかる譲渡損失額は，その非適格合併にかかる合併法人のその譲渡損益調整資産の取得価額に算入するものとする（法61の13⑦）。

つまり，グループ内の非適格合併においては，譲渡損益調整資産については，被合併法人で譲渡損益を計上しないで帳簿価額に加減する，ということになる。

6 通 知 義 務

（1）譲渡時の譲渡法人の通知義務

生協（譲渡法人）が，固定資産，土地（土地の上に存する権利を含む。），有価証券，金銭債権および繰延資産を他の内国法人（譲受法人。譲渡法人との間に完全支配関係がある普通法人または協同組合等に限る。）に譲渡した場合には，遅滞なく，その譲受法人に対して，譲渡した資産が譲渡損益調整資産に該当する資産である旨を，通知しなければならない。ただし，売買目的有価証券および譲渡直前簿価が1,000万円未満のものは通知の必要はない（令122の14⑮）。

（2）譲渡時の譲受法人の通知義務

（1）の通知を受けた譲受法人は，つぎの事項を，通知を受けたあと遅滞なく，譲渡法人に通知しなければならない（令122の14⑯）。

イ　その資産が譲受法人において売買目的有価証券に該当する旨

ロ　その資産が譲受法人において減価償却資産または税法上の繰延資産に該当し，繰り延べの適用を受けなくなった一定の理由（4の③〜④）の場合に簡便計算を受けようとする旨の通知を受けたときは，その資産について適用する耐用年数またはその資産の支出の効果の

第11章　グループ税制

およぶ年数

（3）繰り延べられた譲渡利益額または譲渡損失額の計上理由が生じた場合

　譲受法人は，繰り延べられた譲渡利益額または譲渡損失額を計上すべき理由が生じた場合には，その旨およびその生じた日を，事由が生じた事業年度終了後遅滞なく，その譲渡損益調整資産の譲渡をした内国法人（譲渡法人）に通知しなければならない（令122の14⑰）。

（4）通知の方法

　通知の方法は法令で定められていない。国税庁は質疑応答の中で，つぎのような通知書の書式例を参考として提供している（平成22年度税制改正に係る法人税質疑応答事例（グループ法人税制関係）情報，問13 譲渡損益調整資産に係る通知義務　書式例，国税庁）。

＜様　式　例＞

　法人税法第61条の13（完全支配関係がある法人の間の取引の損益）に規定する譲渡損益調整資産に関する通知書

譲渡法人（甲）	譲受法人（乙）
（法人名） （住　　所） （連絡先）	（法人名） （住　　所） （連絡先）

（譲渡法人→譲受法人）

〔通知年月日〕　平成○年○月○日

1　当社（甲）が，平成○年○月○日付で貴社（乙）に譲渡した次の資産については，法人税法第61条の13に規定する譲渡損益調整資産に該当しますので，その旨通知します。

資産の種類	固定資産・土地・有価証券・金銭債権・繰延資産
資産の名称	
譲 渡 数 量	

（譲渡損益調整資産が固定資産または繰延資産である場合）

2　なお，上記の資産が貴社（乙）において，減価償却資産または繰延資産に該当する場合には，当社（甲）では，法人税法施行令第122条の14第6項に規定する簡便法の適用を（受ける・受けない）予定ですので，その旨通知します。

（譲受法人→譲渡法人）

〔通知年月日〕　平成○年○月○日

3　上記1の資産は，当社（乙）において，次のとおりとなりますので，その旨通知します。

上記1の資産が，有価証券である場合 　　当社（乙）において，売買目的有価証券に	該当する・該当しない
上記1の資産が，貴社（甲）において固定資産である場合 　　当社（乙）において，減価償却資産に	該当する・該当しない
減価償却資産に該当する場合に，その減価償却資産に適用される耐用年数	年
上記1の資産が，貴社（甲）において繰延資産である場合 　　当社（乙）において，繰延資産に	該当する・該当しない
繰延資産に該当する場合に，その繰延資産となった費用の支出の効果のおよぶ期間	年

第11章　グループ税制

〔通知年月日〕　平成○年○月○日

4　上記1の資産について，当社（乙）において次の事由が生じましたので，その旨通知します。

該当有無○表示	発　生　事　由	発生年月日	左記の日の属する事業年度	備　考
	①　上記1の資産について次の事実が発生したこと〔譲渡・貸倒れ・除却・その他類する事由〕その他類する事由（　　　　　　　　　）	平　　・・	自平　　・・至平　　・・	
	②　上記1の資産を適格分割型分割により分割承継法人へ移転したこと	平　　・・	自平　　・・至平　　・・	
	③　普通法人または協同組合等である当社（乙）が，公益法人等に該当することとなったこと	平　　・・	自平　　・・至平　　・・	
	④　上記1の資産につき当社（乙）において・法人税法第25条第2項に規定する評価換えによりその帳簿価額を増額し，その増額した部分の金額を益金の額に算入したこと・法人税法第25条第3項に規定する資産に該当し，上記1の資産の同項に規定する評価益の額として政令で定める金額を益金の額に算入したこと	平　　・・	自平　　・・至平　　・・	

429

⑤	上記1の資産が当社（乙）において，減価償却資産に該当し，その償却費を損金の額に算入したこと	償却費を損金の額に算入した事業年度 自平　．． 至平　．． ※上記事業年度の末日が発生年月日です		損金の額に算入した償却費の額 　　　　円
⑥	上記1の資産が当社（乙）において，繰延資産に該当し，その償却費を損金の額に算入したこと	償却費を損金の額に算入した事業年度 自平　．． 至平　．． ※上記事業年度の末日が発生年月日です		損金の額に算入した償却費の額 　　　　円
⑦	上記1の資産につき当社（乙）において ・法人税法第33条第2項に規定する評価換えによりその帳簿価額を減額し，上記1の資産の同項に規定する差額に達するまでの金額を損金の額に算入したこと ・法人税法第33条第3項に規定する評価換えによりその帳簿価額を減額し，その減額した部分の金額を損金の額に算入したこと ・法人税法第33条第4項に規定する資産に該当し，上記1の資産の同項に規定する評価損の額として政令で定める金額を損金の額に算入したこと	平 ．．	自平 　　．． 至平 　　．．	
⑧	上記1の資産が有価証券である場合で，当社（乙）において，上記1の資産と銘柄を同じくする有価証券（売買目的有価証券以外のもの）を譲渡したこと （上記1の資産の数に達するまでの譲渡に限る）	平 ．．	自平 　　．． 至平 　　．．	譲渡した数量

第11章　グループ税制

		平	自平	
⑨	上記1の資産が当社（乙）において，法人税法施行令第119条の14に規定する償還有価証券に該当し，上記1の資産について法人税法施行令第139条の2第1項に規定する調整差益または調整差損を益金の額または損金の額に算入したこと	平 ．．	自平 ．． 至平 ．．	
⑩	上記1の資産が当社（乙）において，法人税法第61条の11第1項に規定する時価評価資産に該当し，上記1の資産について同項に規定する評価益または評価損を益金の額または損金の額に算入したこと	平 ．．	自平 ．． 至平 ．．	

Ⅲ 100％グループ内の法人間の寄附

1 概　　要

　内国法人が各事業年度においてその内国法人と完全支配関係にある他の内国法人に対して支出した寄附金の額は，損金の額に算入しない（法37②）。これと同時に，内国法人が各事業年度においてその内国法人と完全支配関係にある他の内国法人から受けた受贈益の額は，益金の額に算入しない（法25の２）。

　グループ法人間の取引については課税関係を生じさせないことを意味するが，この制度の対象となる寄附金と受贈益とは表裏一体の関係にあるものに限られる。

＜設　例＞

　Ａ生協とＢ子会社は，完全支配関係（100％出資）にある。Ａ生協は，Ｂ子会社に，1,000千円の寄附をした。Ｂ子会社では受贈益となるものである。

イ　Ａ生協での会計処理

（借）雑費（寄附金）　1,000,000	（貸）現金預金　1,000,000

ロ　Ｂ子会社での会計処理

（借）現金預金　　　　1,000,000	（貸）受贈益　　　1,000,000

ハ　Ａ生協とＢ子会社での税務調整

　　Ａ生協　　　別表四　寄附金損金不算入　加算・社外流出　　1,000,000

　　Ｂ子会社　　別表四　受贈益益金不算入　減算・社外流出　　1,000,000

第11章　グループ税制

2　寄附修正

　親法人である生協が完全支配関係にある子法人の出資（株式）について寄附修正事由（子法人が他の内国法人から受贈益を受けた場合または，子法人が他の内国法人に対して寄附金を支出した場合をいう。）が生じる場合のその受贈益の額にその寄附修正事由にかかる持分割合を乗じて計算した金額から，寄附修正事由が生じる場合のその寄附金の額にその寄附修正事由にかかる持分割合を乗じて計算した金額を減算した金額が，利益積立金額の加算項目となる（令9①七）。

　すなわち，子法人が寄附金の損金不算入および受贈益の益金不算入の適用がある寄附金を支出した場合に，その株主において，その寄附による純資産の減少額相当額が寄附をした子法人の株式の帳簿価額から減算（利益積立金額も減算）されるとともに，受贈による純資産の増加額相当額が受贈した子法人の株式の帳簿価額に加算（利益積立金額も加算）されることになる。

　※　グループ法人間の寄附について課税関係を生じさせないこととなるため，これを利用した株式の価値の移転が容易となり，これにより子法人株式の譲渡損を作出する租税回避が考えられるため，これを防止するために設けられたものとされている。

　以下，いくつかの設例により説明する。

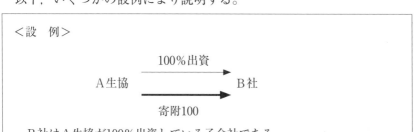

＜設　例＞

　B社はA生協が100％出資している子会社である。
　A生協はB社に100を寄附した。金額単位は省略。

イ　会計処理

A生協

| （借）雑費（寄附金）　100 | （貸）現金預金　　　　100 |

B社

| （借）現金預金　　　　100 | （貸）雑収入（受贈益）100 |

ロ　A生協とB社の申告調整

A生協　　　別表四　寄附金損金不算入　加算・社外流出　100

B社　　　　別表四　受贈益益金不算入　減算・社外流出　100

ハ　寄附修正

　　A生協は，完全支配関係にあるB社の株式について寄附修正事由が生じ
ているため，A生協はB社株式について受贈益の額100に持分割合100％を
乗じた金額100を利益積立金額に加算するとともに，同額を寄附修正事由が
生じた時の直前のB社株式の帳簿価額に加算し，加算後の帳簿価額を株式
の数で除して計算した金額を1株あたりの帳簿価額とする。

　　A生協の別表五（一）（抜粋）

区分	期首	減	増	期末
B社株式			100	100
計			100	100

ニ　仮に，A生協がこの状態で，B社株式を他社に売却した場合

　　A生協は，寄附修正後の帳簿価額で税務上の譲渡損益の計算を行う。た
とえば，翌期に，寄附修正前の帳簿価額1,000，寄附修正後の帳簿価額1,100
のB社株式を1,200で売却した場合の処理は，つぎのとおりとなる。

| （イ）A生協の会計上の処理 |
| （借）現金預金　　1,200　　（貸）B社株式　　　　1,000 |
| 　　　　　　　　　　　　　　　　　　株式売却益　　　　200 |

434

第11章　グループ税制

　（ロ）A生協の申告調整
　　　別表四　　株式売却益益金不算入　　減算・留保　100
　　別表五（一）（抜粋）

区分	期首	減	増	期末
B社株式	100	100	0	0
計	100	100	0	0

<設　例>

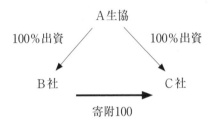

　B社およびC社はA生協がそれぞれ100％出資している子会社である。B社がC社に100を寄附した。
イ　会計処理
　B社

　　（借）雑費（寄附金）　100　　（貸）現金預金　　　　　100

　C社

　　（借）現金預金　　　　100　　（貸）雑収入（受贈益）　100

ロ　B社とC社の申告調整
　　B社　別表四　　寄附金損金不算入　　加算・社外流出　100
　　C社　別表四　　受贈益益金不算入　　減算・社外流出　100
ハ　寄附修正
　　A生協は，B社の株式について，寄附金の額100に持分割合100％を乗じ

435

た金額100を利益積立金額から減算するとともに，同額を寄附修正事由を生じた時の直前のB社株式の帳簿価額から減算し，減算後の帳簿価額を株式の数で除して計算した金額を1株あたりの帳簿価額とする。

また，A生協は，C社の株式について，受贈益の額100に持分割合100％を乗じた金額100を利益積立金額に加算するとともに，同額を寄附修正事由を生じた時の直前のC社株式の帳簿価額に加算し，加算後の帳簿価額を株式の数で除して計算した金額を1株あたりの帳簿価額とする。

結局これらは，A生協の別表五（一）に記載し税務調整する。

A生協の別表五（一）（抜粋）

区分	期首	減	増	期末
B社株式		100		△100
C社株式			100	100
計		100	100	0

<設 例>

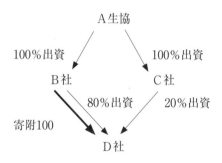

B社およびC社はA生協がそれぞれ100％出資している子会社である。
D社は，B社が80％，C社が20％出資している会社である。
A生協とD社は直接完全支配関係にあるものとみなされる。
この状況で，B社がD社に100を寄附した。

第11章　グループ税制

イ　会計処理

B社

（借）雑費（寄附金）　100	（貸）現金預金　　　　　100

D社

（借）現金預金　　　　　100	（貸）雑収入（受贈益）　100

ロ　B社とD社の申告調整

B社　別表四　寄附金損金不算入　　加算・社外流出　100

D社　別表四　受贈益益金不算入　　減算・社外流出　100

ハ　寄附修正

（イ）A生協

　　A生協は，B社の株式について寄附金の額100に持分割合100％を乗じた金額100を利益積立金額から減算するとともに，同額を寄附修正事由が生じた時の直前のB社株式の帳簿価額から減算し，減算後の帳簿価額を株式の数で除して計算した金額を1株あたりの帳簿価額とする。

A生協の別表五（一）（抜粋）

区分	期首	減	増	期末
B社株式		100		△100
計		100		△100

（ロ）B社

　　B社は，D社の株式について寄附修正事由が生じているため，B社は，D社株式について受贈益の額100に持分割合80％を乗じた金額80を利益積立金額に加算するとともに，同額を寄附修正事由が生じた時の直前のD社の株式の帳簿価額に加算し，加算後の帳簿価額を株式の数で除して計算した金額を1株あたりの帳簿価額とする。

B社の別表五（一）（抜粋）

区分	期首	減	増	期末
D社株式			80	80
計			80	80

（ハ）C社

　　C社は，D社の株式について寄附修正事由が生じているため，D社株式について受贈益の額100に持分割合20％を乗じた金額20を利益積立金額に加算するとともに，同額を寄附修正事由が生じた時の直前のD社株式の帳簿価額に加算し，加算後の帳簿価額を株式の数で除して計算した金額を1株あたりの帳簿価額とする。

C社の別表五（一）（抜粋）

区分	期首	減	増	期末
D社株式			20	20
計			20	20

3　子会社等を整理する場合の損失負担等について

　法人がその子会社等の解散，経営権の譲渡等にともないその子会社等のために債務の引き受けその他の損失負担または債務放棄等をした場合において，その損失負担等をしなければ今後より大きな損失を蒙ることになることが社会通念上明らかであると認められるため，やむを得ずその損失負担等をするにいたったこと等，相当な理由があると認められるときは，その負担額は，寄附金の額には該当しない（基通9－4－1）。

438

第11章　グループ税制

IV

100％グループ内の法人間の受取配当等

1　概　　要

　内国法人が配当等の額を受けるときは，その配当等の額は原則として，益金の額に算入しない（法23①）。また，負債利子がある場合には，その益金の額に算入しない金額は，それぞれ，つぎの金額の合計額とされている。

①　完全子法人株式等を有している場合

　負債利子の額を控除しないで，その全額が益金不算入となる（法23①）。

　※　完全子法人株式等…配当等の額の計算期間を通じて内国法人との間に完全支配関係があった他の内国法人の株式または出資をいう（法23⑤）。

②　関連法人株式等を有している場合

　配当等の額の合計額からその負債利子の額のうち，その関連法人株式等にかかる部分の金額を控除した金額が益金不算入となる（法23④）。

　※　関連法人株式等…内国法人が他の内国法人の発行済株式または出資の総数または総額の3分の1超を有する場合のその他の内国法人の株式または出資をいう（法23⑥）。

③　非支配目的株式等を有している場合

　配当等の額の合計額の $\frac{20}{100}$ に相当する金額が益金不算入となる（法23①）。

439

※ 非支配目的株式等…内国法人が他の内国法人の発行済株式または出資の総数または総額の100分の5以下を有する場合のその他の内国法人の株式または出資をいう（法23⑦）。

④ ①から③以外の株式等を有している場合

配当等の額の合計額の$\dfrac{50}{100}$に相当する金額が益金不算入となる（法23①）。

※ 負債利子とは，借入金の利子，手形の割引料，利子税または地方税の延滞金などをいう（令21，基通3－2－1，3－2－2，3－2－4の2）。

※ 協同組合等の各事業年度において，その有する普通出資につき支払いを受ける配当等の額がある場合には，その普通出資にかかる受取配当等の益金不算入額は，その普通出資が，完全子法人株式等，関連法人株式等および非支配目的株式等のいずれにも該当しないものとして計算する（措法67の8①）。すなわち，協同組合等が有する普通出資にかかる配当等の額については，上記④と同様，その他の株式等にかかる配当等の額として，実際の保有割合にかかわらず，その配当等の額の50％相当額が益金不算入とされる。また，普通出資にかかる配当等の額についての益金不算入額の計算では，負債利子の額を控除する必要はない。

なお，普通出資とは，協同組合等のその連合会等に対する出資のうち，優先出資以外のものをいう。また，連合会等とは，農林中央金庫その他の協同組合等であって，その会員または組合員がそれぞれの協同組合等の根拠法の規定により他の協同組合等およびこれに準ずる法人に限られているものをいう。

2 負債利子の額の割合

関連法人株式等にかかる配当等の額から控除する負債利子の額を算定

第11章　グループ税制

する際に用いる負債利子控除割合の計算式はつぎのようになる（令22）。

$$\frac{当事業年度および前事業年度終了の時における}{期末関連法人株式等の帳簿価額の合計額}$$
$$\frac{当事業年度および前事業年度の確定した決算にもとづく}{貸借対照表に計上されている総資産の帳簿価額の合計額}$$

※　協同組合等が有する関連法人株式等にかかる配当等の額について，益金
　　不算入額を計算する際に控除する関連法人株式等にかかる負債利子の額の
　　計算にあっては，分子の金額の基礎となる「期末関連法人株式等」から，
　　その協同組合等が有する普通出資額を除く（措令39の30）。つまり，生協が
　　その連合会等に対して出資している場合には，たとえその出資が「関連法
　　人株式等」に該当しても，その帳簿価額は期末関連法人株式等の帳簿価額
　　に含めないで，負債利子の額を計算する。

3　負債利子控除の簡便計算

　負債利子の額を簡便的に計算するための基準年度は，2015年（平成27
年）4月1日から2017年（平成29年）3月31日までの間に開始した各事
業年度となる（令22④）。

441

V グループ税制にともなう中小特例の不適用

1 概　　　要

　中小法人に対する特例措置について，大法人が100％出資する子法人は，親会社の信用力を背景として資金調達や事業規模の拡大等が可能であるため，グループとして活動しながらも単体として課税のメリットを受けることについて問題があるため，一定規模以上の大法人と完全支配関係にある法人については，2010年（平成22年）4月1日以後に開始する事業年度の所得に対する法人税について，中小特例の適用ができなくなった。

2 中小特例の対象となる中小法人

　各事業年度終了の時において，資本金の額もしくは出資金の額が1億円以下であるものをいう。

3 中小特例が不適用となる中小法人

　中小特例が不適用となる中小法人は，つぎの法人との間に，つぎの法人による完全支配関係がある普通法人をいう（法66⑥二，三ほか）。
　　イ　資本金の額または出資金の額が5億円以上である法人（「大法人」）
　　※　出資金5億円以上の生協は，このイの法人に該当する。
　　ロ　相互会社または外国相互会社
　　ハ　法人課税信託の受託法人

第11章　グループ税制

ニ　普通法人との間に完全支配関係があるすべての大法人が有する株
　　式および出資の全部をそのすべての大法人のうちいずれか一つの法
　　人が有するものとみなした場合に，そのいずれか一つの法人とその
　　普通法人との間に，そのいずれか一つの法人による完全支配関係が
　　あることとなるその普通法人

　したがって，出資金が5億円以上の生協が100％出資している子会社
は，「大法人」に完全支配されている法人となるため，中小特例規定の
適用を受けることができない。

　中小特例の適用の主なものを挙げると，つぎのようなものがある。

　（1）法人税率の特例（法66，143，措法42の3の2）

　　　　本書104頁参照。

　（2）貸倒引当金の繰り入れ（法52，措法57の9）

　　　　本書374頁参照。

　（3）交際費等の損金不算入（措法61の4）

　　　　本書227頁参照。

　（4）欠損金の繰り戻しによる還付（措法66の13）

　　　　本書391頁参照。

第12章

消　費　税

1　概　　　要

　消費税は，事業者が行う商品の販売，サービスの提供等を課税対象として，取引の各段階ごとに6.3％（地方消費税1.7％をあわせると８％となる）の税率で課税される間接税である。

　※　2019年10月１日以降は，7.8％となる（地方消費税2.2％をあわせると10％となる。）（改正消29，平成28年改正法附則34）。なお，同日以降，軽減税率（6.24％。地方消費税1.76％とあわせると８％）も適用されることとなる。

　消費税は，事業者が供給する商品や事業者が提供するサービスの価格にその税額を上乗せし最終的にはその税額を消費者が負担する（転嫁），というしくみとなっている。

　また，生産，流通の各段階で二重，三重に課税されないように，仕入れにかかる消費税額を控除するしくみになっている（「前段階税額控除」という。）。

2　課税の対象

（1）課税対象

　消費税の課税対象は，つぎのとおりである（消4①②）。

国内取引…事業者が国内において行う資産の譲渡等および特定仕入れ
輸入取引…保税地域から引き取られる外国貨物

①　国内取引

　国内取引の場合には，つぎのいずれをも満たす取引が消費税の課税の対象となる。

446

第12章　消　費　税

> イ　国内において行うものであること。
>
> ロ　事業者が事業として行うものであること。
>
> ハ　対価を得て行われるものであること。
>
> ニ　資産の譲渡，資産の貸し付けおよび役務の提供であること。

　国内取引であっても，この4つの要件を満たさない取引，国外で行われる取引は，原則として消費税の課税対象外となる（「不課税取引」という。）。

　輸出取引は，国内取引に該当するが，消費税は免除されている（輸出免税，消7）。

> イ　「事業者」の意義
>
> 　「事業者」とは，個人事業者および法人をいう（消2①四）。
>
> ロ　「事業として」の意義
>
> 　「事業として」とは，同種の行為を反復，継続，独立して行うことをいう（消通5－1－1）。
>
> ハ　「対価を得て行われる」の意義
>
> 　「対価を得て行われる」とは，反対給付として対価を得ることをいう（消通5－1－2）。したがって，資産の贈与（役員に対する贈与を除く。），資産の無償貸し付け，資産の自家消費（個人事業者の自家消費を除く。）は，課税対象とはならない（消2①八，4⑤一，二）。

②　保税地域から引き取られる外国貨物

　保税地域から引き取られる外国貨物は，課税対象となる（消4②）。この場合には，対価が無償であっても，また，その引き取りが事業として行われないものであっても，いずれも課税の対象となる（消通5－6－2）。

447

3 非 課 税

（1）非課税となる取引

つぎのものについては，消費税が課されない（消6①　消別表第一）。

イ　土地（土地の上に存する権利を含む。）の譲渡および貸し付け（消別表
　第一，一，消令8）

　※　土地の貸付期間が1カ月未満の場合や駐車場その他の施設の利用に
　　より土地が利用される場合は課税される。

ロ　有価証券，支払手段等の譲渡（消別表第一，二，消令9）

ハ　貸付金等の利子，保険料，共済掛金等（消別表第一，三，消令10）

ニ　郵便切手類，印紙，証紙の譲渡（消別表第一，四イ，ロ）

ホ　商品券等の物品切手等の譲渡（消別表第一，四ハ，消令11）

ヘ　国，地方公共団体が法令にもとづき徴収する手数料等にかかる役務の
　提供（消別表第一，五イ〜ハ，消令12）

（イ）登記，登録，特許，免許，許可，認可，承認，認定，確認および指定

（ロ）検査，検定，試験，審査，証明および講習

（ハ）公文書の交付，更新，訂正，閲覧および謄写

（ニ）裁判その他の紛争の処理

ト　国際郵便為替，国際郵便振替，外国為替業務および両替業務としての
　役務の提供（消別表第一，五ニ，消令13）

チ　公的な医療保険制度にもとづいて行われる医療の給付等（消別表第一，
　六，消令14）

リ　介護保険法にもとづく居宅サービス，社会福祉法にもとづく社会福祉
　事業，更生保護事業法にもとづく更生保護事業（消別表第一，七，消令
　14の2，14の3）などの資産の譲渡等

ヌ　助産にかかる資産の譲渡等（消別表第一，八）

第12章　消　費　税

　ル　埋葬料，火葬料を対価とする役務の提供（消別表第一，九）

　ヲ　身体障害者用物品の譲渡，貸し付けなどの資産の譲渡等（消別表第一，
　　十，消令14の４）

　ワ　学校教育法に規定する学校，専修学校，各種学校（修業期間が１年以
　　上である等の要件を満たすものに限る。）等の授業料，入学金，施設設備
　　費を対価とする役務の提供（消別表第一，十一，消令14の５，15，16）

　カ　学校教育法に規定する教科用図書の譲渡（消別表第一，十二）

　ヨ　住宅の貸し付け（消別表第一，十三，消令16の２）

　※　住宅の貸付期間が１カ月未満または旅館業として行う施設の貸し付
　　けは課税される。

4　納税義務者

（1）原　　則

　納税義務者は，国内での課税資産の譲渡等（消２①九）および特定課
税仕入れを行った事業者および課税貨物を保税地域から引き取る者であ
る（消５）。

　※　なお、特定課税仕入れとは、国外事業者が行う特定の取引を消費税の課
　　税対象とするものであるが、本書ではこの取り扱いについて省略している。

（2）小規模事業者の特例

　その課税期間（事業年度）の基準期間における課税売上高が1,000万
円以下の場合には，その課税期間の課税資産の譲渡等について，納税義
務が免除される（消９①）。

　ただし，特定期間における課税売上高が1,000万円をこえるときは，
納税義務は免除されない（消９の２①）。

449

特定期間とは，つぎに掲げる期間をいう（消9の2③，④，消令20の5，20の6）。

イ　その事業年度の前事業年度（7カ月以下であるものその他政令で定めるもの（以下「短期事業年度」という。）を除く。）がある法人
前事業年度開始の日以後6カ月の期間

ロ　その事業年度の前事業年度が短期事業年度である法人
その事業年度の前々事業年度開始の日以後6カ月の期間（前々事業年度が6カ月以下の場合には，前々事業年度開始の日からその終了の日までの期間）

なお，特定期間における課税売上高については，法人がその特定期間中に支払った所得税法に規定する支払明細書に記載すべき給与等（給与等，退職給与等，または公的年金等）の金額を，課税売上高とすることができる（消9の2③）。

※　基準期間（法人の場合）…前々事業年度をいう。ただし，前々事業年度が1年未満の場合には，その事業年度開始の日の2年前の日の前日から同日後1年を経過する日までの期間に開始したそれぞれの事業年度をあわせた期間をいう（消2①十四）。

※　課税事業者の選択…基準期間における課税売上高が1,000万円以下の事業者であっても課税事業者を選択することができる（「消費税課税事業者選択届出書」を提出すること。消9④，消通1－4－10，1－4－11）。

※　基準期間における課税売上高

$$
\begin{pmatrix} 基準期間に \\ おける課税 \\ 売上高 \end{pmatrix} = \begin{pmatrix} 課税資産の \\ 譲渡等の額 \\ （税抜き金額） \end{pmatrix} - \begin{pmatrix} 売上げにかかる \\ 対価の返還等の額 \\ （税抜き金額） \end{pmatrix}
$$

第12章　消　費　税

5　課税標準と税率

（1）課税標準

①　国内取引

　国内取引についての消費税の課税標準は，課税資産の譲渡等の対価の額（税抜き金額）とされている（消28①）。

イ　譲渡等の対価の額

　対価として収受し，または収受すべき一切の金銭または金銭以外の物もしくは権利その他経済的な利益の額をいい，消費税の額およびその消費税の額を課税標準として課される地方消費税の額を含まない（消28①）。

ロ　返品等の差し引き計算

　売上高について，返品を受け，または値引き，割り戻しをした場合に，当初の売上高から返品，値引き，割り戻し額を控除し，その控除後の金額を，売上高としている処理を継続して行っているときは，この処理が認められる（消通10－1－15）。

ハ　個別消費税の取り扱い

　課税標準には，酒税，たばこ税，揮発油税，石油石炭税，石油ガス税等が含まれる。

　利用者等が納税義務者となっている軽油引取税，ゴルフ場利用税および入湯税は課税標準に含まれない。しかし，税額が明確に区分されていない場合には，課税標準に含まれる（消通10－1－11）。

---

②　輸入取引

　保税地域から引き取られる課税貨物の課税標準は，関税課税価格（通常は CIF 価格），関税額および個別消費税額（酒税，たばこ税，

451

揮発油税，石油石炭税，石油ガス税等）の合計額である（消28④）。

（2）税　　　率

①　国税の税率

消費税の税率は，6.3％である（消29）。

※　2019年10月1日以降は，7.8％となる（改正消29，平成28年改正消附則34）。なお，同日以降，軽減税率（6.24％）が導入されることとなる（平成28年改正消附則34）。

②　地方消費税の課税標準と税率（地方税法72の77，72の83）
　　イ　地方消費税の課税標準

（イ）国内取引…課税資産の譲渡等にかかる消費税額から仕入れ等にかかる消費税額を控除したあとの消費税額（譲渡割）

（ロ）輸入取引…保税地域から課税貨物の引き取りに課される消費税額（貨物割）

　　ロ　税　　　率
　　消費税額の $\frac{17}{63}$（消費税率換算1.7％）である。

※　このため，消費税と地方消費税をあわせると8％の税率となる（地72の83）。

※　2019年10月1日以降は，消費税額の $\frac{22}{78}$（消費税率換算2.2％）となり，消費税と地方消費税をあわせると10％となる。なお，同日以降，軽減税率（消費税率6.24％）も導入されることになるが，その場合には，消費税額の $\frac{22}{78}$（消費税率換算1.76％）となり，消費税と地方消費税をあわせると8％となる（地72の83）。

第12章　消　費　税

（3）軽減対象課税資産の譲渡等

①　国税と地方税の消費税率

　2019年10月1日以降，消費税の税率は地方消費税をあわせると，10％となるが（改正消29），同時に軽減税率（8％）も同日以降導入されることとなっている（平成28年改正消附則34）。この結果，国税と地方税の税率はつぎの表のとおりとなる。

消費税率

区　分	旧税率8％	標準税率10％	軽減税率8％
国　　税	6.3%	7.8%	6.24%
地方税	1.7%	2.2%	1.76%

②　軽減対象課税資産の譲渡等

　軽減税率の対象となる課税資産の譲渡等（以下「軽減対象課税資産の譲渡等」）は，つぎの**イ**と**ロ**である（改正消2①九の二，改正別表第一，平成28年改正消附則34①）。

イ　飲食料品の譲渡

（イ）飲食料品の範囲

　飲食料品とは食品表示法（平成25年法律第70号）第2条第1項（定義）に規定する食品をいい，食品と食品以外の資産が「一の資産」を形成し，または構成しているものを含む。なお，この食品には，酒税法第2条第1項に規定する酒類は含まれない（平成28年改正消附則34①一）。

　※　飲食料品に含まれる一体資産

　　食品と食品以外の資産があらかじめ一の資産を形成し，または構成しているもので，一の資産にかかる価格のみが提示されているものを

453

いう（以下「一体資産」という。）。一体資産は原則として軽減税率の対象ではないが，一定の要件を満たせば対象となる。一定の要件とは，一体資産の譲渡の対価の額（税抜き金額）が1万円以下であり，かつ，一体資産の価額のうちにその一体資産に含まれる食品にかかる部分の価額の占める割合として，合理的な方法により計算した割合が$\frac{2}{3}$以上であること，とされる（平成28年改正消附則34①一，平成28年改正消令附則2）。

　なお，つぎのような場合には，食品と食品以外の資産が一の資産を形成しまたは構成していても，一体資産には該当しない。したがって，個々の商品ごとに適用税率を判定する（「消費税の軽減税率制度に関する取扱通達の制定について（以下「軽減通達」）」4）。

i　食品と食品以外の資産を組み合わせた一の詰め合わせ商品について，その詰め合わせ商品の価格とともに，これを構成する個々の商品の価格を内訳として提示している場合

ii　個々の商品の価格を提示して販売しているか否かにかかわらず，食品と食品以外の資産を，たとえば「よりどり3品△△円」と価格を提示し，顧客が自由に組み合わせることができるようにして販売している場合（この場合に個々の商品の対価の額が明らかでないときは，対価の額を合理的に区分することとなる。）

（ロ）飲食料品の譲渡から除外されるもの

　つぎのiおよびiiの課税資産の譲渡等は，飲食料品の譲渡には該当しない。したがって，軽減税率の対象とはならない（平成28年改正消附則34①一，平成28年改正消令附則3）。

i　飲食店業，喫茶店業等を営む者が行う食事の提供

　テーブル，いす，カウンターその他の飲食に用いられる設備のある場所で飲食料品を飲食させる役務の提供をいう。

第12章　消　費　税

ⅱ　課税資産の譲渡等の相手方が指定した場所において行う加熱，調理または給仕等の役務をともなう飲食料品の提供

※　ⅱのうち，次表の施設において行う飲食料品の提供は除く（軽減税率の対象となる）。

施　設　名	飲食料品の提供
老人福祉法に規定する有料老人ホーム	有料老人ホームを設置または運営する者が，入居者に対して行う飲食料品の提供
高齢者の居住の安定確保に関する法律に規定するサービス付き高齢者向け住宅	サービス付き高齢者向け住宅を設置または運営する者が，入居者に対して行う飲食料品の提供
学校給食法に規定する義務教育諸学校の施設	義務教育諸学校の設置者が，児童または生徒のすべてに学校給食として行う飲食料品の提供
夜間課程を置く高等学校における給食に関する法律に規定する夜間課程を置く高等学校の施設	高等学校の設置者が，夜間課程において行う教育を受ける生徒のすべてに夜間学校給食として行う飲食料品の提供
特別支援学校の幼稚部および高等部における学校給食に関する法律に規定する特別支援学校の幼稚部または高等部の施設	特別支援学校の設置者が，幼児または生徒のすべてに学校給食として行う飲食料品の提供
学校教育法に規定する幼稚園の施設	幼稚園の設置者が，幼児のすべてに学校給食に準じて行う飲食料品の提供
学校教育法に規定する特別支援学校に設置される寄宿舎	寄宿舎の設置者が，寄宿する幼児，児童または生徒に行う飲食料品の提供

ロ　一定の題字を用い，政治，経済，社会，文化等に関する一般社会的事実を掲載する新聞の定期購読契約にもとづく譲渡

　1週に2回以上発行する新聞に限られる（平成28年改正法附則34①二）。

455

③　軽減税率の対象とならない「食事の提供」の取り扱いについて

　上記「②　軽減対象課税資産の譲渡等」の「イ　飲食料品の譲渡」の「(ロ)　飲食料品の譲渡から除外されるもの」の「ⅰ　飲食店業，喫茶店業等を営む者が行う食事の提供」に定める「食事の提供」とは，テーブル，いす，カウンターその他の飲食に用いられる設備のある場所で飲食料品を飲食させる役務の提供をいう（平成28年法附則34①一）とされる。この「食事の提供」には飲食店営業および喫茶店営業を行う者のみならず，飲食料品をその場で飲食させる事業を営む者が行う食事の提供のすべてが該当することになる（軽減通達7）。

　「食事の提供」に関する注意点はつぎのとおりである。

イ　飲食に用いられる設備

　テーブル，いす，カウンターその他の飲食に用いられる設備をいう。その規模や目的を問わないため，たとえば，テーブルのみ，いすのみ，カウンターのみもしくはこれら以外の設備であっても，または飲食目的以外の施設等に設置されたテーブル等であっても，飲食料品の飲食に用いられるのであれば，飲食設備に該当する（軽減通達8）。

ロ　飲食設備等の設置者が異なる場合

　飲食料品を提供する事業者と飲食設備を設置または管理している者が異なる場合に，これらの者の合意等にもとづいてその設備をその事業者の顧客に利用させることとしているときは，飲食設備に該当する（軽減通達9）。

　※　公園のベンチ等の設備は，その事業者から飲食料品を購入した顧客が飲食に利用した場合でも，飲食設備には該当しない（軽減通達9(注)）。

第12章　消　費　税

ハ　食事の提供の範囲

　食事の提供とは，レストラン，喫茶店，食堂，フードコート等
（以下「レストラン等」）のテーブルやいす等の飲食に用いられる
設備のある場所で顧客に飲食させる飲食料品の提供のほか，飲食目
的以外の施設等で行うものであっても，テーブル，いす，カウンタ
ーその他の飲食に用いられる設備のある場所を顧客に飲食させる場
所として特定して行うつぎのようなものは，食事の提供に該当し，
軽減税率の対象とはならない（軽減通達10）。

　　㋑　ホテル等の宿泊施設内のレストラン等または宴会場もしくは
　　　客室で顧客に飲食させるために行われる飲食料品の提供

　　㋺　カラオケボックス等の客室または施設内に設置されたテーブ
　　　ルやいす等のある場所で顧客に飲食させるために行われる飲食
　　　料品の提供

　　㋩　小売店内に設置されたテーブルやいす等のある場所で顧客に
　　　飲食させるために行われる飲食料品の提供

　　㋥　映画館，野球場等の施設内のレストラン等または同施設内の
　　　売店等の設備として設置されたテーブルやいす等のある場所で
　　　顧客に飲食させるために行われる飲食料品の提供

　　㋭　旅客列車などの食堂施設等において顧客に飲食させるために
　　　行われる飲食料品の提供

　　※　上記㋑〜㋭の場合でも，持ち帰りのための飲食料品の譲渡（飲食
　　　料品を持ち帰りのための容器に入れ，または包装をして行った飲食
　　　料品の譲渡）は軽減税率の対象となる。

　　※　㋥および㋭の施設内に設置された売店や移動ワゴン等による弁当
　　　や飲み物等の販売は，飲食料品の譲渡に該当し軽減税率の対象とな
　　　る。ただし，座席等で飲食させるための飲食メニューを座席等に設
　　　置して，顧客の注文に応じてその座席等で行う飲食料品の提供や座
　　　席等で飲食するため事前に予約を受けて行う飲食料品の提供は軽減

457

税率の対象とはならない。

二　持ち帰りのための飲食料品の譲渡か否かの判定

　事業者が行う飲食料品の提供が，食事の提供に該当し標準税率の
適用対象となるのか，または持ち帰りのための容器に入れ，もしく
は包装を施して行う飲食料品の譲渡に該当し軽減税率の適用対象と
なるのかは，その飲食料品の提供等を行うときにおいて，たとえば，
その飲食料品について店内設備等を利用して飲食するのかまたは持
ち帰るのかを適宜の方法で相手方に意思確認するなどにより判定す
る。ただし，相手方が，店内設備等を利用して食事の提供を受ける
旨の意思表示を行っているにもかかわらず，事業者が「持ち帰り」
の際に利用している容器に入れて提供したとしても，軽減税率の適
用対象とならない（軽減通達11）。

ホ　給仕等の役務をともなう飲食料品の提供について

　「課税資産の譲渡等の相手方が指定した場所において行う加熱，
調理または給仕等の役務を伴う飲食料品の提供」（「ケータリング
等」）は，飲食料品の譲渡に含まないため，軽減税率の適用対象と
はならない。

　「加熱，調理または給仕等の役務を伴う」とは，事業者が，相手
方が指定した場所に食材等を持参して調理を行って提供する場合や，
調理済みの食材を相手方が指定した場所で加熱して温かい状態等で
提供する場合のほか，たとえば，つぎの場合も該当する。

　　㋑　飲食料品の盛り付けを行う場合

　　㋺　飲食料品が入っている器を配膳する場合

　　㋩　飲食料品の提供とともに取り分け用の食器等を飲食に適する
　　　状態に配置等を行う場合

　なお，相手方が指定した場所で加熱，調理または給仕等の役務を

第12章　消　費　税

一切ともなわない，いわゆる「出前」は，飲食料品の譲渡に該当し，軽減税率の適用対象となる（軽減通達12）。

（4）消費税率引き上げにともなう経過措置

消費税率10％（消費税7.8％，地方消費税2.2％）の施行日は2019年10月1日とされている。ただし，税率引き上げにともないつぎの経過措置が定められている。

※　経過措置上，2019年（平成31年）4月1日を「指定日」という。

①　旅客運賃等

旅客運賃，映画などの入場料金などについて，2014年（平成26年）4月1日から2019年9月30日までの間に領収している場合には，それらを使用する日が2019年10月1日以後であっても，旧税率（8％）が適用される（平成24年改正消附則5①，16）。

②　電気，ガス，水道料金等

契約にもとづいて，2019年10月1日前から継続して供給しまたは提供する電気，ガス，水道水，電気通信役務，灯油にかかる料金で，2019年10月1日から2019年10月31日までの間に料金が確定するものは，旧税率（8％）が適用される（平成24年改正消附則5②，16，平成26年消令附則4②）。

ただし，水道料金などのように2019年10月1日から1カ月を経過した後に料金が確定するものは，2019年10月1日以後初めて確定する料金を前回確定日から2019年10月1日以後初めて料金が確定する日までの期間の月数で除し，これに前回確定日から2019年10月31日までの期間の月数を乗じて計算した金額にかかる部分について旧税率（8％）が適用される特例措置が設けられている。またこの月数は暦にしたがって計算し，1カ月に満たない端数は1カ月とする（平成24年改正消

附則 5 ②，16，平成26年改正消令附則 4 ③）。

③　請負工事等

　2013年（平成25年）10月 1 日から2019年（平成31年） 3 月31日までの間に締結した工事（製造を含む。）にかかる請負契約（一定の要件に該当する測量，設計およびソフトウェアの開発等を含む。）にもとづいて，2019年10月 1 日以後に工事等を実施して対価を得た場合には旧税率（ 8 ％）が適用される。

　※　工事請負業者等には経過措置の適用を受ける旨の書面通知を相手方に行う義務がある（平成24年改正消附則 5 ③，7 ④，16）。

④　資産の貸し付け

　2013年（平成25年）10月 1 日から2019年（平成31年） 3 月31日までの間に締結した資産の貸し付けにかかる契約にもとづき，2019年10月 1 日前から同日以後引き続き資産の貸し付けを行っている場合には，2019年10月 1 日以後の資産の貸し付けについては，旧税率（ 8 ％）が適用される。

　※　資産の貸付業者等には経過措置の適用を受ける旨の書面通知を相手方に行う義務がある。なお，この適用を受けるためには一定の要件を満たす必要がある（平成24年改正消附則 5 ④⑧，16）。

⑤　指定役務の提供

　2013年（平成25年）10月 1 日から2019年（平成31年） 3 月31日までの間に締結した役務の提供にかかる契約で，その契約の性質上，その役務の提供の時期をあらかじめ定めることができないものであって，その役務の提供に先立って対価の全部または一部が分割して支払われる契約（割賦販売法第 2 条第 6 項に規定する前払式特定取引にかかる契約のうち，同項に規定する指定役務の提供にかかるもの）にもとづ

第12章　消　費　税

き，2019年10月１日以後にその契約にかかる役務の提供を行う場合には，旧税率（８％）が適用される（平成24年改正消附則５⑤，改正消令附則４⑦）。

※　「指定役務の提供」とは，割賦販売法第２条第６項に規定する前払式特定取引のうちの指定役務の提供をいい，具体的には，冠婚葬祭のための施設の提供その他の便宜の提供等をいう（国税庁「平成31年（2019年）４月１日以後に行われる資産の譲渡等に適用される消費税率等に関する経過措置の取扱いＱ＆Ａ」【基本的な考え方編】問32，33）。

⑥　予約販売にかかる書籍等

2019年（平成31年）３月31日までの間に締結した不特定多数の者に対する定期継続供給契約にもとづき譲渡する書籍その他の物品にかかる対価を2014年（平成26年）４月１日から2019年９月30日までの間に領収している場合で，その譲渡が2019年10月１日以後に行われるものの税率は旧税率（８％）となる（平成26年消令附則５）。

※　この経過措置の「予約販売にかかる書籍等」の「等」には飲食料品も含まれているが，軽減税率が適用される取引（飲食料品の譲渡）に該当するものについては，本経過措置の適用はない（平成28年改正消令４）。

⑦　通信販売

通信販売（不特定かつ多数の者に商品の内容，販売価格その他の条件を提示し，郵便，電話その他の方法により売買契約の申し込みを受けてその提示した条件にしたがって行う商品販売をいう。）の方法により商品を販売する事業者が，2019年（平成31年）３月31日までの間にその販売価格等の条件を提示し，または提示する準備を完了した場合に，2019年10月１日前に申し込みを受け，その提示した条件にしたがって2019年10月１日以後に行う商品の販売は旧税率（８％）が適用される（平成26年消令附則５③）。

※　この経過措置の「通信販売」の「商品」には飲食料品も含まれているが，軽減税率が適用される取引（飲食料品の譲渡）に該当するものについては，本経過措置の適用はない（平成28年改正消令4）。

⑧　特定新聞

不特定多数の者に週，月その他の一定の期間を周期として定期的に発行される新聞で，発行者が指定する発売日が2019年10月1日前であるもののうち，その譲渡が2019年10月1日以後に行われた場合には，旧税率（8％）が適用される（平成26年消令附則5②）。

※　この経過措置の対象は新聞となっているが，軽減税率が適用される取引（一定の題字を用い，政治，経済，社会，文化等に関する一般社会的事実を掲載する新聞の定期購読契約にもとづく譲渡）に該当するものについては，本経過措置の適用はない（平成28年改正消令4）。

⑨　有料老人ホーム

2013年（平成25年）10月1日から2019年（平成31年）3月31日までの間に締結した老人福祉法第29条第1項に規定する有料老人ホームにかかる終身入居契約（その契約にもとづき，その契約の相手方が，その有料老人ホームに入居する際に一時金を支払うことにより，その有料老人ホームに終身居住する権利を取得するものをいう。）で，入居期間中の介護料金（消費税が非課税とされるものを除く。）を入居一時金として受け取っており，かつ，その一時金についてその事業者が事情の変更その他の理由によりその額の変更を求めることができる旨の定めがないものにもとづき，2019年10月1日前から2019年10月1日以後引き続き介護にかかる役務の提供を行っている場合には，その役務の提供については旧税率（8％）が適用される（平成26年改正消令附則5④，国税庁「平成31年（2019年）4月1日以後に行われる資産の譲渡等に適用される消費税率等に関する経過措置の取扱いQ＆A」

第12章　消　費　税

【基本的な考え方編】問46）。

⑩　特定家庭用機器再商品化法（家電リサイクル法）に規定する再商
　　品化等

　家電リサイクル法に規定する製造業者等が，同法に規定する特定家
庭用機器廃棄物の再商品化等にかかる対価を2019年10月1日前に領収
している場合で，その対価の領収にかかる再商品化等が2019年10月1
日以後に行われる場合には，旧税率（8％）が適用される（平成26年
改正消令附則5⑤）。

⑪　仕入れにかかる対価の返還等を受けた場合

　2019年10月1日前の課税仕入れについて，2019年10月1日以後に返
品や値引きが発生した場合には，旧税率（8％）が適用される（平成
24年改正消附則9，16）。

⑫　売上げにかかる対価の返還等をした場合

　2019年10月1日前の売上げについて，2019年10月1日以後に売上げ
にかかる対価の返還等をした場合には，旧税率（8％）が適用される
（平成24年改正消附則11，16）。

⑬　貸し倒れにかかる税額控除

　2019年10月1日前の供給債権について，2019年10月1日以後に貸し
倒れの事実が生じた場合には，控除税額の計算は，旧税率（8％）が
適用される（平成24年改正消附則12，16）。

6　課税標準額に対する消費税の計算

（1）原　　則

課税標準額に対する消費税額は，つぎの算式により計算する。

---
① 　課税売上高 $\times \dfrac{100}{108}$ ＝課税標準額（千円未満端数切り捨て）

② 　課税標準額 $\times 6.3\%$ ＝課税標準額に対する消費税額

※　2019年10月1日以後の課税資産の譲渡等については，上記①の $\dfrac{100}{108}$ が $\dfrac{100}{110}$ になり，上記②の6.3％が7.8％になる。なお同日以後の軽減税率対象となる軽減対象課税資産の譲渡等については，上記①の $\dfrac{100}{108}$ は $\dfrac{100}{108}$ のままであるが，上記②の6.3％は6.24％となる。

（2）旧消費税法施行規則22条1項の特例

税抜き価格と消費税額を区分して領収した場合，および税込み価格または税抜き価格を基礎として計算した決済上受領すべき金額を領収する場合において，その消費税額等に相当する金額の1円未満の端数を処理し，それを明示したときは，つぎに示す計算式によって計算することができる（消規「平15財務省令92」附則2，消基通「事業者が消費者に対して価格を表示する場合の取扱い及び課税標準額に対する消費税額の計算に関する経過措置の取扱いについて」平26課消1－5改正）。

$$\left(\begin{array}{l}\text{領収するごとに税抜き本体価格または税込み}\\\text{価格と区分した1円未満の端数処理をした}\\\text{あとの消費税額等の課税期間中の合計額}\end{array}\right) \times \frac{6.3}{8.0} = \left(\begin{array}{l}\text{課税標準額に}\\\text{対する消費税額}\end{array}\right)$$

※　2019年10月1日以後の課税資産の譲渡等から，税率が10％（うち国税の税率は7.8％，地方消費税の税率は2.2％）に引き上げられるので，上記の特例計算はつぎのようになる。

第12章　消　費　税

$$\left(\begin{array}{l}\text{領収するごとに税抜き本体価格または税込み}\\\text{価格と区分した１円未満の端数処理をした}\\\text{あとの消費税額等の課税期間中の合計額}\end{array}\right) \times \frac{7.8}{10.0} = \left(\begin{array}{l}\text{課税標準額に}\\\text{対する消費税額}\end{array}\right)$$

※　なお，2019年10月１日以後の軽減税率対象となる課税資産の譲渡等については，$\dfrac{6.24}{8.0}$ である。

7　売上げ対価の返還等にかかる消費税額の控除

（1）売上げにかかる対価の返還等

　売上げにかかる対価の返還等とは，課税資産の譲渡等につき，返品を受け，または値引き，割り戻しをしたことにより，対価を返還したり，供給未収金等の債権を減額することをいう（消38①）。

※　売上げ割引，利用割り戻し（事業分量配当金）は売上げ対価の返還等に含まれる（消通14－１－３，14－１－４）。

（2）内　　容

　課税資産の譲渡等について，売上げ対価の返還等をした場合には，売上げ対価の返還等にかかる消費税額を，その課税期間における課税標準額に対する消費税額（売上げにかかる消費税額）から控除する（消38，消令58）。

※　2019年10月１日以後において，売上げ対価の返還等にかかる消費税額について，標準税率が適用される取引については10％の消費税額を，軽減税率が適用される取引については８％の消費税額を，その課税期間における課税標準額に対する消費税額から控除する（「消費税額の軽減税率制度に関するＱ＆Ａ（個別事例編）」問37，平成28年４月（平成30年11月改訂），国税庁消費税軽減税率制度対策室）。

465

※　2019年10月1日以後において，売上げ対価の返還等にかかる消費税額について，その対象となった取引にもとづいた税率を判断することが困難な場合に，「その金額が合理的に区分されていないときは，その対象となった課税資産の譲渡等の内容に応じて税率ごとにあん分し，区分することとなります」とされている（「消費税額の軽減税率制度に関するＱ＆Ａ（個別事例編）」問100，平成28年4月（平成30年11月改訂），国税庁消費税軽減税率制度対策室）。

（3）売上げ対価の返還等にかかる消費税額の計算

売上げ対価の返還等にかかる消費税額は，つぎのとおり計算する（消38①）。

$$
\begin{pmatrix} \text{売上げ対価の返還等} \\ \text{にかかる消費税額} \end{pmatrix} = \begin{pmatrix} \text{売上げ対価の返還等の} \\ \text{金額（税込み金額）} \end{pmatrix} \times \frac{6.3}{108}
$$

※　返品等の差し引き計算も認められる。この場合には，もちろん，対価の返還等にかかる消費税額を計算して控除することはできない。なお，2019年10月1日以後は，上記 $\frac{6.3}{108}$ は $\frac{7.8}{110}$（ただし，軽減税率が適用される取引については，$\frac{6.24}{108}$）となる。

（4）適用要件

売上げ対価の返還等の金額にかかる消費税額の控除は，売上げにかかる対価の返還等をした金額の明細等を記録した帳簿を，その閉鎖の日の属する課税期間の末日の翌日から2カ月を経過した日から7年間保存することが要件とされている（消38②，消令58①②）。

※　2019年10月1日以後は，売上げにかかる対価の返還等をした金額の明細等の記録した帳簿には，つぎの事項を記載しなければならない（消令58の2①）。

イ　売上げにかかる対価の返還等を受けた者の氏名または名称

第12章　消　費　税

ロ　売上げにかかる対価の返還等を行った年月日

ハ　売上げにかかる対価の返還等にかかる課税資産の譲渡等にかかる資産
　　または役務の内容（その売上げにかかる対価の返還等にかかる課税資産
　　の譲渡等が軽減対象課税資産の譲渡等である場合には，資産の内容およ
　　び軽減対象課税資産の譲渡等である旨）

ニ　税率の異なるごとに区分した売上げにかかる対価の返還等をした金額

8　貸し倒れにかかる消費税額の控除

（1）内　　容

　課税資産の譲渡等の相手方に対する供給未収金等の債権が貸し倒れと
なった場合には，その課税期間の課税標準額に対する消費税額から，そ
の貸し倒れにかかる消費税額を控除する（消39①）。

　※　2019年10月１日以後において，貸し倒れにかかる消費税額について，標
　　準税率が適用される取引については10％の消費税額を，軽減税率が適用さ
　　れる取引については８％の消費税額を，その課税期間における課税標準額
　　に対する消費税額から控除する。また，その対象となった取引にもとづい
　　た税率を判断することが困難な場合に，その金額が合理的に区分されてい
　　ないときは，その対象となった課税資産の譲渡等の内容に応じて税率ごと
　　にあん分し，区分する（平成28年改正消令附９，改正消60②）。

（2）貸し倒れの範囲

　貸し倒れの範囲は，つぎのとおりである（消39①，消令59，消規18）。

イ　会社更生法の規定による更生計画認可の決定により債権の切り捨てが
　　あったこと。

ロ　民事再生法の規定による再生計画認可の決定により債権の切り捨てが

467

あったこと。

ハ　会社法の規定による特別清算にかかる協定の認可の決定により債権の
切り捨てがあったこと。

ニ　債権にかかる債務者の財産の状況，支払能力等によりその債務者が債
務の全額を弁済できないことが明らかであること。

ホ　法令の規定による整理手続によらない関係者の協議決定により債権の
切り捨てがあったこと。

ヘ　債務者の債務超過の状態が相当期間継続し，債務を弁済できないこと
が認められる場合に，その債務者に対し書面により債務の免除をしたこ
と。

ト　継続的取引を行っていた債務者について，資産の状況，支払能力等が
悪化したため取引を停止した時以後1年以上経過したこと（債権の額か
ら備忘価額を控除した残高を貸し倒れとして処理していること。）。

チ　同一地域の債務者に対して有する債権金額の合計が，取り立てのため
に要する旅費などの費用に満たない場合で，その債務者に支払督促をし
たが弁済がない場合（債権の額から備忘価額を控除した残高を貸し倒れ
として処理していること。）。

（3）貸し倒れにかかる消費税額の計算

貸し倒れにかかる消費税額の計算は，つぎのとおりである（消39①）。

$$貸し倒れにかかる消費税額 = 貸し倒れにかかる金額（税込み金額）× \frac{6.3}{108}$$

※　2019年10月1日以後は，上記 $\frac{6.3}{108}$ が $\frac{7.8}{110}$ （ただし軽減税率が適用され
る取引の場合には $\frac{6.24}{108}$ ）となる。

468

第12章　消　費　税

（4）適用要件

　貸し倒れにかかる消費税額の控除を受けるためには，貸し倒れがあった事実を証する書類を整理しその領収をすることができなくなった日の属する課税期間の末日の翌日から2カ月を経過した日から7年間保存することが要件とされている（消39②，消規19）。

（5）貸し倒れ控除をした金額を後日回収した場合

　貸し倒れとした供給未収金等を後日，回収した場合には，その回収をした金額（税込み金額）にかかる消費税額をその課税期間の課税標準額に対する消費税額に加算する（消39③）。

9　仕入れにかかる消費税額の控除

（1）内　　容

　課税仕入れを行った場合には，その課税期間の課税標準額に対する消費税額から課税仕入れにかかる消費税額を控除する（消30①）。

　※　納税義務の免除の適用を受ける事業者（消9①）は，仕入れにかかる消費税額の控除の適用を受けることはできない。

（2）課税仕入れ

　課税仕入れとは，事業として資産を譲り受け，もしくは借り受け，または役務の提供を受けることをいうから，商品の仕入れのほか，設備投資，事業経費の支払い等も含まれる。また，免税事業者や消費者から課税資産の譲渡等を受けた場合であっても，課税仕入れに該当する。ただし，給与等を対価とする役務の提供や非課税資産の譲渡等および免税とされる課税資産の譲渡等を受けることは，課税仕入れには該当しない（消2①十二）。

469

イ　出張旅費，宿泊費，日当

　旅費，宿泊費，日当については，その旅行について通常必要であると認められる部分の金額（所基通9－3により判定）は，課税仕入れに含まれる（消通11－2－1）。

　　※　海外出張のために支給する旅費，日当は原則として課税仕入れに該当しない（消通11－2－1（注2））。

ロ　通勤手当

　通勤手当を支給した場合（定期券等の現物支給を含む。），その通勤に通常必要であると認められる部分の金額は，課税仕入れに該当する（消通11－2－2）。

ハ　会費，組合費等

　同業者団体（日本生協連，県連その他），組合等に対して支払った通常会費で，受領する同業者団体等が，課税資産の譲渡等に該当しないものとしているものは，課税仕入れに該当しない（消通11－2－6）。

ニ　物品切手等

　郵便切手類等または物品切手等は，購入時においては課税仕入れに該当せず，物品または役務の引き換え給付を受けたときに課税仕入れに該当することになる（消6，消別表第一，四，イ，ハ）。ただし，生協が自ら引き換え給付を受けるために購入した郵便切手類等または物品切手等につき，継続してその購入した課税期間の課税仕入れとすることも認められる（消通11－3－7）。

ホ　短期前払費用

　短期の前払費用について法人税の課税上，その支出した事業年度の損金とする処理（基通2－2－14）をしている場合には，その前払費用にかかる課税仕入れは，その支出した課税期間において行ったものとして取り扱われる（消通11－3－8）。

第12章　消　費　税

（3）課税売上割合が95％に満たない場合の控除税額

　その課税期間の課税売上割合（472頁参照）が95％以上の場合には，課税標準額に対する消費税額から，仕入れにかかる消費税額の全額を控除することができる。

　しかし，課税売上高が5億円をこえるとき，または課税売上割合が95％未満の場合には，課税売上げに対応する部分のみが控除できる（消30②）。その場合，控除する金額の計算は，つぎのいずれかの方式による。ただし，一括比例配分方式を選択した場合には，原則2年間はその方式を継続適用しなければならない（消30⑤）。

　※　課税期間の課税売上高が5億円をこえるかどうかは，仕入税額控除を計算する対象期間である「当該課税期間」における課税売上高で判定する（消30②）。

　※　課税期間における課税売上高は，その課税期間中に国内において行った課税資産の譲渡等の対価の額（税抜き金額）の合計額から，つぎの①に掲げる金額から②に掲げる金額を控除した金額を控除した残額をいう（消30⑥）。

　①　売上げにかかる対価の返還等の金額（税込み）

　②　売上げにかかる対価の返還等の金額にかかる消費税額に$\frac{80}{63}$（ただし，2019年10月1日以後は$\frac{100}{78}$，軽減税率が適用される取引の場合には$\frac{80}{62.4}$）を乗じて算出した金額

　イ　個別対応方式

　　課税仕入れにかかる消費税額のすべてを，3つの区分にし，つぎの算式により計算した消費税額を控除税額とする。

　（イ）課税売上げのみに対応する消費税額

　（ロ）非課税売上げのみに対応する消費税額

　（ハ）課税売上げ，非課税売上げに共通する消費税額

（ニ）控除消費税額 ＝（イ）＋（ハ）× 課税売上割合

※　課税売上割合に代えて，税務署長の承認を受けて，課税売上割合に準ずる割合によることができるが，一括比例配分方式の場合には課税売上割合に準ずる割合によることができない（消30③，消通11－5－8）。

ロ　一括比例配分方式

つぎの算式により計算した消費税額を控除税額とする。

控除消費税額＝課税仕入れにかかる消費税額×課税売上割合

（4）課税売上割合の計算

課税売上割合は，つぎの算式によって計算する（消30⑥，消令48）。

$$課税売上割合 = \frac{課税売上高}{総売上高}$$

※　分母，分子とも税抜き金額である。

※　分母，分子とも売上げ対価の返還等の金額を控除したあとの金額である（ただし，貸し倒れは控除しない。）。

（5）適用要件

仕入れにかかる消費税額の控除については，課税仕入れ等の税額控除にかかる帳簿および課税仕入れ等の事実を証する請求書等を保存することが要件とされている（以下「帳簿および請求書等保存方式」という。）（消30⑦）。ただし，課税仕入れにかかる支払い対価の額（税込み金額）が3万円未満である場合または3万円以上であっても請求書等の交付を受けなかったことについてやむを得ない理由があるとき（帳簿に理由，課税仕入れの相手先の住所を記載した場合に限る。）は，帳簿の保存だけで，請求書等の保存を要しない（消30⑦，消令49①）。費途不明金については，控除の対象とされない（消基通11－2－23）。

472

第12章　消　費　税

イ　帳簿の記載事項

　帳簿の記載事項は，つぎのとおりである（消30⑧）。

（イ）課税仕入れの相手方の氏名または名称（再生資源卸売業者その他不
　　　特定多数の者から課税仕入れを行う事業で再生資源卸売業に準ずるも
　　　のにかかる課税仕入れについては省略できる。）（消令49②）。

（ロ）課税仕入れを行った年月日

（ハ）課税仕入れにかかる資産または役務の内容

（ニ）課税仕入れにかかる支払い対価の額（税込み金額）

ロ　請求書等の記載事項

　請求書等とは，課税仕入れについて相手方が発行した請求書，納品書その他の書類で，つぎの事項が記載されたものをいう（消30⑨一）。

（イ）書類の作成者の氏名または名称

（ロ）課税資産の譲渡等を行った年月日（まとめて発行する場合には，その対象期間）

（ハ）課税資産の譲渡等にかかる資産または役務の内容

（ニ）課税資産の譲渡等の対価の額（税込み金額）

（ホ）書類の交付を受ける事業者の氏名または名称

　ただし，小売業，飲食店業，写真業，旅行業，タクシー業，駐車場業等，通常，不特定多数の者を相手に資産の譲渡等を行う事業者から交付されるものについては，（ホ）の事項は省略することができる（消令49④）。

　　※　請求書等の「等」とは，生協自ら行った課税仕入れについて，仕入
　　　明細書，仕入計算書などの書類でつぎの事項が記載されているものを
　　　いう（消30⑨二）。

　　　㋑　書類の作成者の氏名または名称

　　　㋺　課税仕入れの相手方の氏名または名称

　　　㋩　課税仕入れを行った年月日

　　　㋥　課税仕入れにかかる資産または役務の内容

473

㋭ 課税仕入れにかかる支払対価の額

※ 2019年10月1日以後は，「帳簿および請求書等保存方式」についてはつぎ
の事項を記載しなければならない（消法30⑧⑨，平成28年消附則34）。これ
は「帳簿および区分記載請求書等保存方式」とよばれる。

イ 帳簿の記載事項

帳簿の記載事項は，つぎのとおりである。

（イ）課税仕入れの相手方の氏名または名称（再生資源卸売業者その他不
特定多数の者から課税仕入れを行う事業で再生資源卸売業に準ずるも
のにかかる課税仕入れについては省略できる。）（消令49②）

（ロ）課税仕入れを行った年月日

（ハ）課税仕入れにかかる資産または役務の内容（その課税仕入れが軽減
対象課税資産の譲渡等である場合には，その資産の内容および軽減対
象課税資産の譲渡等にかかるものである旨）

（ニ）課税仕入れにかかる支払い対価の額（税込み金額）

ロ 請求書等の記載事項

請求書等とは，課税仕入れについて相手方が発行した請求書，納品書そ
の他の書類で，つぎの事項が記載されたものをいう。

（イ）書類の作成者の氏名または名称

（ロ）課税資産の譲渡等を行った年月日（まとめて発行する場合には，そ
の対象期間）

（ハ）課税資産の譲渡等にかかる資産または役務の内容（その課税資産の
譲渡等が軽減対象課税資産の譲渡等である場合には，その資産の内容
および軽減対象課税資産の譲渡等である旨）

※ かっこ書において「資産の内容」とされ「資産または役務の内容」
とされていないのは，役務の内容は軽減対象課税資産の譲渡等に該当
しないためである。

第12章 消　費　税

（ニ）税率の異なるごとに区分して合計した課税資産の譲渡等の対価の額
　　（税込み金額）

（ホ）書類の交付を受ける事業者の氏名または名称

　　　ただし，小売業，飲食店業，写真業，旅行業，タクシー業，駐車場業
　　等，通常，不特定多数の者を相手に資産の譲渡等を行う事業者から交付
　　されるものについては，（ホ）の事項は省略することができる（消令49④）。

　　※　請求書等の「等」とは，生協自ら行った課税仕入れについて，仕入
　　　明細書，仕入計算書などの書類でつぎの事項が記載されているものを
　　　いう（消30⑨二）。

　㋑　課税仕入れの相手方の氏名または名称

　㋺　課税仕入れを行った年月日

　㋩　課税仕入れにかかる資産または役務の内容（その課税仕入れが他の
　　　者から受けた軽減対象課税資産の譲渡等にかかるものである場合には，
　　　資産の内容および軽減対象課税資産の譲渡等にかかるものである旨）

　　※　かっこ書において「資産の内容」とされ「資産または役務の内容」
　　　とされていないのは，役務の内容は軽減対象課税資産の譲渡等に該当
　　　しないためである。

　㋥　課税仕入れにかかる支払い対価の額

　なお，「帳簿および区分記載請求書等保存方式」のうち，区分記載請求書等に
ついて，上記「（ハ）課税資産の譲渡等にかかる資産または役務の内容（その課
税資産の譲渡等が軽減対象課税資産の譲渡等である場合には，その資産の内容
および軽減対象課税資産の譲渡等である旨）」のうち，「その課税資産の譲渡等
が軽減対象課税資産の譲渡等である場合には，その資産の内容および軽減対象
課税資産の譲渡等である旨」および「（ニ）税率の異なるごとに区分して合計し
た課税資産の譲渡等の対価の額（税込み金額）」の記載がない請求書等の交付を
受けた場合には，その交付を受けた事業者の側で追記することができることに
なっている（平成28年消附則34③）。したがって，追記して保存すれば，仕入税

475

額控除の要件を満たすこととされている。

10 仕入れ対価の返還等にかかる税額

（1）仕入れにかかる対価の返還等
仕入れにかかる対価の返還等とは，課税仕入れにつき，返品をし，または値引きや割り戻しを受けたことにより，対価の返還を受けたり，買掛金等の債務の減額を受けることをいう（消32①）。

仕入れ対価の返還等には，仕入れにかかる返品，値引き，割り戻しのほか，つぎのものも含まれる（消通12−1−2，12−1−3，12−1−4）。

イ　販売促進の目的で取引先から金銭により支払いを受ける販売奨励金等

ロ　日本生協連等から支払いを受ける事業分量配当金

ハ　仕入割引

（2）内　　容
課税仕入れについて，仕入れ対価の返還等を受けた場合には，その課税期間における課税仕入れ等にかかる消費税額から，仕入れ対価の返還等にかかる消費税額を控除する（消32①）。

（3）仕入れ対価の返還等にかかる消費税額の計算
仕入れ対価の返還等にかかる消費税額は，つぎのとおり計算する（消32①，平成28年消附則34）。

$$\left(\begin{array}{l}\text{仕入れ対価の返還等に}\\\text{かかる消費税額}\end{array}\right) = \left(\begin{array}{l}\text{仕入れ対価の返還等の}\\\text{金額（税込み金額）}\end{array}\right) \times \frac{6.3}{108}$$

第12章　消　費　税

※　2019年10月１日以後は，上記 $\dfrac{6.3}{108}$ は $\dfrac{7.8}{110}$（ただし軽減税率が適用され
る取引の場合には $\dfrac{6.24}{108}$ ）となる。

※　返品等の差し引き計算

　課税仕入れについて返品，値引き，割り戻し等があった場合に，その返品
等の金額を，課税仕入れから控除する処理を行っているときは，その控除後
の金額を課税仕入れとすることが認められる（消基通12－１－12）。

11　簡易課税制度

（1）内　　容

　中小事業者の納税事務負担を軽減するために，売上げにかかる消費税
額（課税標準額にかかる消費税額）を基礎として簡便に，仕入れにかか
る消費税額を計算する簡易課税制度が設けられている。

（2）対象事業者

　簡易課税制度を採用できるのは，つぎの要件を満たす事業者である
（消37①）。

イ　課税事業者であること。

ロ　基準期間（前々事業年度）における課税売上高が5,000万円以下である
　こと。

ハ　消費税簡易課税制度選択届出書を提出していること。

477

（3）適用時期等

①　適用時期

　簡易課税制度は，その選択の届出を行った課税期間の翌課税期間以後の課税期間について適用される。ただし，事業を開始した場合には，その開始した課税期間から適用される（消37①，消令56）。

②　不適用の届出

　この適用を受けている事業者が，この適用をやめようとする場合には，不適用届出書を提出することにより，提出した課税期間の翌課税期間から原則的な方法に戻ることになる（消37⑤）。ただし，簡易課税制度の適用を受けてから２年間は，適用をやめることはできない（消37⑥，消令57の２）。

（4）税額の計算

①　仕入れにかかる消費税額

　売上げにかかる消費税額から控除することができる仕入れにかかる消費税額とみなされる額の計算方法は，つぎのとおりである（消37①）。

$$\begin{pmatrix} 仕入れに \\ かかる消 \\ 費税額 \end{pmatrix} = \left\{ \begin{pmatrix} 売上げに \\ かかる消 \\ 費税額 \end{pmatrix} - \begin{pmatrix} 売上げにかかる対価 \\ の返還等をした金額 \\ にかかる消費税額 \end{pmatrix} \right\} \times みなし仕入率$$

第12章　消　費　税

② みなし仕入率の適用（消37①，消令57①～⑥）

第1種事業（卸売業）	90%
第2種事業（小売業）	80%
第3種事業（製造業等）	70%
第4種事業（その他）	60%
第5種事業（サービス業等）	50%
第6種事業（不動産業）	40%

※　第3種事業とは，農業，林業，漁業，鉱業，建設業，製造業（製造した棚卸資産を小売りする事業を含む。），電気業，ガス業，熱供給業および水道業をいう。ただし，第1種事業，第2種事業に該当するものおよび加工賃その他これに類する料金を対価とする役務の提供を行う事業を除く（消令57⑤三）。

※　第4種事業は第1種，第2種，第3種，第5種および第6種以外の事業をいうが具体的には，飲食店業等が該当する。

※　第5種事業とは，運輸通信業，金融業および保険業，サービス業（飲食店業に該当するものを除く。）をいう（消令57⑤四）。

※　2019年10月1日以後より，第2種事業の範囲は，小売業，農業（飲食料品の譲渡を行う部分に限る。），林業（飲食料品の譲渡を行う部分に限る。），漁業（飲食料品の譲渡を行う部分に限る。）となる。したがって，農業，林業，漁業については，第2種事業にも第3種事業にも該当する場合がある。

イ　業種ごとに課税売上高を区分している場合

（イ）1種類の事業を行っている場合はそれぞれの事業のみなし仕入率を適用（消令57①）

（ロ）　2種類以上の事業を行っている場合のみなし仕入率＝

$$\frac{\left[\begin{array}{c}\text{第1種}\\\text{事業に}\\\text{かかる}\\\text{消費税額}\end{array}\right]\times90\%+\left[\begin{array}{c}\text{第2種}\\\text{事業に}\\\text{かかる}\\\text{消費税額}\end{array}\right]\times80\%+\left[\begin{array}{c}\text{第3種}\\\text{事業に}\\\text{かかる}\\\text{消費税額}\end{array}\right]\times70\%+\left[\begin{array}{c}\text{第4種}\\\text{事業に}\\\text{かかる}\\\text{消費税額}\end{array}\right]\times60\%+\left[\begin{array}{c}\text{第5種}\\\text{事業に}\\\text{かかる}\\\text{消費税額}\end{array}\right]\times50\%+\left[\begin{array}{c}\text{第6種}\\\text{事業に}\\\text{かかる}\\\text{消費税額}\end{array}\right]\times40\%}{A}$$

※　A＝売上げにかかる消費税額－売上げにかかる対価の返還等をした金額にかかる消費税額

※　例外…2種類以上の事業のうち1業種の課税売上高が75％以上の場合は，その事業のみなし仕入率で全体を計算することができる。3種類以上の事業のうち2種類の課税売上高の合計額が75％以上の場合は，2種類のうちみなし仕入率の高い事業をその事業の仕入率とし，みなし仕入率の低い事業の方をその他の事業の仕入率とする（消令57③）。

ロ　業種ごとに課税売上高を区分していない場合

その事業者の行っている事業のうち仕入率がもっとも低い事業のみなし仕入率を適用する（消令57④）。

12　納付税額の計算

納付税額の計算はつぎのとおりとなる。

納付税額＝課税売上高にかかる消費税額＋過年度貸し倒れ処理した貸し倒れ回収額にかかる消費税額－（仕入れにかかる消費税額＋売上げ対価の返還等にかかる消費税額＋その期間の貸し倒れ金額にかかる消費税額）

第12章　消　費　税

13　申告，納付

（1）内　　容

　事業者（免税事業者を除く。）は，課税期間ごとに，確定申告をしなければならない。また，所定の区分による，中間申告をしなければならない（消42，45）。

（2）確定申告

　課税事業者は，課税期間ごとに，その課税期間の末日の翌日から2カ月以内に税務署長に確定申告書を提出し，その申告にかかる消費税額を納付しなければならない（消45，49）。

（3）中間申告

①　直前の課税期間の年税額が4,800万円をこえる事業者

　課税期間が3月をこえる事業者は，課税期間の開始日以後1月ごとに区分した各期間（以下「1月中間申告対象期間」）について，1月中間申告対象期間の末日の翌日（1月中間申告対象期間が，課税期間の最初の期間である場合には，課税期間開始日から2月を経過した日）から2カ月以内に中間申告・納付しなければならない（消42①）。

　この1月中間申告対象期間の中間申告税額は，その直前課税期間の確定消費税額の1カ月分相当額であり，この金額が400万円以下の場合はこの1月中間申告対象期間の中間申告・納付を行う必要はない。合併法人の中間申告税額の計算は，別途定められている（消42②③）。

　※　年税額4,800万円とは消費税額のうち国税にかかる部分の金額である。
　　年間の消費税額が4,800万円ということは1月あたり400万円ということになる。つまり，直前の課税期間（つまり前事業年度）の確定消費税額

481

が１月あたり400万円をこえる消費税額であった場合には，翌事業年度には毎月中間申告・納付をしなければならないこととなる。

②　直前の課税期間の年税額が400万円をこえ4,800万円以下の事業者

　課税期間が３月をこえる事業者は，課税期間の開始日以後３月ごとに区分した各期間（以下「３月中間申告対象期間」）について，３月中間申告対象期間の末日の翌日から２カ月以内に中間申告・納付しなければならない（消42④）。この３月中間申告対象期間の中間申告税額は，その直前課税期間の確定消費税額の３カ月分相当額であり，この金額が100万円以下の場合はこの３月中間申告対象期間の中間申告・納付を行う必要はない。合併法人の中間申告税額の計算は，①の場合を準用することとされている（消42⑤）。

　　※　年税額400万円をこえ4,800万円以下とは消費税額のうち国税にかかる部分の金額である。年間の消費税額が400万円をこえるということは３月あたり100万円をこえるということになる。つまり，直前の課税期間（つまり前事業年度）の確定消費税額が３月あたり100万円（年税額で400万円）をこえる消費税額であった場合には，翌事業年度には３月毎に中間申告・納付をしなければならないこととなる。

③　直前の課税期間の年税額が48万円をこえ400万円以下の事業者

　課税期間が６月をこえる事業者は，課税期間の開始日以後６月の期間（以下「６月中間申告対象期間」）について，６月中間申告対象期間の末日の翌日から２カ月以内に中間申告・納付しなければならない（消42⑥）。この６月中間申告対象期間の中間申告税額は，その直前課税期間の確定消費税額の６カ月分相当額であり，この金額が24万円以下の場合はこの６月中間申告対象期間の中間申告・納付を行う必要はない。合併法人の中間申告税額の計算は，①の場合を準用することとされている（消42⑦）。

482

第12章　消　費　税

※　年税額48万円をこえ400万円以下とは消費税額のうち国税にかかる部分
の金額である。年間の消費税額が48万円をこえるということは6月あた
り24万円をこえるということになる。つまり，直前の課税期間（つまり
前事業年度）の確定消費税額が6月あたり24万円（年税額で48万円）を
こえる消費税額であった場合には，翌事業年度には一度だけ中間申告・
納付をしなければならないこととなる。

※　仮決算をした場合…中間申告対象期間を1課税期間とみなした仮決算
にもとづき，中間申告書を提出することができる（消43①）。

　なお，この仮計算により計算した消費税額が400万円以下，100万円以
下または24万円以下となるときでも，直前の課税期間の確定消費税額の
1カ月分相当額が400万円，3カ月分相当額が100万円または6カ月分相
当額が24万円をこえる場合には，中間申告・納付をする必要がある（消43）。

※　中間申告書の提出がない場合…中間申告書を提出すべき事業者が，そ
の中間申告書をその提出期限までに提出しなかった場合には，その提出
期限において中間申告書を提出したものとみなされる（消44）。

※　直前の課税期間の年税額が48万円以下の事業者であっても，任意に中
間申告書を提出する旨を記載した届出書を納税地の所轄税務署長に提出
した場合には，6月中間申告対象期間から，自主的に中間申告・納付す
ることができる（消42⑥⑧）。

（4）還付申告

　課税事業者は，確定申告義務がない場合であっても，各種の税額控除
額または中間納付額にかかる控除不足額があるときは，申告書を提出し
て，控除不足額の還付を受けることができる（消46）。

（5）地方消費税の申告・納付

　消費税の確定申告書を提出する義務がある事業者は，消費税の申告期
限までに，消費税の申告書とあわせて税務署長に提出し，申告した地方

消費税額を消費税額とあわせて納付しなければならない。また，課税貨物を保税地域から引き取る者は，一定の申告書を国の消費税の申告書とあわせて税関長に提出し，申告した地方消費税額を消費税額とあわせて納付しなければならない（地方税法72の88，72の101）。

14 消費税の会計処理

　法人税の課税所得金額の計算上，消費税等の取り扱いはつぎのとおりである（法人税関係個別通達「消費税法等の施行に伴う法人税の取扱いについて」平成元年直法2−1（平29課法2−17改正））。

（1）税抜経理方式と税込経理方式

　消費税等の会計処理には，税抜経理方式と税込経理方式とがある。いずれかの方式を適用することになるが，選択した方式は，原則としてすべての取引について適用することとされている。しかし，免税事業者等については，税込経理方式だけしか認められていない（「消費税法等の施行に伴う法人税の取扱いについて」3，5）。

① 税抜経理方式（消費税相当額を収益および費用の額に含めないで区分して経理する方式）

　この方式は消費税等相当額を仮勘定（仮払消費税等，仮受消費税等）によって処理することとなる。この場合の税抜処理は原則として取引のつど行うのであるが，事業年度終了の時に一括して行うこともできる（「消費税法等の施行に伴う法人税の取扱いについて」4）。仮勘定の精算は，課税期間終了時（事業年度末）に仮受消費税額等から仮払消費税額等を差し引いて，納付すべき消費税額等（または還付を受ける消費税額等）を計算する。この納付すべき消費税額等は未払消費税等（還付の場合は未収金）として計上することになる。

484

第12章　消　費　税

　また，税抜経理方式を適用し，簡易課税の適用を受ける場合には，納付すべき消費税額等（または還付を受ける消費税額等）と仮勘定の精算金額との間に差額が生じたときは，その差額をその課税期間の事業年度に益金または損金の額に算入する（「消費税法等の施行に伴う法人税の取扱いについて」6）。

② **税込経理方式（消費税等相当額を収益および費用の額に含めて経理する方式）**

　納付すべき消費税額等は，損金経理により行う。この場合の損金算入時期は，原則として納税申告書を提出した事業年度であるが，課税期間の事業年度の未払計上も認められている（「消費税法等の施行に伴う法人税の取扱いについて」7）。また，還付を受ける場合の益金算入時期は，原則的には納税申告書を提出した事業年度であるが，この場合にも未収計上が認められている（「消費税法等の施行に伴う法人税の取扱いについて」8）。

（2）少額減価償却資産等の取得価額等の判定

　損金に算入できる10万円未満の減価償却資産の取得価額または繰延資産の支出金額が20万円未満であるかどうかは，適用している経理方式により算定した金額による（「消費税法等の施行に伴う法人税の取扱いについて」9）。

　※　一括償却資産の10万円以上20万円未満の判定も同様である。

（3）寄附金にかかる時価

　寄附金の損金不算入の規定（法37⑦⑧）を適用する場合の「資産のその贈与の時における価額」または「資産のその譲渡の時における価額」の算定は法人が適用している税抜経理方式または税込経理方式に応じ，その適用している方式による価額である。また同項の「経済的な利益の

485

その供与の時における価額」は売上げ等の収益取引で適用している経理方式によった価額である（「消費税法等の施行に伴う法人税の取扱いについて」11）。

（4）交際費等の消費税額

　交際費等の損金不算入に規定する交際費等（措法61の4）にかかる消費税額等は，税抜経理方式を適用している場合には，含めない金額が損金不算入となる（ただし，交際費等にかかる消費税等の額のうち控除対象外消費税額等に相当する金額は交際費等に含まれる。）。一方，税込経理方式を適用している場合には，消費税額を含めた全額が交際費等の額になる（「消費税法等の施行に伴う法人税の取扱いについて」12）。

（5）税抜経理方式の場合の控除対象外消費税額等の損金算入

①　税抜経理方式を適用している場合に，その課税期間の課税売上割合が95％未満または課税売上高が5億円をこえるときは，課税仕入れにかかる消費税額等（仮払消費税等）のうち非課税売上げに対応する部分の金額が仕入税額控除の対象から除外（控除対象外消費税額等）される（消30②）。この控除対象外消費税額等はつぎの表のとおり処理することになる（令139の4①②）。

第12章　消　費　税

控除対象外消費税額等 ＼ 課税売上割合	80％未満	80％以上
固定資産等にかかるもので1資産あたりの金額が20万円以上のもの	合計額を繰延消費税額等として償却（資産の取得価額に算入することもできる。）	損金経理を要件に損金算入
棚卸資産にかかるもの 事業経費にかかるもの 固定資産にかかるもので1資産あたりの金額が20万円未満のもの	損金経理を要件に損金算入	

②　繰延消費税額等は，損金経理を要件に損金算入限度額の範囲内で5年間均等償却することになる（令139の4③④）。計算式はつぎのとおりである。

$$損金算入限度額＝繰延消費税額等×\frac{当期の月数}{60}\left(初年度は×\frac{1}{2}\right)$$

（6）源泉徴収がある場合の課税標準

役務の提供にかかる消費税の課税標準は，その役務の提供の対価の額とされている（消28①）。講師謝礼のように所得税の源泉徴収がある場合の消費税の課税標準は，源泉所得税控除前の金額となる。

（7）印紙税と消費税額

価格の中に印紙税額が含まれている場合の消費税の課税標準は，その価格全体が消費税の課税標準となるので，価格の中から印紙税額を控除することはできない（消通10−1−4）。

（8）棚卸資産の取得価額と消費税

　本書269頁を参照。

（9）固定資産の取得価額と消費税

　本書300頁を参照。

（10）リース資産の取得価額と消費税

　本書356頁を参照。

第13章

税額の計算，申告，納付等

1　税額の計算

（1）税額計算の順序
　各事業年度の所得に対する法人税額は，つぎのような順序で計算される。
　①　各事業年度の所得金額に対する法人税額の算出
　②　税額控除（法人税額の特別控除）
　③　土地譲渡等の特別税額の算出
　④　所得税額の控除
　⑤　納付すべき法人税額の算出

（2）所得金額に対する法人税額
　各事業年度の所得に対する法人税は，その課税標準である所得金額に税率を適用して算出する。

①　所得金額
　各事業年度の所得に対する法人税の課税標準は，各事業年度の所得の金額とされている（法21）。
　各事業年度の所得の金額（課税標準）は，その事業年度の益金の額から，損金の額を控除した金額であり（法22①），具体的には，法人税法施行規則に規定する申告書別表四（所得の金額の計算に関する明細書）の「総額欄（最下行の「所得金額又は欠損金額」）」の金額である。

②　所得金額の端数計算
　所得金額に千円未満の端数があるときは切り捨てる（国118①）。

490

第13章　税額の計算，申告，納付等

③　税　　率

本書104頁を参照のこと。

(3) 税額控除

①　税額控除の概要

　法人税額算出後に，各種の税額控除（法人税額の特別控除）の適用を受けることができる場合には，その特別控除額を法人税額から控除する。税額控除とは主につぎのものである。

イ　試験研究を行った場合の法人税額の特別控除（措法42の4）

ロ　高度省エネルギー増進設備等を取得した場合の法人税額の特別控除（措法42の5）

ハ　中小企業者等が機械等を取得した場合の法人税額の特別控除（措法42の6）

ニ　国家戦略特別区域または国家戦略総合特別区域において機械等を取得した場合の法人税額の特別控除（措法42の10，42の11）

ホ　地方活力向上地域等において特定建物等を取得した場合の法人税額の特別控除（措法42の11の3）

ヘ　特定の地域または地方活力向上地域等において雇用者の数が増加した場合の法人税額の特別控除（措法42の12）

ト　特定中小企業者等が経営改善設備を取得した場合の法人税額の特別控除（措法42の12の3）

チ　中小企業者等が特定経営力向上設備等を取得した場合の法人税額の特別控除（措法42の12の4）

リ　給与等の引上げおよび設備投資を行った場合等の法人税額の特別控除（措法42の12の5）

ヌ　革新的情報産業活用設備を取得した場合の法人税額の特別控除（措法

491

42の12の6）

ル　その他

---

②　雇用者給与等支給額が増加した場合の税額控除（法人税額の特別控除）

イ　制度の概要

　青色申告書を提出する法人が，国内雇用者に対して給与等を支給する場合において一定の要件を満たす場合には，雇用者給与等支給増加額の一定割合に相当する額をその事業年度の法人税額から控除することができる。

　（イ）国内雇用者

　国内雇用者とは，法人の使用人のうちその法人の有する国内の事業所に勤務する雇用者をいう（旧措法42の12の5②一）。

　（ロ）給与等

　給与等とは，所得税法第28条第1項に規定する給与等をいう（旧措法42の12の5②二）。

　（ハ）雇用者給与等支給額

　雇用者給与等支給額とは，本制度の適用を受けようとする事業年度（適用年度）の所得の金額の計算上損金の額に算入される国内雇用者に対する給与等の支給額をいい（旧措法42の12の5②三），つぎの金額は雇用者給与等支給額からは除かれる（措通42の12の5−2）。

　　㋑　特定就職困難者雇用開発助成金，特定求職者雇用開発助成金など労働者の雇い入れ数に応じて国等から支給を受けた助成金

　　㋺　法人の使用人が他の法人に出向し，出向者に対する給与を出向元法人が支給することとしているときに，出向元法人が出向先法人から支

第13章　税額の計算，申告，納付等

　払いを受けた給与負担金

（ニ）雇用者給与等支給増加額

　雇用者給与等支給額から基準雇用者給与等支給額を控除した金額をいう（旧措法42の12の5①）。

（ホ）基準雇用者給与等支給額

　基準事業年度（2013年（平成25年）4月1日以後に開始する各事業年度のうちもっとも古い事業年度開始の日の前日を含む事業年度をいう。）の損金の額に算入される国内雇用者に対する給与等の支給額をいう（旧措法42の12の5②四）。

ロ　適用年度

　2013年（平成25年）4月1日から2018年（平成30年）3月31日までの間に開始する各事業年度において適用できる。

ハ　適用要件

　つぎのすべての要件を満たせば，制度の適用がある。

適用要件	解　　説		
（イ）増加促進割合 　雇用者給与等支給増加額が基準雇用者給与等支給額の一定割合（増加促進割合）以上であること。	増加促進割合は適用年度の区分に応じ，つぎのとおりとなる。		
	事業年度開始日		割合
	2013年（平成25年）4月1日から2015年（平成27年）3月31日まで		2％
	2015年（平成27年）4月1日から2016年（平成28年）3月31日まで		3％
	中小企業者等	2016年（平成28年）4月1日から2018年（平成30年）3月31日まで	3％
	上記以外	2016年（平成28年）4月1日から2017年（平成29年）3月31日まで	4％
		2017年（平成29年）4月1日から2018年（平成30年）3月31日まで	5％

493

適用要件	解　　　説
	※　中小企業者等とは，中小企業者または農業協同組合等をいう。なお中小企業者とは，資本金または出資金が1億円以下のうち同一の大法人（資本金または出資金が1億円超）に発行済株式または出資の総数の$\frac{1}{2}$以上を所有されている法人および2以上の大法人にその発行済株式もしくは出資の総数の$\frac{2}{3}$以上を所有されている法人以外をいう。
(ロ)雇用者給与等支給額 　雇用者給与等支給額が比較雇用者給与等支給額以上であること。	比較雇用者給与等支給額は，適用年度開始の日の前日を含む事業年度（前事業年度）の所得の金額の計算上損金の額に算入される国内雇用者に対する給与等の支給額をいう（旧措法42の12の5②六）。
(ハ)平均給与等支給額 ㋑　中小企業者等の場合 　つぎのいずれかの要件を満たすこと。 ⅰ　平均給与等支給額＞比較平均給与等支給額 ⅱ　（平均給与等支給額－比較平均給与等支給額）÷比較平均給与等支給額≧2％ ㋺　中小企業者等以外の法人の場合 　つぎの要件を満たすこと。 　（平均給与等支給額－比較平均給与等支給額）÷比較平均給与等支給額≧2％	・平均給与等支給額 　平均給与等支給額とは，適用年度の継続雇用者に対する給与等の支給額をその継続雇用者に対する給与等の支給額にかかる給与等支給者数として計算した数を除して計算した金額をいう（旧措法42の12の5②八，旧措令27の12の5⑭⑮）。 ・継続雇用者 　継続雇用者とは，適用年度および前事業年度において給与等の支給を受けた国内雇用者をいう（旧措法42の12の5②八）。 ・比較平均給与等支給額 　比較平均給与等支給額とは，前事業年度の継続雇用者に対する給与等の支給額を前事業年度のその継続雇用者に対する給与等の支給額にかかる給与等支給者数として計算した数を除して計算した金額をいう（旧措法42の12の5②九，旧措令27の12の5⑯⑰）。

二　税額控除

（イ）中小企業者等の場合

　㋑　「平均給与等支給額＞比較平均給与等支給額」のみの場合

　　税額控除限度額＝雇用者給与等支給増加額×10％

　㋺　「（平均給与等支給額－比較平均給与等支給額）÷比較平均給

第13章　税額の計算，申告，納付等

与等支給額　≧　２％」の場合

ⅰ　雇用者給与等支給増加額×10％

ⅱ　（雇用者給与等支給額－比較雇用者給与等支給額）×12％

ⅲ　税額控除限度額　＝　ⅰ＋ⅱ

（ロ）中小企業者等以外の法人の場合

ⅰ　雇用者給与等支給増加額×10％

ⅱ　（雇用者給与等支給額－比較雇用者給与等支給額）×２％

ⅲ　税額控除限度額　＝　ⅰ＋ⅱ

③　給与等の引上げおよび設備投資を行った場合等の税額控除（法人税額の特別控除）

イ　制度の概要

　青色申告書を提出する法人が，2018年（平成30年）４月１日から2021年３月31日までの間に開始する各事業年度（設立の日を含む事業年度には適用がない。）において国内雇用者に対し給与等を支給する場合に一定の要件を満たす場合には，一定の金額を法人税額から控除することができる（措法42の12の５①②）。本制度は適用要件が中小企業者等と中小企業者等以外の法人で明確に区分されているため，以下，適用対象法人ごとに説明する。

※　国内雇用者

　国内雇用者とは，法人の使用人のうちその法人の有する国内の事業所に勤務する雇用者をいう（措法42の12の５③二）。

※　給与等

　給与等とは，所得税法第28条第１項に規定する給与等をいう（措法42の12の５③三）。

※　2018年税制改正により，②の「**雇用者給与等支給額が増加した場合の税額控除**」が改変されたものである。

495

ロ　中小企業者等以外の法人

（イ）適用対象法人

青色申告書を提出する法人（中小企業者等を除く。）

（ロ）適用要件

つぎのすべての要件を満たす場合には適用を受けることができる。

適用要件	解　　　説
イ　雇用者給与等支給額が比較雇用者給与等支給額をこえること。 雇用者給与等支給額＞比較雇用者給与等支給額 ※　前事業年度よりも給与の支給額を増額することを意味する。	イ　雇用者給与等支給額 　雇用者給与等支給額とは，本制度の適用を受けようとする事業年度（適用年度）の所得の金額の計算上損金の額に算入される国内雇用者に対する給与等の支給額をいい，つぎの金額は雇用者給与等支給額から除かれる。 （イ）特定就職困難者雇用開発助成金，特定求職者雇用開発助成金など労働者の雇い入れ数に応じて国等から支給を受けた助成金 （ロ）法人の使用人が他の法人に出向し，出向者に対する給与を出向元法人が支給することとしているときに，出向元法人が出向先法人から支払いを受けた給与負担金 ロ　比較雇用者給与等支給額 　比較雇用者給与等支給額は，適用年度開始の日の前日を含む事業年度（前事業年度）の所得の金額の計算上損金の額に算入される国内雇用者に対する給与等の支給額をいう。
ロ　継続雇用者給与等支給額増加割合が3％以上であること。 （継続雇用者給与等支給額－継続雇用者比較給与等支給額）÷継続雇用者比較給与等支給額≧3％ ※　継続雇用者への賃上げ率3％以上が必要。 ※　継続雇用者比較給与等支給額がゼロの場合には本要件を満たさない。	イ　継続雇用者 　その法人の適用年度および前事業年度の期間内の各月において，その法人の給与等の支給を受けた国内雇用者をいう。 ※　国内雇用者は，一般被保険者に該当するものに限る。その法人の就業規則において高年齢者等の雇用の安定等に関する法律第9条第1項第2号に規定する継続雇用制度を導入している旨の記載があり，かつ，雇用契約書その他これに類する雇用関係を証する書類または賃金台帳のいずれかにその継続雇用制度にもとづき雇用されている者である旨の記載がある場合には，その者は国内雇用者には含まれない（措法42の12の5③六，措令27の12の5⑬，措規20の10②）。 ※　改正前の「雇用者給与等支給額が増加した場合の税額控除」制度と異なり，継続雇用者は当事業年度および前事業年度の各月すべてに在籍している者となった。したがって，前事業年度中に採用された者や当事業年度中に退職した者は含まれない。またこれにより，継続雇用者1人あたりの平均給与計算は不要となった。 ロ　継続雇用者給与等支給額 　イに対する適用年度の給与等支給額をいう。

第13章　税額の計算，申告，納付等

適用要件	解　　説
	ハ　継続雇用者比較給与等支給額 　継続雇用者に対する前事業年度の給与等の支給額をいう（措法42の12の5③七，措令27の12の5⑮）。
ハ　国内設備投資額が一定割合以上であること。 国内設備投資額≧当期償却費総額×90% ※　国内への設備投資を一定額以上行うこと。	イ　国内設備投資額 　適用年度において取得等をした国内資産の取得価額の合計額をいう（措法42の12の5③八）。 ※　国内資産は事業用減価償却資産をいう。ただし，棚卸資産，有価証券，繰延資産は除く。 ロ　当期償却費総額 　適用年度に損金経理している償却費をいう。剰余金処分により特別償却準備金として積み立てた額を含む。過年度分の減価償却超過額の当期認容額は除く。
ニ　教育訓練費の額の増加割合が20%以上であること。 （教育訓練費の額－比較教育訓練費の額）÷比較教育訓練費の額≧20% ※　人的投資に積極的な法人に対する支援を強化する目的。 ※　比較教育訓練費の額がゼロでかつ教育訓練費の額がゼロの場合には本要件は満たさない。比較教育訓練費の額がゼロであっても教育訓練費の額がある場合には本要件を満たす（措令27の12の5㉓）。	イ　教育訓練費はつぎのものが該当する。 （イ）自ら行う教育訓練費（措法42の12の5③十，措令27の12の5⑱，措規20の10③～⑤） 　①　講師または指導者（その法人の役職員は除く。）に対して支払う報酬，料金，謝金等，旅費等 　⑩　専門家（その法人の役職員は除く。）への委託費など 　㋩　教育訓練等のために借りた施設，設備などの賃借料やコンテンツや映像などの使用料 （ロ）法人から委託を受けた他の者が教育訓練等を行う場合に，他の者に支払う費用 （ハ）法人が，他の者が行う教育訓練等に参加させる場合の，授業料，受講料，受験手数料など ロ　比較教育訓練費 　適用年度開始の日前2年以内に開始した各事業年度（つまり一昨年と昨年の2事業年度）の教育訓練費の年平均額（措法42の12の5③十一）。

（ハ）税額控除

　　㋑　（ロ）のイ～ハの要件をすべて満たす場合には，つぎの算
　　　式で計算した金額となる。

税額控除限度額＝（雇用者給与等支給額－比較雇用者給与等支給額）×15%
　※　法人税額の20%を限度とする。

　　㋺　（ロ）のイ～ハの要件に加えて（ロ）のニの要件を満たす

497

場合には，つぎの算式で計算した金額となる。

税額控除限度額＝（雇用者給与等支給額－比較雇用者給与等支給額）×20％
※　法人税額の20％を限度とする。

　（ニ）申告要件
　　　㋑　書類等の添付
　　　　　確定申告書等に「雇用者給与等支給額が増加した場合又は給
　　　　与等の引上げ及び設備投資を行った場合の法人税額の特別控除
　　　　に関する明細書」（別表6の2（20）），継続雇用者給与等支給
　　　　額および継続雇用者比較給与等支給額を記載した書類の添付が
　　　　必要である（措令42の12の5⑤）。
　　　㋺　（ロ）のニの要件を満たした場合
　　　　　（ロ）の表中ニの要件を満たした場合には，㋑に加えて，確
　　　　定申告書等に，教育訓練費の額および比較教育訓練費の額また
　　　　は中小企業比較教育訓練費の額に関する事項を記載した書類の
　　　　添付が必要である。教育訓練費の額および比較教育訓練費の額
　　　　または中小企業比較教育訓練費の額に関する事項とはつぎの事
　　　　項である。

i　　教育訓練等の実施時期
ii　　教育訓練等の内容
iii　　教育訓練等の対象となる国内雇用者の氏名
iv　　費用を支出した年月日，内容，金額，相手先の氏名（または名称）

　ハ　中小企業者等の法人
　（イ）適用対象法人
　　　青色申告書を提出する中小企業者等（適用除外事業者を除く
　　（502頁参照）。）

第13章　税額の計算，申告，納付等

（ロ）適用要件

つぎの「イおよびロの要件をすべて満たす場合」，または，つぎの「イおよびハおよびニの要件をすべて満たす場合」のいずれかを満たせば，適用を受けることができる。

適用要件	解　　説
イ　雇用者給与等支給額が比較雇用者給与等支給額をこえること。 雇用者給与等支給額＞比較雇用者給与等支給額 ※　前事業年度よりも給与の支給額を増額すること。	雇用者給与等支給額および比較雇用者給与等支給額の意義については「イ　中小企業者等以外の法人」の解説と同じ。
ロ　継続雇用者給与等支給額増加割合が1.5％以上であること。 （継続雇用者給与等支給額－継続雇用者比較給与等支給額）÷継続雇用者比較給与等支給額≧1.5％ ※　継続雇用者への賃上げ率1.5％以上が必要。 ※　継続雇用者比較給与等支給額がゼロの場合には本要件を満たさない。	継続雇用者および継続雇用者給与等支給額ならびに継続雇用者比較給与等支給額の意義については「イ　中小企業者等以外の法人」の解説と同じ。
ハ　継続雇用者給与等支給額増加割合が2.5％以上であること。 （継続雇用者給与等支給額－継続雇用者比較給与等支給額）÷継続雇用者比較給与等支給額≧2.5％ ※　継続雇用者への賃上げ率2.5％以上が必要。 ※　継続雇用者比較給与等支給額がゼロの場合には本要件を満たさない。	継続雇用者および継続雇用者給与等支給額ならびに継続雇用者比較給与等支給額の意義については「イ　中小企業者等以外の法人」の解説と同じ。
ニ　つぎのいずれかの要件を満たすこと。 （イ）（教育訓練費の額－中小企業比較教育訓練費の額）÷中小企業比較訓練費の額　≧　10％ （ロ）中小企業等経営強化法の経営力向上計画の認定を受け，その計画にしたがって経営力向上が確実に行われたことの証明がされたもの ※　中小企業比較教育訓練費の額がゼロでかつ教育訓練費の額がゼロの場合には本要件は満たさない。中小企業比較教育訓練費の額がゼロであっても教育訓練費の額がある場合には本要件を満たす（措令27の12の5㉔）。	イ　教育訓練費 　中小企業者等以外の法人の場合と同じ。 ロ　中小企業比較教育訓練費 　適用年度開始の日前1年以内に開始した各事業年度の教育訓練費の年平均額（措法42の12の5③十二）。中小企業者等以外の法人と異なり，前年度のみの教育訓練費を比較対象とする。 ハ　中小企業等経営強化法の経営力向上計画の認定を受け，その計画にしたがって経営力向上が確実に行われたことの証明 　つぎの書類を確定申告書等に添付することで証明がされたことになる（措規20の10①）。

499

適用要件	解　　説
	（イ）中小企業等経営強化法第13条第1項の認定（変更の認定を含む）にかかる同法第13条第1項に規定する経営力向上計画の写し
	（ロ）経営力向上計画にかかる認定書の写し
	（ハ）経営力向上計画にしたがって行われる同法第2条第10項に規定する経営力向上にかかる事業の実施状況について経済産業大臣に報告した内容が確認できる書類

（ハ）税額控除

　　㋑　（ロ）のイ，ロのいずれの要件も満たす場合には，つぎの算式で計算した金額とする。

税額控除限度額＝（雇用者給与等支給額－比較雇用者給与等支給額）×15％

　※　法人税額の20％を限度とする。

　　㋺　（ロ）のイ，ハ，ニのすべて要件を満たす場合には，つぎの算式で計算した金額とする。

税額控除限度額＝（雇用者給与等支給額－比較雇用者給与等支給額）×25％

　※　法人税額の20％を限度とする。

（ニ）申告要件

　　㋑　書類等の添付

　　　確定申告書等に「雇用者給与等支給額が増加した場合又は給与等の引上げ及び設備投資を行った場合の法人税額の特別控除に関する明細書」（別表6の2（20）），継続雇用者給与等支給額および継続雇用者比較給与等支給額を記載した書類の添付が必要である（措令42の12の5⑤）。

第13章　税額の計算，申告，納付等

　㋺　(ハ) の㋺の適用を受ける場合

　　(ハ) の㋺の適用を受ける場合には，㋑に加えて，確定申告
書等に，教育訓練費の額および比較教育訓練費の額または中小
企業比較教育訓練費の額に関する事項を記載した書類の添付が
必要である。教育訓練費の額および比較教育訓練費の額または
中小企業比較教育訓練費の額に関する事項とはつぎのとおりで
ある。

ⅰ　教育訓練等の実施時期

ⅱ　教育訓練等の内容

ⅲ　教育訓練等の対象となる国内雇用者の氏名

ⅳ　費用を支出した年月日，内容，金額，相手先の氏名（または名称）

---

④　中小企業者等以外の法人の税額控除の一部不適用

イ　概　　要

　中小企業者等以外の法人で，一定の期間に開始する事業年度にお
いて，一定の要件を満たす場合には，税額控除（法人税額の特別控
除）制度のうち一部について適用ができない（措法42の13⑥）。

ロ　対象法人

　中小企業者等（中小企業者および農業協同組合等）以外の法人。
なお，「適用除外事業者」に該当する中小企業者等は中小企業者等
以外の法人に含まれる。

　※　中小企業者（措令27の4⑫一）

　　資本金の額もしくは出資金の額が1億円以下の法人のうちつぎに掲げ
る法人以外の法人または資本もしくは出資を有しない法人のうち常時使
用する従業員の数が1,000人以下の法人をいう。

501

イ　その発行済株式または出資の総数または総額の2分の1以上が同一
　の大規模法人（資本金の額もしくは出資金の額が1億円をこえる法人
　または資本もしくは出資を有しない法人のうち常時使用する従業員の
　数が1,000人をこえる法人をいい，中小企業投資育成株式会社を除
　く。）の所有に属している法人
ロ　イに掲げるもののほか，その発行済株式または出資の総数または総
　額の3分の2以上が大規模法人の所有に属している法人
※　適用除外事業者
　中小企業者等のうち，事業年度開始の日前3年以内に終了した各事業
年度の所得金額をその各事業年度の月数の合計数で除しこれを12で乗じ
て計算した金額（つまり，当期を除く過去3年間分の所得金額の平均
額）が，15億円をこえる法人をいう。

ハ　要　　件

　つぎのいずれの要件も満たさない場合には，その事業年度につい
ては，一定の法人税額の特別控除の適用を受けることができない
（措法42の13⑥）。

イ　継続雇用者給与等支給額　＞　継続雇用者比較給与等支給額
　当事業年度の給与等支給額が前事業年度の給与等の支給額を上まわるこ
と。
ロ　国内設備投資額　＞　当期償却費総額×10％
　当事業年度に取得等した固定資産の取得価額の合計額が，法人が有する
減価償却資産について減価償却をした金額の総額の1割をこえること。
　なお，当事業年度の所得の金額が前事業年度の所得の金額以下である場
合には，イおよびロの要件にかかわらず，本制度による適用除外措置はな
い。

第13章　税額の計算，申告，納付等

二　適用を受けることができない税額控除制度

税額控除の適用を受けることができない制度はつぎのとおりである。

制　　度	条　　文
① 試験研究を行った場合の法人税額の特別控除	措法42の4①⑥⑦
② 地域経済牽引事業の促進区域内において特定事業用機械等を取得した場合の法人税額の特別控除	措法42の11の2②
③ 革新的情報産業活用設備を取得した場合の法人税額の特別控除	措法42の12の6②

ホ　適用期間

2018年（平成30年）4月1日以後に開始する事業年度から適用される（措法42の13⑥）。

※　「中小企業における租税特別措置法の適用除外」の適用を受ける中小企業者（「適用除外事業者」）が中小企業者等から除外されるのは2019年（平成31年）4月1日以後に開始する事業年度からである（平成29年改正法附則62①，75③，平成30年改正法附則93②，109②）。このため2019年（平成31年）4月1日よりも前に開始する事業年度については，本制度の影響はない。

（4）土地の譲渡益に対する特別課税

法人の土地譲渡益に対しては，通常の法人税のほか，次頁のような特別課税が行われる（措法62の3，63）。

503

その年1月1日における所有期間	特別税率等
①　5年超等（長期所有等一般）	5％の税率で重課 ※　1998年（平成10年）1月1日から2020年3月31日までの間は，適用が停止されている（措法62の3⑮）。
②　5年以内（短期所有）	10％の税率で重課 ※　1998年（平成10年）1月1日から2020年3月31日までの間は，適用が停止されている（措法63⑧）。

①　一般の土地等の特別課税

　法人が土地の譲渡等をした場合には，その譲渡等（短期所有土地の特別課税制度の適用があるものを除く。）にかかる譲渡利益金額の合計額に対し，通常の法人税とは別に5％の税率による追加課税が行われる（措法62の3）。

　ただし，この適用は前表のように現在停止されている。

イ　土地の譲渡等

　土地の譲渡等には，土地および土地の上に存する権利の譲渡のほか，合併に際して被合併法人の所有土地等の帳簿価額を増額して受け入れた場合等も含まれる。

ロ　特別課税の適用除外

　土地等の譲渡であっても，国または地方公共団体に対する譲渡等その他の一定の譲渡の場合（証明がされたものに限る。）は，特別課税の適用が除外される（措法62の3④）。

ハ　譲渡利益金額

　譲渡利益金額は，つぎの算式によって計算する（措法62の3②二，措令38の4④～⑦）。

第13章　税額の計算，申告，納付等

$$
譲渡利益金額 = \left(\begin{array}{l}土地譲渡等に\\よる収益の額\end{array}\right) - \left(\begin{array}{l}原価の額＋直接・間接\\に要した経費の額\end{array}\right)
$$

二　直接・間接に要した経費の額

直接・間接に要した経費の額は，つぎのいずれかの方法により計算する（措令38の4⑥⑦）。

（イ）概算値による計算

負債利子＋事業経費

※　負債利子＝帳簿価額の累計額×6％

　　事業経費＝帳簿価額の累計額×4％

※　帳簿価額の累計額はつぎにより計算した金額である。

$$
\left\{\left(\begin{array}{l}各期末\\の帳簿\\価額\end{array} \times \dfrac{各期の保有\\期間の月数}{12}\right)\begin{array}{l}の譲渡年度\\を除く各期\\の合計額\end{array}\right\} + \left(\begin{array}{l}譲渡直前\\の帳簿\\価額\end{array} \times \dfrac{譲渡年度の保\\有期間の月数}{12}\right)
$$

（ロ）実績値による計算

（イ）に代えて，実際の支出額にもとづいて合理的に計算して申告することもできる（措令38の4⑧）。

② 短期所有土地等の特別課税

所有期間が5年以下である土地の譲渡等については，その譲渡等にかかる譲渡利益金額の合計額に対し，通常の法人税とは別に10％の税率による追加課税が行われる（措法63）。

ただし，この適用は前表のように現在停止されている。

※　一定の取引は適用除外とされる（措法63③）。

（5）所得税額の控除

① 所得税額の控除の概要

　法人が，その受け取る利子，配当等について，所得税法の規定により，源泉徴収された所得税額等は，その事業年度の所得に対する法人税の額から控除され，控除しきれない金額があるときは，還付される（法68①，78①）。

② 所得税額の範囲と控除額

イ　所有期間あん分計算をするもの（令140の2①，措令26の11）

> （イ）剰余金の配当，剰余金の分配
>
> （ロ）利益の配当
>
> （ハ）金銭の分配
>
> （ニ）集団投資信託の収益の分配
>
> （ホ）割引債につき支払いを受けるべき償還差益

ロ　全額控除されるもの
　イ以外の所得税

ハ　未収利子，未収配当に対する所得税
　利子，配当等を収益として計上しているときは，利払い期の到来しているものに限って控除できる（基通16-2-2）。

ニ　割引債の償還差益に対する所得税
　割引債の償還差益については，発行時に所得税が源泉徴収されるが，この所得税は割引債の取得価額に算入し，償還時に，税額控除

第13章　税額の計算，申告，納付等

を受けることになる（措法41の12②〜④）。

③　所得税の控除額の所有期間あん分計算

②のイの控除額は，つぎのいずれかの算式により計算する（令140の2②③④）。

イ　個別法

$$
\begin{aligned}
控除税額 &= 所得税額等 \\
&\times \frac{元本所有期間の月数（端数切り上げ）}{配当等の計算期間の月数（端数切り上げ）}
\end{aligned}
$$

（小数点以下第3位未満切り上げ）

ロ　銘柄別簡便法

$$
\begin{aligned}
控除税額 &= 所得税額等 \\
&\times \frac{\left(\begin{array}{c}配当等の計算\\期間開始時の\\元本の数\end{array}\right) + \left\{\left(\begin{array}{c}配当等の計算\\期間終了時の\\元本の数\end{array}\right) - \left(\begin{array}{c}配当等の計算\\期間開始時の\\元本の数\end{array}\right)\right\} \times \frac{1}{2}}{配当等の計算期間の終了時の元本の数}
\end{aligned}
$$

（小数点以下第3位未満切り上げ）

※　簡便法適用上の留意点

（イ）　元本を株式および出資，集団投資信託の受益証券に分け，さらに利子配当等の計算期間が1年をこえるものとこえないものに区分し，その区分ごとのすべての元本について，その銘柄ごとに，この算式により計算しなければならない。

（ロ）　利子配当等の計算期間が，1年をこえるものについては，ロの算式の分子の$\frac{1}{2}$とあるのは，$\frac{1}{12}$として計算する。

507

④　申告書の記載

　所得税額の控除は，確定申告書，修正申告書または更正請求書に，控除額およびその計算に関する明細を記載した書類の添付がある場合に限り適用され，控除金額は記載した金額を限度とする（法68④）。

（6）納付すべき法人税額

　納付すべき法人税額が百円未満であるとき，または百円未満の端数があるときは，その全額または端数を切り捨てる（国119①）。

2　申告，納付，還付等

（1）確定申告

①　提出期限

　各事業年度終了の日の翌日から2月以内に確定した決算にもとづき，申告書を提出しなければならない（法74①）。

②　確定申告書の提出期限の延長

イ　国税通則法による提出期限の延長（災害等の場合）

　国税庁長官，国税不服審判所長，国税局長，または税務署長等は，災害その他やむを得ない理由により，申告期限までに申告できないと認めるときは，その理由のやんだ日から2月以内に限ってその期限を延長することができる（国11）。

　　※　国税庁長官は，都道府県の全部または一部にわたる災害その他やむを得ない理由による場合は，地域または期日を指定し，その期限を延長するものとする（国令3①）。

第13章　税額の計算，申告，納付等

※　国税庁長官は，災害その他やむを得ない理由により，申告期限まで
に申告できないと認められた者がその理由のやんだ日から2月以内に
期限を延長された場合であっても，その延長された期限までに特定税
目について電子申告等ができないと認める者が多数に上ると認める場
合には，その電子申告等ができないと認める者の範囲および期日を指
定してその期限を延長するものとする（国令3②）。

※　国税庁長官，国税不服審判所長，国税局長，税務署長等は，災害そ
の他やむを得ない理由により申告期限までに申告できないと認められ
た者がその理由のやんだ日から2月以内に期限を延長された場合であ
ってもその期限までに申告できないと認める場合には，国税通則法施
行令第3条第1項および同第3条第2項を除き，申告すべき者の申請
により期日を指定してその期限を延長するものとする（国令3③）。こ
の申請は，災害その他やむを得ない理由がやんだ後相当の期間内に，
その理由を記載した書面でしなければならない（国令3④）。

※　災害その他やむを得ない理由とはつぎのような事実をいう（国通第
11条関係1）。

（イ）地震，暴風，豪雨，豪雪，津波，落雷，地すべり，その他の自然
現象の異変による災害

（ロ）火災，火薬類の爆発，ガス爆発，交通途絶その他の人為による異
常災害

（ハ）申告等をする者の重傷病，申告等に用いる電子情報処理組織で国
税庁が運用するものの期限間際の使用不能その他の自己の責めに帰
さないやむを得ない事実

ロ　法人税法による確定申告書の提出期限の延長

確定申告書を提出すべき法人が，災害その他やむを得ない理由に
より決算が確定しないため，その申告書を提出期限までに提出する
ことができないと認められた場合には，イの場合を除き，税務署長

509

は，その法人の申請にもとづいて，期日を指定してその提出期限を
延長することができる（法75①）。

　延長の申請は，事業年度終了の日の翌日から，45日以内に申請書
を税務署長に提出することによってしなければならない（法75②）。

　この場合，法人税額に，事業年度終了の日の翌日以後2月を経過
した日から，指定された期日までの期間の日数に応じて計算した利
子税（年7.3％）を納付しなければならない。利子税額は損金に算
入される（法75⑦）。

提出期限延長申請書の記載事項（規36）

（イ）申請をする法人の名称，納税地および法人番号

（ロ）代表者の氏名

（ハ）申告書の事業年度終了の日

（ニ）指定を受けようとする期日までその提出期限の延長を必要とする理
　　由

（ホ）その他

ハ　法人税法による確定申告書の提出期限の延長の特例

　法人が，定款，寄附行為，規則，規約その他これらに準ずるもの
（以下「定款等」）の定めにより，またはその内国法人に特別の事
情があることにより，各事業年度終了の日の翌日から2月以内にそ
の事業年度の決算についての定時総会（生協の場合，通常総（代）
会）が招集されない常況にあると認められる場合には，税務署長は，
その法人の申請にもとづき，確定申告書の提出期限を1月間延長す
ることができる。さらに，つぎの場合には，それぞれつぎのとおり
延長ができる（法75の2①）。

（イ）法人が会計監査人を置いている場合で，かつ，定款等の定め
　　により各事業年度終了の日の翌日から3月以内にその事業年度

510

第13章　税額の計算，申告，納付等

の決算についての定時総会（通常総（代）会）が招集されない
常況にあると認められる場合（下記（ロ）の場合を除く。）
　　その定めの内容を勘案して4月をこえない範囲内において税
　務署長が指定する月数の期間
（ロ）特別の事情があることにより各事業年度終了の日の翌日から
　　3月以内にその事業年度の決算についての定時総会（通常総
　　（代）会）が招集されない常況にあることその他やむを得ない
　事情があると認められる場合
　　税務署長が指定する月数の期間

　申告期限の延長の特例の適用を受けている法人が，上記（イ）ま
たは（ロ）の場合に該当することとなったと認められる場合，上記
（イ）または（ロ）の場合に該当しないこととなったと認められる
場合または定款等の定めもしくは特別の事情もしくはやむを得ない
事情に変更が生じたと認められる場合には，税務署長は，法人の申
請にもとづき，確定申告書の提出期限について，上記（イ）または
（ロ）の指定をし，上記（イ）または（ロ）の指定を取り消し，ま
たは上記（イ）または（ロ）の指定にかかる月数の変更をすること
ができる（法75の2②）。

　この申請書の提出があった場合において，その事業年度終了の日
の翌日から15日以内に提出期限の延長または却下の処分がなかった
ときは，その申請にかかる変更後の月数の期間，提出期限の延長が
されたものとみなす（法75の2⑧において準用する法75⑤）。

　申告期限の延長の特例の適用の申請および変更の申請は，その適
用を受けようとする事業年度またはその変更をしようとする事業年
度終了の日までに，つぎの事項を記載した申請書をもってしなけれ
ばならない（法75の2③，規36の2）。

　i　定款等の定めまたは特別の事情の内容

511

ⅱ　上記（イ）（ロ）の指定を受けようとする場合には，その指
　定を受けようとする月数（上記（ロ）のやむを得ない事情があ
　ることにより上記（ロ）の指定を受けようとする場合には，そ
　の事情の内容を含む。）

ⅲ　上記（イ）（ロ）の指定にかかる月数の変更をしようとする
　場合には，その変更後の月数

ⅳ　申請をする法人の名称，納税地および法人番号

ⅴ　代表者の氏名

ⅵ　その適用を受けようとする事業年度終了の日

ⅶ　上記（イ）（ロ）の指定を受けようとする場合には，その指
　定を受けようとする月数の期間その提出期限の延長を必要とす
　る理由

ⅷ　上記（イ）（ロ）の指定にかかる月数の変更をしようとする
　場合には，その変更後の月数の期間その提出期限の延長を必要
　とする理由

ⅸ　その他参考となるべき事項

　また，上記の申請書には，その申請をする法人が定款等の定めに
より各事業年度終了の日の翌日から２月以内にその事業年度の決算
についての定時総会（通常総（代）会）が招集されない常況にある
ことをその申請の理由とする場合にあっては，その定款等の写しを
添付しなければならない（法75の2④）。また，本来の申告期限で
ある事業年度終了の日の翌日以後2月を経過した日からその延長さ
れた提出期限まで，利子税が課される（法75の2⑧において準用す
る法75⑦）。

③　納　　付
　申告書の提出期限までに，申告書に記載した税額を納付しなければ

第13章　税額の計算，申告，納付等

ならない。

（2）期限後申告

①　期限後申告書

確定申告の提出期限後においても，決定があるまでは，期限後申告書を提出することができる（国18）。

②　納　付

期限後申告書提出の日までに，申告書に記載した法人税額を納付しなければならない（国35②一）。

（3）修正申告

①　修正申告

申告書を提出した場合には，その申告について更正があるまでは，その申告にかかる課税標準等，税額等を修正する申告書を提出することができる。

修正申告書を提出できるのは，つぎの場合である（国19①）。

イ　申告した税額に不足額があるとき

ロ　申告した純損失等の金額が過大であるとき

ハ　申告した還付金額が過大であるとき

ニ　申告書に納付すべき税額を記載しなかった場合において，その納付すべき税額があるとき

---

②　納　付

修正申告書を提出した日までに，申告書に記載した法人税額を納付

513

しなければならない（国35②一）。

③　延滞税，加算税

原則として法定申告期限の翌日から修正申告書の法人税額の納付の日までの期間，延滞税が課せられる（国60）。ただし，期限内申告書が提出されていて修正申告がなされた場合には，法定申告期限から1年経過日の翌日から修正申告書の提出日までは延滞税は加算されない（国61①一）。

（4）青色申告

税務署長の承認を受けたときは，確定申告書を，他の申告書と区別して，青色の申告書により提出することができる（法121）。

①　承認申請

青色申告書を提出しようとする場合には，その提出しようとする事業年度開始の日の前日までに，所定の事項を記載した承認申請書を，税務署長に提出しなければならない（法122①）。

②　帳簿書類

青色申告書提出の承認を受けている場合は，所定の帳簿書類を備え複式簿記の原則にしたがって，整然とかつ明瞭に記帳し，決算を行わなければならない（法126，規53 ～ 58）。

また，その帳簿書類は，一定の起算日から7年間保存しなければならない（規59）。

第13章　税額の計算，申告，納付等

> 7年間保存すべきもの…仕訳帳，総勘定元帳，補助帳簿，棚卸表，決算関
> 　　　　　　　係書類，現預金，有価証券に関する証ひょう類（領
> 　　　　　　　収書，小切手帳控え，預金通帳，借用証等），その他
> 　　　　　　　の証ひょう類等（注文書，見積書，納品書等）

　※　ただし欠損金の繰越控除を利用している法人は最長10年間（2018年
　　（平成30年）４月１日以降に生じた欠損金から適用する。）保存しなけれ
　　ばならない。

　※　これらの帳簿書類は，備付開始日の３カ月前までに電子帳簿保存法に
　　もとづく申請手続を税務署長へ届け出ることにより，電磁的記録により
　　保存することができる。

③　承認の取り消し

　税務署長は，つぎに掲げる事実があるときは，その事実のあった事
業年度にさかのぼって青色申告の承認を取り消すことができることに
なっている（法127①）。なお，取り消す場合には，税務署長は，取り
消し事由を記載して書面により通知する（法127④）。

> イ　帳簿書類の備え付け，記録または保存が適正でない場合
> ロ　税務署長からの帳簿書類に関する指示に対し，したがわなかった場合
> ハ　取引の全部または一部を隠ぺいまたは仮装して記載し，その他その記
> 　　載事項の全体についてその真実性を疑うに足りる相当な理由がある場合
> ニ　確定申告書等を提出期限までに提出しなかった場合

515

④　青色申告の特典

> イ　特別償却
> ロ　準備金の積み立て
> ハ　欠損金の繰越控除
> ニ　法人税額の特別控除（税額控除）
> ホ　欠損金の繰り戻しによる法人税額の還付
> ヘ　推計による更正の制限

（5）更正の請求

①　更正の請求とは

　申告書を提出した者は，その申告にかかる所得金額または法人税額が過大であると認めたときは，一定の期日までにその減額を税務署長に請求することができる（国23）。この手続きを更正の請求という。

　所得金額または法人税額が過少な場合には，修正申告をしなければならない（国19）。

②　更正の請求をすることができる場合

　イ　一般の申告についての更正の請求（国23①）

> （イ）申告書提出後，国税に関する法律の規定にしたがって計算しなかったこと，または計算に誤りがあったことによって，納付すべき税額が過大であるとき
> （ロ）純損失等の金額が過少であるとき，または申告書にその金額を記載しなかったとき
> （ハ）還付金額が過少であったとき，またはその還付金額の記載をしなかったとき

第13章　税額の計算，申告，納付等

　ロ　後発的理由にもとづく更正の請求（国23②）

（イ）課税事実に関する訴えの判決により，過去の申告等の計算の基礎と
　　した事実と異なることが確定したとき
（ロ）過去の申告等においてその者に帰属するものとされていた所得につ
　　いて，他の者に対してその所得が帰属するものとする更正または決定
　　があったとき

　ハ　法人税額等の更正にともなう更正の請求（法80の２）

　修正申告書を提出し，または更正，決定を受けたことにともない，その
修正申告または更正，決定のあった事業年度後の事業年度分の所得金額ま
たは法人税額が過大となる場合等

---

③　請求の期限
　②のイの場合…申告期限後５年以内（ただし，②のイの（ロ）につ
　　　　　　　　いては10年以内）
　②のロの場合…その確定の日，更正，決定があった日の翌日から２
　　　　　　　　月以内
　②のハの場合…その修正申告をした日または更正，決定を受けた日
　　　　　　　　の翌日から２月以内

④　更正の請求の範囲
　法人税法（租税特別措置法含む。）では，「確定申告書（当初申告
書）に，適用を受ける旨の記載および証明書類の添付がある場合に限
り適用される。」など，当初申告要件が設けられている措置があるも
のは，当初申告時にその適用を受けるための記載がされていなければ
ならない。したがって，後日，更正の請求を行う必要が生じたときに，
初めてその適用を請求する，ということはできないこととなっている。

また，同じく，所得控除など，「控除金額は確定申告書（当初申告書）に記載された額を限度とする。」など，当初申告時に記載された金額を限度として適用ができるものがある。これについても，後日，更正の請求を行う必要が生じたときに，この金額をこえて増額することができないこととなっている。

しかし，2011年（平成23年）12月の税制改正により，これらのうち，その目的・効果，課税の公平の観点から，事後的な適用を認めても問題がないものについては，事後的に更正の請求ができることとなった。

　イ　当初申告要件が廃止された主なもの

　（イ）受取配当等の益金不算入（法23）

　（ロ）国等に対する寄附金，指定寄附金および特定公益増進法人に
　　　　対する寄附金に対する寄附金の損金算入（法37）

　（ハ）協同組合等の事業分量配当等の損金算入（法60の2）

　（ニ）災害損失金の繰越控除（法58）

　（ホ）法人税の所得税額控除（法68）

　ロ　控除額の制限が見直された主なもの

　（イ）受取配当等の益金不算入（法23）

　（ロ）国等に対する寄附金，指定寄附金および特定公益増進法人に
　　　　対する寄附金に対する寄附金の損金算入（法37）

　（ハ）災害損失金の繰越控除（法58）

　（ニ）法人税の所得税額控除（法68）

（6）還　　付

①　還　　付

　一定の場合には，納付した税額が返還されることがある。これを，還付という。還付されるのは，還付金，過誤納金である。

　還付金とは，予定的に納付することが義務づけられている税額が，

第13章　税額の計算，申告，納付等

確定税額をこえる場合等に発生するものをいう（国２六，56）。

　また，納付すべき原因がないのに納付済みとなっている金銭を，過誤納金という（国56）。

②　所得税額等の還付

　各事業年度の確定法人税額から控除されるべき所得税額で，その法人税額から控除しきれなかった金額は，確定申告書に記載することにより還付される（法78）。

③　欠損金の繰り戻しによる法人税額の還付

　本書391頁以下を参照のこと。

④　仮装経理にもとづく過大申告の場合の還付

　いわゆる粉飾決算にもとづいて過大申告が行われたときは，修正の経理をして，確定申告書を提出して，はじめて減額更正がなされることになっている（法129）。

　そして，減額更正が行われた場合において過誤納金が生じたときは，ただちに還付はされず，更正の日に属する事業年度の前年度の納付法人税額の範囲内で還付されることになる（法135）。残額は，その後5年間に納付することとなる法人税額から，順次控除する（法70）。

⑤　過誤納金の還付

　納付すべき金額をこえて納付した場合や納付済みの国税について，減額更正がなされた場合の過誤納金は，還付される（国56）。

⑥　還付加算金

　上記の還付金等の還付を受ける場合または他の国税に充当される場合は，各種の還付金の区分（省略）に応じ，それぞれに掲げる日の翌

日から還付のための支払決定の日または充当の日までの期間の日数に
応じ，その金額に年7.3％（日歩２銭）の割合で還付加算金が加算さ
れる（国58①，国令24）。

　なお，2012年（平成24年）１月１日以後に支払決定または充当をす
る国税にかかる還付加算金については，確定申告書の提出期限の翌日
から更正の日の翌日以後１月を経過した日（その更正が，更正の請求
にもとづくものである等の場合には，その更正の請求の日の翌日以後
３月を経過した日と，その更正の日の翌日以後１月を経過した日との
いずれか早い日）までの日数は，計算期間に算入されない（法133②，
134④，消54②，55④）。

　　※　還付加算金の割合の特例…年7.3％は，各年の特例基準割合が年7.3％に
　　　満たない場合には，その年中においては，特例基準割合とされている
　　　（措法95）。特例基準割合とは，各年の前々年の10月から前年の９月まで
　　　の各月における銀行の新規の短期貸出約定平均金利の合計を12で除して
　　　得た割合として各年の前年の12月15日までに財務大臣が告示する割合に，
　　　年１％の割合を加算した割合をいう（措法93②）。

▌3　法人税等の申告書等の電子情報処理組織による提出義務

（1）概　　要

　国税の電子申告はe-Taxと呼ばれ，納税者の申請にもとづいて，申
告，申請，届出等の書面を，インターネットを使用する方法により行う
ことができる。地方税についてはeL-TAXを利用し電子申告等が可能
となっている。

　2018年度（平成30年度）税制改正において，一定の法人の法人税，地
方法人税および消費税の申告書の提出について，申告書記載事項および
添付書類記載事項について，電子情報処理組織（e-Tax）を使用する方

520

第13章　税額の計算，申告，納付等

法により行わなければならないこととされた（法75の3①，地法19の2
①，消46の2①）。

ただし，法人税および地方法人税の申告のうち添付書類については，
その記載事項を記録した光ディスク，磁気テープまたは磁気ディスクに
より提出することができることとなっている（法75の3①ただし書，規
36の3の2⑤，地法19の2①ただし書，地法規8⑤）。

※　提出義務となる確定申告書等については，現行の書面による申告の運用
　上の取り扱いを踏まえて，電子申告となる申告書記載事項のうち主要な部
　分が期限内にe-Taxにより提出されていれば，無申告加算税は課されない。

所得税基本通達120－3

　法第120条第1項各号及び規則第47条《確定所得申告書の記載事項》に規
定する記載事項の一部を欠いた確定申告書又はその申告書に記載されたと
ころによれば法第120条第1項の規定に該当しない者から提出された申告書
は，通則法第2条第6号《定義》に規定する納税申告書に該当するものと
する。したがって，当該申告書に係る年分の課税標準等又は税額等につき
その後に行う処分は，決定ではなく，更正となることに留意する（平11課
所4－25，平24課個2－32改正）。

※　法人税等の申告にあたって，別表や添付書類のうち，e-Taxにより提出
　できない別表等については，イメージデータ（PDF形式）による提出も認
　めることとしている（「電子申告の義務化についてよくある質問」[対象書
　類関係] 4 国税庁e-Taxホームページ）。

（2）適用対象法人

　特定法人は，電子情報処理組織（e-Tax）により法人税，地方法人税
および消費税の納税申告書を提出しなければならない（法75の3②，地
法19の2②，消46の2②）。特定法人とは，つぎの法人をいう。

> イ　事業年度開始の日における資本金の額または出資金の額が1億円をこ
> 　　える法人
> ロ　保険業法に規定する相互会社
> ハ　投資法人（イを除く。）
> ニ　特定目的会社（イを除く。）

※　イの法人には，普通法人のほか，公共法人，公益法人等，協同組合等が
　　含まれる。したがって出資金の額が1億円をこえる生協は適用対象となる。

※　資本金の額または出資金の額が1億円をこえるかどうかの判定は，事業
　　年度開始の日とされている。

※　e-Tax による提出義務の適用対象法人を区分するとつぎのようになる。

法　人　区　分			法人税等	消費税等
普通法人	株式会社等	資本金の額等が1億円超	○	○
		資本金の額等が1億円以下	×	×
	受託法人（法人課税信託）		×	×
	相互会社		○	○
	投資法人		○	○
	特定目的会社		○	○
公共法人	国・地方公共団体		−	○
	国・地方公共団体以外	資本金の額等が1億円超	−	○
		資本金の額等が1億円以下	−	×
公益法人等	資本金の額等が1億円超		○	○
	資本金の額等が1億円以下		×	×
協同組合等	出資金の額等が1億円超		○	○
	出資金の額等が1億円以下		×	×
人格のない社団等			×	×

※　○は電子申告の義務がある，×は電子申告の義務がない，−はそもそも
　　その税目の申告義務がないことを表す。

522

第13章　税額の計算，申告，納付等

（3）適用対象税目

提出義務の対象となる税目は，法人税，地方法人税および消費税である（法75の3①，地法19の2①，消46の2①）。

（4）適用対象となる申告書，書類等

提出義務となるのは，確定申告書（期限後申告書および消費税の還付申告書を含む。），中間申告書およびこれらの申告書にかかる修正申告書である。また，添付書類（財務諸表（決算関係書類），勘定科目内訳明細書，一定の法人税申告書別表などの書類）も原則として電子情報処理組織（e-Tax）により提出しなければならない（法75の3①，地法19の2①，消46の2①）。

（5）届出手続

特定法人が電子情報処理組織を使用して電子申告を行おうとする場合には，つぎの区分に応じそれぞれつぎの期限までに届出が必要である（「電子申告の義務化についてよくある質問」［適用対象関係］2国税庁e-Tax ホームページ）。

① 2020年3月31日以前に設立された法人（「義務化対象法人」）で2020年4月1日以後最初に開始する事業年度（課税期間）において義務化対象法人となる場合

その事業年度（課税期間）開始の日から1カ月以内

② 2020年4月1日以後に増資，設立等により義務化対象法人となる場合

イ　増資により義務化対象法人となる場合

資本金の額または出資金の額が1億円超となった日から1カ月以

523

内

ロ　新たに設立された法人で設立後の最初の事業年度から義務化対象法人となる場合

設立の日から2カ月以内

※　資本金の額または出資金の額が1億円をこえることとなった場合には，そのこえることとなった日から1カ月以内に届け出なければならないこととなっている。事業年度の途中で資本金の額または出資金の額が変動した場合に，その事業年度中に1億円をこえたりこえなかったりする場合については，「電子申告の義務化についてよくある質問」の中でつぎのような回答がある。

資本金の額が1億円超であるかどうかはどの時点で判定しますか。

答　資本金の額又は出資金の額が1億円超であるかどうかについては，「事業年度開始の時」に判定します。

なお，消費税の申告において，期間特例を受けている法人の各課税期間の消費税申告についても，「事業年度開始の時」に判定します。

（「電子申告の義務化についてよくある質問」［適用対象法人］4「資本金の額が1億円超であるかどうかはどの時点で判定しますか」国税庁ホームページ）

つまり，期中は関係なく期首（＝前期末）で判定するとしている。したがって仮に期末に出資金が1億円超となったのであれば上記②のイにより期末から1カ月以内に届出をする必要がある。その手続きによって翌事業年度から電子申告が義務化されることになる。

反対に仮に期中に出資金が減少した場合はつぎの取り扱いとなる。

第13章　税額の計算，申告，納付等

> **事業年度の途中で減資を行い，資本金の額が１億円以下となった場合は，電子申告の義務化の対象法人ではなくなるのでしょうか。**
>
> 答　電子申告の義務化の対象となるかどうかは，「事業年度開始の時」に判定します。したがって，事業年度開始後に減資を行い資本金の額又は出資金の額が１億円以下となったとしても，当該事業年度（課税期間）の法人税（消費税）申告は，電子申告の義務化の対象となります。なお，法人税の予定申告，消費税の中間申告及び仮決算の中間申告等についても電子申告の義務化の対象となります。
>
> 　（「電子申告の義務化についてよくある質問」［適用対象法人］５「事業年度の途中で減資を行い，資本金の額が１億円以下となった場合は，電子申告の義務化の対象法人ではなくなるのでしょうか」国税庁ホームページ）

（6）電子情報処理組織による申告が困難である場合

①　書面による提出

　特定法人が，電気通信回線の故障，災害その他の理由により，電子情報処理組織を使用することが困難であると認められる場合で書面により申告書を提出することについて，税務署長の承認を受けたときは，税務署長が指定する期間内に行う申告は書面により提出することができる（法75の４①，地法19の３，消46の３①）。

②　手　続　き

　①の特例の承認を受けようとする法人は，特例を受けることが必要となった事情，指定を受けようとする期間等を記載した申請書に一定の書類を添付して，その指定を受けようとする期間の開始の日の15日前までに提出しなければならない（法75の４②，地法19の３，消46の３②）。

525

また，電気通信回線の故障，災害その他の理由が生じた日が確定申告書の提出期限の15日前の日以後である場合で，その提出期限がその指定を受けようとする期間内の日であるときは，その期間の開始の日までに，その申請書を提出しなければならない（法75の4②，地法19の3，消46の3②）。

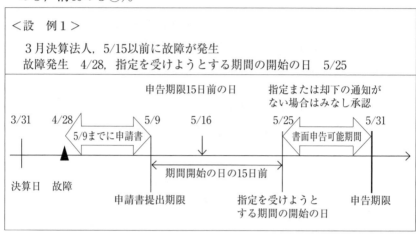

＜設　例1＞
3月決算法人，5/15以前に故障が発生
故障発生　4/28，指定を受けようとする期間の開始の日　5/25

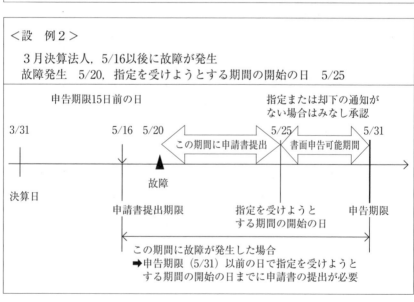

＜設　例2＞
3月決算法人，5/16以後に故障が発生
故障発生　5/20，指定を受けようとする期間の開始の日　5/25

第13章　税額の計算，申告，納付等

（7）適用期間

　2020年4月1日以後開始する事業年度（課税期間）の法人税および地方法人税，消費税の申告から適用される（法平成30年附則31，36，地法平成30年附則42①，消平成30年附則45）。具体例として「電子申告の義務化についてよくある質問」ではつぎのように示している。

電子申告の義務化は，いつの事業年度（課税期間）からが対象となりますか。

答　電子申告の義務化は，「2020年4月1日以後開始する事業年度（課税期間）」から適用されることとなります。したがって，事業年度（課税期間）が1年間の3月決算法人の電子申告の義務化の適用開始時期を示すと，以下のとおりとなります。

　（例）事業年度（課税期間）が1年間の3月決算法人（決算期の変更がない場合）

①　確定申告
　2021年3月期以後が対象

②　法人税の予定申告（仮決算の中間申告）
　2020年9月期以後が対象

③　消費税の中間申告（仮決算の中間申告）
　・年1回の場合
　2020年9月期以後が対象
　・年3回の場合
　2020年6月期以後が対象
　・年11回の場合
　2020年4月期以後が対象

④　消費税の期間特例の適用を受けている場合
　・課税期間を3月とする場合
　2020年6月期以後が対象
　・課税期間を1月とする場合
　2020年4月期以後が対象

（「電子申告の義務化についてよくある質問」［適用開始関係］1国税庁 e-Tax ホームページ）

4　電子申告のための環境整備

　特定法人の電子申告の義務化は2020年4月1日以後に開始する事業年度から適用となるが，それまでに，電子申告に対応するための環境整備として，さまざまな対策が施されることとなった。

（1）提出情報のスリム化

①　イメージデータ送信における添付書類の保存不要

イ　内　　容

　e-Tax を使用して申請等を行う場合に，添付すべきこととされている一定の書面等（以下「添付書面等」）について，スキャナにより読み取る方法その他の方法により作成した電磁的記録（以下「イメージデータ」）を送信することができるが，送信にあたり一定の解像度および階調を確保することを要件とし，従来あった税務署長等による添付書面等の提示を求める措置が廃止された（「国税関係法令に係る行政手続等における情報通信の技術の利用に関する省令」5）。したがって，添付書面等の原本保存が求められなくなった。

　　※　「申請等」とは，申請，届出その他の法令の規定にもとづき行政機関
　　　等に対して行われる通知をいう（「行政手続等における情報通信の技術
　　　の利用に関する法律」2六）。

　具体的にはつぎのような措置である（「国税関係法令に係る行政手続等における情報通信の技術の利用に関する省令」5②）。

> （イ）イメージデータは，つぎの要件を満たすように，スキャナ等で読み
> 　　取り，または作成すること。

第13章　税額の計算，申告，納付等

> ⑴　解像度が日本工業規格に規定する一般文書のスキャニング時の解像度である25.4ミリメートルあたり200ドット以上であること。
>
> ⑵　赤色，緑色および青色の階調がそれぞれ256階調以上であること。
>
> （ロ）税務署長等による添付書面等の提示を求める措置が廃止された。

ロ　適用期間

2018年（平成30年）4月1日以後行う申請等について適用される（「国税関係法令に係る行政手続等における情報通信の技術の利用に関する省令」平成30年附則③）。

②　勘定科目内訳明細書の変更

イ　内　　容

勘定科目内訳明細書についてつぎのような改訂が行われた（「法人課税関係の申請，届出等の様式の制定について」の一部改正について（法令解釈通達），2018年（平成30年）6月29日，課法7-21ほか）。

（イ）記載省略基準の柔軟化（件数基準の創設）

（ロ）記載単位の柔軟化など

ロ　適用期間

2019年（平成31年）4月1日以後終了事業年度の申告より適用される。

529

（2）データ形式の柔軟化

① 内　　容

　法人が e-Tax により申告を行う場合の，財務諸表（貸借対照表，損益計算書，株主資本等変動計算書等），勘定科目内訳明細書，申告書以外の別表，の記載事項の送信または提出に関するファイル形式は，これまでの XML 形式または XBRL 形式に加え，CSV 形式によることも可能とされた。

　なお，これらの形式については国税庁長官が定めることとされており，具体的にはつぎのような取り扱いとなる（2018年（平成30年）国税庁告示第14号）。

	申請等	添 付 書 面 等				左記以外の添付書面等
対象書類	申告書申請書届出書等	a　財務諸表（貸借対照表,損益計算書）	b　勘定科目内訳明細書	c　一定の法人税申告書別表	d　a～c以外の書類	第三者作成書類等
対象税目	全税目	法人税	法人税	法人税	全税目	全税目
形　　式	XML形式	XBRL形式またはCSV形式	XML形式またはCSV形式	XML形式またはCSV形式	XML形式	PDF形式

　※　cの一定の法人税申告書別表とは，別表六（一）「所得税額の控除に関する明細書」，別表六（十三）「中小企業者等が機械等を取得した場合の法人税額の特別控除に関する明細書」，別表八（一）「受取配当等の益金不算入に関する明細書」，別表十一（一）「個別評価金銭債権に係る貸倒引当金の損金算入に関する明細書」，別表十一（一の二）「一括評価金銭債権に係る貸倒引当金の損金算入に関する明細書」，別表十四（二）「寄附金の損金算入に関する明細書」など，46の申告書別表が告示されている。

　※　e-Tax による提出義務の対象となる特定法人も，上記表と同じ取り扱いとなる（法規36の３の２⑥，37の15の２⑥，地法規８⑥，消規23の２⑤）。

第13章　税額の計算，申告，納付等

② 適用時期

2020年4月1日以後に行う申請等から適用される（「国税関係法令
に係る行政手続等における情報通信の技術の利用に関する省令」平成
30年附則④）。

（3）提出方法の拡充

① 内　　容

e-Tax を使用して申請等を行う場合には，添付書面等記載事項を一
定の方法により送信することで添付書類等の提出に代えることができ
る。ただし，その提出については e-Tax を使用して送信する方法に
限定されている。

一定の方法

イ　添付書面等記載事項をその申請等にあわせて入力して送信する方法

ロ　添付書面等記載事項をスキャナ等により作成した電磁的記録をその
　　申請等とあわせて送信する方法

これについて，法人税法および地方法人税法の規定にもとづき申告
を行う場合に，その確定申告書，中間申告書および修正申告書の添付
書面等については，添付書面等記載事項を記録した光ディスク，磁気
テープまたは磁気ディスクにより提出することができることとなる
（「国税関係法令に係る行政手続等における情報通信の技術の利用に
関する省令」5②二，平成30年国税庁告示第5号）。

※　この適用は e-Tax による提出義務があるかないかを問わない。

② 適用時期

2020年4月1日以後に行う申請等について適用される（「国税関係
法令に係る行政手続等における情報通信の技術の利用に関する省令」

531

平成30年附則1④）。

（4）認証手続の簡便化

① 内　　容

　e-Tax を使用して申請等を行う者は，その申請等にかかる法令の規定において書面等に記載すべきこととされている事項ならびに通知された識別符号（以下「ID」。）および暗証符号（以下「パスワード」。）を入力し，電子署名を行い，その電子署名にかかる電子証明書とあわせてこれらを送信することにより申請等を行わなければならない（「国税関係法令に係る行政手続等における情報通信の技術の利用に関する省令」5①）。ただし，国税庁長官が定めるつぎの者は，電子署名および電子証明書（以下「電子署名等」。）の送信を要しない。

イ　e-Tax を使用して源泉所得税の徴収高計算書にかかる申請等を行う者

ロ　税理士等が委嘱を受けて税務書類を作成し，委嘱者に代わって e-Tax を使用して申請等を行う場合のその委嘱者

ハ　税務署長が提供する電子計算機等を使用して e-Tax により申請等を行う者

ニ　市町村長（特別区長を含む。）が提供する電子計算機等を使用して e-Tax により申請等を行う者

ホ　e-Tax を使用して電子申請等証明書の請求を行う者

ヘ　e-Tax を使用して納税証明書の請求を行い，その納税証明書を税務署窓口で書面により交付を受けようとする者

ト　e-Tax による申請等にかかる開始届出の際に行われた一定の本人確認にもとづき通知された ID およびパスワードを入力して申請等を行う者

　2018年度（平成30年度）税制改正により，これらに加え，e-Tax により法人が行う申請等について，その法人の代表者から委任を受けた

第13章　税額の計算，申告，納付等

者の電子署名等を送信する場合には，その代表者の電子署名等の送信を要しないこととなった（平成30年国税庁告示第4号）。

なお，この場合には，委任を受けたことを証する電磁的記録（委任状の写しのイメージデータ等）の送信が必要とされる。

※　法人税申告書等に，代表者が自署押印しなければならない規定と，法人の経理に関する事務の上席責任者の自署押印しなければならない規定は廃止された（2018年（平成30年）4月1日以後に終了した事業年度の確定申告書等について適用される。）。

② **適用時期**

2018年（平成30年）4月1日以後に法人が行う申請等について適用される。

5　更正，決定，附帯税

（1）更正，決定

① **更　　正**

更正とは，申告書の提出があった場合において，その申告書に記載された課税標準等または税額等について，その計算が国税に関する法律の規定にしたがっていないとき，その他調査したところと異なるときに，税務署長が，その調査により，その申告書にかかる課税標準等または税額等を計算する行政処分である（国24）。

② **決　　定**

申告書を提出する義務があると認められる者が，その申告書を提出しなかった場合には，税務署長はその調査により，その申告書にかか

る課税標準等および税額等を決定する（国25）。

③　再　更　正

　更正または決定をした後，その更正または決定をした課税標準等または税額等が過大または過少であることを知ったときは，税務署長は，その調査によりその更正または決定にかかる課税標準等または税額等を更正する（国26）。

（2）附　帯　税

　附帯税とは，国税の適正な納付を確保するために，本税に附加して課される金銭的負担をいう。

　附帯税には，延滞税，利子税，過少申告加算税，無申告加算税，不納付加算税，重加算税の6種類がある。

①　延　滞　税

　延滞税は，納期内不納付に対する遅延損害金の性格をもつものである。

　延滞税の額は，上記の国税の法定納期限の翌日から税金完納までの期間の日数に応じ，未納の税額には年14.6％（日歩4銭）の割合で計算される。ただし，納期限までの期間または納期限の翌日から2カ月を経過するまでの期間については，未納の税額に年7.3％（日歩2銭）の割合で計算される（国60②）。延滞税は，つぎの場合に納付しなければならない（国60①）。

　なお，加算税，利子税，延滞税には延滞税は課されない。

イ　期限内申告書を提出したが，法定納期限までに納付しないとき

ロ　期限後申告書もしくは修正申告書を提出し，または更正もしくは決定を受けた場合に納付すべき国税があるとき

第13章　税額の計算，申告，納付等

ハ　納税の告知を受け，その国税を法定納期限後に納付するとき
ニ　予定納税の所得税を法定納期限までに納付しないとき
ホ　源泉徴収による国税を法定納期限までに納付しないとき

※　地方税では，延滞金という。

※　延滞税の割合の特例…年14.6％および7.3％は，各年の特例基準割合が
年7.3％に満たない場合には，その年中においては，年14.6％については
特例基準割合に年7.3％を加算した割合，年7.3％については特例基準割合
に年1％を加算した割合とされている（措法94①）。特例基準割合とは，
各年の前々年の10月から前年の9月までの各月における銀行の新規の短
期貸出約定平均金利の合計を12で除して得た割合として各年の前年の12
月15日までに財務大臣が告示する割合に，年1％の割合を加算した割合
をいう（措法93②）。

※　本税と延滞税を納付する場合には，まず本税に充当されることになる
（国62②）。

②　利子税

申告期限の延長がなされたときには，年7.3％の利子税が徴収され
ることになっている（法75，75の2，所131，136など）。利子税は延
長された期限に対する約定利息の性質を有するものである（国64）。

※　利子税の割合の特例…年7.3％は，各年の特例基準割合が年7.3％に満た
ない場合には，その年中においては，特例基準割合とされている（措法
93①）。

③　加算税

加算税は，適正な申告をしないものに対しては，一定の制裁を加え，
申告納税制度の秩序を維持するためのものである。

※　地方税では，加算金という。

535

イ 過少申告加算税

　期限内申告書を提出した後，修正申告書の提出または更正があったときには，増加した所得金額のうち正当な理由または重加算税の対象となるものを除いた所得金額に対応する税額（増差税額）の10％（増差税額のうち期限内申告税額と50万円とのいずれか多い金額をこえる部分は15％）に相当する過少申告加算税が課されることになる（国65①②）。

　ただし，修正申告書の提出が，調査通知以後，かつ，調査による更正等を予知してされたものでない場合には，これらの申告にもとづいて納付すべき税額に5％（期限内申告税額と50万円のいずれか多い額をこえる部分は10％）の割合を乗じて計算した金額に相当する過少申告加算税を課されることになる（国65①）。また，調査通知前，かつ，更正等の予知前に行われた修正申告等については，過少申告加算税は課されない（国65⑤）。

＜過少申告加算税の計算＞

イ　修正申告または更正の前に，修正申告または更正がない場合

$$\left[\begin{array}{l}\text{修正申告または更正により}\\\text{納付すべき税額}\end{array}\right] - \left[\begin{array}{l}\text{期限内申告税額または}\\\text{50万円のいずれか多い額}\end{array}\right]$$

　＝加重される税額A

ロ　修正申告または更正の前に，修正申告または更正がある場合

$$\left[\begin{array}{l}\text{修正申告または更正により}\\\text{納付すべき税額}\end{array}\right] + \left[\begin{array}{l}\text{修正申告または更正以前の}\\\text{修正申告または更正により}\\\text{納付すべき税額（累積増差税額）}\end{array}\right]$$

$$- \left[\begin{array}{l}\text{期限内申告税額または}\\\text{50万円のいずれか多い額}\end{array}\right] = \text{加重される税額B}$$

第13章　税額の計算，申告，納付等

ハ　加重される合計額

　（納付すべき税額×10％）＋（加重される税額ＡまたはＢ）×５％

（注）修正申告書の提出が，調査通知以後，かつ，調査による更正等を予
　　　知してされたものでない場合には，これらの申告にもとづいて納付す
　　　べき税額に５％（期限内申告税額と50万円のいずれか多い額をこえる
　　　部分は10％）の割合を乗じて計算した金額に相当する過少申告加算税
　　　が課される場合には，ハの加重される合計額はつぎのようになる。

　（納付すべき税額×５％）＋（加重される税額ＡまたはＢ）×５％

ロ　無申告加算税

　期限後申告書の提出または決定があったときおよびこの提出また
は決定があった後に修正申告書の提出または更正があったときは，
その申告，更正または決定にもとづき納付することとなった税額
（重加算税が課されるものを除く。）の15％に相当する無申告加算
税が課される。このとき，納付すべき税額が50万円をこえる場合は，
こえる部分について，さらに５％が加算される（合計20％となる。）。
ただし，期限内申告書が提出できなかったことについて正当な理由
がある場合は課されない（国66①②）。

　期限後申告書または修正申告書の提出が，調査通知以後，かつ，
調査による更正等を予知してされたものでない場合には，その納付
すべき税額に10％（納付すべき税額が50万円をこえる部分は15％）
の割合を乗じて計算した金額に相当する無申告加算税）が課される。
ただし，調査通知前，かつ，更正等の予知前に行われた修正申告等
については，無申告加算税は５％に軽減される（国66①かっこ書，
⑥）。

　なお，自主的な期限後申告書の提出があった場合において，その
提出が期限内申告書を提出する意思があったと認められる等一定の

場合に該当し，かつ，その期限後申告書の提出が法定申告期限から
1カ月を経過する日までに行われたものであるときは，無申告加算
税は課されない（国66⑦）。

> ※　一定の場合とは，自主的な期限後申告書の提出があった日の前日か
> ら起算して5年前の日までの間に，無申告加算税または重加算税が課
> されていないこと，かつ，本規定の適用を受けていないこと，さらに
> 期限後申告書にかかる納付すべき税額の全額が法定納期限までに納付
> されていることをいう（国令27の2）。

> ※　過少申告加算税との関係…過少申告加算税と無申告加算税との違い
> は，期限内申告をしているかどうかである。したがって，たとえ申告
> 納付金額が少額であっても無申告の場合には加算税の割合が大きくな
> ることに注意しなければならない。

ハ　不納付加算税

　源泉徴収等による国税が法定納期限までに完納されなかった場合
には，納税の告知による税額または納付の告知のある前に納付した
税額の10％に相当する不納付加算税が徴収される（国67①）。ただ
し，その国税を法定期限までに納付しなかったことについて正当な
理由がある場合は課されない。

　また，納税の告知の前に納付された場合において，その納付が調
査による告知があることを予知してされたものでないときはその納
付した税額の5％に軽減される（国67②）。

　なお，源泉徴収による国税が，納税の告知を受けることなく，そ
の法定納期限後に納付された場合において，その納付が法定納期限
までに納付する意思があったと認められる一定の場合に該当してな
されたものであり，かつ，その納付にかかる源泉徴収による国税が，
法定納期限から1カ月を経過する日までに納付されたものであると
きは，不納付加算税は課されない（国67③）。

第13章　税額の計算，申告，納付等

※　一定の場合とは，法定納期限の属する月の前月の末日から起算して
1年前の日までの間に法定納期限が到来する源泉徴収税額について，
納付の告知を受けたことがないこと，さらに納税の告知を受けること
なく法定納期限後に納付された事実がないこと，のいずれにも該当す
る場合である（国令27の2②）。

二　重加算税

（イ）過少申告加算税が課される場合において，納税者がその国税
の課税標準等または税額等の計算の基礎となる事実の全部また
は一部を仮装，隠ぺいし，その仮装，隠ぺいしたところにもと
づいて納税申告書を提出していたときは，過少申告加算税の基
礎となる税額にかかる過少申告加算税に代えて，過少申告加算
税の基礎となる税額に，35％に相当する重加算税が課される
（国68①）。

（ロ）無申告加算税が課される場合において，納税者がその国税の
課税標準等または税額等の計算の基礎となる事実の全部または
一部を仮装，隠ぺいし，その仮装，隠ぺいしたところにもとづ
いて期限内申告書の提出をせず，または期限後申告書を提出し
たときは，過少申告加算税の基礎となる税額にかかる過少申告
加算税に代えて，無申告加算税の基礎となる税額に，40％に相
当する重加算税が課される（国68②）。

（ハ）不納付加算税が課される場合において，納税者が事実の全部
または一部を仮装，隠ぺいし，その仮装，隠ぺいしたところに
もとづいてその国税を法定納期限までに納付しなかったときは，
不納付加算税の基礎となる税額にかかる不納付加算税に代えて，
不納付加算税の基礎となった税額に，35％に相当する重加算税
が課される（国68③）。

（ニ）隠ぺい，仮装の意義

二重帳簿の作成，架空仕入れや架空経費の計上，棚卸資産の除外，故意の売上げ計上隠し，損金算入の要件となる証明書等の偽造などをいう（「法人税の重加算税の取扱いについて」法人税関係個別通達，平12課法2－8ほか）。

④ 附帯税の額を計算する場合の端数計算

附帯税の額を計算する場合には，その計算の基礎となる税額に1万円未満の端数があるとき，またはその全額が1万円未満であるときは，その端数金額または全額を切り捨てる（国118③）。

※ 地方税…計算の基礎となる税額に千円未満の端数があるとき，またはその税額が2千円未満であるときは，その端数金額またはその全額を切り捨てる（地20の4の2②）。

⑤ 附帯税の端数計算

附帯税の確定金額に百円未満の端数があるとき，またはその全額が千円未満（加算税にかかるものは5千円未満）であるときは，その端数金額または全額を切り捨てる（国119④）。

※ 地方税…確定金額に百円未満の端数があるとき，またはその全額が千円未満であるときは，その端数金額またはその全額を切り捨てる（地20の4の2⑤）。

6 国税の調査

税務調査の手続きについて，各税法に定められていたものや不透明であったものが整理され，国税通則法に規定されている。

① 質問検査権

国税庁，国税局もしくは税務署等の職員は，法人税等に関する調査

第13章　税額の計算，申告，納付等

を行う場合について必要があるときは，納税義務者に対し，質問し，帳簿書類その他の物件を検査し，またはその物件の提示もしくは提出を求めることができる（国74の2）。

②　提出物件の留め置き

国税庁等は，国税の調査について必要があるときは，調査のときに提出された物件を留め置くことができる（国74の7）。

また，留め置く場合には，その物件の名称または種類およびその数，その物件の提出年月日，その物件を提出した者の氏名および住所または居所その他必要な事項を記載した書面を作成し，物件の提出者に対し交付しなければならない。また，調査が終了したら，遅滞なく，その物件を返還しなければならない（国令30の3）。

③　税務調査の事前通知

税務署長等は，税務調査を行う場合には，あらかじめ納税義務者に対し，その旨およびつぎの事項を通知することとなっている（国74の9①）。

　※　納税義務者に税務代理人がいる場合には，その税務代理人に対しても調査の事前通知が必要となる（国74の9①）。なお，納税義務者について税務代理人がある場合に，その納税義務者の同意があれば，納税義務者への通知は，税務代理人にすれば足りる（国74の9⑤）。

　イ　調査を開始する日時

　ロ　調査を行う場所

　ハ　調査の目的（納税申告書の記載内容の確認，納税申告書の提出がない場合における納税義務の有無の確認，その他）

　ニ　調査の対象となる税目

　ホ　調査の対象となる期間

　ヘ　調査の対象となる帳簿書類その他の物件ほか

541

なお，税務署長等は，納税義務者から合理的な理由を付して調査の開始日時や場所について変更したい旨の要請があった場合には，変更の協議を行うよう努めることとされている（国74の9②）。

　また，事前通知は，ハ～ヘについて通知していなかったとしても，それらについての非違が疑われることとなった場合には，これらの通知していなかった事項について調査することができる（国74の9④前段）。この場合には，あらためて事前通知を行う必要はないこととされている（国74の9④後段）。

　さらに，事前通知は，違法または不当な行為を容易にし，正確な課税標準等または税額等の把握を困難にするおそれがある場合には，なされないこととされている（国74の10）。

④　税務調査の終了の手続き

　税務署長等は，税務調査の結果，更正決定等をすべきと認められない場合には，納税義務者に対し，その時点において更正決定すべきと認められない旨を書面により通知する（国74の11①）。また，同じく税務調査の結果，更正決定等をすべきと認める場合には，納税義務者に対し，調査結果の内容を説明することとされている（国74の11②）。

　なお，この説明の際，納税義務者に対し，修正申告または期限後申告を勧奨することができる，とされている。税務調査の結果，納税義務者が納税申告書を提出した場合には，納税義務者は不服申し立てをすることはできないが，更正の請求をすることができる旨をあわせて説明することとされている（国74の11③）。

7　処分の理由附記

　国税に関する法律にもとづき行われる処分その他公権力の行使にあたる行為については，行政手続法にもとづき，理由を附記することとされ

第13章　税額の計算，申告，納付等

る（国74の14①）。納税者の不利益処分等を行う場合には，すべて理由
附記が行われることとなる。

8　不服申し立ておよび訴訟

　法人税に関する更正，決定等の処分について不服がある場合には，不
服申し立てをすることができる。

　2014年（平成26年）に行政不服審査法整備法が改正されたことにとも
ない，国税不服申立制度について異議申立が廃止され，2015年（平成27
年）4月1日より「再調査の請求」と「審査請求」のいずれかの方法の
選択により行うことができることとなった。これにともない，行政不服
審査法整備法第99条において国税通則法が改正されている。

　不服申し立てに対する決定または裁決になお異議がある場合には，訴
訟を提起することができる。

（1）再調査の請求

　法人税に関する更正，決定その他の処分について不服のある者は，そ
の処分のあったことを知ったその翌日から起算して3カ月以内に，書面
をもって，これらの処分をした税務署長，国税局長または国税庁長官に
対して，再調査の請求をすることができる（国75，77，81）。

　再調査の請求をした日の翌日から起算して3カ月を経過しても決定が
ない場合や再調査の請求についての決定がないことについて正当な理由
がある場合には，決定を経ないで，国税不服審判所長に対して審査請求
をすることができる（国75④一，二）。

（2）審査請求

　法人税に関する処分に対して不服があるときは，（1）の再調査の請
求のほか，その処分のあったことを知ったその翌日から起算して3カ月

以内に，書面をもって，国税不服審判所長に対して直接審査請求ができる（国75①ロ）。また，再調査の決定に対して不服がある場合も，異議決定謄本の送達があった日の翌日から起算して1カ月以内に，書面をもって，国税不服審判所長に対して審査請求を行うことができる（国75③，77②，87）。

（3）訴訟（不服申し立て前置主義）

　審査請求の裁決についてなお異議がある場合には，訴訟を提起することができる（国115①）。ただし，原則として審査請求についての裁決を経た後でなければ提起することができない。

資　　　料

Ⅰ　耐用年数表（抜粋）

Ⅱ　印紙税法（別表第一　課税物件表抜粋）

Ⅲ　印紙税法基本通達（別表第二）

Ⅳ　収益等の計上に関する改正通達（法人
　　税基本通達第２章第１節）の新旧対応表

Ⅰ　耐用年数表（抜粋）

機械及び装置以外の有形減価償却資産の耐用年数表抜粋

（減価償却資産の耐用年数等に関する省令「別表第一」）

種類	構　造 又は用途	細　　　　　目	耐用 年数
建物	鉄骨鉄筋コンクリート造又は鉄筋コンクリート造のもの	事務所用又は美術館用のもの及び下記以外のもの	50
		住宅用，寄宿舎用，宿泊所用，学校用又は体育館用のもの	47
		飲食店用，貸席用，劇場用，演奏場用，映画館用又は舞踏場用のもの	
		飲食店用又は貸席用のもので，延べ面積のうちに占める木造内装部分の面積が3割を超えるもの	34
		その他のもの	41
		旅館用又はホテル用のもの	
		延べ面積のうちに占める木造内装部分の面積が3割を超えるもの	31
		その他のもの	39
		店舗用のもの	39
		病院用のもの	39
		変電所用，発電所用，送受信所用，停車場用，車庫用，格納庫用，荷扱所用，映画製作ステージ用，屋内スケート場用，魚市場用又はと畜場用のもの	38
		公衆浴場用のもの	31
		工場（作業場を含む。）用又は倉庫用のもの	
		塩素，塩酸，硫酸，硝酸その他の著しい腐食性を有する液体又は気体の影響を直接全面的に受けるもの，冷蔵倉庫用のもの（倉庫事業の倉庫用のものを除く。）及び放射性同位元素の放射線を直接受けるもの	24
		塩，チリ硝石その他の著しい潮解性を有する固体を常時蔵置するためのもの及び著しい蒸気の影響を直接全面的に受けるもの	31
		その他のもの	
		倉庫事業の倉庫用のもの	
		冷蔵倉庫用のもの	21
		その他のもの	31
		その他のもの	38
	れんが造，石造又はブロック造のもの	事務所用又は美術館用のもの及び下記以外のもの	41
		店舗用，住宅用，寄宿舎用，宿泊所用，学校用又は体育館用のもの	38

種類	構 造又は用途	細　　　　　目	耐用年数
		飲食店用，貸席用，劇場用，演奏場用，映画館用又は舞踏場用のもの	38
		旅館用，ホテル用又は病院用のもの	36
		変電所用，発電所用，送受信所用，停車場用，車庫用，格納庫用，荷扱所用，映画製作ステージ用，屋内スケート場用，魚市場用又はと畜場用のもの	34
		公衆浴場用のもの	30
		工場（作業場を含む。）用又は倉庫用のもの	
		塩素，塩酸，硫酸，硝酸その他の著しい腐食性を有する液体又は気体の影響を直接全面的に受けるもの及び冷蔵倉庫用のもの（倉庫事業の倉庫用のものを除く。）	22
		塩，チリ硝石その他の著しい潮解性を有する固体を常時蔵置するためのもの及び著しい蒸気の影響を直接全面的に受けるもの	28
		その他のもの	
		倉庫事業の倉庫用のもの	
		冷蔵倉庫用のもの	20
		その他のもの	30
		その他のもの	34
	金属造のもの（骨格材の肉厚が4ミリメートルを超えるものに限る。）	事務所用又は美術館用のもの及び下記以外のもの	38
		店舗用，住宅用，寄宿舎用，宿泊所用，学校用又は体育館用のもの	34
		飲食店用，貸席用，劇場用，演奏場用，映画館用又は舞踏場用のもの	31
		変電所用，発電所用，送受信所用，停車場用，車庫用，格納庫用，荷扱所用，映画製作ステージ用，屋内スケート場用，魚市場用又はと畜場用のもの	31
		旅館用，ホテル用又は病院用のもの	29
		公衆浴場用のもの	27
		工場（作業場を含む。）用又は倉庫用のもの	
		塩素，塩酸，硫酸，硝酸その他の著しい腐食性を有する液体又は気体の影響を直接全面的に受けるもの，冷蔵倉庫用のもの（倉庫事業の倉庫用のものを除く。）及び放射性同位元素の放射線を直接受けるもの	20
		塩，チリ硝石その他の著しい潮解性を有する固体を常時蔵置するためのもの及び著しい蒸気の影響を直接全	25

種類	構造 又は用途	細　　　目	耐用 年数
		面的に受けるもの その他のもの 　倉庫事業の倉庫用のもの 　　冷蔵倉庫用のもの 　　その他のもの 　その他のもの	 19 26 31
	金属造のもの （骨格材の肉 厚が3ミリメ ートルを超え 4ミリメート ル以下のもの に限る。）	事務所用又は美術館用のもの及び下記以外のもの	30
		店舗用，住宅用，寄宿舎用，宿泊所用，学校用又は体育 館用のもの	27
		飲食店用，貸席用，劇場用，演奏場用，映画館用又は舞 踏場用のもの	25
		変電所用，発電所用，送受信所用，停車場用，車庫用， 格納庫用，荷扱所用，映画製作ステージ用，屋内スケー ト場用，魚市場用又はと畜場用のもの	25
		旅館用，ホテル用又は病院用のもの	24
		公衆浴場用のもの	19
		工場（作業場を含む。）用又は倉庫用のもの 　塩素，塩酸，硫酸，硝酸その他の著しい腐食性を有す 　る液体又は気体の影響を直接全面的に受けるもの及び 　冷蔵倉庫用のもの	 15
		塩，チリ硝石その他の著しい潮解性を有する固体を常 　時蔵置するためのもの及び著しい蒸気の影響を直接全 　面的に受けるもの	19
		その他のもの	24
	金属造のもの （骨格材の肉 厚が3ミリメ ートル以下の ものに限る。）	事務所用又は美術館用のもの及び下記以外のもの	22
		店舗用，住宅用，寄宿舎用，宿泊所用，学校用又は体育 館用のもの	19
		飲食店用，貸席用，劇場用，演奏場用，映画館用又は舞 踏場用のもの	19
		変電所用，発電所用，送受信所用，停車場用，車庫用， 格納庫用，荷扱所用，映画製作ステージ用，屋内スケー ト場用，魚市場用又はと畜場用のもの	19
		旅館用，ホテル用又は病院用のもの	17
		公衆浴場用のもの	15
		工場（作業場を含む。）用又は倉庫用のもの	

種類	構造 又は用途	細　　　目	耐用 年数
		塩素，塩酸，硫酸，硝酸その他の著しい腐食性を有する液体又は気体の影響を直接全面的に受けるもの及び冷蔵倉庫用のもの	12
		塩，チリ硝石その他の著しい潮解性を有する固体を常時蔵置するためのもの及び著しい蒸気の影響を直接全面的に受けるもの	14
		その他のもの	17
	木造又は合成樹脂造のもの	事務所用又は美術館用のもの及び下記以外のもの	24
		店舗用，住宅用，寄宿舎用，宿泊所用，学校用又は体育館用のもの	22
		飲食店用，貸席用，劇場用，演奏場用，映画館用又は舞踏場用のもの	20
		変電所用，発電所用，送受信所用，停車場用，車庫用，格納庫用，荷扱所用，映画製作ステージ用，屋内スケート場用，魚市場用又はと畜場用のもの	17
		旅館用，ホテル用又は病院用のもの	17
		公衆浴場用のもの	12
		工場（作業場を含む。）用又は倉庫用のもの	
		塩素，塩酸，硫酸，硝酸その他の著しい腐食性を有する液体又は気体の影響を直接全面的に受けるもの及び冷蔵倉庫用のもの	9
		塩，チリ硝石その他の著しい潮解性を有する固体を常時蔵置するためのもの及び著しい蒸気の影響を直接全面的に受けるもの	11
		その他のもの	15
	木骨モルタル造のもの	事務所用又は美術館用のもの及び下記以外のもの	22
		店舗用，住宅用，寄宿舎用，宿泊所用，学校用又は体育館用のもの	20
		飲食店用，貸席用，劇場用，演奏場用，映画館用又は舞踏場用のもの	19
		変電所用，発電所用，送受信所用，停車場用，車庫用，格納庫用，荷扱所用，映画製作ステージ用，屋内スケート場用，魚市場用又はと畜場用のもの	15
		旅館用，ホテル用又は病院用のもの	15
		公衆浴場用のもの	11

種類	構造又は用途	細目	耐用年数
		工場（作業場を含む。）用又は倉庫用のもの	
		塩素，塩酸，硫酸，硝酸その他の著しい腐食性を有する液体又は気体の影響を直接全面的に受けるもの及び冷蔵倉庫用のもの	7
		塩，チリ硝石その他の著しい潮解性を有する固体を常時蔵置するためのもの及び著しい蒸気の影響を直接全面的に受けるもの	10
		その他のもの	14
	簡易建物	木製主要柱が10センチメートル角以下のもので，土居ぶき，杉皮ぶき，ルーフイングぶき又はトタンぶきのもの	10
		掘立造のもの及び仮設のもの	7
建物附属設備	電気設備（照明設備を含む。）	蓄電池電源設備	6
		その他のもの	15
	給排水又は衛生設備及びガス設備		15
	冷房，暖房，通風又はボイラー設備	冷暖房設備（冷凍機の出力が22キロワット以下のもの）	13
		その他のもの	15
	昇降機設備	エレベーター	17
		エスカレーター	15
	消火，排煙又は災害報知設備及び格納式避難設備		8
	エヤーカーテン又はドアー自動開閉設備		12
	アーケード又は日よけ設備	主として金属製のもの	15
		その他のもの	8
	店用簡易装備		3
	可動間仕切り	簡易なもの	3

550

種類	構造 又は用途	細目	耐用 年数
		その他のもの	15
	前掲のもの以 外のもの及び 前掲の区分に よらないもの	主として金属製のもの その他のもの	18 10
構築 物	鉄道業用又は 軌道業用のも の	軌条及びその附属品	20
		まくら木	
		木製のもの	8
		コンクリート製のもの	20
		金属製のもの	20
		分岐器	15
		通信線，信号線及び電灯電力線	30
		信号機	30
		送配電線及びき電線	40
		電車線及び第三軌条	20
		帰線ボンド	5
		電線支持物（電柱及び腕木を除く。）	30
		木柱及び木塔（腕木を含む。）	
		架空索道用のもの	15
		その他のもの	25
		前掲以外のもの	
		線路設備	
		軌道設備	
		道床	60
		その他のもの	16
		土工設備	57
		橋りよう	
		鉄筋コンクリート造のもの	50
		鉄骨造のもの	40
		その他のもの	15
		トンネル	
		鉄筋コンクリート造のもの	60
		れんが造のもの	35
		その他のもの	30
		その他のもの	21

種類	構造 又は用途	細目	耐用 年数
		停車場設備	32
		電路設備	
		鉄柱，鉄塔，コンクリート柱及びコンクリート塔	45
		踏切保安又は自動列車停止設備	12
		その他のもの	19
		その他のもの	40
	その他の鉄道 用又は軌道用 のもの	軌条及びその附属品並びにまくら木	15
		道床	60
		土工設備	50
		橋りよう	
		鉄筋コンクリート造のもの	50
		鉄骨造のもの	40
		その他のもの	15
		トンネル	
		鉄筋コンクリート造のもの	60
		れんが造のもの	35
		その他のもの	30
		その他のもの	30
	発電用又は送 配電用のもの	小水力発電用のもの（農山漁村電気導入促進法（昭和27 年法律第358号）に基づき建設したものに限る。）	30
		その他の水力発電用のもの（貯水池，調整池及び水路に 限る。）	57
		汽力発電用のもの（岸壁，さん橋，堤防，防波堤，煙突， その他汽力発電用のものをいう。）	41
		送電用のもの	
		地中電線路	25
		塔，柱，がい子，送電線，地線及び添加電話線	36
		配電用のもの	
		鉄塔及び鉄柱	50
		鉄筋コンクリート柱	42
		木柱	15
		配電線	30
		引込線	20
		添架電話線	30
		地中電線路	25

種類	構造 又は用途	細目	耐用 年数
	電気通信事業 用のもの	通信ケーブル 　光ファイバー製のもの 　その他のもの 地中電線路 その他の線路設備	 10 13 27 21
	放送用又は無 線通信用のも の	鉄塔及び鉄柱 　円筒空中線式のもの 　その他のもの 鉄筋コンクリート柱 木塔及び木柱 アンテナ 接地線及び放送用配線	 30 40 42 10 10 10
	農林業用のも の	主としてコンクリート造，れんが造，石造又はブロック 造のもの 　果樹棚又はホップ棚 　その他のもの 主として金属造のもの 主として木造のもの 土管を主としたもの その他のもの	 14 17 14 5 10 8
	広告用のもの	金属造のもの その他のもの	20 10
	競技場用，運 動場用，遊園 地用又は学校 用のもの	スタンド 　主として鉄骨鉄筋コンクリート造又は鉄筋コンクリー ト造のもの 　主として鉄骨造のもの 　主として木造のもの 競輪場用競走路 　コンクリート敷のもの 　その他のもの ネット設備 野球場，陸上競技場，ゴルフコースその他のスポーツ場 の排水その他の土工施設 水泳プール その他のもの	 45 30 10 15 10 15 30 30

553

種類	構　造又は用途	細　　　目	耐用年数
		児童用のもの	
		すべり台，ぶらんこ，ジャングルジムその他の遊戯用のもの	10
		その他のもの	15
		その他のもの	
		主として木造のもの	15
		その他のもの	30
	緑化施設及び庭園	工場緑化施設	7
		その他の緑化施設及び庭園（工場緑化施設に含まれるものを除く。）	20
	舗装道路及び舗装路面	コンクリート敷，ブロック敷，れんが敷又は石敷のもの	15
		アスファルト敷又は木れんが敷のもの	10
		ビチューマルス敷のもの	3
	鉄骨鉄筋コンクリート造又は鉄筋コンクリート造のもの（前掲のものを除く。）	水道用ダム	80
		トンネル	75
		橋	60
		岸壁，さん橋，防壁（爆発物用のものを除く。），堤防，防波堤，塔，やぐら，上水道，水そう及び用水用ダム	50
		乾ドック	45
		サイロ	35
		下水道，煙突及び焼却炉	35
		高架道路，製塩用ちんでん池，飼育場及びへい	30
		爆発物用防壁及び防油堤	25
		造船台	24
		放射性同位元素の放射線を直接受けるもの	15
		その他のもの	60
	コンクリート造又はコンクリートブロック造のもの（前掲のものを除く。）	やぐら及び用水池	40
		サイロ	34
		岸壁，さん橋，防壁（爆発物用のものを除く。），堤防，防波堤，トンネル，上水道及び水そう	30
		下水道，飼育場及びへい	15
		爆発物用防壁	13
		引湯管	10
		鉱業用廃石捨場	5
		その他のもの	40

種類	構　造 又は用途	細　　　目	耐用 年数
	れんが造のもの（前掲のものを除く。）	防壁（爆発物用のものを除く。），堤防，防波堤及びトンネル	50
		煙突，煙道，焼却炉，へい及び爆発物用防壁	
		塩素，クロールスルホン酸その他の著しい腐食性を有する気体の影響を受けるもの	7
		その他のもの	25
		その他のもの	40
	石造のもの（前掲のものを除く。）	岸壁，さん橋，防壁（爆発物用のものを除く。），堤防，防波堤，上水道及び用水池	50
		乾ドック	45
		下水道，へい及び爆発物用防壁	35
		その他のもの	50
	土造のもの（前掲のものを除く。）	防壁（爆発物用のものを除く。），堤防，防波堤及び自動車道	40
		上水道及び用水池	30
		下水道	15
		へい	20
		爆発物用防壁及び防油堤	17
		その他のもの	40
	金属造のもの（前掲のものを除く。）	橋（はね上げ橋を除く。）	45
		はね上げ橋及び鋼矢板岸壁	25
		サイロ	22
		送配管	
		鋳鉄製のもの	30
		鋼鉄製のもの	15
		ガス貯そう	
		液化ガス用のもの	10
		その他のもの	20
		薬品貯そう	
		塩酸，ふつ酸，発煙硫酸，濃硝酸その他の発煙性を有する無機酸用のもの	8
		有機酸用又は硫酸，硝酸その他前掲のもの以外の無機酸用のもの	10
		アルカリ類用，塩水用，アルコール用その他のもの	15
		水そう及び油そう	

種類	構造 又は用途	細目	耐用 年数
		鋳鉄製のもの	25
		鋼鉄製のもの	15
		浮きドック	20
		飼育場	15
		つり橋, 煙突, 焼却炉, 打込み井戸, へい, 街路灯及びガードレール	10
		露天式立体駐車設備	15
		その他のもの	45
	合成樹脂造のもの（前掲のものを除く。）		10
	木造のもの（前掲のものを除く。）	橋, 塔, やぐら及びドック	15
		岸壁, さん橋, 防壁, 堤防, 防波堤, トンネル, 水そう, 引湯管及びへい	10
		飼育場	7
		その他のもの	15
	前掲のもの以外のもの及び前掲の区分によらないもの	主として木造のもの	15
		その他のもの	50
車両及び運搬具	特殊自動車（この項には, 別表第二に掲げる減価償却資産に含まれるブルドーザー, パワーショベルその他の自走式作業用機械並びにトラクター及び農林業用運搬機具を含まない。）	消防車, 救急車, レントゲン車, 散水車, 放送宣伝車, 移動無線車及びチップ製造車	5
		モータースィーパー及び除雪車	4
		タンク車, じんかい車, し尿車, 寝台車, 霊きゆう車, トラックミキサー, レッカーその他特殊車体を架装したもの	
		小型車（じんかい車及びし尿車にあつては積載量が2トン以下, その他のものにあつては総排気量が2リットル以下のものをいう。）	3
		その他のもの	4

種類	構 造 又は用途	細 目	耐用 年数
	運送事業用, 貸自動車業用 又は自動車教 習所用の車両 及び運搬具 （前掲のもの を除く。）	自動車（2輪又は3輪自動車を含み，乗合自動車を除く。） 　小型車（貨物自動車にあつては積載量が2トン以下， 　その他のものにあつては総排気量が2リットル以下の 　ものをいう。） 　その他のもの 　　大型乗用車（総排気量が3リットル以上のものをい 　　う。） 　　その他のもの 乗合自動車 自転車及びリヤカー 被けん引車その他のもの	3 5 4 5 2 4
	前掲のもの以 外のもの	自動車（2輪又は3輪自動車を除く。） 　小型車（総排気量が0.66リットル以下のものをいう。） 　その他のもの 　　貨物自動車 　　　ダンプ式のもの 　　　その他のもの 　　報道通信用のもの 　　その他のもの 2輪又は3輪自動車 自転車 鉱山用人車，炭車，鉱車及び台車 　金属製のもの 　その他のもの フォークリフト トロッコ 　金属製のもの 　その他のもの その他のもの 　自走能力を有するもの 　その他のもの	 4 4 5 5 6 3 2 7 4 4 5 3 7 4
器具 及び 備品	1　家具，電 気機器，ガス 機器及び家庭 用品（他の項	事務机，事務いす及びキャビネット 　主として金属製のもの 　その他のもの 応接セット	 15 8

557

種類	構造 又は用途	細　　　　目	耐用 年数
	に掲げるもの を除く。)	接客業用のもの	5
		その他のもの	8
		ベッド	8
		児童用机及びいす	5
		陳列だな及び陳列ケース	
		冷凍機付又は冷蔵機付のもの	6
		その他のもの	8
		その他の家具	
		接客業用のもの	5
		その他のもの	
		主として金属製のもの	15
		その他のもの	8
		ラジオ，テレビジョン，テープレコーダーその他の音響 機器	5
		冷房用又は暖房用機器	6
		電気冷蔵庫，電気洗濯機その他これらに類する電気又 はガス機器	6
		氷冷蔵庫及び冷蔵ストッカー（電気式のものを除く。）	4
		カーテン，座ぶとん，寝具，丹前その他これらに類す る繊維製品	3
		じゅうたんその他の床用敷物	
		小売業用，接客業用，放送用，レコード吹込用又は劇 　場用のもの	3
		その他のもの	6
		室内装飾品	
		主として金属製のもの	15
		その他のもの	8
		食事又はちゆう房用品	
		陶磁器製又はガラス製のもの	2
		その他のもの	5
		その他のもの	
		主として金属製のもの	15
		その他のもの	8
	2　事務機器 　及び通信機器	謄写機器及びタイプライター	
		孔版印刷又は印書業用のもの	3
		その他のもの	5

種類	構 造 又は用途	細 目	耐用 年数
		電子計算機	
		パーソナルコンピューター（サーバー用のものを除く。）	4
		その他のもの	5
		複写機，計算機（電子計算機を除く。），金銭登録機，タイムレコーダーその他これらに類するもの	5
		その他の事務機器	5
		テレタイプライター及びファクシミリ	5
		インターホーン及び放送用設備	6
		電話設備その他の通信機器	
		デジタル構内交換設備及びデジタルボタン電話設備	6
		その他のもの	10
3 時計，試験機器及び測定機器		時計	10
		度量衡器	5
		試験又は測定機器	5
4 光学機器及び写真製作機器		オペラグラス	2
		カメラ，映画撮影機，映写機及び望遠鏡	5
		引伸機，焼付機，乾燥機，顕微鏡その他の機器	8
5 看板及び広告器具		看板，ネオンサイン及び気球	3
		マネキン人形及び模型	2
		その他のもの	
		主として金属製のもの	10
		その他のもの	5
6 容器及び金庫		ボンベ	
		溶接製のもの	6
		鍛造製のもの	
		塩素用のもの	8
		その他のもの	10
		ドラムかん，コンテナーその他の容器	
		大型コンテナー（長さが6メートル以上のものに限る。）	7
		その他のもの	
		金属製のもの	3
		その他のもの	2
		金庫	
		手さげ金庫	5

種類	構 造 又は用途	細　　目	耐用 年数
		その他のもの	20
	7　理容又は 美容機器		5
	8　医療機器	消毒殺菌用機器	4
		手術機器	5
		血液透析又は血しよう交換用機器	7
		ハバードタンクその他の作動部分を有する機能回復訓練 機器	6
		調剤機器	6
		歯科診療用ユニット	7
		光学検査機器	
		ファイバースコープ	6
		その他のもの	8
		その他のもの	
		レントゲンその他の電子装置を使用する機器	
		移動式のもの，救急医療用のもの及び自動血液分析器	4
		その他のもの	6
		その他のもの	
		陶磁器製又はガラス製のもの	3
		主として金属製のもの	10
		その他のもの	5
	9　娯楽又は スポーツ器具 及び興行又は 演劇用具	たまつき用具	8
		パチンコ器，ビンゴ器その他これらに類する球戯用具及 び射的用具	2
		ご，しようぎ，まあじやん，その他の遊戯具	5
		スポーツ具	3
		劇場用観客いす	3
		どんちよう及び幕	5
		衣しよう，かつら，小道具及び大道具	2
		その他のもの	
		主として金属製のもの	10
		その他のもの	5
	10　生物	植物	
		貸付業用のもの	2
		その他のもの	15

種類	構造 又は用途	細　　目	耐用 年数
		動物 　魚類 　鳥類 　その他のもの	2 4 8
	11　前掲のも の以外のもの	映画フィルム（スライドを含む。），磁気テープ及びレコード シート及びロープ きのこ栽培用ほだ木 漁具 葬儀用具 楽器 自動販売機（手動のものを含む。） 無人駐車管理装置 焼却炉 その他のもの 　主として金属製のもの 　その他のもの	2 2 3 3 3 5 5 5 5 10 5
	12　前掲する 資産のうち， 当該資産につ いて定められ ている前掲の 耐用年数によ るもの以外の もの及び前掲 の区分によら ないもの	主として金属製のもの その他のもの	15 8

561

機械及び装置の耐用年数表

（減価償却資産の耐用年数等に関する省令「別表第二」）

番号	設備の種類	細　　　目	耐用年数
1	食料品製造業用設備		10
2	飲料，たばこ又は飼料製造業用設備		10
3	繊維工業用設備	炭素繊維製造設備 　黒鉛化炉 　その他の設備 その他の設備	 3 7 7
4	木材又は木製品（家具を除く。）製造業用設備		8
5	家具又は装備品製造業用設備		11
6	パルプ，紙又は紙加工品製造業用設備		12
7	印刷業又は印刷関連業用設備	デジタル印刷システム設備 製本業用設備 新聞業用設備 　モノタイプ,写真又は通信設備 　その他の設備 その他の設備	4 7 3 10 10
8	化学工業用設備	臭素，よう素又は塩素，臭素若しくはよう素化合物製造設備 塩化りん製造設備 活性炭製造設備 ゼラチン又はにかわ製造設備 半導体用フォトレジスト製造設備 フラットパネル用カラーフィルター，偏光板又は偏光板用フィルム製造設備 その他の設備	5 4 5 5 5 5 8
9	石油製品又は石炭製品製造業用設備		7
10	プラスチック製品製造業用設備（他の号に掲げるものを除く。）		8
11	ゴム製品製造業用設備		9

番号	設備の種類	細目	耐用年数
12	なめし革，なめし革製品又は毛皮製造業用設備		9
13	窯業又は土石製品製造業用設備		9
14	鉄鋼業用設備	表面処理鋼材若しくは鉄粉製造業又は鉄スクラップ加工処理業用設備	5
		純鉄，原鉄，ベースメタル，フェロアロイ，鉄素形材又は鋳鉄管製造業用設備	9
		その他の設備	14
15	非鉄金属製造業用設備	核燃料物質加工設備	11
		その他の設備	7
16	金属製品製造業用設備	金属被覆及び彫刻業又は打はく及び金属製ネームプレート製造業用設備	6
		その他の設備	10
17	はん用機械器具（はん用性を有するもので，他の器具及び備品並びに機械及び装置に組み込み，又は取り付けることによりその用に供されるものをいう。）製造業用設備（第20号及び第22号に掲げるものを除く。）		12
18	生産用機械器具（物の生産の用に供されるものをいう。）製造業用設備（次号及び第21号に掲げるものを除く。）	金属加工機械製造設備	9
		その他の設備	12
19	業務用機械器具（業務用又はサービスの生産の用に供されるもの（これらのものであつて物の生産の用に供されるものを含む。）をいう。）製造業用設備（第17号，第21号及び第23号に掲げるものを除く。）		7
20	電子部品，デバイス又は電子回路製造業用設備	光ディスク（追記型又は書換え型のものに限る。）製造設備	6
		プリント配線基板製造設備	6

563

番号	設備の種類	細　　目	耐用年数
		フラットパネルディスプレイ,半導体集積回路又は半導体素子製造設備	5
		その他の設備	8
21	電気機械器具製造業用設備		7
22	情報通信機械器具製造業用設備		8
23	輸送用機械器具製造業用設備		9
24	その他の製造業用設備		9
25	農業用設備		7
26	林業用設備		5
27	漁業用設備(次号に掲げるものを除く。)		5
28	水産養殖業用設備		5
29	鉱業, 採石業又は砂利採取業用設備	石油又は天然ガス鉱業用設備　　坑井設備　　掘さく設備　　その他の設備その他の設備	36126
30	総合工事業用設備		6
31	電気業用設備	電気業用水力発電設備その他の水力発電設備汽力発電設備内燃力又はガスタービン発電設備送電又は電気業用変電若しくは配電設備　　需要者用計器　　柱上変圧器　　その他の設備鉄道又は軌道業用変電設備その他の設備　　主として金属製のもの　　その他のもの	2220151515182215178
32	ガス業用設備	製造用設備	10

番号	設備の種類	細　　目	耐用年数
		供給用設備	
		鋳鉄製導管	22
		鋳鉄製導管以外の導管	13
		需要者用計量器	13
		その他の設備	15
		その他の設備	
		主として金属製のもの	17
		その他のもの	8
33	熱供給業用設備		17
34	水道業用設備		18
35	通信業用設備		9
36	放送業用設備		6
37	映像，音声又は文字情報制作業用設備		8
38	鉄道業用設備	自動改札装置	5
		その他の設備	12
39	道路貨物運送業用設備		12
40	倉庫業用設備		12
41	運輸に附帯するサービス業用設備		10
42	飲食料品卸売業用設備		10
43	建築材料，鉱物又は金属材料等卸売業用設備	石油又は液化石油ガス卸売用設備（貯そうを除く。）	13
		その他の設備	8
44	飲食料品小売業用設備		9
45	その他の小売業用設備	ガソリン又は液化石油ガススタンド設備	8
		その他の設備	
		主として金属製のもの	17
		その他のもの	8
46	技術サービス業用設備（他の号に掲げるものを除く。）	計量証明業用設備	8
		その他の設備	14
47	宿泊業用設備		10

565

番号	設備の種類	細目	耐用年数
48	飲食店業用設備		8
49	洗濯業，理容業，美容業又は浴場業用設備		13
50	その他の生活関連サービス業用設備		6
51	娯楽業用設備	映画館又は劇場用設備 遊園地用設備 ボウリング場用設備 その他の設備 　主として金属製のもの 　その他のもの	11 7 13 17 8
52	教育業（学校教育業を除く。）又は学習支援業用設備	教習用運転シミュレータ設備 その他の設備 　主として金属製のもの 　その他のもの	5 17 8
53	自動車整備業用設備		15
54	その他のサービス業用設備		12
55	前掲の機械及び装置以外のもの並びに前掲の区分によらないもの	機械式駐車設備 ブルドーザー，パワーショベルその他の自走式作業用機械設備 その他の設備 　主として金属製のもの 　その他のもの	10 8 17 8

無形減価償却資産の耐用年数表

(減価償却資産の耐用年数等に関する省令「別表第三」)

種　　　　類	細　　　　目	耐用年数 (年)
漁　　業　　権		10
ダ　ム　使　用　権		55
水　　利　　権		20
特　　許　　権		8
実　用　新　案　権		5
意　　匠　　権		7
商　　標　　権		10
ソ　フ　ト　ウ　エ　ア	複写して販売するための原本 その他のもの	3 5
育　　成　　者　　権	種苗法（平成 10 年法律第 83 号）第 4 条第 2 項に規定する品種 その他	10 8
営　　業　　権		5
専　用　側　線　利　用　権		30
鉄道軌道連絡通行施設利用権		30
電気ガス供給施設利用権		15
水　道　施　設　利　用　権		15
工　業　用　水　道　施　設　利　用　権		15
電　気　通　信　施　設　利　用　権		20

Ⅱ　印紙税法（別表第一　課税物件表抜粋）

印紙税法　別表第一

番号	課税物件		課税標準及び税率	非課税物件
	物件名	定義		
1	1　不動産，鉱業権，無体財産権，船舶若しくは航空機又は営業の譲渡に関する契約書 2　地上権又は土地の賃借権の設定又は譲渡に関する契約書 3　消費貸借に関する契約書 4　運送に関する契約書（用船契約書を含む。）	1　不動産には，法律の規定により不動産とみなされるもののほか，鉄道財団，軌道財団及び自動車交通事業財団を含むものとする。 2　無体財産権とは，特許権，実用新案権，商標権，意匠権，回路配置利用権，育成者権，商号及び著作権をいう。 3　運送に関する契約書には，乗車券，乗船券，航空券及び運送状を含まないものとする。 4　用船契約書には，航空機の用船契約書を含むものとし，裸用船契約書を含まないものとする。	1　契約金額の記載のある契約書 次に掲げる契約金額の区分に応じ，1通につき，次に掲げる税率とする。 10万円以下のもの 　　　　　　200円 10万円を超え50万円以下のもの 　　　　　　400円 50万円を超え100万円以下のもの 　　　　　　1千円 100万円を超え500万円以下のもの 　　　　　　2千円 500万円を超え1千万円以下のもの 　　　　　　1万円 1千万円を超え5千万円以下のもの 　　　　　　2万円 5千万円を超え1億円以下のもの 　　　　　　6万円 1億円を超え5億円以下のもの 　　　　　　10万円 5億円を超え10億円以下のもの 　　　　　　20万円 10億円を超え50億円以下のもの	1　契約金額の記載のある契約書（課税物件表の適用に関する通則3イの規定が適用されることによりこの号に掲げる文書となるものを除く。）のうち，当該契約金額が1万円未満のもの

番号	課税物件		課税標準及び税率	非課税物件
	物件名	定　義		
			40万円 50億円を超えるもの 60万円 2　契約金額の記載の ない契約書 1通につき　　200円	
上記のうち，不動産の譲渡に関する契約書で，記載された契約金額が10万円を超え，かつ，1997年（平成9年）4月1日から2020年3月31日までの間に作成されるもの（租税特別措置法第91条）			記載された契約金額が 10万円を超え50万円以下のもの　　　200円 50万円を超え100万円以下　〃　　　500円 100万円を超え500万円以下　〃　　　1千円 500万円を超え1千万円以下　〃　　　5千円 1千万円を超え5千万円以下　〃　　　1万円 5千万円を超え1億円以下　〃　　　3万円 1億円を超え5億円以下　〃　　　6万円 5億円を超え10億円以下　〃　　　16万円 10億円を超え50億円以下　〃　　　32万円 50億円を超えるもの　　　48万円		
2	請負に関する契約書	1　請負には，職業野球の選手，映画の俳優その他これらに類する者で政令で定めるものの役務の提供を約することを内容とする契約を含むものとする。	1　契約金額の記載のある契約書 次に掲げる契約金額の区分に応じ，1通につき，次に掲げる税率とする。 100万円以下のもの 　　　200円 100万円を超え200万円以下のもの 　　　400円 200万円を超え300万円以下のもの 　　　1千円 300万円を超え500万円以下のもの 　　　2千円	1　契約金額の記載のある契約書（課税物件表の適用に関する通則3イの規定が適用されることによりこの号に掲げる文書となるものを除く。）のうち，当該契約金額が1万円未満のもの

番号	課税物件		課税標準及び税率	非課税物件
	物件名	定義		
			500万円を超え1千万円以下のもの 　　　　　　1万円 1千万円を超え5千万円以下のもの 　　　　　　2万円 5千万円を超え1億円以下のもの 　　　　　　6万円 1億円を超え5億円以下のもの 　　　　　　10万円 5億円を超え10億円以下のもの 　　　　　　20万円 10億円を超え50億円以下のもの 　　　　　　40万円 50億円を超えるもの 　　　　　　60万円 2　契約金額の記載のない契約書 1通につき　　200円	
	上記のうち，建設業法第2条第1項に規定する建設工事の請負に係る契約に基づき作成される契約書で，記載された契約金額が100万円を超え，かつ，1997年（平成9年）4月1日から2020年3月31日までの間に作成されるもの（租税特別措置法第91条）		記載された契約金額が 　100万円を超え200万円以下のもの　200円 　200万円を超え300万円以下　〃　500円 　300万円を超え500万円以下　〃　1千円 　500万円を超え1千万円以下　〃　5千円 　1千万円を超え5千万円以下　〃　1万円 　5千万円を超え1億円以下　〃　3万円 　1億円を超え5億円以下　〃　6万円 　5億円を超え10億円以下　〃　16万円 　10億円を超え50億円以下　〃　32万円 　50億円を超えるもの　48万円	

番号	課税物件		課税標準及び税率	非課税物件
	物件名	定義		
3	約束手形又は為替手形		1　2に掲げる手形以外の手形 次に掲げる手形金額の区分に応じ，1通につき，次に掲げる税率とする。 100万円以下のもの 　　　　　　200円 100万円を超え200万円以下のもの 　　　　　　400円 200万円を超え300万円以下のもの 　　　　　　600円 300万円を超え500万円以下のもの 　　　　　　1千円 500万円を超え1千万円以下のもの 　　　　　　2千円 1千万円を超え2千万円以下のもの 　　　　　　4千円 2千万円を超え3千万円以下のもの 　　　　　　6千円 3千万円を超え5千万円以下のもの 　　　　　　1万円 5千万円を超え1億円以下のもの 　　　　　　2万円 1億円を超え2億円以下のもの 　　　　　　4万円	1　手形金額が10万円未満の手形 2　手形金額の記載のない手形 3　手形の複本又は謄本

番号	課税物件		課税標準及び税率	非課税物件
	物件名	定　義		
			2億円を超え3億円以下のもの 　　　　　　6万円 3億円を超え5億円以下のもの 　　　　　　10万円 5億円を超え10億円以下のもの 　　　　　　15万円 10億円を超えるもの 　　　　　　20万円 2　次に掲げる手形1通につき　　　200円 イ　一覧払の手形 　　（手形法（昭和7年法律第20号）第34条第2項（一覧払の為替手形の呈示開始期日の定め） 　　（同法第77条第1項第2号（約束手形への準用）において準用する場合を含む。）の定めをするものを除く。） ロ　日本銀行又は銀行その他政令で定める金融機関を振出人及び受取人とする手形（振出人である銀行その他当該政令で定める金融機関を受取人とするものを除く。） ハ　外国通貨により	

番号	課税物件		課税標準及び税率	非課税物件
	物件名	定　義		
			手形金額が表示される手形 ニ　外国為替及び外国貿易法第6条第1項第6号（定義）に規定する非居住者の本邦にある同法第16条の2（支払等の制限）に規定する銀行等（以下この号において「銀行等」という。）に対する本邦通貨をもつて表示される勘定を通ずる方法により決済される手形で政令で定めるもの ホ　本邦から貨物を輸出し又は本邦に貨物を輸入する外国為替及び外国貿易法第6条第1項第5号（定義）に規定する居住者が本邦にある銀行等を支払人として振り出す本邦通貨により手形金額が表示される手形で政令で定めるもの ヘ　ホに掲げる手形及び外国の法令に準拠して外国において銀行業を営む者が本邦にある銀	

番号	課税物件		課税標準及び税率	非課税物件
	物件名	定　義		
			行等を支払人として振り出した本邦通貨により手形金額が表示される手形で政令で定めるものを担保として，銀行等が自己を支払人として振り出す本邦通貨により手形金額が表示される手形で政令で定めるもの	
4	株券，出資証券若しくは社債券又は投資信託，貸付信託，特定目的信託若しくは受益証券発行信託の受益証券	1　出資証券とは，相互会社（保険業法（平成7年法律第105号）第2条第5項（定義）に規定する相互会社をいう。以下同じ。）の作成する基金証券及び法人の社員又は出資者たる地位を証する文書（投資信託及び投資法人に関する法律（昭和26年法律第198号）に規定する投資証券を含む。）をいう。 2　社債券には，特別の法律により法人の発行す	つぎに掲げる券面金額（券面金額の記載のない証券で株数又は口数の記載のあるものにあつては，1株又は1口につき政令で定める金額に当該株数又は口数を乗じて計算した金額）の区分に応じ，1通につき，次に掲げる税率とする。 　500万円以下のもの 　　　　　　　　200円 　500万円を超え1千万円以下のもの 　　　　　　　1千円 　1千万円を超え5千万円以下のもの 　　　　　　　2千円 　5千万円を超え1億円以下のもの 　　　　　　　1万円	1　日本銀行その他特別の法律により設立された法人で政令で定めるものの作成する出資証券（協同組織金融機関の優先出資に関する法律（平成5年法律第44号）に規定する優先出資証券を除く。） 2　受益権を他の投資信託の受託者に取得させることを目的とする投資信託の受益証券で政令で定めるもの

番号	課税物件		課税標準及び税率	非課税物件
	物件名	定 義		
		る債券及び相互会社の社債券を含むものとする。	1億円を超えるもの 2万円	
5	合併契約書又は吸収分割契約書若しくは新設分割計画書	1 合併契約書とは，会社法（平成17年法律第86号）第748条（合併契約の締結）に規定する合併契約（保険業法第159条第1項（相互会社と株式会社の合併）に規定する合併契約を含む。）を証する文書（当該合併契約の変更又は補充の事実を証するものを含む。）をいう。 2 吸収分割契約書とは，会社法第757条（吸収分割契約の締結）に規定する吸収分割契約を証する文書（当該吸収分割契約の変更又は補充の事実を証するものを含む。）をいう。 3 新設分割計画書とは，会社法	1通につき　4万円	

575

番号	課税物件		課税標準及び税率	非課税物件
	物件名	定義		
		第762条 第1項（新設分割計画の作成）に規定する新設分割計画を証する文書（当該新設分割計画の変更又は補充の事実を証するものを含む。）をいう。		
6	定款	1 定款は，会社（相互会社を含む。）の設立のときに作成される定款の原本に限るものとする。	1通につき 4万円	1 株式会社又は相互会社の定款のうち，公証人法第62条ノ3第3項（定款の認証手続）の規定により公証人の保存するもの以外のもの
7	継続的取引の基本となる契約書（契約期間の記載のあるもののうち，当該契約期間が3月以内であり，かつ，更新に関する定めのないものを除く。）	1 継続的取引の基本となる契約書とは，特約店契約書，代理店契約書，銀行取引約定書その他の契約書で，特定の相手方との間に継続的に生ずる取引の基本となるもののうち，政令で定めるものをいう。	1通につき 4千円	
8	預貯金証書		1通につき 200円	1 信用金庫その他政令で定める金融機関の作成

番号	課税物件 物件名	課税物件 定　義	課税標準及び税率	非課税物件
				する預貯金証書で，記載された預入額が1万円未満のもの
9	貨物引換証，倉庫証券又は船荷証券	1　貨物引換証又は船荷証券には，商法（明治32年法律第48号）第571条第2項（貨物引換証）の記載事項又は同法第769条（船荷証券）若しくは国際海上物品運送法（昭和32年法律第172号）第7条（船荷証券）の記載事項の一部を欠く証書で，これらの証券と類似の効用を有するものを含むものとする。 2　倉庫証券には，預証券，質入証券及び倉荷証券のほか，商法第599条（預証券等）の記載事項の一部を欠く証書で，これらの証券と類似の効用を有するものを含むものとする。	1通につき　　　200円	1　船荷証券の謄本

番号	課税物件		課税標準及び税率	非課税物件
	物件名	定　義		
10	保険証券	1　保険証券とは，保険証券その他名称のいかんを問わず，保険法（平成20年法律第56号）第6条第1項（損害保険契約の締結時の書面交付），第40条第1項（生命保険契約の締結時の書面交付）又は第69条第1項（傷害疾病定額保険契約の締結時の書面交付）その他の法令の規定により，保険契約に係る保険者が当該保険契約を締結したときに当該保険契約に係る保険契約者に対して交付する書面（当該保険契約からの再交付の請求により交付するものを含み，保険業法第3条第5項第3号（免許）に掲げる保険に係る保険契約その他政令で定める保険契約に係るも	1通につき　　200円	

番号	課税物件		課税標準及び税率	非課税物件
	物件名	定義		
		のを除く。）をいう。		
11	信用状		1通につき 200円	
12	信託行為に関する契約書	1 信託行為に関する契約書には，信託証書を含むものとする。	1通につき 200円	
13	債務の保証に関する契約書（主たる債務の契約書に併記するものを除く。）		1通につき 200円	1 身元保証ニ関スル法律（昭和8年法律第42号）に定める身元保証に関する契約書
14	金銭又は有価証券の寄託に関する契約書		1通につき 200円	
15	債権譲渡又は債務引受けに関する契約書		1通につき 200円	1 契約金額の記載のある契約書のうち，当該契約金額が1万円未満のもの
16	配当金領収証又は配当金振込通知書	1 配当金領収証とは，配当金領収書その他名称のいかんを問わず，配当金の支払を受ける権利を表彰する証書又は配当金の受領の事実を証するための証書をいう。 2 配当金振込通知	1通につき 200円	1 記載された配当金額が3千円未満の証書又は文書

579

番号	課税物件		課税標準及び税率	非課税物件
	物件名	定　義		
		書とは，配当金振込票その他名称のいかんを問わず，配当金が銀行その他の金融機関にある株主の預貯金口座その他の勘定に振込済みである旨を株主に通知する文書をいう。		
17	1　売上代金に係る金銭又は有価証券の受取書 2　金銭又は有価証券の受取書で1に掲げる受取書以外のもの	1　売上代金に係る金銭又は有価証券の受取書とは，資産を譲渡し若しくは使用させること（当該資産に係る権利を設定することを含む。）又は役務を提供することによる対価（手付けを含み，金融商品取引法（昭和23年法律第25号）第2条 第1項（定義）に規定する有価証券その他これに準ずるもので政令で定めるものの譲渡の対価，保険料その他政令で定めるものを除く。以下「売上代	1　売上代金に係る金銭又は有価証券の受取書で受取金額の記載のあるもの 次に掲げる受取金額の区分に応じ，1通につき，次に掲げる税率とする。 100万円以下のもの 　　　　　　200円 100万円を超え200万円以下のもの 　　　　　　400円 200万円を超え300万円以下のもの 　　　　　　600円 300万円を超え500万円以下のもの 　　　　　1千円 500万円を超え1千万円以下のもの 　　　　　2千円 1千万円を超え2千万円以下のもの 　　　　　4千円	1　記載された受取金額が5万円未満の受取書 2　営業（会社以外の法人で，法令の規定又は定款の定めにより利益金又は剰余金の配当又は分配をすることができることとなっているものが，その出資者以外の者に対して行う事業を含み，当該出資者がその出資をした法人に対して行う営業を除く。）に関しない受取書 3　有価証券又は第8号，第12号，第14号若しくは前号に掲げる文

番号	課税物件		課税標準及び税率	非課税物件
	物件名	定　義		
		金」という。） として受け取る 金銭又は有価証 券の受取書をい い，次に掲げる 受取書を含むも のとする。 イ　当該受取書 　に記載されて 　いる受取金額 　の一部に売上 　代金が含まれ 　ている金銭又 　は有価証券の 　受取書及び当 　該受取金額の 　全部又は一部 　が売上代金で 　あるかどうか 　が当該受取書 　の記載事項に 　より明らかに 　されていない 　金銭又は有価 　証券の受取書 ロ　他人の事務 　の委託を受け 　た者（以下こ 　の欄におい 　て「受託者」 　という。）が 　当該委託をし 　た者（以下こ 　の欄において 　「委託者」と 　いう。）に代	2千万円を超え3千万 円以下のもの 　　　　　　　6千円 3千万円を超え5千万 円以下のもの 　　　　　　　1万円 5千万円を超え1億円 以下のもの 　　　　　　　2万円 1億円を超え2億円以 下のもの 　　　　　　　4万円 2億円を超え3億円以 下のもの 　　　　　　　6万円 3億円を超え5億円以 下のもの 　　　　　　10万円 5億円を超え10億円 以下のもの 　　　　　　15万円 10億円を超えるもの 　　　　　　20万円 2　1に掲げる受取書以 　外の受取書 1通につき　　　200円	書に追記した受 取書

581

番号	課税物件		課税標準及び税率	非課税物件
	物件名	定　義		
		わつて売上代金を受け取る場合に作成する金銭又は有価証券の受取書（銀行その他の金融機関が作成する預貯金口座への振込金の受取書その他これに類するもので政令で定めるものを除く。ニにおいて同じ。）		
		ハ　受託者が委託者に代わつて受け取る売上代金の全部又は一部に相当する金額を委託者が受託者から受け取る場合に作成する金銭又は有価証券の受取書		
		ニ　受託者が委託者に代わつて支払う売上代金の全部又は一部に相当する金額を委託者から受け取る場合に作		

番号	課税物件		課税標準及び税率	非課税物件
	物件名	定義		
		成する金銭又は有価証券の受取書		
18	預貯金通帳，信託行為に関する通帳，銀行若しくは無尽会社の作成する掛金通帳，生命保険会社の作成する保険料通帳又は生命共済の掛金通帳	1　生命共済の掛金通帳とは，農業協同組合その他の法人が生命共済に係る契約に関し作成する掛金通帳で，政令で定めるものをいう。	1冊につき　　　200円	1　信用金庫その他政令で定める金融機関の作成する預貯金通帳 2　所得税法第9条第1項第2号(非課税所得)に規定する預貯金に係る預貯金通帳その他政令で定める普通預金通帳
19	第1号，第2号，第14号又は第17号に掲げる文書により証されるべき事項を付け込んで証明する目的をもつて作成する通帳（前号に掲げる通帳を除く。）		1冊につき　　　400円	
20	判取帳	1　判取帳とは，第1号，第2号，第14号又は第17号に掲げる文書により証されるべき事項につき2以上の相手方から付込証明を受ける目的をもつて作成する帳簿をいう。	1冊につき　　　4千円	

Ⅲ　印紙税法基本通達（別表第二）

別表第二　重要な事項の一覧表

第12条《契約書の意義》，第17条《契約の内容の変更の意義等》，第18条《契約の内容の補充の意義等》及び第38条《追記又は付け込みの範囲》の「重要な事項」とは，おおむね次に掲げる文書の区分に応じ，それぞれ次に掲げる事項（それぞれの事項と密接に関連する事項を含む。）をいう。（昭59間消3－24，平元間消3－15改正）

1　第1号の1文書
　　第1号の2文書のうち，地上権又は土地の賃借権の譲渡に関する契約書
　　第15号文書のうち，債権譲渡に関する契約書

---

(1)　目的物の内容
(2)　目的物の引渡方法又は引渡期日
(3)　契約金額
(4)　取扱数量
(5)　単価
(6)　契約金額の支払方法又は支払期日
(7)　割戻金等の計算方法又は支払方法
(8)　契約期間
(9)　契約に付される停止条件又は解除条件
(10)　債務不履行の場合の損害賠償の方法

2　第1号の2文書のうち，地上権又は土地の賃借権の設定に関する契約書

---

(1)　目的物又は被担保債権の内容
(2)　目的物の引渡方法又は引渡期日
(3)　契約金額又は根抵当権における極度金額
(4)　権利の使用料
(5)　契約金額又は権利の使用料の支払方法又は支払期日
(6)　権利の設定日若しくは設定期間又は根

抵当権における確定期日
(7)　契約に付される停止条件又は解除条件
(8)　債務不履行の場合の損害賠償の方法

3　第1号の3文書

---

(1)　目的物の内容
(2)　目的物の引渡方法又は引渡期日
(3)　契約金額（数量）
(4)　利率又は利息金額
(5)　契約金額（数量）又は利息金額の返還（支払）方法又は返還（支払）期日
(6)　契約期間
(7)　契約に付される停止条件又は解除条件
(8)　債務不履行の場合の損害賠償の方法

4　第1号の4文書
　　第2号文書

---

(1)　運送又は請負の内容（方法を含む。）
(2)　運送又は請負の期日又は期限
(3)　契約金額
(4)　取扱数量
(5)　単価
(6)　契約金額の支払方法又は支払期日
(7)　割戻金等の計算方法又は支払方法
(8)　契約期間
(9)　契約に付される停止条件又は解除条件
(10)　債務不履行の場合の損害賠償の方法

5　第7号文書

---

(1)　令第26条《継続的取引の基本となる契約書の範囲》各号に掲げる区分に応じ，当該各号に掲げる要件
(2)　契約期間（令第26条各号に該当する文書を引用して契約期間を延長するものに

584

限るものとし，当該延長する期間が3か
月以内であり，かつ，更新に関する定め
のないものを除く。）

6　第12号文書

(1)　目的物の内容
(2)　目的物の運用の方法
(3)　収益の受益者又は処分方法
(4)　元本の受益者
(5)　報酬の金額
(6)　報酬の支払方法又は支払期日
(7)　信託期間
(8)　契約に付される停止条件又は解除条件
(9)　債務不履行の場合の損害賠償の方法

7　第13号文書

(1)　保証する債務の内容
(2)　保証の種類
(3)　保証期間
(4)　保証債務の履行方法
(5)　契約に付される停止条件又は解除条件

8　第14号文書

(1)　目的物の内容
(2)　目的物の数量（金額）
(3)　目的物の引渡方法又は引渡期日
(4)　契約金額
(5)　契約金額の支払方法又は支払期日
(6)　利率又は利息金額
(7)　寄託期間
(8)　契約に付される停止条件又は解除条件
(9)　債務不履行の場合の損害賠償の方法

9　第15号文書のうち，債務引受けに関する契約書

(1)　目的物の内容
(2)　目的物の数量（金額）
(3)　目的物の引受方法又は引受期日
(4)　契約に付される停止条件又は解除条件
(5)　債務不履行の場合の損害賠償の方法

参考：印紙税法施行令第26条（継続的取引の基本となる契約書の範囲）

第26条　法別表第1第7号の定義の欄（課税物件表）に規定する政令で定める
　　　　契約書は，次に掲げる契約書とする。

一　特約店契約書その他名称のいかんを問わず，営業者（法別表第1第17号
　の非課税物件の欄に規定する営業を行う者をいう。）の間において，売
　買，売買の委託，運送，運送取扱い又は請負に関する2以上の取引を継続
　して行うため作成される契約書で，当該2以上の取引に共通して適用さ
　れる取引条件のうち目的物の種類，取扱数量，単価，対価の支払方法，
　債務不履行の場合の損害賠償の方法又は再販売価格を定めるもの（電気
　又はガスの供給に関するものを除く。）

二　代理店契約書，業務委託契約書その他名称のいかんを問わず，売買に
　関する業務，金融機関の業務，保険募集の業務又は株式の発行若しくは
　名義書換えの事務を継続して委託するため作成される契約書で，委託さ
　れる業務又は事務の範囲又は対価の支払方法を定めるもの

三　以下略

Ⅳ　収益等の計上に関する改正通達（法人税基本通達第2章第1節）の新旧対応表

改正通達の構成	改正前		改正後		
	通達番号	表　題	通達番号	表　題	取り扱い
		第1節　収益等の計上に関する通則		第1節　収益等の計上に関する通則	
				第1款　資産の販売等に係る収益計上に関する通則	
収益計上単位の通則	−	−	2-1-1	収益の計上の単位の通則	収益認識会計基準の適用対象取引について規定。
収益計上単位の具体的取扱い	2-1-10	機械設備等の販売に伴い据付工事を行った場合の帰属時期の特例	2-1-1の2	機械設備等の販売に伴い据付工事を行った場合の収益の計上の単位	収益認識会計基準の適用対象取引について規定。
	−	−	2-1-1の3	資産の販売等に伴い保証を行った場合の収益の計上の単位	収益認識会計基準の適用対象取引について規定。
	2-1-9	部分完成基準による収益の帰属時期の特例	2-1-1の4	部分完成の事実がある場合の収益の計上の単位	2-1-1（収益の計上の単位の通則）の特例規定。収益認識会計基準の適用対象取引について規定。
	2-1-12	技術役務の提供に係る報酬の帰属の時期	2-1-1の5	技術提供の役務に係る収益の計上の単位	2-1-1（収益の計上の単位の通則）の特例規定。収益認識会計基準の適用対象取引について規定。

改正通達の構成	改　正　前		改　正　後		
	通達番号	表　題	通達番号	表　題	取り扱い
	2-1-17	ノーハウの頭金等の帰属の時期	2-1-1の6	ノウハウの頭金等の収益の計上の単位	2-1-1（収益の計上の単位の通則）の特例規定。収益認識会計基準の適用対象取引について規定。
	－	－	2-1-1の7	ポイント等を付与した場合の収益の計上の単位	収益認識会計基準の適用対象取引について規定。
	－	－	2-1-1の8	資産の販売等に係る収益の額に含めないことができる利息相当部分	収益認識会計基準の適用対象取引について規定。
	2-4-11	長期割賦販売等に係る収益の額に含めないことができる利息相当部分	2-1-1の9	割賦販売等に係る収益の額に含めないことができる利息相当部分	収益認識会計基準の適用対象取引について規定。割賦基準は廃止された。
収益の額の通則	2-1-4	販売代金の額が確定していない場合の見積り	2-1-1の10	資産の引渡しの時の価額等の通則	収益認識会計基準の適用対象取引およびそれ以外の取引について規定。
	2-1-7	工事代金の額が確定していない場合の見積り			
	－	－	2-1-1の11	変動対価	収益認識会計基準の適用対象取引について規定。
収益の額の具体的取扱い	2-5-1	売上割戻しの計上時期	2-1-1の12	売上割戻しの計上時期	2-1-1の11（変動対価）の取り扱いをしない場合について規定。

改正通達の構成	改 正 前		改 正 後		
	通達番号	表　題	通達番号	表　題	取り扱い
	2-5-2	一定期間支払わない売上割戻しの計上時期	2-1-1の13	一定期間支払わない売上割戻しの計上時期	2-1-1の11（変動対価）の取り扱いをしない場合を規定。2-1-1の12（売上割戻しの計上時期）の特例を規定。
	2-5-3	実質的に利益を享受することの意義	2-1-1の14	実質的に利益を享受することの意義	2-1-1の13（一定期間支払わない売上割戻しの計上時期）の補足規定。
	2-1-8	値増金の益金算入の時期	2-1-1の15	値増金の益金算入の時期	2-1-1の11（変動対価）の取り扱いをしない場合を規定。収益認識会計基準の適用対象取引およびそれ以外の取引を規定。
	－	－	2-1-1の16	相手方に支払われる対価	収益認識会計基準の適用対象取引について規定。
			第1款の2　棚卸資産の販売に係る収益		
棚卸資産の販売に係る収益計上時期の具体的取扱い	2-1-1	棚卸資産の販売による収益の帰属の時期	2-1-2	棚卸資産の引渡しの日の判定	収益認識会計基準の適用対象取引およびそれ以外の取引を規定。
	2-1-2	棚卸資産の引渡しの日の判定			
	2-1-3	委託販売に係る収益の帰属の時期	2-1-3	委託販売に係る収益の帰属の時期	収益認識会計基準の適用対象取引およびそれ以外の取引を規定。

改正通達の構成	改　正　前		改　正　後		
	通達番号	表　題	通達番号	表　題	取り扱い
	2-1-2	棚卸資産の引渡しの日の判定	2-1-4	検針日による収益の帰属の時期	収益認識会計基準の適用対象取引およびそれ以外の取引を規定。
				第2款　固定資産の譲渡等に係る収益	
	2-1-5	請負による収益の帰属の時期	削除		2-1-21の7へ移動。
	2-1-6	建設工事等の引渡しの日の判定	削除		2-1-21の8へ移動。
	2-1-7	工事代金の額が確定していない場合の見積り	削除		2-1-1の10へ移動。
	2-1-8	値増金の益金算入の時期	削除		2-1-1の15へ移動。
	2-1-9	部分完成基準による収益の帰属時期の特例	削除		2-1-1の4および2-1-21の7へ移動。
	2-1-10	機械設備等の販売に伴い据付工事を行った場合の収益の帰属時期の特例	削除		2-1-1の2へ移動。
	2-1-11	不動産の仲介あっせん報酬の帰属の時期	削除		2-1-21の9へ移動。
	2-1-12	技術役務の提供に係る報酬の帰属の時期	削除		2-1-1の5および2-1-21の10へ移動。
	2-1-13	運送収入の帰属の時期	削除		2-1-21の11へ移動。

改正通達の構成	改 正 前		改 正 後		
	通達番号	表 題	通達番号	表 題	取り扱い
固定資産の譲渡等に係る収益計上時期の具体的取扱い	2-1-14	固定資産の譲渡に係る収益の帰属の時期	2-1-14	固定資産の譲渡に係る収益の帰属の時期	収益認識会計基準の適用対象取引およびそれ以外の取引を規定。
	2-1-15	農地の譲渡に係る収益の帰属の時期の特例	2-1-15	農地の譲渡に係る収益の帰属の時期の特例	収益認識会計基準の適用対象取引およびそれ以外の取引を規定。
	2-1-16	工業所有権等の譲渡等による収益の帰属の時期	2-1-16	工業所有権等の譲渡に係る収益の帰属の時期の特例	収益認識会計基準の適用対象取引およびそれ以外の取引を規定。
	2-1-17	ノーハウの頭金等の帰属の時期	削除		2-1-1の6および2-1-30の3へ移動。
固定資産の譲渡等に係る具体的取扱い	2-1-18	固定資産を譲渡担保に供した場合	2-1-18	固定資産を譲渡担保に供した場合	変更なし。
	2-1-19	共有地の分割	2-1-19	共有地の分割	変更なし。
	2-1-20	法律の規定に基づかない区画形質の変更に伴う土地の交換分合	2-1-20	法律の規定に基づかない区画形質の変更に伴う土地の交換分合	変更なし。
	2-1-21	道路の付替え	2-1-21	道路の付替え	変更なし。
				第3款 役務の提供に係る収益	
役務の提供に係る収益計上時期の通則	–	–	2-1-21の2	履行義務が一定の期間にわたり充足されるものに係る収益の帰属の時期	収益認識会計基準の適用対象取引について規定。
	–	–	2-1-21の3	履行義務が一時点で充足されるものに係る収益の帰属の時期	収益認識会計基準の適用対象取引について規定。

改正通達の構成	改 正 前		改 正 後		
	通達番号	表 題	通達番号	表 題	取り扱い
	－	－	2-1-21の4	履行義務が一定の期間にわたり充足されるもの	2-1-21の2（履行義務が一定の期間にわたり充足されるものに係る収益の帰属の時期）に関連した規定。
	－	－	2-1-21の5	履行義務が一定の期間にわたり充足されるものに係る収益の額の算定の通則	2-1-21の2（履行義務が一定の期間にわたり充足されるものに係る収益の帰属の時期）に関連した規定。
	－	－	2-1-21の6	履行義務の充足に係る進捗度	2-1-21の5（履行義務が一定の期間にわたり充足されるものに係る収益の額の算定の通則）に関連した規定。
役務の提供に係る収益計上時期の具体的取扱い	2-1-5	請負による収益の帰属の時期	2-1-21の7	請負に係る収益の帰属の時期	収益認識会計基準の適用対象取引およびそれ以外の取引を規定。
	2-1-9	部分完成基準による収益の帰属時期の特例			
	2-1-6	建設工事等の引渡しの日の判定	2-1-21の8	建設工事等の引渡しの日の判定	2-1-21の7（請負に係る収益の帰属の時期）の特例を規定。
	2-1-11	不動産の仲介あっせん報酬の帰属の時期	2-1-21の9	不動産の仲介あっせん報酬の帰属の時期	収益認識会計基準の適用対象取引およびそれ以外の取引を規定。
	2-1-12	技術役務の提供に係る報酬の帰属の時期	2-1-21の10	技術役務の提供に係る報酬の帰属の時期	収益認識会計基準の適用対象取引およびそれ以外の取引を規定。

改正通達の構成	改 正 前		改 正 後		
	通達番号	表 題	通達番号	表 題	取り扱い
	2-1-13	運送収入の帰属の時期	2-1-21の11	運送収入の帰属の時期	収益認識会計基準の適用対象取引およびそれ以外の取引を規定。
				第4款 短期売買商品の譲渡に係る損益	
短期売買商品の譲渡に係る損益計上時期等の具体的取扱い	2-1-21の2	短期売買商品の譲渡による損益の計上時期の特例	2-1-21の12	短期売買商品の譲渡に係る損益の計上時期の特例	収益認識会計基準の適用対象取引およびそれ以外の取引を規定。
	2-1-21の3	短期売買業務の廃止に伴う短期売買商品から短期売買商品以外の資産への変更	2-1-21の13	短期売買業務の廃止に伴う短期売買商品から短期売買商品以外の資産への変更	変更なし。
				第5款 有価証券の譲渡による損益	
有価証券の譲渡による損益計上時期等の具体的取扱い	2-1-22～2-1-23の4	省略	2-1-22～2-1-23の4	省略	変更なし。

改正通達の構成	改 正 前		改 正 後		
	通達番号	表　題	通達番号	表　題	取り扱い
				第6款　利子，配当，使用料等に係る収益	
利子，配当，使用料等に係る収益計上時期等の具体的取扱い	2-1-24	貸付金利子等の帰属の時期	2-1-24	貸付金利子等の帰属の時期	2-1-1の8（資産の販売等に係る収益の額に含めないことができる利息相当部分）または2-1-1の9（割賦販売等に係る収益の額に含めないことができる利息相当部分）の取り扱いを適用しない場合の取り扱いを規定。
	2-1-25	相当期間未収が継続した場合等の貸付金利子等の帰属時期の特例	2-1-25	相当期間未収が継続した場合等の貸付金利子等の帰属時期の特例	変更なし。
	2-1-26	利息制限法の制限超過利子	2-1-26	利息制限法の制限超過利子	変更なし。
	2-1-27	剰余金の配当等の帰属の時期	2-1-27	剰余金の配当等の帰属の時期	変更なし。
	2-1-28	剰余金の配当等の帰属時期の特例	2-1-28	剰余金の配当等の帰属時期の特例	変更なし。
	2-1-29	賃貸借契約に基づく使用料等の帰属の時期	2-1-29	賃貸借契約に基づく使用料等の帰属の時期	収益認識会計基準の適用対象取引およびそれ以外の取引を規定。
	－	－	2-1-30	知的財産のライセンスの供与に係る収益の帰属の時期	収益認識会計基準の適用対象取引について規定。

改正通達の構成	改 正 前		改 正 後		
	通達番号	表　題	通達番号	表　題	取り扱い
	2-1-16	工業所有権等の譲渡等による収益の帰属の時期	2-1-30の2	工業所有権等の実施権の設定に係る収益の帰属の時期	一定の場合に2-1-21の2（履行義務が一定の期間にわたり充足されるものに係る収益の帰属の時期）および2-1-21の3（履行義務が一時点で充足されるものに係る収益の帰属の時期）に関わらず適用されることを規定。
	2-1-17	ノーハウの頭金等の帰属の時期	2-1-30の3	ノウハウの頭金等の帰属の時期	収益認識会計基準の適用対象取引およびそれ以外の取引を規定。
	－	－	2-1-30の4	知的財産のライセンスの供与に係る売上高等に基づく使用料に係る収益の帰属の時期	一定の場合に2-1-1の11（変動対価）の取り扱いを適用せずに，収益の帰属の時期の特例を規定。
	2-1-30	工業所有権等の使用料の帰属の時期	2-1-30の5	工業所有権等の使用料の帰属の時期	収益認識会計基準の適用対象取引およびそれ以外の取引を規定。
	2-1-31	送金が許可されない利子，配当等の時期の特例	2-1-31	送金が許可されない利子，配当等の時期の特例	
				第7款　その他の収益等	
その他収益等の具体的取扱い	2-1-32～2-1-34	省略	2-1-32～2-1-34	省略	変更なし。
	2-1-35	デリバティブ取引に係る契約に基づく資産の取得による損益の計上	2-1-35	デリバティブ取引に係る契約に基づく資産の取得による損益の計上	一部改正。

改正通達の構成	改正前		改正後		
	通達番号	表　題	通達番号	表　題	取り扱い
	2-1-36〜2-1-38	省略	2-1-36〜2-1-38	省略	変更なし。
	2-1-39	商品引換券等の発行に係る収益の帰属の時期	2-1-39	商品引換券等の発行に係る収益の帰属の時期	収益認識会計基準の適用対象取引およびそれ以外の取引を規定。
	−	−	2-1-39の2	非行使部分に係る収益の帰属の時期	2-39-1（商品引換券等の発行に係る収益の帰属の時期）に関連した規定。
	−	−	2-1-39の3	自己発行ポイント等の付与に係る収益の帰属の時期	2-1-1の7（ポイント等を付与した場合の収益の計上の単位）の関連規定。
	2-1-40	省略	2-1-40	省略	変更なし。
	−	−	2-1-40の2	返金不要の支払の帰属の時期	収益認識会計基準の適用対象取引について規定。
	2-1-41	保証金等のうち返還しないものの額の帰属の時期	2-1-41	保証金等のうち返還しないものの額の帰属の時期	収益認識会計基準の適用対象取引およびそれ以外の取引を規定。
	2-1-42〜2-1-48	省略	2-1-42〜2-1-48	省略	変更なし。

※　国税庁2018年（平成30年）5月「収益等の計上に関する改正通達（法人税基本通達第2章第1節部分）の構成及び新旧対応表」を一部アレンジした。なお，表中，「取り扱い」欄を追記した。また，改正前に規定がなかったものは「−」とし，さらに，「収益認識に関する会計基準」は「収益認識会計基準」と略している。

生協の税務と経理の実務　2019年1月改訂版

[発 行 日] 2019年1月31日　初版1刷
　　　　　2024年1月31日　初版2刷

[検印廃止]

[編　　者] 日本生活協同組合連合会

[発 行 者] 二村睦子

[発 行 元] 日本生活協同組合連合会

　　　　　〒150-8913　東京都渋谷区渋谷3-29-8　コーププラザ
　　　　　TEL　03-5778-8183

[制作印刷] （株）三協社

Printed in Japan
本書の無断複写複製（コピー）は特定の場合を除き，著作者・出版社の権利侵害になります。

ISBN978-4-87332-339-8　　　　　　　　　　　落丁本・乱丁本はお取り替えいたします。